戦前・戦時日本の経済思想とナチズム

戦前・戦時日本の経済思想とナチズム

柳 澤　治 著

岩 波 書 店

はじめに

本書は、世界恐慌(一九二九年勃発)前後から第二次世界大戦にいたる時期の日本における支配的な経済思想・政策思想を取り上げ、そこにおける同時代日本人の経済体制とその転換の歴史認識に注目し、その世界的な関連を思想史的に検討するものである。

この時期は周知のように、恐慌と深刻な不況、五・一五事件(一九三二年)や二・二六事件(一九三六年)、それらを背景とする軍国主義・国家主義の強化と全体主義的体制への移行、対外的には、満州事変(一九三一年)・日中戦争(一九三七年勃発)・太平洋戦争に示される軍事的侵略・戦争、またそのための戦時経済体制や国家総動員体制などによって特徴づけられる。戦前・戦時のこの激動の時代をわれわれは、抑圧的な異常性や特異性の故に「暗い谷間」の時代とし、それ以前の時期と戦後期との間に介在する一時的な混乱の過渡期として扱うことは適当とはいえないだろう。あるいはまた満州事変から太平洋戦争への戦争状況にだけ着目し、この時期を単なる戦争の時代、あるいは総力戦・国家総動員の時代としてのみ捉えることも十分ではないだろう。一九二〇年代末から第二次世界大戦にいたるこの過程は――現代経済史の研究が明らかにするように――その前から始まる世界的な資本主義経済体制の転換と、この世界的状況に密接に関連する日本資本主義自体の変質や危機と不可分の関係にあったからである。その中で経済体制に関わる政策構想や経済思想は著しく重要な役割を果した。本書はこの時期の日本の政策思想・経済思想の展開を、このような資本主義体制の転化に関する歴史意識や、それと結びついた資本主義の修正ないし体制改造の構想との関連で跡づけることを課題としている。

転換と危機の時代状況は、政策過程に関わる当事者をはじめとして同時代の日本人に自国の社会的・経済的問題を、世界的関係の中で、他の資本主義諸国の状況との対比において、同時にまたその歴史的変化の中で捉えることを要請した。人々はそのような世界的(世界史的)な認識を自身の思想形成や政策構想に結びつけた。欧米における自由主義的経済体制の解体と国家的経済介入、資本主義修正の構想、あるいは戦争準備的な経済体制等に対する人々の関心は、まさにこの時期に大きな高まりを示すことになった。その中で最も注目されたのが、日本と事情が類似したドイツの状況であり、その思想であった。とりわけナチズムやナチス的な経済体制は、自由放任主義的な資本主義の転換とその改造の現代的・特徴的事例として受け止められ、日本の政策構想に重大な影響を与えることになった。本書は、日本とヨーロッパ、とくにドイツとの間の政策思想上のこのような関係の解明を通じて、これまで主として国内的な状況においてのみ捉えられてきた日本の政策思想を世界的な関連の中に位置づけることを目的としている。

(1) われわれは、まずこの時期の全体的な政策過程や経済体制に深く関連する政策思想・経済構想として、自由主義経済の解体と国家的な経済介入に関する統制的経済論、企業経営の転換や組織化と結びついた資本主義改造論、総力戦準備のための国防経済体制論、戦時経済・総力戦体制の確立をめざす経済・労働新体制論、そして精神主義的な支配体制を象徴する経済倫理思想を取り上げ、それらをその世界的な連関において思想史的に分析する。そこでは政策の立案や体制の構想に関与し、あるいは影響を与えた、官僚(とくにいわゆる革新官僚)や知識人あるいは経済界の主導部の経済思想的な立場が主たる対象とされる。

近衛文麿内閣(第二次)の時期に激しく論議された経済・労働の新体制論は、これら一連の政策＝体制論を集約し、太平洋戦争の前提条件を整備した点でとりわけ重要な位置を占めている。日本のこの新体制構想はナチズムやナチス・ドイツの「新体制」から強い影響を受けていた。本書は、これまで本格的な取組みがなされることがなかった日独の「新体制」の内在的関連に関わるこの問題に、可能な限り立ち入り、新体制構想におけるナチス的な経済・労働機構の改造の方式の受容、またこのナチス的要素と特殊日本的な伝統主義・天皇制的思想の補完的結合の状況を解明すべく試みた。ドイツと日本の全体主義の経済思想上の内的関連と、「天皇制的ファシズム」におけるナチス的共通性がそれによって多少でも明らかになれば幸いである。

(2) われわれは同時にこのような状況の下で展開された日本の社会科学者の経済思想・政策思想に関する分析にも注目した。統制経済論をはじめとして支配的な政策思想の多くは、同時に経済学者を中心とする政策思想の検討と密接に関係していた。その中で本書がとくに重視したのは、全体主義のこの時代を特徴づけるナチスの経済思想や政策思想に関する彼らの考察と、精神主義的な支配状況を象徴する経済倫理の問題に関する彼らの取組みである。それらは社会科学的であると同時に、時代状況と結びつき、それに対する実践的な営為でもあった。

それは彼らのナチス分析に典型的に示される。ドイツのナチス的な「新体制」は、自由放任主義的な営利主義への批判、またその全体主義的な改造として、従ってすぐれて現代的な現象として認識され、一方ではその「世界観」(思想)の非合理性や異常性が問題にされると共に、他方ではその機構改革の現代性や合理性の側面が注目された。彼らはこのナチス認識を同時に日本の後進性や特殊性の問題に結びつけた。そこには日本の現体制への批判が内包されていた。「思想戦」の名の下に批判的思想・研究を全面的に排除する全体主義的な総力戦体制の下で、このような社会科学的営為、それと結びついた思想的実践は、権力機構との間に鋭い緊張関係をつくり出す。本書が重視したのは、これまで主として個人的ないし個別的に取り扱われてきた彼らの学問・思想をこのように支配的な思想・体制の中に位置づけ、同時にそれら相互の立体的な関連を明らかにすることである。

本書は戦前・戦時の経済思想を上のように時代の全体的な状況とその世界的な関係の中で、つまりこの時代の歴史的な脈絡と流れの中で理解しようとしている。従って、この時期の経済思想の中から特定の思想を取り出し、その現代的な意義を思想史的ないし制度史的に問題にするという方法には立っていない。

だが、それは本書が当時の経済思想・政策思想における現代性を全く考慮しなかったということを意味しない。自由主義的な資本主義の解体、経済の組織化や国家の経済への介入など戦前・戦時の人々が注目した諸特徴は、まさに資本主義社会の現代的形態への転換と移行の基本的局面を構成したからである。資本主義転化に関する認識、自由放任主義的な営利主義への批判、合理的な経済体制を構想する改良的な経済思想や政策思想は、この転換の現実と密接な関係を有しており、従って資本主義の現代的な形態に結びつく現代的な思想としての側面を備えていた。今日の歴史家によって戦後との連続面が問題とされるナチズムやナチス的体制は、当時の人々によってまさにそのような現代性において捉えられていた。同時代人の「現代」認識は、戦後的な「現代」の要素をすでに含んでいた。

「現代性」を備えた戦前・戦時の支配的な政策思想や経済構想は、天皇制国家の日本的・伝統主義的な要素と結合し補完的な関係をつくり出していた。最近の研究はこの時期の政策思想やそれと結びついた経済制度の多くが戦後に継承されたことに注目している。そして伝統主義的日本主義的な諸要素も、戦後改革による排除にもかかわらず戦後社会に受けつがれたことが、今日いよいよ明白となっている。現在ひとは、グローバリゼーションと市場万能主義の現代的イデオロギーが、国家的権力主義的な思想や天皇制的観念・伝統主義の再編の動向と併存し、しばしば一体となって強調されているのを見る。このような現代性と戦前的「現代性」との間の連続と断絶、その前提の解明のためにも本書が何ほどか手がかりを提供することができれば幸いと考える。

目　次

I

戦前日本の統制経済論と資本主義転換の認識

——ドイツ経済思想との関連で——

戦前・戦時期の日本において、統制経済という言葉ほど広く用いられ、また議論された経済用語はない。経済活動に対する国家的統制の問題は、とくに一九三〇年代になって、広く論ぜられるようになり、さらに日中戦争(一九三七年勃発)から太平洋戦争への戦争の拡大と戦争経済体制への移行の中で、統制が企業の活動に対してばかりでなく、消費生活を含めた人々の生活全般をも深く規定するにいたって最高潮にたっした。こうして統制経済という名称はあたかも戦時経済の代名詞のようになり、「戦時統制経済」としばしば一体化されて理解されるまでになった。

統制経済は確かに、経済機構への国家権力の全面的な介入と規制が要請される戦争経済、とりわけ総力戦期のそれにおいて、最も顕著な形で展開することになるが、しかし、経済過程に対する国家的統制は、戦時経済体制に決して固有のものではなく、すでにそれ以前から広く問題となっていた。

日本資本主義の展開に伴う社会的経済的問題の激化、とくに昭和恐慌と世界恐慌(一九二九—三二年)の波及によるその深刻化は、それら諸困難の克服ないし緩和のために国家的な経済統制を必要とした。統制経済をめぐる論議は、こうした状況を背景に、さしあたっては、恐慌に対する国家的な対応として、企業のカルテル的・組合的結合の組織化と、それによる企業家の自主的規制を促進する政策の問題として論ぜられた。

それは同時に、恐慌のかつてない深刻さと経済不況の長期化を生み出した資本主義経済の現状とその新しい局面に対する社会科学的な関心を伴っていた。経済に対する国家的統制をめぐる議論は、恐慌やそれに伴う失業・貧困等社会問題に対する一時的・政策的な対応という範囲をこえてしばしば、カルテル等の資本集中や独占体の形成、それによる競争的市場経済の転換、そのような資本主義経済の変質の問題と関連づけられた。それはさらに自由主義的経済の批判や反省と結びついて、国家権力の介入による資本主義の修正や改造と、新たな経済組織・経済秩序の創出という構想をも生み出した。

経済的統制は、その後日中戦争から太平洋戦争にいたる過程で戦時統制経済としての特徴を強くもつにいたるが、しかしその場合もそれは単なる戦時経済・動員に関わる「時局」の問題としてばかりではなく、資本主義の転換とその認識を背景とする資本主義体制の改造の論議と結びついた。われわれは、このような資本主義の新たな段階に関係づけて論ぜられる統制経済論に注目し、戦時経済に先立つ時期のいわばその原型を取り上げ、その内容を検討するとともに、それに対するドイツ・オーストリアを中心とするヨーロッパの経済思想・経済学説の影響を明らかにしようと思う。

この統制経済論の中心的な論者は、通常マルクス経済学とは異なる、しばしばそれに対立する支配的な経済学者や経済論者であった。マルクス経済学者による日本資本主義論争の最終局面と重なるようにして始まったこの議論は、マルクス主義が国家的な弾圧によって排除された後に、むしろ一層活発となり、太平洋戦争に向うその後の日本の経済学の中心部分を形づくることになる。統制経済論は、その中に資本主義経済の転換と修正の問題を含んでいたことから、その論議はある種の資本主義論あるいは資本主義現段階論の特徴を帯びるにいたり、マルクス経済学者の一部はそこに自らの隠れ蓑を見出すものもあったのである。(1)

統制経済論の動向については、中村隆英、原朗、長島修、宮島英昭、白木沢旭児ほかのすぐれた先行研究が存在する。(2)これら日本経済史の研究の特徴は、経済的統制の具体的な展開を背景とする官僚や政治家、財界、軍、知識人あるいは雑誌等ジャーナリズムの議論に焦点をあてて分析した点にある。われわれはそれらの成果を吸収しつつ、より思想史的な観点に立って、統制経済に関する社会科学的な認識の側面に着目し、それに深く関連する経済学者や経済論者の見方を中心に考察していくこととする。

先行研究が明らかにしているように、一九三〇年代の初めに統制経済論が登場してくるきっかけとなったのは、世界恐慌に始まる経済的不況と、とくに一九三一(昭和六)年の重要産業統制法の法制化であった。同法の目的は、宮島が明らかにしたように、経済不況からの脱出のために、従来の政府の産業合理化政策に対して、産業のカルテル的編成を促進し、経済的安定の確立をめざすとともに、同時にカルテルが伴う弊害を防止するため、国家的な介入を行うことをも課題としていた。(3) 統制経済の問題は、当初から単なる恐慌克服、不況脱出ではなく、同時に独占形成という資本主義の新しい段階の問題への対処をも伴っていた。

この初期の統制経済論に注目し、その意義を重視するのは、白木沢旭児である。白木沢は統制経済論が単なる恐慌克服政策としてではなく、より広く資本主義の行き詰まり、その構造的欠陥に関する認識をその成立の契機としていたことに注目した。(4) 資本主義の行き詰まりと欠陥は、当時の欧米諸国でも共通して論ぜられた問題であったのであり、白木沢は、そのことから一九三〇年代の日本における動向を、「自由から統制」への世界的な「同時多発的な変化」に結びつけた。(5)

統制経済論における資本主義理解は、このように同時代の状況に関する当時の論者の世界認識と密接に関連していた。戦前日本の経済学者や経済論者は、欧米の経済学説や経済思想を通じて、このような世界的状況をかなり詳細に把握していたのである。宮島は、ドイツのカルテル学説の商工官僚への影響について指摘し、また白木沢は、ソ連の第一次五カ年計画や一九三一年にアムステルダムで開かれた社会経済計画化会議の議論が統制経済論のきっかけになったことについて言及している。(6) しかし、統制経済論への欧米の経済思想ないし学説の影響は、両者が指摘する以上に広範囲にわたっていた。(7) とりわけドイツ・オーストリアのそれは決定的に重要であり、われわれはとくにこのゲルマン系の経済学者の資本主義転化論が日本の統制経済論に与えた影響に注目して、その具体的な状況を検討していくことにしたい。

一　統制経済論の二つの型

「統制経済」に関わる言葉が広く登場してくるのは、このように一九三〇、三一（昭和五、六）年頃であった。(8)『企業統制論』の書名を掲げた小島精一（小島経済研究所所長）の書物は一九三〇年に刊行され、「産業の統制」「社会化的統制」「計画経済的統制」「企業統制」など「統制」に関する諸問題が検討された。一九三一年には雑誌『経済往来』（五月号）が、「計画経済」をテーマに特集し、土方成美、向井鹿松、末弘厳太郎、大村正男、鹿島守之助、小島精一、山川均などの論文を掲載している。小島の『日本計画経済論』（千倉書房）が公にされたのもこの年である。この間一九三一年に重要産業統制法が制定され、統制経済の語が人口に膾炙するが、この言葉は当時は計画経済の用語と重ねられて用いられ、また「市場経済の組織化」や「組織経済」という語にも関連づけられた。「拘束経済」「共同経済」「干渉経済」等々の用語もこの時期に登場してくる。

統制経済論は、『日本資本主義発達史講座』（岩波書店、一九三二、三三年）の出版に重なるような形で、一九三三、三四年に刊行された『日本統制経済全集』一〇巻（改造社）によって本格化する。向井鹿松、笠信太郎、河合良成、井藤半彌、高橋亀吉、有澤廣巳、土方成美、小島精一、猪俣津南雄、向坂逸郎など、マルクス経済学者を含めた第一線の論者が、それぞれの巻を担当して論陣をはり、(9) 統制経済は、これをきっかけにいよいよ活発に論ぜられるようになった。

その際、われわれは統制経済論における論議の仕方に二つの型があることに気がつく。一つは、統制経済を主として恐慌克服、戦時経済等の具体的な目的に即して、とくにその手段として考え、またそれに限定して論じる立場である。「統制」の方法、政策の具体的な仕方、あるいはそのための部分的な理論を論じ、「統制」を主として技術的・機能論的に取り扱う視点である。この場合、国家的な経済統制は、戦争の終了等、課題の消失とともに解消される可能性を有している。戦時統制経済論はその一つであるが、しかしそれは必ずしも一時的なものとしてでなく、総力戦の準備のための国家的経済統制をも含めた場合、中期的に持続する一つの経過的な段階(すなわち国防経済体制)として理解された。

もう一つの型は統制経済を、より包括的に、資本主義とその変質に関連させ、そこから生じる諸問題の克服ないし修正を新しい体制の構想と結びつけて、自由主義的経済体制に続く次の段階、いわば統制的経済体制として議論する立場である。この場合、経済活動への国家的規制は、一時的な措置でなく、恐慌克服ないし戦争終了後も一つの経済体制として永続するものとして構想される。

前者の統制経済論の例としては、一九三三年に刊行された森武夫の『戦時統制経済論』(日本評論社、一九三九年〔七版〕)がある。森は、第一次大戦期のヨーロッパの戦時における産業・労働・消費・配給・貿易・価格・財政・金融等に関する統制政策を分析し、総力戦と統制経済の関連を検討するが、しかし、「統制」を自由主義経済に基づく経営上の浪費の排除や、国民経済の合理化と資源の統一的利用に限定して理解し、それをこえた平時の経済組織の原則に対する「永久的な変革」とすることに反対する。

第一次大戦期の国家総動員と経済統制については、マルクス経済学の有澤廣巳(東京帝大)も注目し、上の『日本統制経済全集』に収められた著作『産業動員計画』(一九三四年)は、戦争経済ないし戦争準備に限定した統制経済論ということができるが、しかし同じ有澤の著書『戦争と経済』(日本評論社、一九三七年)は、国防経済(準戦経済)の世界的状況を重視しており、中期的な観点が採用されている。

第二の型の統制経済論としては、『日本統制経済全集』の初巻を飾り、統制経済に関して総論的な論述を行った向井鹿松(慶應義塾大)の『統制経済原理』(一九三三年)や赤松要(名古屋高商)の著作『産業統制論』(千倉書房、一九三七年)、本位田祥男(東京帝大)の著書『統制経済の理論』(日本評論社、一九三八年)、また谷口吉彦(京都帝大)の『貿易統制の研究』(有斐閣、一九三五年)があげられる。他方、『カルテル・トラスト・コンツエルン』(改造社、一九三一年)により、各国における資本の集積・集中の過程を分析した有澤廣巳は、その著書『日本工業統制論』(有斐閣、一九三七年)で、日本におけるカルテル・工業組合と国家によるその統制を資本主義の現代の段階と関連づけて問題にする。さらにマルクス主義の立場から向井鹿松らの統制経済に対して批判を展開した猪俣津南雄(『統制経済批判』(上記『全集』第九巻)、一九三四年)と向坂逸郎(『統制経済論総観』(同第一〇巻)、同年)などの議論も、資本主義の改造(「革新」)論を批判の対象とする限りで、この第二系列に関係するといえよう。また『統制経済と景気変動』(有斐閣、一九三八年)の著者武村忠雄(慶應義塾大)も、資本主義の経済構造の変化を最も重視した一人であって、「自由資本主義」、「独占資本主義」に続く段階として「統制経済段階」を考えている。

初期の統制経済論においてはまだ有澤[10]・猪俣・向坂らのマルクス経済学者が批判的な論陣を辛うじて展開することができた。だが間もなく彼らの言論は全面的に弾圧された。その後の統制経済論は、戦時経済体制と密接に関連するようになり、本位田祥男著『新体制下の経済』(日本評論社、一九四〇年)や谷口吉彦著『新体制の理論』(千倉書房、同年)に示されるように、「経済新体制」の理念と結びついた。「公益」を「私益」に優先させる「新な統制経済の段階」と

「国民協同経済」の構想が、また「新しい経済体制」を「世界新体制の歴史的必然」として把える論議が、当時の人々の関心をどれほど惹きつけたかは、前者の書物が刊行後数カ月で一六刷、後者は僅か四〇日で実に一五〇刷を重ねたことからもわかる。

その中で資本家的な営利第一主義を厳しく批判し、資本主義経済の機構改革と「新しい経済体制」を求める統制経済論も登場する。一九三九年に公にされた笠信太郎著『日本経済の再編成』(中央公論社、これも四カ月で二四刷印刷)がそれである。[11] 第二系列の統制経済論は、このように日中戦争を背景に、現存の資本主義経済への「革新」や「新体制」の理念と結びつつ新たな展開を示し、やがて近代的「世界旧体制」の「超克」や「東亜新体制」と「世界新体制」の構想や天皇制的な「協同体的」「全体主義的」国家観によって色づけされた議論をも含むようになる。『新体制の指導原理』(有斐閣、一九四〇年)の著者石川興二(京都帝大)の「天皇中心の国民共同体」の考えや、作田荘一(同)の『経済の道』(弘文堂書房、一九四一年)の「「むすび」の道と統営経済」はそのような事例である。

以下で考察の対象とするのは、このような展開を見せる第二系列の統制経済論のいわば原点に位置する向井鹿松と本位田祥男の認識である。

二　統制経済論における資本主義認識

(1)　重要産業統制法の背景にある資本主義観

一九三一年に公布された重要産業統制法は、企業間のカルテル的結合を政策的に促進するとともに、公益に反する場合にはカルテル協定の変更・取消しを命ずることを可能にした立法であって、資本主義的な営利活動への国家的介入として重要な第一歩を意味した。この立法は、産業合理化の促進のために設けられた政府(商工省)の臨時産業合理局の統制委員会で準備された。それは世界恐慌を背景とする経済的不況、とくに生産過剰と過当競争に対して、企業の自主的カルテル的結合を促進する景気対策的な性格をもつものであったが、その基礎には資本主義経済の発展傾向に関する一定の認識が存在した。

同法の立法にあたって重要な役割を演じた、臨時産業合理局の顧問で法案作成の中心的な組織である統制委員会の会長を務めた松岡均平は次のように指摘する。(12) カルテル等の企業による市場経済の組織化は、単なる一時的対策ではなく、将来にわたる資本主義経済の発展の傾向に合致している。自由放任の下で個々の企業は自由に活動し、その結果産業の進歩と発展が見られたのであるが、企業活動は、個別企業を越えた市場経済の作用によって制約されざるをえなかったため、ここに資本主義経済内部における組織化傾向が促されるにいたった。社会主義によると「生産の混沌」は資本主義の本質的な欠陥とされるが、しかし「生産の混沌」は資本主義の本質ではなく、過去の極端な放任主義によって生じた過渡的現象でしかない。こうして今や資本主義は、漸次「放任的から規範的」に、「個別的から組織的に」移行し、「放任主義経済」から「統制主義経済」に発展しつつある。この傾向は、「独のゾンバルト、シユマーレンバハ、英のケーンズなどの諸学者の明かに論じてゐる如く、社会的には、個人の意志を超越した強大なる時代の力によりて推進せられるものにして、必然的不可避的現象である。而して近代国家の経済政策の上にも、此進化の理法に適応せんとする趨向を明かに看取することができる」と。

カルテルやトラストは、単なる個別的現象としてではなく、市場経済の組織化に向う資本主義発展の新たな段階、その世界的な展開に相応したものとして捉えられる。資本主義は統制化されることにより、より高度な発展段階(「組織経済の新時代」)にいたるのであり、その際に国家は、そのような企業の統制的協定を認めつつ、同時にそれを監督していくことが必要となる。松岡はそのような事例としてとりわけドイツの一九二三年のカルテル令に注目した。彼はカルテルを認めつつ、その濫用防止のための監督・取締りを可能にするドイツの立法を重視するとともに、他方でカルテルのもつ共同性、調整的役割、合理化促進的機能を評価するドイツ人学者の学説を受け入れて、重要産業統制法を積極的に意義づけようとした。

(2)　資本主義修正論としての統制経済論——向井鹿松と本位田祥男——

重要産業統制法はこのように臨時産業合理局の統制委員会で用意された。松岡を長とし、岸信介を幹事とするこの委員会には二人の学者が加わっており、その一人が慶應義塾大学教授向井鹿松(一八八八—一九七九年)であった。彼は経済学・経営学の専門家として、もう一人の学者の田中耕太郎(東京帝大、一八九〇—一九七四年)とともに、吉野信次・渡辺銕藏・高島誠一・膳桂之助ら有力な政財界人と並んで、立法の作成に関与した。向井はその後、一九三五年に内閣の調査機関として発足した内閣調査局に加わり、革新的な企業家大河内正敏(理化学研究所所長)、内田源兵衛・和田博雄・橋井眞等の革新的官僚や山崎靖純・高橋亀吉等の論客とともに産業問題の研究に加わった[13]。向井鹿松はこのように日中戦争前には政府の政策機関の中枢に参画し、統制的立法に立ち会った、経済学・経営学分野の最も実践的な学者であった。彼はその後、一九三七年に慶應義塾大学を離れ、名古屋商工会議所理事となり、一九四〇年には商業組合中央会専務理事に就くとともに、大政翼賛会事務局政策部にも関わることになった。向井は、以上のように戦前・戦時の日本の経済統制の現実に一貫して関与することになるのであるが[14]、一九三〇年代前半のその活躍は、とりわけ重要な意味をもっていた。

その背景には彼の経済学者としての学問的な実績があった。向井は、一九二九年に「経営経済学」の観点に立った、株式会社論・労働者経営参加論を中心とする『経営経済学総論』(千倉書房)を著わし、ついで米・英・独の視察(一九三〇年)の後、ドイツ・イギリスの「合理化運動」の実態に関する『産業の合理化』(日本評論社、一九三一年)を公にしていた。彼の統制経済論はそれらの成果に基づいて展開されたのである。(15) 向井が、一九三三・三四年の『日本統制経済全集』全一〇巻の第一巻を担当し、『統制経済原理』のタイトルの下で統制経済論の総論を展開しえたのもこのような経歴と学問的な成果があったからである。向井のこの総論的な考察は、その後の統制経済の議論の展開にとって重要な土台となり、その資本主義改造論は、思想的な流れの中で笠信太郎の「日本経済の再編成」の観点に結びつくことになる。

初期の統制経済論において重要な位置を占めるもう一人の論者本位田祥男(一八九二―一九七八年)も、大学から離れ統制経済の実際に関わるようになったという点で向井と共通している。本位田は、一九三九年、東京帝国大学における「平賀粛学」によって同僚教授の土方成美が休職の処分を受けたことに抗議して同学部教授を辞職し、同年中央物価統制協力会議理事に就任し、さらに、大政翼賛会経済政策部長、綿・スフ統制会理事長を歴任した。(16) とくに中央物価統制協力会議は、全国的な経済団体の代表を結集した組織で、経済新体制が問題となる一九四〇年には、公益優先と指導者原理にもとづく経済団体の機構整備を提言した。本位田は同会議の唯一の専任理事としてその構想の作成に深く関与したのである。彼の統制経済論は新しい状況に対応した財界の立場を代表する方向性をその内に含んでいた。

本位田の『統制経済の理論』は、東京帝大在任中の一九三八年に「構想された統制経済に関する理論の集大成」として公刊された。経済統制に対する考え方は、向井も本位田も基本的には現実の資本制的関係を前提とした改革をめざす点で共通するが、本位田は向井のような立ち入った資本主義改革案をもたず、より体制的であり、またその活動

は より政治的であった。『統制経済の理論』が公にされた一九三八年に本位田は、「全体主義的思想運動による政府の覚醒、国民の啓蒙及戦後の内外経済方策の研究並対策樹立」のために経済学者に呼びかけて、「科学主義工業社」の財政的援助をえて「革新社」なる組織を設立している。[17] 本位田は、東京帝大の辞職とともにそれから離れるが、そこでの考え方は、彼の『新体制下の経済』(一九四〇年)に継承され、それはまさに近衛内閣(第二次)の「新体制運動」の中で経済界の新しい動向と結びついて現実的な役割を演じることになるのであった。[18]

(3)　自由主義経済認識と合理化・組織化の構想

本位田は『統制経済の理論』の冒頭でこう述べる。「今や自由主義経済の弔鐘は至る所に鳴り響いてゐる。其の弔鐘に万斛の涙をそゝぎ、復活の奇蹟の起る事を待つ者があり、或は之を、同時に新時代の誕生を告げる暁の鐘として歓ぶ者もあらう。だが何れにしても、この自由主義経済が、一世紀以上人類に対して為した華々しい貢献を認めぬならば、それは故意に事実の前に眼を蓋ふものである。」(同、一頁)

自由主義経済が終焉しつつあるという見方とその自由主義経済が果した「貢献」の評価とは、統制経済論に共通する認識であった。自由主義経済は、利潤獲得のための企業間の自由な競争に基づく市場経済であり、それと不可分に結びついて生産技術の高度化、合理化が進行した。しかし、資本主義の「合理主義」は「営利の為の合理主義」で、それは企業の集中・結合をつくり出し、「弊害」を生み出した。統制経済は、それに対する修正を意味するが、しかし、その際、資本主義の「貢献」たる生産の合理化の側面は継承され、さらに促進されねばならない、という認識である。

経営・産業の合理化は、当時の日本の政策上の大問題の一つであった。臨時産業合理局はまさにこの合理化問題を最重要課題にしていた。この合理化に対して大きな関心を寄せた学者が向井鹿松であった。向井は、分業の展開、その組織体としての経営体の進化、技術的合理化の進展という現実に注目し、それを統制経済論に結合させた。臨時産業合理局のメンバーとして重要産業統制法の制定に関与した向井にとって、カルテル的編成の強化の方針と、この合理化政策とをいかに調和させるかが大きな課題となった。[19] そこで先ず合理化に関する向井の考えを要約しておこう。[20]

向井は、合理化を合理主義の意識的行使の運動と実行とした上で、これを何よりも生産原価の低廉化に結びつく、「技術上の合理化」(生産手段の合理的利用と合理的な労働)に重点をおいて理解する。その核心は、機械・部品・作業工程・製造品の同一化、「型」化にある。標準化・単純化・規格統一等を含めた「型」への経済行為すべてがそれに該当する。

統一的な意思による統制としての合理化は、三つの局面、①技術、②経営体、③産業の各部面における合目的な組織・統制の形をとって展開する。

まず、①技術の合理化は作業工程の合理化で、工程の各要素の分析、簡単化・標準化、それに基づく自動的機械化を意味する。ついで、②経営の合理化は、経営の組織の構成要素たる人・物、その作業職能の分解、標準化・型化、それによる機械化(職能分担・作業断片化・単純化)と経営の計画的合理的組織化を内容としており、F・W・テイラーの科学的経営法とフォード主義(機械化、コンヴェアー・システム)とがその具体的な事例として注目される。

これに対して、③「産業の合理化」は、産業部門を構成する経営間・企業間に行われる合理化で、これは産業の専業化ないし専門化(Spezialisierung)を背景とする生産物の規格化・標準化、規格の統一、取引条件の標準化に関する協定がそれである。合理化を人間の意思的な統制として捉える向井は、アメリカにおけるテイラーによる科学的管理法の研究(運動・時間研究による無駄排除、時間・空間の節約、そのための標準化、精神労働・肉体労働の分離と労働組織改善、等々)と、テイラー協会による産業全体へのその普及に注目する。彼はその際この方式をフォード主義と区別する。フォード主義的な大量生産・機械化は、大量需要を前提とするが、科学的管理法はその条件のない場合でも応用が可能であるからである。従ってアメリカとは規模の点で全く異なる日本では、後者がより適切な方法となるであろう。向井は、そのような観点から、市場がアメリカに比して著しく狭いドイツにおける展開に注意を向けたのである。

ドイツの合理化運動は、アメリカとは異なり、ドイツの産業全体を改造する主張として生まれ、その全体的社会的な動向が個別経営にまで及んでいった点に特徴をもっている。その目標は大量生産・科学的管理法の普及にあり、合理化は、個別経営レベルをこえて、産業部門の全体的な「協力による共同作業」として進められたのである。その際、まず、①各企業に対する特定部門・工程への配置と専業化、②それによる大量生産の可能性の創出、③そのための企業合同、生産部門の協定(カルテル)、また④単純化・規格統一の企業間の協定がとくに重要であった。これらを通じて大量需要の条件の欠如というアメリカとは異なるドイツ的問題が克服される可能性が生まれるからである。

他方、テイラー的な科学的管理法も追求された。それはあるいは同種企業の合同による非能率的経営の閉鎖、関連工程の結合、自動化を通じて、あるいは企業間協定による事務上の統制をもって、達成されることになる。向井は、合理化の三つの局面のうち、とくにこの第三の産業部門での合同や協定に注目し、それをドイツの合理化の特質として理解し、これを日本の参考にしようとする。

だが、企業間の結合ないし協力による合理化(第三の産業部門的合理化)は、カルテル・トラストの現実と重なる。この第三型の合理化は単なる企業集中、とくに単なる事業整理、財務上の改造や市場の統制のためのそれとは区別されなければならない、と向井は注意を促す。彼は、合理化すなわちカルテル・トラストとする考えはイギリス的であり、日本はその見方から影響を受けているが、それは適当でないと批判する。このことは重要産業統制法におけるカルテル的編成の促進の意義と、国家的規制の評価に関連して大きく問題となった点でもあった。いずれにしても企業結合とそれに対する国家的規制、経済のカルテル的編成とそれへの国家的統制は、初期の統制経済論の基本的な論点の一つであったが、企業間の協定による分業と専業化、あるいは規格等の統一という産業合理化論がそれと一体になって提示されていたことに注意しなければならない。

合理化あるいは科学的管理法への注目は向井に特有のものではなく、むしろ戦前日本の学者の多くに共通するものであった。渡辺銕藏が『産業合理化』(日本評論社、一九三〇年)の中で、「産業合理化」という用語は「特に流行的にならんとする傾向」(同、一頁)にあると指摘したように、科学的管理法に対する人々の関心は当時大きな広がりを見せ始めていた。政府の臨時産業合理局の活動はまさにこのことを端的に表わしていた。そして産業合理化への関心は、戦時経済体制の確立の条件となる生産力拡充政策の最重要課題として戦時期において一層強められることになった(21)。つまり合理化論と統制経済論とは対立するのではなく、分ちがたく結びついていた。だが、営利活動の規制を伴う統制経済は、営利追求と結合した合理化をどのような仕方で自己の内にとり込むことが出来るか。矛盾するこの二つの原則の間の調整が最も困難な問題となるのである。

産業合理化は、単に技術・労働についてばかりでなく、同時にそれらを現実化する経営・企業のあり方(合理化の第二局面)にも関連する。統制経済論において、企業形態としての株式会社と経営・所有の分離、株主(所有)の経営からの乖離とそれに対する経営者の役割(「企業者の職分」)の増大が基本的な論点になる理由の一つはこの点にあった。向井鹿松は、合理化に無関心な株主に対して、機能的な経営者を主体とする「超株式会社」(自律的株式会社)の構想をもってこれを解決しようとするのであるが(後述)、ここでも営利統制と合理化それ自体との関連が困難な問題となるのである。それから数年後、昭和研究会の笠信太郎は、生産工程の技術的向上、技術の普遍化、「自由経済への隷属」からの技術の「解放」と「自主化」の重要性を主張した。合理化の観点は、そこでは営利第一主義への批判と結びつけられ、利益本位に対する経営体中心の「生産本位化」、「職能の上に立つ組織」が統制と計画の核心に据えられることになる(22)。

合理化論と統制経済論の結合は、向井だけではなく、本位田祥男にも見られた。彼は合理化は私益ではなく「公共の利益」に結びつかねばならないと説き、「統制経済は産業の合理化を一つの属性としてゐる」と指摘する。同様の認識は小島精一(同『産業合理化』千倉書房、一九二九年を参照)における産業合理化論と統制経済論の結びつきの中にも現われている。統制経済論は、合理化論や所有と経営の関連の問題と不可分の関係にあったのである。

(4)　企業の集中・独占形成と経済組織化の展望

資本主義経済は企業の集中と独占をつくり出した。本位田はこの現象に注目し、それを次のように認識する。企業間の自由競争は、企業における生産活動の改善と生産費の低廉化を要請するが、それは固定資本を増大させる。それは資本移動を困難にし、価格法則による市場の自動的調節作用は阻害される。他方、資本主義の外延的拡大が終わり、経済領域は飽満化する。こうして自由競争の弊害が表面化する。自由経済の攪乱を共同に防衛すべく、カルテル・トラスト・コンツェルン等の独占体が形成され、独占資本主義の時代が到来する。生産物の価格はもはや企業間の自由競争によっては形成されなくなり、独占的地位にある企業によって決められる。生産企業の自己統制、市場の私的独占が出現する、と。その上で、本位田は、独占価格による「重大な影響」に対する人々の認識が高まりつつあること、それに対して企業側が「自己批判」を行うようになったと主張する。独占と非独占との対立、資本利潤と勤労所得との対立、消費者の困窮、労働者・農民の窮迫等々に対する独占経済の自覚、とりわけ資本主義経済の矛盾の集中的表現としての恐慌の長期化への怖れがそれであり、本位田は、そこから「意識的に規律せられる経済の組織への展望」が生じてきたと指摘する。(23)

向井鹿松も自由主義経済のもつ弊害に対する企業側の「経済組織化」の動向と経済安定化への志向に注目し、独占・合同に対する社会的評価が批判から是認へと転換しつつあるアメリカの状況を重視する。経済安定化と独占とのかね合い、その合理的編成がこうして彼の中心的な論点となる。このように向井も本位田も共に自由主義経済の「行き詰まり」と統制経済・計画経済の傾向の登場を確信したのである。

それでは、向井は、カルテル・トラストなどの独占体と経済組織化の現実に対して、経済の安定化と合理的編成の観点から、いかなる対応をとるのがよいと考えたのだろうか。それは向井にとっては彼自身も関わった重要産業統制法の意義に関連する問題であった。

向井は、カルテル・トラストが当該産業部門の産業合理化(第三型)と重なる局面があることを認めるが、市場規制等のための企業結合は合理化ではないと考えた。だが他方で、自由競争の行き詰まりと経済不安定化の中で企業結合は安定化をつくり出すものとして承認される。彼は、合衆国におけるジェネラル・エレクトリック社G・スウォープの商工組合(trade association)による経済界の組織化の構想(いわゆるスウォープ・プラン、一九三一年九月)や、自由競争制限的な立法に注目しつつ、それを一九二九年世界恐慌勃発以降の日本における財界の動向に対応させる。その上で、重要産業統制法は財界の安定・組織化を目標としており、「産業合理化を一歩出でた」ものではあるが、しかし「資本家の要望」を容れたカルテル助成法の域を多く出ていないと批判し、「新時代の経済組織化のカルテル」

のためには、原価計算の統一、計算カルテルの原則の適用、労働者の保護、カルテル協定の公表、事業報告・研究調査の発表、等の改革が必要である、と主張する。彼は、公益に反する場合等における協定の変更又は取消しを命ずる同法第三条に期待する(24)。

向井以上に独占体の形成を重視する本位田は、独占体を前提にした組織化の必要性を説く。彼は「統制経済に於ける独占体の統制は、独占体そのものゝ拒否にはむけられない。それは、経済の組織化に全体の利益を認識してゐるのであるから、独占体を否定して、独占体のもつ組織の積極的効果を破壊する事は出来ない」と述べる。彼は、重要産業統制法を一方では独占体の組織化を促進しつつ、他方では「独占的組織の生ずる弊害を除去」しようとする立法とし、これを一九三三年のドイツ・ナチス政権下のカルテル法に対応させるのである(25)。

同様に、日本の重要産業統制法の趣旨と一九三三年のこの強制カルテル法との符合を指摘するのが有澤廣巳である。有澤は、同法が、第一次大戦後の過剰生産時代における「我が産業界の無統制の欠陥曝露の認識」に立ち、産業界に規律統制を与え、過剰な競争の弊を除き、「産業界に安定を齎《もた》ら」すとともに、他方で、産業界の統制が「経済的権力の濫用」に結びつくことに対してその運用に指針を与え、国民経済全般の健全なる発達を図る、という二面を有していると捉える。だが、有澤は、後者の趣旨からの逸脱を抑制するためのカルテル統制規定が最小限に止まっており、むしろ「企業家のイニシアチヴ」が出発点にあることを指摘する(26)。

統制経済の問題は、以上のように重要産業統制法の立法と関連し、それを背景に議論されたのであるが、そこで最大の論点となったのが、資本の集中とその規制の問題であった。本位田は指摘する。「統制経済は現代の経済的苦悩によつて要求されてゐるが、若しも其基礎を旧き組織の中にもたなければ、それも一片の空想に終つて仕舞うだらう。且つ新しき組織の現実方法は現在到達してゐる社会的基礎によつて制約されざるを得ない。」こうして彼は、企業集中の進展、とくにカルテル・トラスト・コンツェルンの展開を「企業の社会化」として捉え、これを産業統制の基礎とみなし、企業集中の展開を具体的に分析する。(27)

本位田は、他方で「産業統制の基礎」として、企業集中の発展と並んで、協同組合の発達(産業組合・工業組合)に注目し、農業と小工業とを流通過程の面において編成する意義を重視する。さらに国営・公営の事業が「すでに資本主義経済のさ中に、駸々乎として進展してゐる事実」に注意を喚起し、それが統制経済の組織機構を提供したと述べている。(28)

三　ドイツの資本主義転化論の影響

初期の統制経済論は、上述のように、資本主義経済の転換の事実認識を基本的な要素とし、資本主義の修正論はそれを土台にして展開されたのであるが、その際、それらの論拠になったのが欧米の経済学説や経済思想であった。とくにJ・M・ケインズの『自由放任の終焉』(The End of Laissez-faire, 1926)、G・D・H・コールやR・H・トーニーらのギルド社会主義、A・マーシャルの産業騎士道論などのイギリスの経済思想、またアメリカのフォード主義やテイラー主義、ソ連の計画経済や「計画経済世界会議」(一九三一年アムステルダム)の討議、ドイツ・オーストリアの学説や経済思想などがあげられる。それらは統制経済論に関与した学者や知識人にさまざまな形で影響を与えた。しかし、欧米のこれらの諸経済思想の中で向井鹿松や本位田祥男らの資本主義認識に最も大きな影響を与えたのは、ドイツ・オーストリアのそれであった。(29)

なかでも自由経済の行き詰まりと拘束経済への移行、部分的統制経済に関して向井らの認識に重大な痕跡を残したのは、W・ゾンバルトとE・シュマーレンバッハであった。ゾンバルト(一八六三―一九四一年)は、『奢侈と資本主義』(田中九一訳、一九二五年)をはじめとする経済史研究や『三つの経済学』(小島昌太郎訳、一九三三年)などの経済学方法論によってすでによく知られていたが、向井らの統制経済論にとっては、五〇頁足らずの小冊子『資本主義の将来』(Die Zukunft des Kapitalismus, Berlin 1932, 鈴木晃抄訳『世界大思想全集』八六、春秋社、一九三三年)の影響がとくに大きかった。ゾンバルトは、この書物で、資本主義の発展傾向と現段階を分析し、現在の状況を、資本主義が衰退しつつある「晩期資本主義」(Spätkapitalismus)として特徴づけ、アウタルキー的な統制経済の必然性を主張していた。彼の晩期資本主義論は、一九二八年開催の社会政策学会(チューリヒ)における「資本主義の転換」に関する講演の中で発表され、その見解をめぐって、ドイツでは、「資本主義論争」とも呼ぶべき議論が繰り広げられていた。向井らはこの状況をほぼ正確に捉えており、その中で、C・エッカートやA・ヴェーバーらの自由主義的な経済思想や、E・レーデラーらの社会民主主義などによる晩期資本主義批判の立場に対して、ゾンバルトの見解を積極的に評価した。

ゾンバルトは、『資本主義の将来』において、現今の資本主義の本質的な変化として、合理主義の進展に伴う投機的冒険的な営利心の後退による資本主義的精神の衰退、自由主義的個人的経済から拘束経済への移行(経営の官僚制化・脱精神化、カルテル等の企業結合、国家的規制、労働者による規制)、及び市場メカニズムの排除と硬直的システムへの移行(カルテルや国家による価格規制、労働組合による賃金維持)などをあげる。ゾンバルトは、これを資本主義の衰退傾向として捉えるとともに、それと併行する、一方での国営・自治体経営などの新しい経済体制の登場と、他方での旧い様式の残存に注目した。彼はこの状況を移行過程の特質として認識し、それを晩期資本主義と名づけ、これまでの盛期資本主義(Hochkapitalismus)と区別した。

国民経済の上のような変化と併行して、資本主義をとりまく外的条件も変化した、とゾンバルトは考えた。自由貿易に基づく世界的な交換メカニズムとロンドンを中心とする金本位制に基づく為替システムは解体し、またヨーロッパ資本の外国への流入、西欧による原料・食料の購入、それに対する工業品・資本での支払いという盛期資本主義に特徴的なシステムは根底から動揺している。代わって、関税障壁、貸付資本の回収、金本位制の停滞などが見られるが、その背景には、農業的な非西欧諸国の工業化(有色資本主義の展開)、新興諸国の資本主義化という現実が存在する。新興国は自国用の食料・原料を必要とし、旧工業国に対してそれを輸出する余裕がない。旧工業国は、原料・農産物の輸入が困難となるばかりでなく、自国の工業製品のかつての市場を失うとともに、世界市場で新興国の製品と競合するようになる。かくて、ヨーロッパによる非ヨーロッパ諸国搾取という旧来のシステムと白人の地球支配は解体した、と。

以上の状況認識を踏まえて、ゾンバルトは旧工業国の今後の可能性として、現状維持(保守的)、自由経済への復帰(反動的)、改革的な立場の三つを示し、第三の立場を積極的に評価する。それは、計画的な経済構成、つまり計画経済の途であるが、ソ連のような様式でなく、自由裁量と多様性を認め、私的所有と社会的所有とが併存し、多様なシステムと多様な手段を用いた経済体制とすべきであると主張する。

向井は、自著において「世界経済機構の変革」と「経済組織の変革と計画経済」とについて説明する中で、ゾンバルトの上の見解を採用した。また本位田祥男も、経済の行き詰まりへの対応として、ゾンバルトの指摘した保守的・反動的・改革的の「三つの見地」をとり上げ、第一と第二を批判しつつ、ゾンバルトと同じように第三の立場を選択する。それは経済の国家的統制の途に他ならない。

それでは第二の見地たる自由経済への復帰についてはどうか。向井も本位田もL・v・ミーゼスの自由主義的な立場に立った計画経済論批判と干渉主義批判に注目した。オーストリア学派のミーゼス(一八八一―一九七三年)は、第一次大戦後の独墺における社会化・社会主義化の動向に対して、生産・消費の合理的な運行のためには価格計算が不可避であり、これを否定する社会主義は混乱するとして社会主義計画経済の不可能性を主張していた。この見解は戦前の日本の非マルクス経済学の経済学者の多くによって受容され、社会主義批判の理論的根拠とされた。向井や本位田の社会主義的計画経済批判も例外ではなかった。だが、そのミーゼスは、『干渉主義批判』(Die Kritik des Interventionismus, Jena 1929)において、社会主義と資本主義との中間の「第三の途」によって、自由な経済活動の可能性を維持しつつ、資本主義の欠陥を除く国家的介入主義が可能か否か、を論じ、その困難性を理論的に説いた。ミーゼスはこうして自由主義への復帰を主張することになるのであるが、この主張に対しては、向井も本位田もともに全面的に反対した。ミーゼスは、経済機構の「自由主義がその発展につれて、その前提を必然に変化せしめたる事を見のがしてゐる」のであって、自由経済への復帰は「歴史の流れを逆転」させるものと批判される。(30)

資本主義の構造転化の認識にとって、資本の集積、経営規模の拡大の事実は基本的な前提となっている。ケルン商科大学教授E・シュマーレンバッハ(一八七三―一九五五年)のドイツ経営学者連盟での講演「新しい経済制度への転換と経営学」(一九二八年)は、資本主義の発展に伴う経営規模の拡大と経営機構の成長、とりわけ固定原価部分の増大と資本集約度の拡大を指摘し、それが生産・消費の自動調整とそれによる均衡を解体させたことを指摘し、寄生主義・官僚主義・企業精神衰退・カルテル等独占、等々の弊害をそれと結びつけた。経営学の権威シュマーレンバッハのこの認識は、経営学者向井鹿松にとって著しく重要であった。彼の統制経済論における資本主義の転化の理解は、ゾンバルトとともに、このシュマーレンバッハの見解に立脚していたといっても過言ではない。(31)

四　新体制としての統制経済制度と超株式会社の構想

(1)　統制経済制度の構想

向井は、自由主義経済の後退と経済的拘束、国家的経済規制への移行を世界的な傾向として認めた。彼は、統一的意思に基づく計画的・意識的な拘束経済を一つの経済制度とみなして、それを、①カルテル等の自己統制経済、②統制経済、③計画経済の三つに分類し、時代の方向性は第二及び第三の経済制度に進む傾向にあると考える。

第二の統制経済は、個別的経済政策と計画経済的統制経済とに分けられ、また第三の計画経済は、全計画経済(純なる計画経済)、部分的計画経済、計画経済的統制経済に分類されるが、最後の種類は、第二の統制経済と重なる。計画経済の完成形態である全計画経済は、統一的意思の下に行われる社会主義的な管理経済・強制経済であり、生産資本の個別的所有権は否定される。向井はこれをユートピア的として排除し、これに対して、国民経済における「特定の産業又は経済」を自由競争の市場より切り離し、特定の範囲で計画経済を行う部分的計画経済、または「一国民経済内に各種の原則を異にする経済制度を認めるも、国家の経済政策によって之を統一計画の下に統制せん」とする計画経済的統制経済を実際的なものとした(32)。

統制の手段としては、直接的統制と間接的統制とがある。前者は、①産業部門の国有・公有、②一定の経済活動の国家独占・国家活動への移行または免許制度、③特定産業の補助・助成(補助金・政府発注)、④公共の利益を害する営業等の禁止、また後者は、①特定経済機関への国家行政機能の委譲(たとえば輸出組合等への品質検査権の付与)、②同じく強制権の付与(たとえば重要産業統制法によるカルテルへの特定強制権付与)、③金融統制、④その他(関税

等貿易政策、通貨政策)、などが含まれる。(33)

向井は、多様な経済形式・経済制度の併存と、多様な統制手段の併用を重視し、それらを「一つの新しい意義ある経済に綜合総括」する必要性を説く。そのような最高計画の立案と決定を行う機関として「経済参謀本部」を位置づける。その上で彼は、より具体的に、管理組織、市場組織(とくに配給組織)、また国営事業など統制経済の技術的手段について立ち入った検討を加え、最後に「経済参謀本部」に関する各国の状況を見るのであるが、その際向井の統制経済論を特別に際立たせていたのが、株式会社論に基づく「自律的企業」「自律的経済」の構想であった。

(2) 超株式会社の構想と所有・経営の分離

向井は、企業の経営が企業の所有者によって担われ、その事業活動、その努力・熱意、積極性、創意・創造とが当人の利益と結びつき、それを通じて社会的貢献が果されていた自由経済の時代が終わり、代わって資本の所有者と企業の経営者とが分離した株式会社制度に基づく大経営が優勢となった状況を重視する。企業の所有者たる株主とその経営の分離、つまり資本の所有者が自らは経営の任に当らず、経営から離れていながらしかも経営の所有者であるという Industrial Absenteeism は、株主の有限責任制、株式の証券化と売買譲渡の可能性、出資者たる株主総数の増加と一人当り持株数の減少、事業経営権の重役への委譲という事情に基づいている。株主は会社の経営には関心がなく、出資した資本が安全な投資として確実に収益を生むことだけを期待する。彼らは次第に「自ら事業活動を為さず換言すれば社会に対して何等の職能を行はずして、而も定期に事業収益の分配に与らんとする不労所得の収得者」、「企業家気質」を全く離れた「利子所得者」・「年金所得者」の気質を有するようになる。株式の分散によって会社が会社資本の一小部分しか所有しない大株主によって左右される可能性が生ずるが、しかし経営の指揮は資本の拡大に伴って技術的な困難さを増し、そのため会社事業に対し十分な気力・才能を有するものが重役として経営に当ることにならざるをえない。

だが、企業活動を任された経営者は、所有と経営を同一人物が兼ねたかつての「所有者経営」の場合と異なり、経済的利害によって直接的に規定されていない。むしろ彼らは日常的にその職務を確実に行使していればその地位に留まり、年功制度により昇進しうるから、次第に特別の創意や才能を発揮する必要がなくなる。こうして「会社経営は単独経営に於けるが如き創意と活力を失ひて、規則的事務的官僚的機械化となりて其経営能率の向上を阻止し、且つ下級役員に対する指導監督も放漫となつて事務の渋滞又は不正行為を誘発し易きに至る」と向井は指摘する。(34)

株式会社の官僚制的性格の強まりと私企業としての長所の喪失を重視する向井は、今や株式会社の私企業としての存続の必要性に疑問を投げかける。「かかる事業に於ては資本主義的企業は既に其の使命を終つたやうに思はれる」とし、株式会社の自主化・社会化の傾向に沿った考えを提示する。つまり、株式会社の所有者たる株主への危険負担を有限とするとともに、配当の利益を定額に確定し、株主から事業を全面的(法律的・経済的)に分離して、事業は事業として存在させることが課題だと見るのである。かくて、会社の経営者は事業に専念し、事業収益の社内留保に努め、事業の発展に取り組むことが可能となる。

株式会社は、もはや資本家の「営利の用器」ではなく、「夫れ自体に固有の生命」を有し、国家、自治体、財団等と同じ性格となる。向井はこれを「超株式会社」と呼び、W・ラーテナウの「自律的企業」「自律的経済」(autonome Wirtschaft)に対応させる。こうして「事業の為の事業」がここに出現する。「事業としての事業」の受託者としての「新経営者」(重役)は、資本家を離れて独立に考え、新たなる経営標準、事業道徳を建設する、独自な職分と地位に置かれることになる。彼らは特定の個人のためではなく、事業を構成するすべての関係者(一般株主、一般従業員、消費者)のために事業を経営するのであって、「公人」としての地位を有することになる。事業は営利のための business ではなく、義務の遂行を目的とする profession となるのである。

このように自律的企業は従来のような「資本主義的企業」ではなくなるのであるが、しかし株主の所有権とそれに基づく配当の取得は否定されず、営利は依然として前提とされている。「新経営者」の事業への専念は結果的に株式会社の「サービス」の増大とその利益の拡大に結びつく。自主的企業は、「最早資本主義の下に於ける純粋の私企業」ではないが、私有財産を廃止しないから「社会主義の下に於ける経営」でもまた「公企業」でもない。それは「公私企業の中間物」で、これこそが「同じく中間物たる計画経済的統制経済の重要なる組織要素でなければならない」のである。

株式会社論に基づく向井の企業の社会化・自律化論は、一九二九年の著書『経営経済学総論』においてすでに展開されていた。向井は、そこで資本家と労働者の階級対立に対して、第一次大戦後、両者の「協同」や「協調」がさまざまな形で論ぜられていたことに注目し、株式所有による労働者の企業参加や工場委員会制、またイギリスのホイットレー(J. H. Whiteley)委員会による労働者の経営参加、産業組織の試み、さらにドイツの経営評議会について詳細に検討し、それらに対する対案として、自主的企業・超株式会社の構想を提示したのであった。(35)

(3)　ラーテナウの新経済体制論の影響

現代社会における株式会社の重要性に着目し、所有と経営(ないし企業と経営)の分離、株主(資本)に対する経営者(経営)を重視する上の動向に対しても、欧米の経済思想が大きく影を落としていた。その中でとくに向井の考えに重大な影響を与えたのは、ケインズの『自由放任の終焉』と、とりわけW・ラーテナウの経済思想であった。(36)

ドイツの電気工業コンツェルン、アー・エー・ゲー(A・E・G)社の設立者エミール・ラーテナウの息子、ヴァルター・ラーテナウ(一八六七―一九二二年)は、M・v・メレンドルフらとともに、第一次大戦後の「共同経済」(Gemeinwirtschaft)に関する実践と構想を通じて日本の知識人に大きな影響を与えており、向井も本位田も共にこの共同経済論に関心を寄せていた。しかし、ここで問題にしている向井の自主的企業論に対して絶大な影響を与えたのは、第一次大戦末期に書かれたラーテナウの『来るべき事』(Von kommenden Dingen, 1917)及び『新しい経済』(Die neue Wirtschaft, 1918)の二著であった。資本主義社会の「機械化」「組織化」「分業化」を必然と考えるラーテナウは、そこから生ずる人間の自由の疎外状況に対して、株式会社における株式の証券化と流通による所有の非人格化・細分化・流動化と、その結果としての企業の所有からの自立化の可能性に注目し、営利欲に代わって社会的な責任を自覚する機能的な新しい資本主義を構想した。

所有の非人格化、企業の客体化、所有権の廃止(企業による所有者持分の買戻し)は、企業の財団化ないし国制化に行きつくことになるとして、ラーテナウはこの状態を「自律」(Autonome)とした。ラーテナウは、上の株式会社の機能転化論、株主なき株式会社論に、産業別職業別の企業相互間のグループ化・シンジケート化、それらに対する国家的監督という共同経済的構想を結びつけた。彼の構想は、『自律経済』(Autonome Wirtschaft, 1919)として要約されるが、彼の主張する「自律的」企業と「新経済」の議論は、敗戦後の混乱と革命的状況の中で、社会主義・社会民主主義とその立場に立った社会化論に対する対抗として提示されたのである。(ラーテナウの経済思想とその国際的な波及についてはは次章IIで検討する。)

五　カルテル土台の「自主組織体」と「公益」の観点

現代社会における株式会社の役割に関しては本位田祥男も、『近代株式会社と私有財産』の著者A・A・バーリーとG・C・ミーンズに言及しつつ、経営者とその「経済道徳」の発達に期待を寄せた。彼は同時に、「営利主義的な経営組織」をそのまま放任して、「彼等〔経営者〕が私利に迷はず事業の為に、国家公共の利益の為に奉仕する様になるだらうと期待する事は余りに楽観的である」と注意を促しつつ、ケインズの公益的会社論〔後述〕とラーテナウの考え方を批判した。(37)

本位田の統制経済論の特徴は、向井以上に「公益」が表面に現われている点である。「統制経済は公益の擁護伸張を目的とする。だから国家が其権力を各個人に対して振ひ得るのだ」(38)という言葉に示されているように、本位田においては、「公益」が目的となり、そのために国家が肝要な位置を占めることになる。彼が目標とするのは、「公益」の観点に立った企業→産業部門→全経済という三段階に対する国家の統制であり、それによる生産と需要の調和をめざす経済組織であった。

それは単なる「恐慌克服」「国防充実」という「非常時」の目的ではなく、それを超えた「窮極目的」となるのである。「従つて非常時は去つても統制は後退しない」のであり、「最高の社会目的は燦然として輝き、統制経済は益々発展する」ことになる。「非常時」は、そのための「革新」と飛躍の時代として位置づけられるのである。

本位田は、その際このような「国家社会的な見地」に対する企業家の自覚に大きな期待を寄せる。企業は主観的には「私人の営利の手段」であるが、客観的には「国民経済内に於て其の産業を経営すべき職分をもつ一の機関である」という認識である。営利手段であると同時に国民経済における産業経営の「職分」の担い手という「企業の二重の意義」に対する企業家の「意識」の変革(「精神革命」)によって、統制経済は「協同経済」へと発展すると本位田は主張する。(39)

いうまでもなく「公益」の重視は「私益」の否定を意味しない。「私益」は「公益と調和する限定に於いてのみ許される」のであり、もし「公益」と衝突する時は企業家は「私益」を「自制」しなければならない。本位田の統制経済論の核心は、まさにこの企業家の「自制」と、「自制」の「組織化」、それによる企業家の「公益」の自覚、それを支える国家的統制という点にあった。従って、本位田の場合も向井と同様、資本主義的な関係は否定されず、むしろ前提になっている。否、それ以上であった。本位田は、上述したように私的企業と並んで、国営・公営の展開を統制論の一つの基礎としていた。しかし、国民経済にとって私企業の位置ははるかに大きく、「民営統制」こそ統制経済の中心的かつ現実的な方法として位置づけられねばならない。その際、統制が産業部門ごとに行われる場合は、その部門の企業の「自主的統制」を尊重すべきである、と本位田は主張する。国家は「其の統制を一応其の組織体に任せ、必要に応じて之を指導監督するに止むべきである(40)」。

そして「自主的統制」のためには「自主組織体」がつくり出され、それが「企業と国家意思との接触面」を形づくることになるのである。その際「公共の為の産業統制」にとって「企業集中が鞏固なる基礎」を提示している。カルテル・トラスト・コンツェルンが、まさに企業の「自主的統制」のために利用されるのである。彼は「已に民間に自己統制の主体として一の組織体の出来上つてゐる時、此の組織体をして国家統制を代行させる事は、何よりも統制を円滑ならしめる道であらう」と述べ、「ナチスは種々の点に於いて暴力的なる外貌を印象づけてはゐるが、企業統制の領域では漸進的であり自主的である」と自身の考えをナチスのそれに結びつけた。(41)

この「自主組織体」は、企業側の代表者となると同時に、政府の側からの働きかけもこれに対して行われる。組織体は、これを各企業者に伝達し、かつ自ら統制を行う。従って、それは企業利益を主張する私的団体であるが、同時に公共的性質を帯びることになる。

「自主組織体」は「経済の統制を要求しこれを遂行せんとする国家と、其の統制の客体たる個別企業或るひは私経済結合体(カルテル)としてあらはれる経済との間に位する中間の機関」であり、その機能は多面的でなければならない。製品の検査、技術の研究、技術者の養成、産業合理化、市場の規制、政府との仲介連絡、政府への発議、国家の諮問機能、等々がそれである。政府は、自主的組織に対して協定の届出を義務づけ、その認可・変更の指示等を与えることが出来るばかりでなく、設備能力・生産・販売・在庫等に関する報告を受け、また役員・監督の派遣により監督統制を行う。(42)

本位田祥男の統制論の核心は、カルテル組織を基礎として「自主組織体」をつくり出し、それに対して国家的な規制を行い、それによって企業家に「公益」を自覚させるという点にあった。その際、企業側(カルテル)の自主性が十分に尊重されなければならないのである。もとより、それは、企業結合の組織によるかつての自主的規制とは区別されるのであるが、しかし、資本主義的な機構の改造という点においては、経済の国家的組織化という限度に止まっており、営利原則への規制にまでは踏みこむことはなかった。本位田の考えは後述する経済新体制をめぐる革新官僚や財界の論議に直接結びつく。

カルテル組織を重視する点では向井鹿松も同じであった。(43)彼は部分的計画経済構想の中で「国家権力が上から統制」したカルテルを一つの統制組織として位置づける。そのため『日本統制経済全集』第一〇巻を担当した向坂逸郎は、向井の立場を、「独占強化の煙幕としての統制経済論」と分類し、次のように述べている。それは「独占資本の支配を排除することは出来ない。その社会体制が何んと名付けられやうと、それは独占資本による統制、独占の強化、を排除するものではない。否な、それを促進することに協力するものでなければならない(44)」と。このことは本位田の場合より明確に該当するだろう。

だが、われわれは同時に、そのような「煙幕」を張らなければならなかった資本主義経済体制の状況の深刻さについても留意する必要があるだろう。向井は、統制的経済を資本主義と社会主義の「中間」の一つの「経済制度」として構想し、本位田は、「公益」の観点に立った資本主義の組織化を必要と考えた。向井と本位田の考えの背景にあったのはまさに資本主義経済の危機の自覚であった。統制経済論は、自由主義的資本主義経済の解体と独占の形成過程を認識し、それを現実の諸問題に結びつけると共に、その解決のために資本主義の修正を構想したのである。「煙幕」は、それ自体、一つの思想史上の意義をもっていた。

(1)　経済学史・経済思想史の専門家・杉原四郎は、昭和一〇年代を、日本のアンシャンレジーム最後の一〇年間という点から「日本の社会科学史上格別の意味をもつ時期」と特徴づけている。杉原は、この時代の知識人の動向を「転向・便乗・逃避」として特徴づけることは大局的には正しいが、しかしこの時期の社会科学の状況は複雑で、①研究・表現の拘束がこの時期の前半と後半とで違いがあること、②自由の拘束は反面で視野の拡大や多様化を促すきっかけとなりえたと述べ、「この時期の社会科学の成果」は「予想以上に多産であり豊富であった」としている(経済学史学会編『経済学史学会年報』第二三号、一九八五年、九一―九二頁、杉原四郎著『日本の経済学史』関西大学出版部、一九九二年、八五頁)。その「成果」とは、マルクス経済学、経済学史、西洋経済史及び日本経済史、思想史の分野のそれであるが、それらの社会科学上の「成果」の意味は、「昭和一〇年代の社会科学の歩みをより包括的かつ立体的にたどること」によってはじめて説得的となると杉原は指摘する(同上著書、一〇七頁)。本章で対象とする統制経済論は、この時代の経済学・経済思想の主流として、経済学における「転向・

便乗・逃避」と強く結びついており、その意味で表面的には社会科学上の「成果」とはみなし難く、学史研究の外側に除かれがちである。しかしこの議論は、そのような外皮の内側に一定の経済学的な認識を包摂していたばかりでなく、それが時代状況と直接的に関連していたことによって、当時の社会科学を「より包括的かつ立体的」に理解するために重要であり、その分析は経済史や政策史のみでなく、経済学史や思想史にとっても課題となるのである。

(2) 中村隆英・原朗「「経済新体制」」(日本政治学会編『「近衛新体制」の研究』(『年報政治学』一九七二年)岩波書店、一九七三年)、長島修著『日本戦時鉄鋼統制成立史』(法律文化社、一九八六年)、宮島英昭「戦時経済下の自由主義経済論と統制経済論」(『シリーズ日本近現代史3 現代社会への転形』岩波書店、一九九三年)、同著『産業政策と企業統治の経済史』(有斐閣、二〇〇四年)、白木沢旭児著『大恐慌期日本の通商問題』(御茶の水書房、一九九九年)。一九三〇年代における統制経済論の全体的な状況とその推移を知る上で白木沢の研究はとりわけ有益である。白木沢は、いわゆる戦時統制経済と区別される、一九三〇年代前半から登場する統制経済論の重要性について、「一九三〇年代日本の社会状況は思想としての統制経済という現象ぬきには説明できないだろう」(同、序章、四頁)と述べている。白木沢は、この時期の統制経済論を、その意味内容、現体制との関係、位置づけにより、①「修正資本主義」の考え方、②資本主義とは異なる別の経済体制としての「ポスト資本主義」の立場、③統制経済を社会主義の前段階とみなす「前期社会主義」の考え方、の三つの潮流に分類している(同、第七章)。この時期に続く「経済新体制」にそのイデオロギーを提供したといわれる笠信太郎著『日本経済の再編成』(中央公論社、一九三九年)については、とりわけ中村・原、前掲論文、また、財界と官僚における議論としては、長島と宮島の研究が、それぞれ参照さるべきである。なお、本テーマと関連し、その背景となる一九三〇年代、戦時期の日本の知識人の全体的な思想状況については、思想の科学研究会編『共同研究・転向』(平凡社、一九五九—六二年)、長幸男・住谷一彦編『近代日本経済思想史Ⅱ』(有斐閣、一九七一年)、石田雄著『日本の社会科学』(東京大学出版会、一九八四年)はじめ多くの研究がある。また山之内靖著『日本の社会科学とヴェーバー体験』(筑摩書房、一九九九年)や『思想』(八八二号、一九九七年)の特集「一九三〇年代の日本思想」も関連する。

(3) 宮島英昭「産業合理化と重要産業統制法」(近代日本研究会編『年報・近代日本研究6 政党内閣の成立と崩壊』山川出版社、一九八四年)、同「一九三〇年代日本における独占政策思想」逆井孝仁教授還暦記念会編『日本近代化の思想と展開』(文献出版、一九八八年）、同前掲書、参照。

（4）白木沢、前掲書、一八七頁。統制経済論のこのような性格に関しては、中村隆英「概説一九三七—五四年」（同編『日本経済史7「計画化」と「民主化」』岩波書店、一九八九年）、伊藤隆「「国是」と「国策」・「統制」・「計画」」（中村隆英・尾高煌之助編『日本経済史6 二重構造』同上）などの指摘がすでに存在し、白木沢の理解はそれを展開したものである。もっとも白木沢は、「統制経済」の用語を「自由競争に基礎を置く自由放任経済にとって代わり、需要と供給の均衡を人為的にはかることによって恐慌を脱し、価格変動を抑制しようとする新たな経済政策、経済行為」というように狭く定義している。同、三頁。

（5）白木沢、前掲書、三頁以下。

（6）欧米の経済政策思想の戦前日本への影響に関しては、日本経済史の他の研究においてもその重要性が指摘されている。関連して、たとえば武田晴人「重化学工業化と経済政策」（『シリーズ日本近現代史3 現代社会への転形』岩波書店、一九九三年）、一三四頁、一四〇頁、岡崎哲二「戦時計画経済と企業」（東京大学社会科学研究所編『現代日本社会4 歴史的前提』東京大学出版会、一九九一年）、三七八頁以下、その他。

（7）異なった脈絡においてであるが、山之内、前掲書、八三頁注(30)の指摘をも参照。

（8）一九三〇年から三二年にかけて刊行された大阪商科大学経済研究所編『経済学辞典』一—五巻（岩波書店）には、「計画経済」の項目はあるが、「統制経済」のそれはない。

（9）それぞれの著者・書名は以下の通り。第一巻　向井鹿松著『統制経済原理』（一九三三年）、第二巻　笠信太郎著『通貨信用統制批判』（一九三四年）、第三巻　河合良成著『価格統制論』（一九三三年）、第四巻　井藤半彌著『統制経済財政論』（同）、第五巻　高橋亀吉著『日本経済統制論』（同）、第六巻　有澤廣巳著『産業動員計画』（一九三四年）、第七巻　土方成美著『統制経済政治機構』（一九三三年）、第八巻　小島精一著『日満統制経済』（同）、第九巻　猪俣津南雄著『統制経済批判』（一九三四年）、第一〇巻　向坂逸郎著『統制経済論総観』（同）。

（10）有澤廣巳は、昭和研究会において重要な役割を演じたといわれる。彼はまた陸軍計理局研究班（秋丸機関）でも活動している。この秋丸機関にはほかに、武村忠雄（慶應義塾大）、宮川實（立教大）、名和統一（大阪商大）、中山伊知郎（東京商大）などの有力な経済学者も関与していた。『昭和社会経済史料集成』第一〇巻「陸軍秋丸機関（戦争経済研究班）ニ関スル件」（昭和一五

年六月)、『中山伊知郎全集』第一〇集(講談社、一九七三年)序文、秋丸次朗著『朗風自伝』(非売品、一九八八年)、二〇頁以下。また脇村義太郎「学者と戦争」(『日本学士院紀要』第五二巻三号、一九九七年三月)。

(11) 笠信太郎の統制経済論については、中村・原、前掲論文、参照。また笠と昭和研究会との関連については昭和同人会編『昭和研究会』(経済往来社、一九六八年)、酒井三郎著『昭和研究会』(中央公論社、一九九二年)参照。この会には、谷口吉彦や大河内一男も属した。大河内一男の統制経済論については、とくに、高畠通敏「生産力理論」(前掲『共同研究・転向』中巻)、二一七頁以下。なお、柴田敬(京都帝大)の経済革新論と笠信太郎のそれとの対比については、八木紀一郎著『近代日本の社会経済学』(筑摩書房、一九九九年)第八章、参照。また本書後出Ⅶ。

(12) 日本商工会議所刊『産業合理化』第三輯(一九三一年六月)、七―四四頁。

(13) 伊藤隆「「挙国一致」内閣期の政界再編成問題(二)」(『社会科学研究』第二五巻四号、一九七四年)。

(14) 向井は、一九二六(大正一五)年に『取引所の理論的研究』(丸善)を、ついで『証券市場組織』(同、一九二七年)、『綜合取引所論』(日本評論社、一九三二年)及び『取引所投機と株式金融』(森山書店、一九三四年)など、株式・商品取引所に関する研究の成果を次々に公にしている。他方、それとは別に流通機構に関して、『配給市場組織』(丸善、一九二八年)、『産業組合経営論』(東洋出版社、一九三四年)、『現代商業概論』(巌松堂、一九三七年)及び『日本商業政策』(千倉書房、一九三八年)などを発表している。

(15) 戦後、向井はアカデミズムに復帰し、青山学院大学、中央大学その他で教え、日本商業学会会長にも就いている。向井については『慶應義塾大学百年史別巻(大学編)』(一九六二年)、一四五頁以下をも参照。

(16) 戦後、一九四六年に公職不適格を指示される。解除(一九五〇年)後は、立正大学、明治大学、独協大学の教授を歴任した。『本位田祥男先生遺稿集』(一九七九年)「本位田祥男先生年譜」(加藤隆・編集)。本位田の戦時中の活動については、本位田ゼミナールの会『大学のゼミナール』(一九七一年)、八五―九一頁(岩沢寛一)、参照。

(17) 上記「年譜」二五八頁。「革新社」については、内務省警保局編『社会運動の状況一〇』(昭和一三年)(復刻版、三一書房)、三五九頁、『東京朝日新聞』(昭和一三年七月二四日)、竹山護夫「革新社」(『国史大辞典』第三巻)、参照。なお、この本位田の呼びかけにより「革新社」に参画した他の経済学者は次の通りである。〔東大〕田辺忠男・中西寅雄・土方成美・橋爪明男、

〔立教〕田中精一・鍋島達、〔法政〕小野武夫・松本伸次、〔早稲田〕杉森孝次郎・林癸未夫・中村佐一、〔慶應〕加田哲二・金原賢之助、〔東京商大〕上田辰之助・猪谷善一・井藤半彌・山口茂、〔京大〕作田荘一・谷口吉彦・八木芳之助・柴田敬、〔大阪商大〕河田嗣郎・藤田敬三・堀経夫・浅香末起、〔台北帝大〕北山富久二郎、〔名古屋高商〕赤松要・宮田喜代蔵・酒井正三郎、〔福島高商〕中村常次郎、〔関西学院〕古屋美貞（『東京朝日新聞』昭和一三年七月二四日記事による）

(18)　本位田『新体制下の経済』（日本評論社、一九四〇年、一九四一年〈六刷〉）序。

(19)　宮島、前掲「産業合理化と重要産業統制法」参照。また『産業合理化』第一輯（一九三〇年）、及び同第一二輯（一九三四年）掲載岸信介「産業合理化より統制経済へ」をも参照。

(20)　向井『統制経済原理』第五・六章、参照。

(21)　「生産管理」・「労務管理」に関する文献も多数刊行された。産業能率研究所上野陽一著『産業能率論』（千倉書房）は一九二九年刊行で、一九四〇年には三〇刷、村本福松著『生産管理』（千倉書房、一九三七年）も三年後には一五刷を重ねるほどの読者を見出している。日本における科学的管理法の展開については、佐々木聡著『科学的管理法の日本的展開』（有斐閣、一九九八年）を参照。

(22)　笠、前掲書、一二八頁以下、中村・原、前掲論文、八三頁。

(23)　本位田祥男著『統制経済の理論』（日本評論社、一九三八年）、九―三四頁。

(24)　向井、前掲書、一九八―二〇七頁。

(25)　本位田、前掲書、三六頁。

(26)　有澤廣巳著『日本工業統制論』（有斐閣、一九三七年）第一篇第三章。

(27)　この時期に企業集中論の研究が相つぐ。たとえば藤田敬三（大阪商大）の『カルテル闘争論』（甲文堂書店、一九三六年）、国弘員人著『統制経済とカルテル・組合』（日本評論社、一九三九年）、高宮晋著『企業集中論』（有斐閣、一九四二年。出版後四カ月の内に三刷〈五〇〇〇部〉を重ねている）。静田均（京都帝大）の『カルテルと経済団体』（日本評論社、一九四三年）などの研究がある。

(28)　本位田、前掲書、第五章第二・三節。

(29) 詳細は拙稿「ドイツの資本主義転化論と日本への影響」(『政経論叢』第六九巻四・五・六号)を参照。経済の組織化や国家的計画化はフランスでも進展していた。廣田功著『現代フランスの史的形成』(東京大学出版会、一九九四年)及び権上康男・廣田明・大森弘喜編『二〇世紀資本主義の生成』(同、一九九六年)、とくに第二章及び第四章を参照されたい。

(30) 向井、前掲書、二三一頁、二七六—二八五頁、本位田、前掲書、二八頁以下。なお、ミーゼスの見解に対する理論的反論としては、杉本榮一著『統制経済の原理』(日本評論社、一九四三年)がある。

(31) 向井、前掲書、二三〇—二三八頁。シュマーレンバッハの講演、Die Betriebswirtschaftslehre an der Schwelle der neuen Wirtschaftsverfassung は、Zeitschrift für handelswissenschaftliche Forschung, Jg. 22, H. 5. に掲載された。この講演は戦後邦訳された。土岐政蔵・斉藤隆夫共訳『回想の自由経済』(森山書店、一九六〇年)付録。

(32) 向井、同上、第九章。

(33) 同、第二編各論。

(34) 同、第一二章。

(35) 向井『経営経済学総論』第一〇—一二章。

(36) 詳細は次章Ⅱ参照。W・ラーテナウについては、吉田和夫著『ドイツ合理化運動論』(ミネルヴァ書房、一九七六年)、小野清美著『テクノクラートの世界とナチズム』(同、一九九六年)、参照。

(37) 本位田、前掲書、一四三頁以下。本位田は株式会社に関する研究を弟子に委ねたようである。本位田門下の大塚久雄の『株式会社発生史論』(有斐閣、一九三八年)は、株式会社の発生史についての画期的な研究であるが、同時に株式会社に関する経済学的な分析でもあった。同上(『大塚久雄著作集』第一巻、岩波書店、一九六九年)初版序、及び上記著作集「後記」、参照。併せて鈴木芳徳著『株式会社の経済学説』(新評論、一九八三年)、一五九頁以下、また本書Ⅱを参照。

(38) 本位田、前掲書、五五頁。

(39) 同上、八五—八七頁、第七章、第一〇章。

(40) 同上、第七章。

(41) 同上、二一九頁以下。

(42)　同上、第七章。東京帝大において本位田に最も近かった土方成美も、統制の審議立案に当る経済参謀本部の設置と並んで、経済団体の整備を当面の課題だとしている。しかし、彼の場合、早くから「日本精神」が強調された。同「統制経済と日本精神」(『経済往来』八巻三号、一九三三年三月)。
(43)　向井、前掲書、二九〇頁。
(44)　向坂、前掲書、九七頁。

II

戦前日本の所有・経営分離論とヨーロッパの経済思想

――営利主義批判と職能社会の構想――

一九・二〇世紀交以降における資本主義経済の転換は、資本家的企業の形態の変化と結びついていた。一九世紀的な資本主義においては個人的同族的な企業が一般的であった。そこでは資本の所有(者)と企業の経営(者)とは基本的には同じ人格の下に結合されていた。しかし一九・二〇世紀交以降になると個人的同族的企業に対して、出資者の有限責任制にもとづく会社形態、とくに株式会社による企業形態が展開し、次第に優勢となるにいたった。この株式会社の独自な役割と問題性が、株式の証券としての流通や株主の分散化、また資本(株式)所有と企業経営、株主(株主総会)と経営陣(重役・取締役会)との関係に関連づけられて、社会的に大きく注目されるようになるのはとくに第一次大戦期以降であった。

個別資本の結合と動員を容易にする株式会社は、大規模な資本主義的企業の発展を促進し、その広範な企業活動・営利活動は、人々の経済生活に対して、これまでとは比較にならない大きな影響を与えることになった。こうして株式会社は、一方ではその企業活動の社会性・公共性において注目されるとともに、他方では投機的な株式取引、高率の株式配当と株主の不労所得、またカルテルによる価格引上げなど、営利本位の問題性が指摘されるにいたった。

ヨーロッパではこのような認識を背景にして、株式会社における資本家的な営利追求主義を抑制して、企業経営の合理的な運営の可能性と企業活動の社会性・公共性の側面を重視する考え方が登場してくる。この経済思想は、資本主義的企業の営利第一主義や株主の不労所得を批判しつつ、株式会社における資本所有と経営機能との分離の現実に注目し、高配当率を求める株主資本家に対して、専門的能力を備えた経営スタッフによる自律的な企業運営に期待をかけ、企業の合理的な経営の拡大を通じて資本主義を修正ないし改造しようとする見方と結びついた。

高率配当を求める資本所有者（株主）の資本家的営利主義に対して、会社企業の公共性を考慮し、経営陣による合理的な企業運営の実現に期待するこの観点が、日本においてとくに大きな問題となるのは、生産力の拡充と経済動員が最重要課題となる戦時経済体制の確立期ないし総力戦期であった。企画院官僚や知識人たちのいわゆる資本・経営分離論の構想がそれである。配当制限や株主の権限の制約に結びつくこの構想は、財界の激しい反発に直面し、大きく後退することになるが、第二次大戦後には、戦後改革の一環としての「企業民主化」の柱となり、戦後日本の企業体制の特質を形づくることになる。本章は日本における資本・経営分離論の思想史的な展開を跡づけ、その意義を明らかにするとともに、それがヨーロッパの経済思想から大きな影響を受けつつ形成されてきたことに注目し、その具体的な状況を解明する。それを通じて、この議論が経済新体制や総力戦体制だけに関連する問題ではないこと、またそれが単なる「企業システム」の制度的な方式や株式会社の「ガバナンス」のあり方としてではなく、営利主義を批判し、「専門人」による職能的社会の実現をめざす資本主義社会の修正に関わる経済思想と深く結びついていた点を示そうとするものである。

一　「資本と経営の分離」問題に関する先行研究

資本主義的企業における資本の所有と企業活動、とくに株式会社形態の企業における資本所有者（株主）と経営担当者（重役）との関係のあり方が、経済体制の改革の課題と関係して重大な政治問題となるのは、日中戦争の長期化によって戦時経済体制の確立が要請され、経済の「新体制」の構築が論議された一九四〇年前後の時期であった。経済新体制に関する中村隆英・原朗の共著論文[1]によればその経過は次のようであった。

(1)近衛第二次内閣においていわゆる「新体制」問題の一環をなす「経済新体制」が活発に論議され、政治的な重要問題となったのは、一九四〇年秋から一九四一年夏にいたる時期であったが、しかしその発想は、それより前、とくに笠信太郎著『日本経済の再編成』[2]に示されていた。「資本と経営の分離」はその中で提示された最も重要な論点の一つであった。笠は営利追求に重点を置く資本の活動に対して、企業の経営的側面こそが優先すべきものと考え、企業の目標を利潤第一主義から生産第一主義へ転換することが必要であると主張した。この考え方は笠信太郎や彼が所属する昭和研究会から、企画院に受けつがれた。

(2)経済新体制の立案に関与した企画院の革新的官僚(美濃部洋次、迫水久常、毛里英於菟《ひでおと》ら)は、企業所有と企業経営との機能上の分離、それによる経済活動の利潤本位から生産本位への転換という観念を重視し、彼らはそれを経済新体制の構想の基軸的な位置に据えた。しかし一九四〇年九月初旬にそれが報道されると、財界は革新官僚らの構想に激しく反発し、これを資本主義に対立する「アカの思想」であるとして攻撃した。

(3)一九四〇年一二月に閣議決定された「経済新体制確立要綱」においては、この対立は「資本・経営・勤労の有機的結合」という文言の形で妥協的に決着したが、しかしそこでは企業の資本所有と経営とは明確に区別されて認識されたばかりでなく、さらに資本所有者に対して、より多く企業担当者とその創意・責任とが重視された。

太平洋戦争への突入(一九四一年)と情勢の緊迫化に伴い、軍需関連企業の国家性を明確にするとともに、生産責任制を確立するために、一九四三年一〇月に軍需会社法が発せられた。それは資本(株主)の支配に対する経営の自主性を強化し、経営担当者(企業経営者・従業者)の職業的自覚を強く求め、生産の増強をはかろうとするものであった。こうして資本と経営の分離、経営自主体の確立と経営共同体の形成の問題が新たな形で表面化してくる。岡崎哲二はこの軍需会社法に注目し、その中で株式会社の株主の役割と権限が制限され、経営者の地位が強化されたことを重視し、「商法に定められた株主権限を明示的に制限した点で画期的な法律であった」と評価し、この法律を戦後の経済同友会の「企業民主化」の構想に見られる経営者重視の立場に関連づけた。(3)

経済同友会の「企業民主化」構想の原案を作成したのは大塚萬丈であった。この点に注目した研究は、この大塚がすでに昭和一〇年代半ば頃、理化学研究所(大河内正敏所長)に在職中に、所有・経営分離の考えを準備していたことを指摘し、戦後改革につながる構想がすでにこの時期につくり出されていたことを明らかにした。(4)

所有・経営の分離、経営の自主性の問題は、以上のように主として戦時経済期・総力戦期と関連づけて論ぜられてきた。このような見方に対して浅井良夫の研究は、この問題が戦時経済体制のはるか以前、すでに一九一〇年代に上田貞次郎によって先駆的に提示されていたこと、また一九三〇年代には増地庸次郎ら経営学者によって議論がさらに深められた事実を明らかにした。浅井は、経済新体制前夜の笠信太郎の考えも、これら「新進の経営学者たち」の論議を取り入れたものではないか、と推論する。(5)

浅井の上の理解は、鈴木芳徳・晴山英夫らの株式会社論によって裏づけることができる。(6) しかもこれらの研究は、株式会社における所有・経営分離問題に関する当時の議論が、同時代の欧米の株式会社論から強い影響を受けていたことを明らかにしている。所有と経営の分離は、単に戦時期の日本に特有の問題ではなく、すでに欧米資本主義国において、戦時期より以前から論ぜられていた問題であったのである。

しかしこの論議は単に企業システムや株式会社法の問題に止まるものではなかった。所有・経営分離論は、経済の新体制と関連づけられ、財界から誤って「赤」呼ばわりされるような、資本主義の改造に関係する思想的な意義を備えていた。そしてそれは、戦後には戦後改革の基本的課題である経済民主化の一環を構成し、資本主義の「修正」と結びつけられて論ぜられることになるのである。先行研究の以上のような動向とその問題点を考慮にいれながら、所有・経営分離論を資本主義経済の転化とその問題性に関わる経済思想との関連で捉えなおし、日本におけるその展開とヨーロッパの経済思想の影響について具体的に跡づけることにしよう。

二　営利主義批判と経営者・専門家の役割

(1)　上田貞次郎の所有・経営分離論と企業者職分論

所有(資本)と経営を分離し、経営者を株主の利害から可能な限り自律させて、合理的な企業経営に向わせるという考えが強く主張され、それをめぐって激しい論議が戦わされたのは上述のように経済新体制が問題となる時期であった。経済新体制確立要綱(一九四〇年一二月、以下「要綱」と略す)発表の次の年、上田辰之助(東京商大、一八九二—一九五六年)は、この「要綱」とその直前に病没した東京商科大学学長上田貞次郎(一八七九—一九四〇年)の企業者職分論との関連を取り上げ、「要綱」における企業の有機的一体性の観点、企業担当者の創意・責任とによる自主的経営の承認、公益優先・職分奉公の指導原理の中に上田の主張が採用されていると指摘した後、次のように記した。(7)「ただ資本と経営との分離については二十年前博士が取上げられた問題が要綱では未だ解決を見ず、経営及び労務と共に資本すなはち所有に独立の地位が与へられ、三者を打つて一丸とするやう、各々にそれぞれの役割が振当てられてゐる。この意味において博士の企業者職分論は鋭い預言者的性格を有つてゐたものといはなければならない。」

経済新体制との関連を指摘された上田貞次郎の企業者職分論と資本(所有)・経営分離論は、すでに一九一三年において彼の株式会社経済論の中で先駆的な形で展開されていたのである。株式会社は——上田貞次郎は述べる——投資された資本の株式形態での証券化・動産化と、「事業の経営と所有」の「分離」、有限責任性を特徴とし、その中で一方では出資者たる「財産階級」・「有産階級」と、他方では「財産」を「管理」する「有力な階級」とが登場する。上田はその際とくに株式会社の事業経営に対する重役制度の役割に注目し、無力な株主総会に対して、会社の重役が「企業者の職分」を分担することを重視した。そこには最早旧来のような形の企業者は存在せず、企業者の職分は株式会社なる組織によって担われ、その組織の内部で職分の分担がなされて、出資者として事業の危険を負担する職分は株主に、事業を経営指揮する職分は重役に割りあてられる。シュモラーの用法に従えば、重役は「勤労企業家」(arbeitender Unternehmer)であり、一般株主は「不勤労企業家」(nicht arbeitender Unternehmer)である。イギリスの場合は、事業を経営する「キャプティン・オヴ・インダストリー」(captain of industry)と金融面を受け持つ事業家「フィナンシアー」(financier)がそれぞれに該当する。(8)

上田のこの認識は、東京高商(のち東京商大)の同僚・福田徳三(一八七四―一九三〇年)及び関一(のち大阪市長、一八七三―一九三五年)との株式会社論をめぐる論争の中で整備されたのであって、彼の株式会社経済論は日本における「所有と経営をめぐる論議の先駆」をなすものとなった。(9)

だが上田は、経営と所有の分離、重役による企業職分の分担を単なる株式会社論として展開したのではなかった。彼は株式会社がもたらす「社会問題」に注目し、それを資本主義経済の問題性に関連づけていた。(10)彼は、資本主義の問題点を勤労にもとづかない所得、「不労所得」の存在に見るのであるが、株式会社の普及が株式への「投機」を通じて、また事業活動と関係をもたない配当収入によって、「不労所得」を増大させていること、それらが「相続」によって拡大されている問題を鋭く指摘した。しかし彼はこの株式会社の普及が同時に企業経営を担当するもの、重役すなわち「キャプティン・オヴ・インダストリー」と、事業に従事する「会社員階級」すなわち「私吏員」・「民吏

（プリヴァート・ベアムテン（Privatbeamten））」、つまり「高級使用人制度」を登場させた事実を重く視て、彼らが「今日の金儲け中心」の資本主義の「欠点」を改良することができるのではないかと考えた。

上田は述べる。(11)「是等の人が如何なる所から出て来て、如何なる修養を持つて居るか、如何なる見識を持つて居るか、と云ふことが、一国の産業なり又精神的の発達なりに偉大なる影響を及ぼすものであると云ふことは申すまでもないのであります。それでありますからして、吾吾は此民吏の研究をしなければならぬ。」

この見方は一九二六年の著書『社会改造と企業』において一層確固たるものとなる。彼はその中で、将来の社会においては、実力と才能をもったもの、また「頭脳労働」が重きをなすだろうと予測し、とくに株式会社における経営担当者の創造的活動に期待を寄せて、次のように述べる。(12)「蓋し株式会社制度が現代の経済組織に与ふる所の一特色は企業者職分の分担である。昔個人企業の外に企業無かりし時代には、企業者は資本の提供者であり且事業の経営者であつた。株式会社にありては資本の提供者は即ち株主であり、事業の経営は重役の手に任されてある。将来の社会に於いては個人株主が消滅して公共団体が唯一の株主となり、重役は株主の代理でなくして公共団体の代理として経営の任に当るであらう。」

上田貞次郎の株式会社論は、このように資本主義社会の改造論と密接な関係にあった。所有・経営分離論は、彼の場合、企業経営に関与し指揮する重役（「キャプティン・オヴ・インダストリー」・「産業の将帥」）だけでなく、それを支える会社職員（「民吏」）の役割とも関連づけられた。彼はこれらの能力を備えた新しい社会層が積極的に活動し、資本主義の営利第一主義の欠陥を改善してくれるものと期待したのである。

上田貞次郎の経済思想における企業者論と社会改造との結びつきを重要視する経済学史研究の西沢保は、上田が自身の経済学・経済思想の構築にあたって、ヨーロッパの経済学や経済思想を積極的に検討し、それを批判的に吸収した事実を指摘している。[13] その際に上田が注目したのがイギリスの経済思想であり、とくにA・マーシャルの経済騎士道論と、R・H・トーニーのギルド社会主義であった。

(2)　マーシャルの経済騎士道論とトーニーの機能的職分的社会論

上田は、会社の重役が生み出す「新道徳」と、企業の「民吏」が示す新しい傾向、つまり仕事に対する職業上の満足感や、彼らの活動の成果に対する社会的評価の側面に注目し、それをイギリスの経済学者A・マーシャル(一八四二―一九二四年)の考え方に関連づけた。経済騎士道(economic chivalry)論がそれである。

一九〇七年にロンドンで講演され、雑誌に掲載されたマーシャルの経済騎士道論は、彼の主著『経済学原理』の改訂に際してその結論部分にも組み込まれ、マーシャルの経済思想の核心の一つをなすものとなった。[14] マーシャルはその中で、企業家を二つの型に分けて、創造的・建設的(constructive)な仕事に向って指導的に活動する企業家と、手段を選ばず営利活動のみに専念する企業家に区分し、富の追求を自身の利益よりは活動の成功のしるしと見る、前者の型の企業家を積極的に評価した。

経済騎士道とは、このような企業家の創造的な労働、障害の克服、着実な努力と地道な仕事、社会的貢献などの経済倫理を意味したが、マーシャルはそれを企業家に求めたばかりでなく、それが社会的な規範として一般化し、両者が相互に刺激し合うことを期待した。マーシャルのこの経済騎士道論は、「キャプティン・オヴ・インダストリー」における社会的責任や人々の信望と「創造の動機」・「社会奉仕の動機」を重視する上田貞次郎の考え方に対して重大な影響を与えた。

だが上田は、自らの株式会社論、所有・経営分離論を何よりもイギリスの経済史家R・H・トーニー(一八八〇―一九六二年）の「職分社会」(functional society) 論に重ね合わせた。上田はトーニーの著書『利得の社会』(The Acquisitive Society)〔初版、一九二二年〕について次のように述べる。[15]「大戦以来社会改造に関する幾多の新説が公にされたけれども、此書の如く余をして共鳴せしめたものはない。結論に於いて、又其着想に於いて余の言はんとする所、又は既に言ひたる所を、外国語で書いて呉れたのが此書であると思ふ。」

それではトーニーの『利得の社会』はどのような主張を行っていたのだろうか。トーニー[16]はこの書物[17]において、社会的な活動における「機能」(function) を最も重要視する。それは社会的な目標の理念と一体となった活動・サービスを意味し、その機能を個人的利益のためにのみ遂行するのではなく、より高い権威 (authority) への責任と結びつける点に意義がある。今日の社会の基礎はこのような「機能」ではなく「権利」に置かれており、それに基づく富の獲得と財産の享受は、サービスや「機能」から乖離している。社会的義務の遂行ではなく、自らの利己心の追求、無規制な富の獲得に向う社会を、トーニーは「利得の社会」とし、これに対して富の取得を社会的義務に結びつけ、報酬をサービスに比例させ、サービスをしないものへの報酬を否定し、人間が所有ではなく、創り出し達成したものに価値をおく社会を「機能社会」(「職分社会」functional society) とした。

彼は「機能なき財産権」の破壊性を問題にし、利潤追求と生産的活動との結びつきの弱まり、「事業」(business) の儲け主義と「科学的な経営」(industry) との対立的関係、「事業」と「経営」との「分離」(separation) の現状を指摘し、批判する。

彼は、その観点から株式会社の資本所有（株主）と産業的組織との関係を問題とし、産業的経営が一定の目的と結びついた「専門的職業」(profession) として編成され、機能の遂行を課題とする組織された営業 (trade) へと転換しなければならないと考える。経営は財産所有者の利益のためでなく、公共のサービスのためになされ、それは公共的監視の下で、仕事を実際に運営するものによって担われる。これは所有権の否定を意味せず、いわばその希薄化によってなされる。その一つの方法が資本所有者を、もはや利子率以上の支払いを受けることがなく、支配権をもたない、いわば社債所有者の地位に近づける方法である。「産業の解放」(liberation of industry)は、このような産業の職業化、職業としての産業の組織化と、「資本家の消滅」(extinction of the Capitalist)、機能なき財産権の廃止によって果される。そのような産業の運営のために、創造的な仕事を担う専門的職業的な労働者、創造的な活動への労働組合の協働が、また肉体労働と並んで知的な労働者(頭脳労働者)の活動が不可欠となるのである。

上田貞次郎はトーニーのこの考え方に注目し、それを積極的に評価した。彼はトーニーの Acquisitive Society すなわち「財貨獲得の社会」・「営利中心の社会」への批判と、Functional Society すなわち「職分中心の社会」の構想を詳細に紹介した。彼は、フェビアン協会の旧い「集産主義」に不満を抱き、ギルド社会主義に向ったトーニーが階級闘争による理想社会の「急設」ではなく、「現在の社会の内に改造の萌芽」を求めたことを肯定的に捉え、その考え方の多くに賛同する。だが機能的(職分的)社会の実現のために、労働組合と精神労働者の職業的団体を中心におくトーニーに対しては、それがあまりに楽観的過ぎると批判し、自らの立場をギルド社会主義と区別した。

しかしこのような批判にもかかわらず、第一次大戦後のイギリスのトーニーのギルド社会主義の経済思想、とくに資本主義的企業の無規制な営利追求と、所有と経営が分離した株式会社における機能なき財産権とを厳しく批判し、それに対して、仕事をするものが担う機能的職分的社会を目標におく構想が、有力な学者上田貞次郎によって注目され、かつその著書によって日本で広く紹介されたことは著しく重要である。トーニーの経済思想は、上田を通じて間違いなくその後の日本における所有・経営分離論に痕跡を残したといってよいだろう。もちろんそれは上田自身の株式会社経済論についても該当する。東京商大における教授また学長としての学生・同僚への影響、社会政策学会での活動、さらに中小企業問題や農村工業問題に関連する大学をこえた幅広い社会的活動、等々によって、一九二〇年代から三〇年代を通じて、その死去にいたるまで、上田の果した役割は決して小さくなかったからである。所有・経営分離論に立脚して、株主ではなく、経営者の指導的役割と生産本位を主張して、それを日本経済の機構的再編成に結びつけた笠信太郎が東京商大の出身であったことは偶然ではなかった。

三　超株式会社論とラーテナウ、ケインズ、ゾンバルト

(1)　向井鹿松の超株式会社論と小島精一の批判

株式会社論と株式会社をめぐる経済思想は大正期から昭和期に入って大きく前進した。その中でとりわけ重要な位置を占めたのが、慶應義塾大学教授向井鹿松の自律的企業・企業自主論であった。向井の株式会社論を克明に分析した晴山英夫はそれを次のように評価している。(18)

「しかしたとえそこに多くの論理的飛躍や事実誤認があったとしても、向井の提起した理論と理念は会社支配論にとって新たなる分野を開拓したものとして高く評価されねばならない。

上田貞次郎によって示唆された所有と経営の分離の考え方は、まだごくプリミティブな形であるが、向井によってはじめて一つの理論として導入され、消化され、展開された。株式分散の意義の評価、経営者による会社支配という新たな理念の提唱、大株主と経営者の闘争に関する指摘などは、いずれも会社支配論の核心的部分に迫る認識と考察を示すものであり、その後の理論の展開と発展に大きく貢献するところがあったといわなければならない。」

株式会社論に基づく向井の企業の社会化・自主化論が、一九二九年の著書(19)で展開され、さらに『日本統制経済全

集』第一巻、『統制経済原理』の中で深められたこと、彼の企業の自立化論が、国民経済の国家的な統制、つまり統制経済の構想と密接に関連していたことは前章ですでに見た。[20]

向井の株式会社の改造、すなわち超株式会社の構想は気鋭の経済評論家小島精一によって厳しく批判された。小島は、株式会社における株式分散の傾向、雇用重役の台頭、重役と株主との間の経営政策上の相違の発生については向井の認識を妥当とするが、しかし企業の自立化の現実性に対しては疑念を表明する。まず、①株式の分散は、比較的低い割合の株式所有によって全株主を統制する可能性をつくり出し、「大財閥をして会社統制権の把握を容易にさせ、それだけ、大財閥の支配圏を拡大させるものに外ならぬ」と指摘する。②雇用重役は向井のいうような「自由、独立の一存在なのではなく」、「大財閥の中心的指導者の手足の延長であるに過ぎない」。彼らが大財閥の利益に逆らってまで自発的に社会奉仕的経営政策を実行するなどとは到底考えられない。また重役の報酬は直接・間接に企業の利潤に関連するから、彼らは結局利潤増大に熱中することにならざるをえない、と。[21]

小島精一が批判したように向井鹿松の自律的企業論は重大な欠陥を有していた。株式会社における株式所有者と会社経営者との関係は、この後もさまざまな形で議論されることになるが、向井・小島論争は企業経営をめぐるこのような議論の出発点となった。その際注意すべき点は、向井の企業それ自体とその自立化論、自律的企業論(超株式会社論)が単なる株式会社論ないし企業経営論としてではなく、国民経済における企業の役割、その社会的ないし公共的役割の問題として提起されていたことである。そこで問題となっていたのは、自由主義的な資本主義経済の行き詰まりという時代的状況であり、その中での企業経営のあるべき姿であった。企業経営の新しい構想は、国民経済の全体的な問題の克服や新しい経済体制の創出と不可分にあったのである。向井は、自由主義的な資本主義経済に代わる次の経済段階として、国民経済に対する国家的統制の体制を構想し、企業経営に関わる先の考えをこのような統制的経済論に結びつけた。所有・経営分離論は、こうして資本主義経済の転換、自由主義経済から組織的ないし統制的経済への移行の論議の一環を形づくることになったのである。

前章で見たように向井鹿松は、大学教授としてばかりでなく、一九三〇年に発足した産業合理化に関する政府の臨時産業合理局の統制委員会に加わり、重要産業統制法の立案に関与し、さらに内閣の国策調査機関として一九三五年に設置された内閣調査局の専門委員にも指名された。国民経済の国家的統制の具体化の中で彼はその政策形成過程の中心に位置し、その意味でも彼は統制経済論の第一人者とみなすことができた。国民経済の国家的統制という全体的な経済編成の構想と一体になった所有と経営の分離に関する向井の考えは、同時代の人々に少なからぬ影響力をもちえたのである。

(2)　ラーテナウの「株主なき株式会社」論と国際的波及

向井鹿松の自律的企業論・超株式会社論は、前章で述べたようにラーテナウとケインズ、とくに前者の「自律的経済」・「新経済体制」に関する議論から大きな影響を受けていた。そのラーテナウについて経営学者中西寅雄はこう述べている。

「企業における所有と経営の分化を最初に唱導したのは、わたしの知るかぎりでは、ワルター・ラーテナウである。一九二〇年代のはじめにおけるドイツの偉大なる企業家であり同時に経済思想家であったワルター・ラーテナウは、『来るべき経済の新秩序』(中略)なる著作において、はじめて大企業における所有と経営の分化なる現象に着目した。[22]」

ドイツの電機工業アー・エー・ゲー社のW・ラーテナウは、第一次大戦期には戦時経済に関与し、戦後は復興相、また外相として活躍するが、そのかたわら、暗殺によるその死(一九二二年)にいたるまでいくつもの講演や著述を精力的に試みた。向井が注目したのはその中のとくに『来るべき事』と『新しい経済』であった。
人間の自由の疎外など資本主義社会がもつ深刻な問題の解決のためにラーテナウは、広い社会的支持を確実にしつつある社会主義に対抗して、営利欲によらずしかも社会的な責任を自覚する新しい資本主義を構想し提起した。そこで彼が注目したのは企業における株式会社形態の発展という現実であった。彼は株式会社における株式の証券化と流通、それによる所有の非人格化、所有請求権の細分化と流動化の事実を重視し、企業はやがて所有から自立して独自の生命を与えられ、その運営は官僚制的な指導機関が中軸となって行われるようになると考えた。そしてついには企業はその収益の中から所有者の持分を買い戻し、自身がその所有者となることができる。企業の客体化、所有権の廃止、株主なき株式会社が実現し、企業の財団化ないし国制化が達成される。この状態をラーテナウは「自律」(Autonome)と呼んだ。

株式資本は漸次株主に返済され、他方、その所有権の一部は企業で働く職員や労働者に分与されねばならない。自律的な企業は、貪欲な営利追求に代わって、責任の意識と自覚に基づいて運営される。しかし私的なイニシアチヴは存続するので、企業は行政と私的な営業との中間的な構成体となる。無駄が排除され、労働は効率的となり、生産は合理化する。余剰は蓄積され、企業の改善と拡張に向けられ、労働者は労働収益の配分に加わる。以上が『来るべき事』におけるラーテナウの自律的企業論であった。(23)

ラーテナウの『来るべき事』は、ドイツでは、単行本として一九一七年に刊行されて六二刷、最初の著作集に収められて七刷、新しい著作集で一九二九年までに八三刷を重ねるほどの幅広い読者層を獲得した書物である。翌一九一八年に公にされた『新しい経済』(24)も著作集に収められるまでに単行本として五四刷を記録するほどのベストセラーであった。この『新しい経済』は、戦争終了後に採用されるべき新しい経済秩序についてラーテナウの考えを表明したものであり、「経済はもはや私的なことがらではなく共同体(Gemeinschaft)の問題である」という観点から、国民経済の組織化、共同経済への編成替えを構想したものである。そこでは株式会社の機能転化論は、自発性と責任性とに基づく自治的な組織体とそれを土台とする国民経済の共同体的・有機的編成に関する構想と結合する。経営体は職種ごとに結合され(職業的連合)、また先行・後続各工程に従ってグループ化され(営業的連合)、それらが国家の監督下に置かれる。前者は各企業を成員とする株式会社の形をとり、シンジケートのような活動を行う。先に見たように向井鹿松の自律的企業(超株式会社)論は、国民経済の統制経済的な編成の観念と一体となっていたが、その構想はラーテナウのこの考えと大きく重なるものであった。

第一次大戦が終わった直後の一九一九年に発表された『自律経済』において、ラーテナウは「株主なき株式会社」論と共同経済論とを再度取り上げ、その意義を強調した。「自律的」な企業を土台とするこの「自律経済」・「新経済」の構想は、この場合、彼の激しい社会主義・社会民主主義批判と密接に結合しつつ、当時のマルクス主義的な社会化論や国有化論への対抗として提示されたのである。(25) ラーテナウの「自律経済」論は、こうして経営における専門的経営者(重役)・職員スタッフ・技術者・労働者の協働と連帯を重視する。それは、階級対立の現実に対応し、資本主義的体制維持の観点に立った経営的共同体論、階級調和的な社会的統合論に他ならなかった。

ラーテナウの構想に注目したのは、向井鹿松だけではなかった。臨時産業合理局の顧問で、後に商工大臣となり、産業の組織化に影響を及ぼした中島久万吉(一八七三—一九六〇年)もラーテナウに大きな関心を抱いていた。中島は、ベルリン滞在中、「独逸の実業家で、経済哲学者で、且つ大政治家であつて、竟に惜しむべき横死を遂げたラーテナウ博士と面会の折に、博士の国家社会主義に関する意見を聴いた」のであった。中島は、ラーテナウから、経済組織は私有物としてではなく集団的事物として取り扱うべきであり、国家は経営を監督し、営業利益の分配に関与すべきこと、また合理化については、一企業内の諸機関の集中・統一による企業改造と独立中央執行機関による共同目的のための運用とが必要であることを学んだという。彼はこれを「トラスト」制国家として理解し、「国家社会政策に於る将来の傾向を髣髴せしむる」と評価した。(26)

他方、一九三二年刊行の『経済学辞典』(岩波書店)は、ラーテナウの構想を、「特殊なる社会主義的、連帯主義的、産業統制的、漸進的社会改造の思想」とし、とくに労資の「自覚的協同による産業の中央集権」と「人間生活の地位と職業の安定を基調とする新しき道徳の上に立つ産業合理化せられた新しき国家」の理想として説明した。ラーテナウの経済思想は日本の当時の知識人の間にかなり広く知られていたといえる。(27)

ラーテナウの株式会社の機能転化論、すなわち「株主なき株式会社」論・「自律企業」論は、同時代の商法(株式会社法)の専門家の注目するところとなった。彼らはそれをいわゆる「企業自体」論として受け止めた。大隈健一郎(京都帝大)はその一人である。彼は一九三二年の論文で、F・ハウスマンの理解にもとづきながら、ラーテナウが、株主(投資株主・投機株主)の株主総会に対して、企業それ自体を重視し、それを公共の利益のために保護すべきことを求めたこと、さらに株式会社のこの本質を発展させて共同経済的な意義に結びつけたことを明らかにした。大隈はハウスマンがラーテナウのこの考えを「企業自体」(Unternehmen an sich)と呼んだこと、このいわゆる「企業自体」論こそラーテナウにとって、自身の共同経済思想と株式会社論を結合させる基本的な観念となった、と指摘した。(28)

ラーテナウの議論はイギリスやアメリカでも反響を呼んでいた。著書『来るべき事』は早くも一九二一年に“In Days to Come”のタイトルで英訳されロンドンで刊行された。(29)前述したようにイギリスではすでにギルド社会主義によって産業の協同的な編成が構想されていた。ラーテナウの著作には、ギルド社会主義者G・D・H・コール(一八八九—一九五九年)の『産業の自治』(Self-Government in Industry, 1917)の文言と酷似するものが見受けられたのであって、[30] イギリスのギルド社会主義とラーテナウ的な共同経済論とは、観点は大きく異なるが時代を同じくし、両者ともに資本主義の修正論として相互に交錯する状況が存在したのである。

ラーテナウの考えはアメリカにおいても注目され、重要な足跡を残した。著名なA・A・バーリーとG・C・ミーンズの共著『近代株式会社と私有財産』(The Modern Corporation and Private Property, 1932)がそれである。バーリーとミーンズは、この書物の冒頭でT・ヴェブレンの書物[31]と共に、ラーテナウの『新しい経済』に注目し、さらに最後の結論部分の「株式会社の新しい概念」でラーテナウの見解を大きく取り上げた。

「経済生活の新しい姿にとって最も基本的なことは、株式会社組織に集約される営利企業(business enterprise)の新しい考え方でなければならない。その構想はある程度まですでに現れている。ワルター・ラーテナウは十年以上前にわれわれのいう大規模会社に関してドイツでのその役割に関してこう記している。[32]」

このように述べた後、彼らはラーテナウのもう一つの著書『来るべき事』から、所有権の非人格化、企業の客観化、所有者からの財産の分離、それらによる企業の変質、国家的性格をもった機構への接近を予測する長い文章を引用する。

バーリーとミーンズは上記の書物を通じて、株式会社がその法的な所有者たる株主から分離して、取締役会、すなわち少数の支配集団によって運営されつつあることを実証的に示そうとした。最終章の「企業の改組」において著者は、その認識を土台にしつつ、株式会社の経済組織の力の増大、権力の少数者への集中、それに伴う弊害を問題とし、それに対して株式会社の新しい観念を提示した。株式会社は所有者のため、あるいは支配的経営者のためばかりでなく、社会全体に対してサービスを提供する必要がある。株式会社の新しい観念は会社活動におけるこのような社会的利益の優位の認識にある。たとえば公正な賃金、従業員の安全、公共に対する適切なサービス、事業の安定化などがそれである。

バーリーとミーンズの到達した結論は、「大規模会社の「支配」」を「純粋に中立的なテクノクラシー」へ発展させることであり、それによって、社会の各種集団のさまざまな要求を均衡させ、私的な貪欲ではなく、公的政策に基づいて所得のしかるべき配分が可能になる状態をつくり出すことであった。そこにラーテナウの構想が大きく影を落としていたことは間違いないといえるだろう。日本におけるこの著書の影響は決して小さくなかった。当時の人々はそれによっても間接的にラーテナウの経済思想の影響を受けたといえるのである。

(3)　ケインズの公益的会社論

向井鹿松や小島精一がラーテナウとともに注目したもう一人の人物はケインズ(一八八三―一九四六年)であり、その書物『自由放任の終焉』(The End of Laissez-faire, 1926)であった。この書の中でケインズは自由放任主義を批判し、その終結を指摘するのであるが、同時に彼は株式会社の変質に注目し、資本所有者(株主)と経営の分離や大企業の社会化、その公共的会社ないし公益的法人(public corporation)への接近を重視した。大隈健一郎は先の論文の中で、「株式会社の根本的考察に於ける「企業自体」の意義は又、英国の経済政策家ケーンズによりて高揚されてゐる」[33]と述べて、その該当個所を引用しており、ケインズの所有・経営分離論と公益的法人論は、同時代の日本の知識人に少なからぬ影響を与えていたのであった。

一九二四年にオックスフォードで、ついで一九二六年にベルリン大学で講演されたケインズのこの『自由放任の終焉』は、個人主義と自由放任、また私的利益と全体の利益の調和の問題に関するこれまでの議論を批判的に検討した上で、その非現実性を指摘するとともに、現実の事実の分析の必要性を強調した書物である。彼は、資本主義は、賢明に管理される限り、経済的目的を達成する上でどのような代替システムにもまして効率的なものたりうる、という考えに立っていたが、しかしこれまでの自由放任主義的な立場は最早適当とはいえず、また社会の改善をマーシャルの経済騎士道論が主張するような「産業の将帥」の指導的な役割に期待することは出来ないとし、「今やこの企業家も色褪せた偶像と化した」と批判する。

彼は政府の「なすべきこと」と「なすべからざること」とを区別し、「なすべきこと」を実行できるような「政府形態」を民主制の枠内で工夫することを主張する。「半自律的な組織体」(semi-autonomous bodies)はその一つであった。株式会社制度は一定の規模に達すると、個人主義的私企業の役割に止まらなくなり、資本所有と経営とがほぼ完全に分離して、経営は株主のための極大利潤よりも法人組織の安定を重視するようになる。もとよりそれが企業の保守化につながり、企業の衰微を早めることも予想されるが、しかし私的利潤に反対する社会主義、国家社会主義に対抗するためには、企業の上のようなある程度の社会化、半自律的な法人化の政策が採用されるべきなのである、と。[34]

所有・経営分離論は、ケインズの場合も、単なる株式会社論、企業システム論ではなく、自由主義的経済への批判を包含していた。企業の社会化の認識と結びついたケインズの考えを特徴づけるのは、民主制の枠内における半ば自律的な組織体としての公共的会社(公益的法人)の構想であった。われわれは一九二六年のいわゆるグリッド・システムによる電力業の民有国営方式の中にその一つの事例を見ることができる。

(4)　ゾンバルトの資本主義精神衰退論・経営官僚制化論

上述したようにケインズは半ば自律的な公益的会社を構想するに際して、株式会社においては経営が株主のための極大利潤よりも法人組織の安定に向う傾向にあり、それが企業の衰退につながりかねないという可能性をも指摘していた。それは株式会社形態の大規模企業における官僚制的な傾向の問題である。ドイツにおいて経営の官僚制化・「脱精神化」(Vergeistung)を強調し、それを資本主義の「晩期」の現象として捉えたのはゾンバルトであり、前章でも見たように彼の晩期資本主義論は向井鹿松はじめ同時代の知識人に大きな影響を与えることになった。

ゾンバルトは資本主義経済の変化を資本家的精神(kapitalistischer Geist)の衰退として認識する。彼は資本家的精神を、合理主義と非合理主義、投機と計算、市民的精神と略奪精神、熟慮と冒険との緊張として理解した。だが、経済生活において合理的な要素が増大し、企業の合理化が徹底化することによって、この緊張関係は弱まってきている。特殊な企業家的な特性や直感・感性は、情報や予知の増大、合理的組織に基づく企業活動に伴って後退し、企業はその結果官僚的な組織としての性格を帯びるにいたった。経営者は官吏のようになり、営利追求欲とリスクを怖れぬ企業心は衰え、安全性・恒常性が求められるようになった。とりわけ冒険心・向こう見ずさ・征服意欲は著しく衰微しており、まさに大企業家の利子生活者化・金肥りが生じている。それは集中・カルテル化・株式会社制度等の直接的な作用に他ならない、と。(35)

ゾンバルトの株式会社企業の官僚制化・脱精神化の議論とラーテナウの自律的企業論とは表裏一体の関係にあるといってよいだろう。先にも述べたように向井鹿松はゾンバルト的な理解を、株式会社形態の資本主義企業の変質、営利的企業としての性格の希薄化の傾向として認識し、それを前提にして、ラーテナウ的な自律的企業、すなわち超株式会社の理念を構想した。ではその場合、後者の運営に携わる専門的な経営者は、ゾンバルトが指摘した企業組織の官僚制的な傾向と「脱精神化」の流れの中で、自らの社会的な役割をいかにして自覚することが可能か。「新重役」の「精神」の問題が問われることになるのである。

しかしその前提として、株式会社における経営者(重役)は資本所有者(株主)からどこまで自立しうるのか、という問題が存在した。株式会社において取締役の活動は確かに重要さを増しているが、基本的には資本所有者の意思に規定されており、従って営利追求の原則から独立たりえず、むしろそれと常に結合しているという小島精一の指摘は現実を正しく捉えた認識であった。そのような現実の中で資本主義的企業の無規制な営利活動を抑制し、企業活動をより合理的な経営に転換しなければならない状況が生み出された。戦争経済体制への移行がそれであった。

四 ナチスの株式会社論

日中戦争の遂行と総力戦への準備とのためにいわゆる国防経済体制(準戦経済体制)の確立が要請された。総力戦体制への準備的段階としての戦時経済体制の実現のためには経済体制の再編成が不可欠とされ、経済新体制が重要な問題となる。先の中村・原論文が明らかにしたように、その中で最も大きな争点となったのが、資本・経営分離の問題であった。それが戦争経済体制のための単なる一時的な政策上の問題に止まらず、同時に資本主義経済の「革新」と修正に関わる課題として論ぜられたことは先に紹介した通りである。

われわれはこの問題が、この時期にはじめて登場してきたのではなく、それ以前から日本国内ですでに活発に論ぜられ検討されてきたこと、それはヨーロッパの諸経済思想と重なり合い、またそれによって強く影響されたことを見てきた。経済新体制問題の争点となった所有(資本)・経営分離論は、それらの経緯を背景とし、そのような経過の展開として理解する必要がある。しかし、経済新体制が問題となるこの時代は、ファシズム、とくにドイツ・ナチズムの影響が指摘される時期でもあった。「新体制のイデオロギー」が「ナチスのイミテーション」であった(36)とするならば、この点に関してもナチズムあるいはナチス・ドイツの経済思想との関連が問題となるだろう。

ナチスの経済思想において最も大きな問題となるのがその「反資本主義的」な要素である。それは自由主義的な資本主義の営利第一主義に対する批判を意味し、ナチス運動の展開の中で重要な役割を果した。この要素はとりわけ「労働なき所得の廃止」、「利子隷属制の打破」の項目に最も強く表明されていた。その中で主たる対象とされたのは金融資本(とくにユダヤ系金融資本)であったが、同時にこの批判は、金融資本による株式所得や株式投機と並んで、企業経営に関与せず、株式配当あるいは株式価格変動にのみ関心をもつ株主とその「不労所得」に対しても向けられた。それは株式会社そのもの、また株式会社の所有と経営の分離のあり方に関連してくる。機能的・創造的ではない株主の権限や株式配当・株価変動による投機的利益に対して、ナチスは当初制限的ないし対立的な観点を表明していたのである。

他方、ナチスは労働・勤労、創造的・生産的な経済活動、個人的イニシアチヴと責任とを強調する。そしてこの観点から、株式の所有に対比して、企業活動・経営の役割が積極的に評価された。それを担う経営者・企業家に対しては指導的な役割が賦与され、労働者は従者として協力することが求められた。ナチス思想を特徴づけるいわゆる指導者原理(Führerprinzip)は、この場合そのような企業活動における経営重視の観念と密接に関連していた(37)。

こうした見方に立ってナチスは、株式会社における株主の匿名性と無責任性を批判し、株式会社そのものについて当初は批判的な立場をとっていた。だが政権掌握後は、ナチスは株式会社に対する否定的な立場を修正し、株式会社の存立を前提にして株式会社法の改正に着手した。その際、指導者原理と責任ある経営(verantwortliche Führung)の理念とが基本的な原理として設定された。

この間一九三四年三月にいわゆる資本投下法と同一二月に公債基金法が作成された。前者は利益配当を制限し、払込資本に対し前年度より大きな利益を配当する場合、一定の割合(六%)を基準にしてそれを超える額を公債基金に投資することを規定した。他方一九三四年五月には資本会社の組織変更に関する法律が出され、人的会社または個人企業への株式会社等の組織変更を奨励しようとした。そのような経過を経て一九三七年に「株式会社及び株式合資会社に関する法律(株式法)」(Gesetz über Aktiengesellschaften und Kommanditgesellschaften auf Akten〔Aktiengesetz〕)が成立する。

一九三七年のこの株式法は従来の株式会社の構造を大きく変えた。それはとくに取締役の権限の拡大とそれに応じた株主総会の権限の縮小に集約的に現われていた。取締役はもはや株主総会の下位に立つ単なる業務執行および会社代表機関ではなく、自己の独立の権限と責任とにおいて会社を指揮する指導者となった。すなわち第七〇条「株式会社の指揮」第一項は「取締役は自己の責任において、経営(Betrieb)及びその従(業)者(Gefolgschaft)の福祉ならびに民族とライヒの共同の利益(gemeiner Nutzen)の求める所に従い、会社を指揮する(leiten)ことを要す」と規定した。(38)

ナチス・ドイツにおける株式法の作成に関わる当事者の諸見解とその検討過程は、大隈健一郎・八木弘・大森忠夫らの同時代の商法学者によって克明に紹介された。彼らは、改正の根本思想が「従来の自由主義経済の一機構としての株式会社観念を、国民社会主義に依る統制主義経済観念を以て変革修正せんとする点」にあるとし、上の取締役会の権限の強化を「無責任且つ無能力な株主の集合たる株主総会の権限を縮少し、之に代へ責任と能力ある取締役の権限を増大する所謂指導者原理」を採用したものとして認識した。(39) それは一九三四年の国民労働秩序法の規定、「経営においては企業家は経営の指導者として、職員及び労働者はその従者として、共同して経営の目的を促進し、かつ民族及び国家の協同利益を図るべきとする」に対応したものであった。

しかしながら当時の商法の専門家は同時に、取締役会の指導的役割がナチス以前の民主主義的な立法の下ですでに実行されており、株式会社制度の弊害は、法がこの現実を無視するところにあったと指摘していた。(40) 株式法の改正の問題は、事実、そのような株式会社の「構造変化」(Strukturwandlung)を背景に、すでにワイマール体制の下で議論されており、その中でラーテナウに由来する「企業自体」の観念も注目されていた(41)。ナチスの株式会社法改正は、そうした現実とこれまでの論議の展開を土台にして行われたと見ることも出来るのである。そしてこの一九三七年の株式法は戦後の西ドイツに殆どそのままの姿で継承されることになった(42)。同法は一九六五年に全面的に改正され、旧法の上記七〇条は削除されたが、取締役の権限と義務については新法と旧法との間には実質上何の変更も生じなかった(43)。

株主総会に対する取締役会の権限の強化・拡大は、株式会社の機能転化と経営重視、「企業それ自体」の観念と結びついていたことは事実であり、その意味でラーテナウの見方と多くの類似点があったことは否定できない(44)。だがラーテナウは株式会社の単なる修正ではなく、株主それ自体の消滅、「株主なき株式会社」を構想していた。これに対してナチスの一九三七年法は株主と株主総会の存続を前提とし、その権限を単に縮小したに止まった。株主総会は依然として会社の業務に関する権利の行使を認められており、取締役の責任解除の決議をも行いえたからである。

ナチスの株式法は、以上のように株式会社の展開と取締役会の重要性の増大という現実を背景にして、ワイマール期での論議を踏まえ、戦後西ドイツに継承されるようないわば現代的な法改正を意味するものであった。だがこの立法が同時にナチス的なイデオロギーによって支えられていたというもう一つの側面にも注意が向けられなければならない。「取締役会の指揮」を重視した株式法の第七〇条は、「指導者」(Führer)の文言を欠いていたにもかかわらず、ナチズムの基本的観念たる指導者原理に結びつけられ、またその趣旨は「公益は私益に優先する」というナチス的な至上命令に関連づけられていたからである。

大隈健一郎は、戦後において、それを「政治的立場からなされた粉飾的説明」に過ぎなかったと述べているが(45)、しかし大隈自身が、戦前においてはこれを「国民社会主義に依る統制主義経済観念」に結びつけていたことが想起されなければならない。周知のようにナチスが主張した「利子隷属制打破」・「不労所得排除」などの「反資本主義的」といわれる政策は現実には実施されなかった。そのような現実を糊塗するために、株式投機や不労所得(配当)が問題となる株主とそれが構成する株主総会の権限の縮小や、経営担当者たる取締役へのその移譲がことさらに強調され、ナチズムの思想的立場に結びつけられる必要があったのである。「粉飾」はそれ自体重要な意味を有していたのであり、商法の専門家すらその時点ではそれを「粉飾」と見ることができなかったことに注意すべきである。それは一九三四年の株主に対する配当制限とともに、あたかも資本主義の営利第一主義それ自体に対するナチズムの対抗の一つとして受け止められていたのである。

五　革新官僚と資本・経営分離論

この問題は経済新体制の構想に際して最大の論点となる。この企画に関与した革新官僚の資本・経営分離論の特質は、先の中村・原の研究や毛里英於菟に関する伊藤隆の研究[46]などによってその概要を知ることができる。国民経済の統制経済的編成を構想する毛里は、「資本主義から解放された新しい国民経済」の下で「企業者」はもはや「資本家」としてではなく、「企業技術者」としての地位をえると考えたという。[47]毛里の場合も資本と経営の分離が前提とされ、後者にウェイトが置かれていたと考えてよいだろう。それでは他の官僚はどのように考えていたのだろうか。

毛里と並んで革新官僚の重要な柱となった美濃部洋次は、論文「経済新体制の意義と構造」(同著『戦時経済体制講話』)において、いわゆる「資本と経営の分離」の問題について自身の考えをこう説明している。[48]

(1)企業は資本・経営・労働(労務)の三要素から成り立つ有機的結合体である。経済新体制確立要綱のこの考えに対して異論はないだろう。

(2) 企業は資本と労働とを結合し、これを企業担当者が運営する。この経営担当者は会社形態にあっては資本所有者により任免され、資本を最も有利に運営し、利潤を多く獲得する責任を資本所有者に対して負っている。

(3) ところが新しい経済の体制においては、企業は「国家綜合計画の下、国民経済の構成部分」をなし、経営共同体たる経済団体の組成分子という立場にある。従って経営はそれ自体、その地位の職分に応じてなされねばならず、また自己の属する経済団体の指導者に対して、さらにそれを通じて国家に対して、一定の公益的責任を負うことになる。

(4) 従って経営担当者はこの二方面に対する責任の限界が明瞭にされる必要があり、同時に公益的責任担当者として自ら経営を担当する「企業それ自体」の運営に関する指導的立場を確立しなければならない。

(5) 上の二方面に対する責任の調整に関して、国家に対する企業担当者の責任には限界が存在するから、資本所有者に対する責任についても限界を定めなければならない。これが配当制限である。つまり資本所有に対する経営担当者の責任に対して配当の制限という形で一定の限界を設けた。

(6) 同時に経済団体の指導者に対して企業担当者の任免について関与できる権限を認め、これにより経済団体の指導者の企業経営担当者に対する指導権を明確にした。

以上のように美濃部の資本・経営分離論は明確である。①資本主義的経済関係を土台とし、私的企業による「民営」の原則を認め、しかも「企業それ自体」・「経営それ自体」、「経営担当者」の意義を基軸に置いている点が特徴的である。それは資本主義を決して否定するものではなく(従って「反資本主義」ではなく)、株式会社の構造転化に対応した資本主義の改良に他ならない。②しかし、企業は、国家綜合計画と結合した国民経済と経済団体の一構成部分として編成され、公益的責任を負っている。③経営の担当者はそのような公益的責任の下に置かれており、また株主(資本所有者)に対しては配当の制限が設定されている。

革新官僚の資本・経営分離構想の中にはこのように株主に対する配当の制限が重要な要素として含まれていた。国家による配当制限は、国家総動員法(一九三八年)の第一一条の発動として配当制限令が発令され、一九三九年四月に実施されたことに始まる。戦時体制強化の必要から行われたこの制限令は、実際は増配の抑制に止まっていたが、近衛第二次内閣の下で強化され、一九四〇年一〇月に会社経理統制令として公布された。この制限令は、高率配当維持を一種の既得権として認めた従来の払込資本概念による制限令と異なり、自己資本概念にもとづいており、この自己資本に対する八%をもって最高配当率としたのである。(49)

国家による配当制限は、何よりも戦時経済体制のための政策の一環として行われ、戦時超過利潤の抑制、産業犠牲の平等、あるいは赤字公債の企業社内留保による消化などを目的としていた。しかし企画院官僚にとってはそれは資本・経営分離の観念と一体となって認識されており、単なる戦争経済の問題としてばかりではなく、新しい「経済体制」の柱として受け止められていたのである。そして人々はこれをより根本的に「利潤統制」として、つまり資本主義の本質である営利原則そのものへの国家的介入として、あるいは「利潤」の「利子化」の構想への第一歩として理解したのであった。経済新体制の論議に当って財界が、資本・経営分離論を資本主義に対立する「アカの思想」と考えた大きな理由の一つはまさにこの点にあった。そしてそのような利潤統制・経理統制の現実化の中に新たな経済体制を展望する知識人が当時存在していたことも事実であったのである(後出Ⅴ、Ⅶ、Ⅷ参照)。

小括

美濃部らの「新しき経済の体制」は、ドイツのナチス的な新体制の原則と多くの共通点を有している。資本主義的な利潤原則の承認、経営重視、経営者の指導的役割、その公益的国家的責任、経営共同体的編成、そして株主への配当の制限などがそれである。革新官僚の考え方に対してナチス・ドイツの政策思想が何らかの影響を与えたことは疑うことはできない。しかし本論で見たように所有と経営の分離をめぐる論議は、上田貞次郎に始まり向井鹿松らを経て笠信太郎にいたる日本での四半世紀をこえる歴史を有していた。革新官僚による構想は、そのような日本国内での議論の積み重ねの上に展開されたのであり、ナチス的影響は——仮にそれがあったとしても——それを補強するものでしかなかった。そして上田や向井らの見解は、同時代のヨーロッパにおける思想、とくにトーニー、ラーテナウ、ケインズ等の経済思想と深い関連を有していた。従って革新官僚の「新しき経済の体制」の考えは、単にナチス・ドイツの新体制からばかりでなく、間接的とはいえこのような一九二〇年代以降の世界的な思想状況からも影響を与えられていたということができる。

この問題は直接的には株式会社形態の大規模企業における、株主・株主総会と経営担当者(重役)・取締役会との関係、その法的基準としての商法・株式会社法に関わっている。しかしそれはまた大規模な株式会社企業の社会的な影響力の大きさとそれがもたらす弊害の認識を背景に、資本主義的な営利追求主義の問題性とあるべき合理的な経営様式との関係を問うものでもあった。つまりそれは単なる株式会社法、単なる企業システムの枠を超えた、資本主義の体制に関わる本質的な問題を含んでいたのである。資本・経営分離論が、無機能的資本家の廃止と機能的職分的社会、諸国に共通して現われてくる可能性を有していた。

株主なき自律的企業、超株式会社、半自律的公益会社、中立的なテクノクラシー化、等々の構想と結びつく理由がそこにあった。それらはマルクス主義や社会主義への対応として構想された資本主義改造論であって、基本的に体制擁護的な性格をもっている。そのためそれは資本主義体制の危機の時代には、有力な資本主義修正論として、資本主義諸国に共通して現われてくる可能性を有していた。

ドイツではナチス体制の下で株式会社法の改正(一九三七年)によって株主総会の力が縮小され、経営者(取締役会)の権限が強化された。そして日本でも、一九三八年に株式会社法が改正された。しかし、この国ではむしろ逆に取締役等の職務義務違反に対する罰則が強化され、株主総会の権限が拡大された。改正事業に関与した松本烝治(一八七七―一九五四年、東京帝国大学教授、法制局参事官兼任)はいう。「このごろは何か新しいイデオロギーに基づいてものをやることが流行して居る」が、「民法、商法の如き司法法規は左様な新しいイデオロギーに基づいて先に立つて行くべき筋合のものではありません」と。[50] この年大塚久雄は、『株式会社発生史論』を出版し、その中で、株式会社の「専制的」形態から「近代的民主型」への歴史的移行は、「民主的な構成をもつ」株主総会の完成によってなされることを明らかにした。[51] 一九三八年の日本の株式会社法は、株主総会の権限を拡大することにより――株式会社法の権威石井照久が指摘するように――遅ればせながらあたかも「資本的民主主義の思想に胚胎する機関構成」[52]を強化したかのように思われた。

しかし、ことは決して単純ではなかった。当時の日本においては周知のように財閥資本による経済支配、とくに特殊会社による企業支配がまさに問題とされており、株主総会の権限の拡大は、実質上、総会の多数を把握する企業株主の支配を強め、財閥支配の現状を強化しかねない面を有していたからである。

だが他方で、株式会社をとりまく諸条件も変化しつつあった。株式会社法の専門家、三藤正(大倉高商教授)が注目したように、経済新体制確立要綱における基本的原則を通じて、会社法の性格は実質上「変質」し始めていたのである。三藤は指摘する。①その一つは会社の倫理性の理念の強調であり、これは外部的には会社の公共性の重視として現われる。すなわち公益優先・職分奉公の理念(これは営利性の否定ではない)と利潤適正化、独占利潤排除がそれであり、また他方で企業担当者の創意と責任とによる自主的経営が重視され、企業の倫理性が明確化している。さらに経済団体の職能の公共性を定め、その半ば官吏的理事者の指導的運営を提示したことも注目される。②もう一つは、統制会においては統制会所属の役員に対する統制会会長の解任権が、産業団体との関連において留保されていることである。③そして営団。

こうして三藤は「株式会社制度及び法は、そこで変質しながら新しい――しかもそれは決して機械的・偶然的ではなく、その発展における本質的必然的の結果であるところの――展開面に当面してゐることを知つた」と結論する。[53]岡崎哲二が重視した軍需会社法もその一環を形づくる。[54]戦後改革における企業の民主化や、株主総会に対して取締役会の権限を強化した一九五〇年の商法改正との間の連続と断絶が問題となる前提は、このように長期的な国内・外の論議の展開の中でつくり出されたのである。

(1)　中村隆英・原朗「「経済新体制」」(日本政治学会編『「近衛新体制」の研究』(『年報政治学』一九七二年)岩波書店、一九七三年)。

(2)　笠信太郎著『日本経済の再編成』(中央公論社、一九三九年)。

(3)　岡崎哲二・奥野正寛編『現代日本経済システムの源流』(日本経済新聞社、一九九三年)第四章、一一六頁以下、一二六頁以下。岡崎「戦時計画経済と企業」(東京大学社会科学研究所編『現代日本社会4』東京大学出版会、一九九一年)。また、長嶋修著『日本戦時鉄鋼統制成立史』(法律文化社、一九八六年)第七章二節をも参照。

(4) 岡崎哲二・菅山真次・西沢保・米倉誠一郎著『戦後日本経済と経済同友会』(岩波書店、一九九六年)第一章(菅山)、二頁。「企業民主化試案」と大塚萬丈の詳細に関して、春見濤子「敗戦直後日本における経済民主主義論の諸論点」(『宮城学院女子大学人文社会科学論叢』第一一号、二〇〇二年三月)、参照。なお、武田晴人著『日本人の経済観念』(岩波書店、一九九九年)、四五頁以下、をも参照。

(5) 浅井良夫著『戦後改革と民主主義――経済復興から高度成長へ』(吉川弘文館、二〇〇一年)、一二九頁以下。

(6) 晴山英夫「わが国における株式会社支配論の展開(上)(下)」(『商経論集』第一六巻三・四号、一九八一年、第一七巻二・三号、一九八二年)、(上)、一七〇頁以下、鈴木芳徳著『株式会社の経済学説』(新評論、一九八三年)第三章第一節。

(7) 上田辰之助「上田博士の企業者職分論」(上田貞次郎博士記念論文集編纂委員会編『経営経済の諸問題』科学主義工業社、一九四二年)、四〇頁。

(8) 上田貞次郎著『株式会社経済論』(『上田貞次郎全集』第二巻、日本評論社、一九四四年)、八五頁以下、第二部第一章、とくに三七四頁以下、また四二九頁、等。戦後、上田貞次郎全集刊行会から『上田貞次郎全集』全七巻(第三出版、一九七五年)が刊行されているが、本書はその第二巻。なお上田貞次郎については、西沢保「上田貞次郎の経済思想」(杉原四郎編『近代日本とイギリス思想』日本経済評論社、一九九五年)、参照。上田が用いたシュモラーの用語の出典は次の通りである。Gustav Schmoller, Grundriss der allgemeinen Volkswirtschaft, 2. Teil, München/Leipzig 1920(但し増補版)、§. 231, S. 495.

(9) 晴山、前掲論文(上)、一七三頁以下、西沢、同、一五五頁以下。

(10) 上田貞次郎、同上、第二部第五章。西沢、同、一五六頁。

(11) 上田、同、三七一頁。

(12) 上田貞次郎著『社会改造と企業』(同文館、一九二六年)、二四頁以下(同上『上田貞次郎全集』第四巻所収)。

(13) 西沢、前掲論文。

(14) Alfred Marshall, The social possibilities of economic chivalry, in: Economic Journal, March, 1907 (Vol. XVII, No. 65)、金巻賢字訳(杉本榮一編『マーシャル経済学選集』日本評論社、一九四〇年〈第三版〉); do., Principles of Economics, London, 1927 (8. ed), pp. 719, 馬場啓之助訳、Ⅳ、二八九頁以下。マーシャルの騎士道論については、斧田好雄「マーシャルの経

済騎士道について」(『文化紀要』第五号、一九七一年。本論文の閲覧について横浜国立大学深貝保則教授の労を煩わせた)。

(15) 上田貞次郎「トーネー氏著「獲得の社会」」(同、前掲『社会改造と企業』)、二二五頁。

(16) トーニーに関する日本での紹介としては、J・M・ウィンター、D・M・ジョスリン編『R・H・トーニー・ある歴史家の時代批判』(未來社、一九七五年)への訳者浜林正夫・森本義輝の「解説」が一読に値する。なおトーニーは別の形で当時の日本の学問研究に影響を与えていた。トーニーはイギリスにおいて当時、G・アンウィン、A・P・ワーズワースやM・ジェームスらとともに、経済活動を担った中下層の人々に注目する経済史研究の新しい流れを生み出しつつあった。その流れが戦前日本での大塚久雄による西洋経済史研究に大きな影響を与えることになったからである。この時期のトーニーのイギリス経済史研究における位置については、G. M. Koot, English Historical Economics 1870–1926, Cambridge etc., 1987.

(17) R. H. Tawney, The Acquisitive Society, London, 1921, 1922. 山下重一訳『獲得社会』(『世界思想教養全集一七 イギリスの社会主義思想』河出書房新社、一九六三年)。一九世紀前半のイギリスにおける株式会社の形成とその立法が労働者の協同組合運動の展開と深く関連していたこと、従ってそれが社会改革の理念と結合していた点については、岡田与好著『経済的自由主義』(東京大学出版会、一九八七年)第一部第三章(「自由放任主義と株式会社」)を参照。その末尾で岡田が指摘した事実の延長線上にトーニーの社会改革構想が現われる。なお、労働者による生産者協同組合については、中川雄一郎著『キリスト教社会主義と協同組合』(日本経済評論社、二〇〇二年)、参照。

(18) 晴山、前掲論文(上)、一九五頁以下。

(19) 向井鹿松著『経営経済学総論』(千倉書房、一九二九年)。

(20) 本書I、二の(3)参照。

(21) 小島精一著『企業統制論』(千倉書房、一九三〇年)第一編第四章。晴山、前掲論文(上)、一九二頁以下。小島とは別に同じ頃中西寅雄が「所有と経営の分離」の考えに対して理論的に検討している。中西「株式会社に於ける「所有と経営の分離」」(『経営経済研究』第一三冊、一九三二年)、とくに七〇頁参照。その詳細な内容と問題点については、晴山の前掲論文の分析を参照。

(22) 中西寅雄「経営構造の変化とトップ・マネジメントの役割」(中村常次郎・大塚久雄・鍋島達・藻利重隆編『現代経営学の

研究』(柳川昇先生還暦記念論文集)日本生産性本部出版部、一九六八年)。

(23) Walther Rathenau, Von kommenden Dingen, in: Gesammelte Schriften, Bd. 3, Berlin 1929, 特に S. 150 ff. ラーテナウについては、吉田和夫著『ドイツ合理化運動論』(ミネルヴァ書房、一九七六年)、第一部一章、小野清美著『テクノクラートの世界とナチズム』(同、一九九六年)。また野藤忠「エルンスト・アッベの経営政策とヴァルター・ラーテナウの経営政策」(『商学論集』第二〇巻二号、一九七三年)も参照。

(24) Ders., Die neue Wirtschaft, in: Gesammelte Schriften, Bd. 5, Berlin 1929.

(25) Ders., Autonome Wirtschaft, Jena 1919.

(26) 中島久万吉「産業合理化に於る三大基調」(『産業合理化』第二輯、一九三一年)、二一―二三頁。なお宮島英昭「一九三〇年代日本における独占政策思想」(逆井孝仁教授還暦記念会編『日本近代化の思想と展開』文献出版、一九八八年)、三八七頁をも参照。但し、宮島は、W・ラーテナウを父親のエミールと誤解している。

(27) 『経済学辞典』(岩波書店、一九三一年)V、執筆者は藤田敬三。

(28) 大隈健一郎「株式会社の基本観念に関するハウスマンの見解(一)」(『法学論叢』第二七巻四号、一九三二年)。大隈は主として W. Rathenau, Vom Aktienwesen. Eine geschäftliche Betrachtung, in: Gesammelte Schriften, Bd. 5 によっている。なお、同著『株式会社法変遷論』(有斐閣、一九五三年)、第三編第二章をも参照。

(29) 出版社はロンドンの George Allen & Unwin LTD. で、訳者は Eden and Cedar Paul。R. H. Bowen, German Theories of the Cooperative State, New York, 1947, p. 172, n. 16. をも参照。

(30) ibid., p. 179, n. 33.

(31) T. Veblen, Absentee Ownership and Business Enterprise in Recent Times: the Case of America, London, 1923. なお、この書物は、一九四〇年に『アメリカ資本主義批判』(橋本勝彦訳)として邦訳されている。

(32) Adolf A. Berle/Gardiner C. Means, The Modern Corporation and Private Property, 1. ed., 1932, Rev. ed., New York, 1968, p. 309, 北島忠男訳(文雅堂銀行研究社、一九五八年)、四四五頁。

(33) 大隈、前掲論文、五八一頁。

(34) J. M. Keynes, The End of Laissez-faire, in: The Collected Writings of John Maynard Keynes, 1931, 1. ed., 1972, pp. 272. 特に pp. 287, 邦訳『ケインズ全集』第九巻〔宮崎義一訳〕(東洋経済新報社、一九八一年)、三四四頁以下。

(35) Werner Sombart, Die Zukunft des Kapitalismus, Berlin/Charlottenburg 1932, 新川傳介訳(『長崎高商研究館彙報』第二〇巻三・四号、一九三二年)、鈴木晃抄訳(『世界大思想全集』八六、春秋社、一九三三年)。また、Ders., Der moderne Kapitalismus, Bd. 3. ゾンバルトの資本主義精神論がM・ヴェーバーのそれと基本的に異なったことは周知の通りである。「企業」と「経営」の区分、「経営」の「合理化」とその結果の予測、「専門人」の支配に関するヴェーバーの認識については、大塚久雄「《Betrieb》と経済合理主義」(同編『マックス・ヴェーバー研究』東京大学出版会、一九六五年)、参照。

(36) 安藤良雄著『現代日本経済史入門』(日本評論新社、一九六三年)、二五五頁。

(37) 正井章筰「ナチス商法学の日本への影響」(倉沢康一郎・奥島孝康編『昭和商法学史』日本評論社、一九九六年)、一六九頁。

(38) 大隈健一郎・八木弘・大森忠夫著『独逸商法』Ⅲ株式法(有斐閣、一九三七年、復刊、同、一九五六年)、一八二頁。

(39) 同上著『株式法』(同、一九三七年)、四二頁。なお、大隈、前掲書、奥島孝康「昭和一三年商法改正」(倉沢・奥島編、前掲書)、正井、前掲論文、参照。

(40) 大隈他著、前掲『独逸商法』二九頁。

(41) 同上、一一頁、正井、同上、参照。

(42) 大隈他、前掲『独逸商法』の「復刊に際して」、同大隈「補遺」、六三八頁以下。

(43) ハンス・ヴェルディンガー／河本一郎編『ドイツと日本の会社法』(商事法務研究会、一九六九年)、二八頁以下。

(44) 小野、前掲書、も参照。

(45) 大隈他、前掲書(復刊)「補遺」六三八頁。

(46) 伊藤隆「毛里英於菟論覚書」(近代日本研究会編『年報・近代日本研究9　戦時経済』山川出版社、一九八七年)。奥島、前掲論文、正井、同上、をも参照。

(47) 伊藤、同上、一三九頁以下。

(48) 美濃部洋次著『戦時経済体制講話』(橘書店、一九四二年)、所収。

(49) 配当制限(令)については、長谷川安兵衛著『配当統制の研究』(千倉書房、一九三七年)、同「戦時経済下の配当制限」(前掲『経営経済の諸問題』所収)、参照。最近の研究としては柴田善雄「戦時会社経理統制体制の展開」(『社会経済史学』第五八巻三号、一九九二年)。

(50) 松本烝治著『株式会社法改正の要点』(巌松堂書店、一九四〇年)、八頁以下。奥島、前掲論文をも参照。

(51) 大塚久雄著『株式会社発生史論』(有斐閣、一九三八年、同『大塚久雄著作集』第一巻、岩波書店、一九六九年)、後篇第四章二節。

(52) 石井照久著『商法』(勁草書房、一九五二年、一九五九年(改訂三刷))、一五四頁、奥島、前掲論文、二一頁以下、正井、同上、一六九頁以下。

(53) 三藤正「わが株式会社法の性格とその変質(一)(二)」(『民商法雑誌』第一四巻五・六号、一九四一年)。

(54) ただし岡崎はこの問題をもっぱら制度やシステムの面から捉えており、そのような制度やシステムがいかなる経済思想・社会思想によって支えられ、あるいは関連づけられていたかについては言及がない。本書の観点と異なる点である。軍需会社法や営団に関する同時代の社会科学者の認識はたとえば以下に示されている。杉村廣藏著『営団経済の倫理』(大理書房、一九四三年)、増地庸治郎「軍需会社の性格」(『軍需会社』(『工業経営論集』二)、山海堂、一九四四年)。なお、生産拡充の必要性、公益優先の観点から資本と経営の分離を強く主張する財界人としては、理研コンツェルンの大河内正敏がいる。大河内正敏著『生産第一主義』(科学主義工業社、一九四一年一月(同二月四刷))、一―二九頁。大河内については、斎藤憲著『新興コンツェルン理研の研究』(時潮社、一九八七年)、参照。戦後改革の一環をなす「企業民主化」の構想の作成に際して重要な役割を果した大塚萬丈が、大河内正敏が所長の理化学研究所に所属し、その間に構想が準備されたことについては先行研究史が指摘するところである。上述本文及び注(4)参照。

Ⅲ

戦前日本の先駆的なナチス経済体制分析

――ナチス政権掌握の時期――

一九三三年一月にドイツではヒトラーが率いるナチス党が政権を掌握し、第三帝国が成立する。ナチス・ドイツは、一九三六年に四カ年計画を作成し、総力戦準備の体制に向い、一九三九年にポーランドに侵入、第二次世界大戦が始まる。この間日本は、一九三六年に日独防共協定、一九三七年に日独伊防共協定、一九四〇年には日独伊三国同盟を締結して、ドイツとの関係を緊密にした。本章は、この同じ時代を共有した戦前日本の知識人、とくに社会科学の分野の専門家たちが、同時代のナチス・ドイツの経済思想や経済体制をいかに分析し、どのように評価していたかを、ナチス党が政権を掌握した一九三三年直後の時期を中心に考察しようとするものである。

ナチス党(民族〔または国民〕社会主義ドイツ労働者党 Nationalsozialistische Deutsche Arbeiterpartei, NSDAP)やヒトラー(一八八九―一九四五年)の行動・思想に対する同時代の日本人の関心は、同党がドイツの権力を獲得する以前から見られた。とくにマルクス主義の分野を中心に、ナチズムの本質をめぐって活発な議論が繰り広げられ、日本国内での国家主義的運動の高まりと全体主義への傾斜に関連づけられたこと、その中でナチズムと資本主義との関連が重要な論点になったことについては、先行研究が明らかにしてきた点である(1)。

だが、権力思想を支えるナチスの経済思想が、マルクス主義者ばかりでなく、広く社会科学諸分野の学問的関心に結びつけられるのは、とりわけヒトラー主導のナチス党が、単なる運動としてだけでなく、実際に権力をも掌握し、その思想が独裁体制の下で政策として現実化する可能性が与えられるに至ってからである。同時代の日本の知識人は、ドイツにおけるその展開を自国の状況に重ねあわせつつ、ナチズムをこれまで以上に切実な現実問題として受け止めたのである。一九三三年・三四年は、日本においてナチス経済思想がナチス体制との関連で分析され始めた時期ということができる。

本章では、この時期のナチス経済思想分析の成果の中から、法学(民法学)の我妻榮(東京帝国大学法学部教授)、経済思想史・社会学の加田哲二(忠臣)(慶應義塾大学経済学部教授)及び長守善(南満州鉄道株式会社)の三人の先駆的な論文ないし書物を取り上げ、彼らがナチスの経済思想をいかに捉え、かつ論じていたかを見ることにする。

上の三人はいずれもマルクス主義の立場に立つ論者ではない。三木清らとともに昭和研究会で活躍することになる加田哲二は、マルクス主義の影響を強く受けてはいたが、狭義のマルクス主義者ではなく、また我妻榮はナチズムに対して終始批判的ではあったが、その観点はワイマール的民主主義の立場に立っていた。日本経済学の提唱者・土方成美(東京帝国大学経済学部教授、のち退職)の門下の長守善は、反対にマルクス主義を批判し、ナチズムを積極的に評価する人物であった。つまりここで対象とするのは、マルクス主義の外側で展開されたナチス分析ということになる。この後、言論・思想への国家的な弾圧が強まり、マルクス主義的なファシズム論が排除されるに至った後も、この三人はナチス研究を継続し、その成果を公にすることができた。彼らのナチス分析は、ドイツにおけるナチスの支配体制と同時併行的に進められたのである。[2]

さて、マルクス主義的ではない日本のナチス分析に関しては、従来、今中次麿(一八九三―一九八〇年、九州帝国大学教授、四二年辞職、戦後復職)や具島兼三郎(一九〇五―二〇〇四年、同志社大学助教授、満鉄、投獄、戦後九州大学教授)の成果は検討されたことはあったが、ここで取り上げる三人のナチス研究は、これまで殆ど全く注目されることがなかった。日本ファシズム研究の観点から戦前日本のファシズム論を究明する、安部博純・吉見義明・神田文人らの研究[3]においても、また山口定をはじめとするナチズム論史やナチス思想史の研究[4]においても同様であった。それは何故であろうか。その理由を考える上で、マルクス主義者だけではなく、今中次麿ら非マルクス主義的な学者にも留意してきたファシズム研究の専門家・安部博純の次の指摘は示唆的である。

「〔ファシズム研究は〕もちろん量的にはその後の時期〔一九三二・三三年以後〕の方が多いが、質的にはこの時期がもっとも充実しているように思う。それは、三一、三二年の段階までは反ファシズムの観点からの研究が主流をしめていたのにたいして、日本のファッショ化が進み、国際的にもファッショ国家間の提携が進められる段階になると、親ファシズムの立場からの研究（ないしは紹介）が多くなるからである。(5)」

ナチス（ファシズム）研究は、このようにその分析が備える社会科学的な水準の高さや客観性という観点から捉えられてきた。分析の質の高さは、その場合、あたかもファシズムに対する論者の立場に対応しており、一九三二・三三年以前は反ファシズムの観点が主流であったために、客観的な認識が可能で水準も高かったが、それ以降はファッショ化の進展を背景に研究の数は増えたが、ファシズムに対する批判的な観点を欠いたために客観性が損なわれることになった。安部の指摘はこのように受け止めることができるのである。一九三三・三四年以降、とりわけ日本の全体主義が確立していく時期のナチス研究がこれまであまり問題とされなかった理由はこのあたりにあったといってよいだろう。

だがそのファッショ化が進み、全体主義の国際的な提携が強められた時期こそ、ナチズムあるいはナチス・ドイツの思想や政策が日本に導入され、この国の全体主義的体制の確立に強い影響を与えた時代であった。ドイツ・ナチズムは、日本の類似の状況と併行する現象として、従ってそれとの比較の対象としてばかりでなく、日本の全体主義化の現実を形成する一つの要素になった。(6)そこではナチズムの本質の問題だけでなく、その思想の具体的な姿、体制と結びついた政策の内容そのものが切実な問題となる。

こうしてこの時期のナチス分析は、もはや分析の社会科学的な質の高さの問題とは別に、その認識と現実との関係、日本のファッショ化との関連やそれとの緊張関係が問われねばならない対象となる。そこでは親ファシズム的な研究もまた、否むしろかえってそれ故にこそ、検討されるべき対象となるのである。研究の学問的な質の高さに基準を置く見方は、このような側面を排除しかねない問題性をもっていた。そしてこの時期のナチス分析は社会科学の成果としても今日から見て十分に評価さるべき内容を含んでいた。とくに注目すべき点は、この時期の研究が政権掌握前の運動としてのナチズムばかりでなく、支配的思想としてのナチズムや現実の経済体制と結びついた政策思想としてのナチズムを問題としていたことである。

政治権力をめざして運動の中で掲げられた思想は、権力掌握の前に変質し、さらに体制の確立過程で修正を施された。ナチスの政権掌握の事実は、同時代の日本の知識人に、権力にいたる運動としてのナチス思想と同時に、体制化したナチズム、その中での思想の制度化と、当初の思想の修正を問題とすることを要請した。そしてナチズムの体制化は、日本のナチズム受容の仕方に影響を与え、その中で知識人によるナチス分析は現実の状況と複雑に交錯することになる。

本章はこのような体制化したナチズムに関する、一九三三・三四年を中心とする同時代日本の三人の分析を取り上げ、その内容を考察するのであるが、このあと我妻は二つの大きな論文を一九三八年と一九四二年に発表し、加田は一九四〇年と一九四一年に、また長は一九三九年にそれぞれ著書を公にして、ナチスの経済思想と政策論の解明に力を注いだ。ここで主たる対象とする一九三三・三四年頃の分析は、それぞれその後のナチス研究の出発点となり、土台となった。

一　ナチス経済思想に対する民主主義的な批判的考察——我妻榮——

(1)　ナチス思想分析の視点

我妻榮(一八九七—一九七三年)のナチス分析は、一九三四年の論文「ナチスの民法理論(一)(二)」[7]に始まり、その認識は、さらに「ナチスの所有権理論」(一九三八年)と「ナチスの契約理論」(一九四二年)において深められた。[8]最初の「ナチスの民法理論(一)(二)」は、同じ年に出版された、杉村章三郎・木村亀二・後藤清との共著『ナチスの法律』(日本評論社)にも原形のまま収録され、また『法律時報』にはその要点が、「ナチスの私法原理とその立法」として掲載された。[9]我妻の最初のナチス分析は法学や関連分野の専門家だけでなく、官僚はじめアカデミズム以外の人々にも目にふれやすい形で公にされていた。

ナチスの法律に対する我妻の視角は、終始、「資本主義の変遷と私法との関係」に置かれていた。[10]従ってその分析の内容は、法律的であるとともに、「資本主義の変遷」と関連する限りにおいて経済的であり、経済思想的であった。株式会社法の専門家西原寛一(当時京城帝大)が、我妻のこの論文を「ナチスの経済生活に対する態度及び其の立法」を詳細に論じまた批判した研究として評価したのも[11]その意味で理由のあることであった。我妻のナチス法思想分析は、同時にナチスの経済思想の解明という面をもっていた。

その際、ナチス思想の特質に関して我妻が重視したのは、ワイマール憲法の社会生活上の指導原理との関連、両者の共通点と相違点である。ナチス党が政権を掌握して一年が経過し、この間、独裁制的な政治機構が樹立され、ワイマール憲法の国家組織とその民主主義的原理が蹂躙された事実を確認した上で、我妻はそこになお共通面が存在すると指摘する。すなわちナチスは、個人主義的な自由主義に根ざす私法理論を排撃し、「公益は私益に先立つ」という根本的主張によって、国家的な規制を重視する。しかしワイマール憲法も、家族生活への国家の積極的監督を認め、契約の自由、私的所有権の絶対という個人的民法原理に対して、社会的共同生活の理念による制限を課している。他方、ナチスは、ワイマール憲法を排斥しながら、私的所有を認め、それを前提として、社会生活に関する私法的な指導原理の多くを共有している。

しかし両者の懸隔は大きく、とりわけ下記の点はナチズムの顕著な特徴として注目される。①社会生活関係における独裁的規律。すなわち地主・小作人、雇主・労働者、同業者間、等における指導者・服従者の関係と精神的結合の強調。対等者間の折衝・協調の原則の排除。②人類の共同生活の目標ではなく、ドイツ人種の純潔性の観点に立った社会。③農民・中小商工業者に重点を置いた社会。

我妻は以上の点を、ナチスの一九二〇年綱領、フェーダー綱領、一九三〇年六月農業政策宣言と諸立法の解明によって立ち入って検討した。

(2)　ナチス経済思想の分析

我妻はナチスの経済思想を次のように捉える。①個人の利己心の充足を目的とする現今の社会経済機構の変革と、国民の経済的文化的需要の充足を目的とする社会の実現。②その目標の実現のために、ナチズムは個人の経済的イニシアチヴを尊重し、個人の経済的自由と責任を基礎とする経済活動を推し進めると同時に、それを国民的需要の充足という上記の理想に適合させるために、国家的な統制を行う。

ナチスはこのように資本主義経済を否定せず、ただ個人の利益追求のみを目的とするその形態を排斥する。私的利益のみを追求する資本形態としては、貸付資本ないし金融資本が存在し、その支配が、国民の過重な利子負担、つまり「利子奴隷制」(Zinsknechtschaft)をもたらしている。貨幣貸付による労働奪取を通じて金融資本は不労所得の利にあずかっており、農民、工業家、国家を問わずこれによって収奪を受けている。ナチス党綱領一一条の利子奴隷制打破の要求を、我妻はとくに重視し、これをナチス経済政策、さらにナチス政治運動の目標として位置づける。

利子奴隷制と利益追求主義に対置される「需要充足」の指導理念は、個人的イニシアチヴを評価しつつ、しかもそれに対する社会公共の利益による制限ないし統制をめざすものである。それは具体的には次のような方針と結合する。

(1)「民族の健全なる血と精神」を伝える農民層の保護。

(2)企業主体の個人的自由と責任に基づく健全な経営、その担い手としての中小商工業者の保護。

(3)クルップやジーメンスをはじめとして、ナチス的目的を理解した企業家の工業的な大企業経営は認められる。また企業家は経済的指導者として位置づけられる。

(4)株式会社においては、企業出資者が自己の利益のみを求め、企業の社会的使命を顧みない傾向が生ずる。株式会社は金融資本の投機の対象ともなり、金融資本による企業支配や利子奴隷制の原因ともなる。ナチスはこのように大企業を、企業家による個人的指導のある場合と、株式化され非人格化され投機目的にされる場合とに区分する。前者は是認され、後者は排斥される。

(5)会社化されたトラストの国営化の要求(綱領一三条)は、(4)と関連する。また不労所得・利子収奪に対する国民福利の見地からの批判(同一一条)は、金融資本の集中への批判として理解される。

(6)大企業への利益参加の要求(綱領一四条)は、労使共同経営を意味せず、労働者の協議会の諮問機関としての存在が承認される程度でしかない。つまりナチス経済思想においては労働者階級の団体の地位が重視されておらず、指導者・被指導者の縦断的結合の中ではもっぱら企業者の主導的地位が保留される。

(7)不労所得の吸収、土地の投機売買(綱領一七条)・戦時利得・投機的暴利行為(同一二、一八条)等の排除が主張されてはいるが、しかし現下の経済組織の下では資本の営む不可避的な影響を一挙に除去することは困難である。

ついで我妻はこれらの観点が、一九三三年の政権掌握後に、いかに立法化されたかを検討する。すなわち農民層に関しては、ライヒ世襲農場法・強制執行保護令やライヒ食糧団体・農産物市場統制に関する法律等の諸立法・命令、中小商工業者に関しては、小売商保護法・小工業者信用補償法や、手工業者結合に関する法律などがそれに該当する。また労働者組織については重大な変更が加えられた。企業代表委員会・経済団体に関する立法、労働管理法、国民労働秩序法等がそれである。他方、カルテルに関してはカルテル令変更法・強制カルテル法等が施行され、また利付資本に関しては、強制執行法や資本取引基準法等があげられる。

我妻は、ナチスの経済思想と政策化の根本的な原則として、「公益は私益に優先する」の思想に注目する。その観点は国内産業の統制と結びつき、そのために企業者団体の強制的な編成と、それに対する国家の監督の体制が整えられた。また労働契約関係を土台とした雇主団体・労働組合間の団体協約が排除され、国家の監視と指導者精神による労使協同的結合体に基づく労働関係の新秩序がつくり出され、それらが一体となって、あたかも「独裁的国家経済に近いもの」がつくり上げられつつある。我妻はナチスの経済体制をこのように理解した。

(3)ナチス批判と民主的な途

我妻は三点についてナチズムを批判する。

(1)先ずその人種的ないし種族的な観点、それに基づくドイツ民族の優越性論と、ユダヤ的ないし非ドイツ的なものの排除の立場に対してである。我妻は、ナチズムにおける種族と民族との関係、民族と国家との関係、ローマ法に代わるドイツ一般法なる観点は、著しく不明な点を有し、その基礎づけには理論的に首肯しがたい点が多い、と指摘する。それは経済的な観点の問題点でもある。経済思想の根本をなす Gemeinnutz geht vor Eigennutz の"gemein"は、ナチスの場合、人類の普遍的な「協同」を意味せず、上のような同一種族の協同団体を意味することになり、偏狭な民族主義に堕している。この人種的民族主義的な観点は、人種・民族の土台をなす家族の協同生活体の維持・継承の理念と結びつき、農民層の保護等の政策はこの理念と不可分の関係にある。我妻はこの「偏狭な民族主義」、ことにそのアーリア人種至上主義が何ら学理に基づかない独断であると厳しく批判する。

(2) 我妻は、ナチス思想の実現可能性に対して疑問を投げかけ、そこに潜む内的矛盾を指摘する。農民的な土地所有・経営の確保と財政政策との間の調和の問題性、中小商工業の維持の目標と大企業重視との矛盾、大企業の尊重と株式会社制度の排撃との対立的関係、金融資本排斥(「利子奴隷制の打破」)の非現実性、等々について、我妻は鋭く指摘し、「限りなき懸念」を表明する。その上でこれらのナチスの政策思想が、資本主義経済のたどった必然的な行程に対して、その進展過程を「一段前の段階に押し戻さん」とするものだと批判する。

(3) 第三に我妻が問題とするのは、国家的統制における指導者原理についてである。多数決原理を否定するこの独裁的な指導者原理が、各人の正当な経済活動を保証し、産業組織の能率を高めることができるかどうか。とりわけ労使関係における忠誠を紐帯とする縦断的「協同体」の原理が、労働契約関係の合理性を確保しうるのか、について強い疑念を提示した。

我妻は、第二の点に関して、自身の考えを次のように述べる。「私は資本主義の右の如き進展過程を必ずしも矯め得ざる必然的なものとは思はない。然し、その対策はもつと進展の流れに順応しながら、漸次これを民主的規律の裡に収めることが、より妥当な、より実現の可能性の多いものではないかと考へるのである。」このように我妻は資本主義の諸問題の「民主的」な改革こそが適当だと考えるのである。

民主的な方法にもとづく改善の途は、第三の労使関係のあり方についても強調された。「現代社会に於ける横断的の対立を一応認めながら、漸次両者の民主的協調の歩を進めんとする方策が、より普遍的な、より過誤の少きものではなからうと考へる。[12]」

上のようなナチス理解は、我妻のその後の研究の土台となった。論文「ナチスの所有権理論」(一九三八年)と「ナチスの契約理論」(一九四二年)は、法思想的な観点から論述されているが、その中でナチスへの批判は一層の深まりを示している。我妻がその際とりわけ厳しく批判したのは、ナチスの法律秩序、生活秩序の土台としての民族協同体の理念の問題性であり、その人種的な観点の非合理性であった。我妻は、協同体の理念の意義そのものを否定しようとはしない。社会構成において「個体」の確固たる自主的地位が認められ、他方でこれを「総体」に統合し、「個体」と「総体」の有機的結合をはかるという一つの理念として協同体を理解するときは、協同体的理念を所有権制度の基礎とすることに異論はないとしてこう指摘する。「もし近時の個人主義的自由主義からの直流たる民主々義的な思想に対してなされる非難、即ちこの思想が、「個体」をもつて抽象的な平均人となし、これを「数」の裡に没却し去り、「個体」の有するそれぞれの独自の価値を捨象し自主的地位を否認するものだといふ非難が、正当なものであるならば、「協同体」の理論をもつてこれに代はる理念となすことに対しても、私は決して賛成を躊躇するものではない。」

しかしナチスはその協同体を「ドイツ民族の血の結合からおのづから生ずる自然的事実」とする。もしこれを不当に拡大し、資本主義社会の進展に伴って生じた複雑な、しばしば厳しい利害の対立を含む社会的諸関係に強制するときには、既存の不当な勢力を無批判的に是認し、「個体」の自主性を奪い、その協同体なるものを権力ある者の独善的な支配におとしめる危険を包蔵する。我妻はこのように強く警告する。とりわけナチスは労働者と企業者の関係を、指導者原理にもとづく経営協同体に編成しようとしているが、それは忠誠の紐帯を強要される従者たる労働者が、指導者たる企業家によって、独善的に支配される危険をもたらすことになる。我妻はこう鋭く指摘する。(13)

我妻は、上のようにナチスの人種法則的な観点を神秘的なもの、信仰のごときものとして捉え、その非合理性を徹底して批判し、「現実を直視する」合理的な批判的精神の重要性を強調する。一九三八年の論文においてこのような批判を行った我妻は、さらに一九四二年論文においてあえて「この警告の益々強く繰返さざるを得ないことを感ずる」と述べるのである。

われわれは、ナチス的な「協同体」理念、とくに経営協同体の理念と指導者原理（企業者は指導者、労働者は従者）とが、日本に大きな影響を与えつつあった状況に注意しなければならない。大日本産業報国会（一九四〇年）による「国体の本義」に基づく「全産業一体報国」と「事業一家」・「職分奉公」による「皇国産業の興隆」の精神運動が大々的に繰り広げられたのはまさにこの時期であったのである。(14)我妻のナチス的協同体理念批判が、同じ時代の日本の国体思想・日本民族思想、またそれと結びついた「事業一家」の観念への批判を含意し、それが企業の雇用関係における伝統主義的な家族主義的精神の適用、国体思想によるその強化という日本の現実に対して向けられていたと見ることは決して困難ではない（後述Ⅵ参照）。

我妻は、ナチスにおける合理的・批判的な精神の欠如を徹底して糾弾したが、まさにその合理的・批判的精神の抑圧こそ、この時代の日本の支配的な思想と学問を特徴づける最大の問題であったのであり、「一種の信仰にも等しき非合理的な観念」に対する彼の批判は、日本民族の優越性、天皇を中心とする血統的・精神的統一、そして家・郷土・国体の「民族構造」を強弁するその支配的思想(15)に対する辛辣な批判をその内に隠しもっていたということも出来る。我妻においてはナチス思想の分析は、同時に自身をとりまく日本の支配的な政治的・社会的、そして思想的な状況の解明のための重要な手がかりを提示するものであり、それと結びついたナチス批判は、日本の同時代の支配的動向への批判に重ね合わされていたといっても過言でないだろう。(16)

二　ナチス経済思想の諸潮流の批判的分析――加田哲二――

(1)　ナチス分析の視点

社会経済思想・社会学の学者加田哲二(忠臣)(慶應義塾大、終戦後退職。一八九五―一九六四年)(17)は、早くからナチスの経済思想に対して学問的関心を抱き、ナチスが権力を掌握する以前からその批判的検討の結果を公にしていた。加田のナチス研究の一連の成果は、紀要『三田学会雑誌』や何冊かの著書、また一般雑誌を通じて世に問われた。他方彼は、一九三七年に昭和研究会が発足すると、それに参加して、内部研究会の東亜ブロック経済研究会の委員長として、また文化研究会(当初、文化問題研究会)のメンバーとして活動した。前者の研究会には、湯川盛夫・金原賢之助・和田耕作・山崎靖純・猪谷善一・友岡久雄・三浦銕太郎・松井春生・笠信太郎ほかが加わっており、また後者の研究会の委員長は三木清で、委員として、三枝博音《さいぐさひろと》・清水幾太郎・中島健藏・菅井準一・福井康順・船山信一らが、のちに佐々弘雄・笠信太郎・矢部貞治らが参加したという。(18)第一級の知識人、気鋭の学者を集めたこの研究会の討議の中で、日本国家主義の研究と共にナチス研究の第一人者であった加田哲二の専門的知見がしかるべき役割を果したことは推測に難くない。(19)

加田は、ナチス政権掌握の前年の一九三二年に、いち早く自身のナチズム分析の成果を書物の形で公にしているが、とくに二つの著書、『国民主義と国際主義』と『日本国家社会主義批判』は注目に値する著作である。前者の書物において加田は、ナチズム(国民社会主義)を理論よりも行動に重点を置いた運動であり、その理論はまだ完成していないとした上で、国民社会主義は「その理論的内容の如何を問はず、それは今日の問題」であると警告する。国民社会主義の現象は、ドイツに発し、その形態は著しくドイツ的だが、しかしそれは決してドイツだけの現象ではなく、世界史の現段階においては、いずれの国にも現われる可能性と必然性をもっている。ドイツのそれはこの運動の「先駆者」であり「典型的形態」なのである。(20) 上のような理解に立って加田は、日本の国家社会主義・国民社会主義・日本的社会主義の運動をドイツのナチズムに関連づけようとした。今中次麿をはじめとして同時代の他のナチス分析と同様、加田のナチズム研究も日本ファシズムに対する社会科学的な分析と密接に結びついていた。

著書『日本国家社会主義批判』は、「日本ファッシヅム論」という副題を有し、その名の通り日本のファシズム的な国家社会主義運動に関して批判的な立場から社会科学的な検討を試みた先駆的な成果であった。とくに加田は、満州事変以降顕著となった日本の国家主義ないし国家社会主義的運動を、マルクス主義的な社会思想や運動への対抗としてのファシズムの世界的傾向の一つとして捉え、こうしたファシズム的形態における日本の国家社会主義に対する客観的な研究と批判の必要性を指摘しつつ、国粋主義、高畠素之や赤松克麿の国家社会主義とその原理を克明に分析し、これをドイツのナチズムと比較した。(21)

このような分析を通じて加田は、ファシズムの特質を次のように理解するにいたった。(22)

(1) ナチズムは、資本主義の行き詰まりによる諸困難を打開するための国民主義のイデオロギーであり、それは対外的には帝国主義諸国に対する政治的な対立・抗争、対内的には左翼社会主義運動との対抗、という二つの対抗局面を有する。

(2) 社会的な階級分化を前提としており、それに対する対応形態としての全体主義の立場であって、その運動の基礎には中間階級が存在する。

(3) それは単なる伝統主義ではない。資本主義に対しては「一応の程度」までは反対するが、しかしそれをあいまいにするために対外的問題が強調される。

(4) 日本の場合、①対内的問題より対外問題がより顕著に現われ、対内的には資本主義反対よりも、マルクス主義打倒の方向がより強く示される。②日本ファシズムの軍隊礼讃・国民主義・政党政治排斥は、日本の中堅層のイデオロギーにも対応し、その一部をなす中間層は経済的圧迫を蒙っているから、ファシズム支持者は今後ある程度まで増大するであろう。③しかし上のような本質から見て新しい理想社会の建設には決して到達することができない。このことは「一〇〇パアセントの確率をもつて断言することが出来よう」と加田は述べる[23]。

(2)　ナチスの経済思想と諸潮流の分析

加田は、ナチズムの思想の特徴を当時、①民族、②共同精神（私利よりも公利を優先する）、③利子奴隷制の打破、の三点において捉えていた。加田は一九三三年には論文「ドイツ国民社会主義の経済観」[24]を発表し、ナチスの経済思想について本格的な分析を試みた。この論文は、その後一九四〇年出版の自著『転換期の政治経済思想』（慶応書房）に内容的には殆ど原形のまま収録された。この書物を通じて彼のナチス経済思想分析は広く知られるようになる。（本書は刊行されたその月のうちに二刷が印刷されている。）

加田は、ナチス党の二五カ条綱領、G・フェーダーによる解説（フェーダー綱領）及びナチス関連の同時代文献によりながら、ナチズムを特徴づけている民族主義・人種主義を経済的な観点に関連づけて捉えた。すなわちナチスは、民族を経済生活集団として最高の位置に置き、その観点から、国民の経済的自立と、社会階級間の調和と国民協調を目標として設定する。「私利よりも協同の利益を重んず」の原則はこのことを表現する言葉である。党綱領に示される民族自決権、民族自立、その生活と過剰人口移住のための土地獲得などの要求は、そのような「国民経済の自立主義」(アウタルキー)を意味しており、それは食料・原料供給者としての農業の尊重に帰結する。そこから各種の農業政策・土地政策、とくに農本主義的傾向が導き出される、と。

続いて加田は、ナチス経済観における私有財産の問題、利子奴隷制の打破、資本観、社会化の問題、金融問題、租税問題、労働者政策を検討するのであるが、その多くは我妻や長らの分析と内容的に共通する。しかし、加田のナチス分析の特徴は、それらの経済的問題をめぐって、ナチス運動の内部に、異なった思想的な潮流が存在することを指摘し、ナチスの経済思想の変質を、それらの潮流の推移と関連づけて論じた点にある。ナチズム内部におけるこうした思想上・運動上の相違ないし対立は、今日ではよく知られていることであるが、ナチス政権掌握の時点において、すでに加田はこの事実をかなり的確に把握していた。以下、加田の認識の要点を記そう。

(1)オットー・シュトラッサーらの「革命的国民社会主義」(少数派)とヒトラー多数派及び両者の相違。ナチス党内においてヒトラーは資本主義に迎合的であったが、シュトラッサーらはこれに反対し、より急進的な計画経済と、経済的自立のためにドイツの再農業化とを主張した。彼らは計画経済の前提として、私有財産の経済的権利の廃棄を構想し、私的所有を原則的に認める多数派と大きく立場を異にしていた。とくに綱領一七条の公益の目的のための土地の無償没収に関しては、一九二八年にこれを不法に獲得した土地、「国民的安寧の見地」から見て不適当な管理下にある土地と限定し、それをユダヤ人土地投機会社に結びつけようとしたヒトラーの立場に反対した。加田はこのようにシュトラッサーの急進主義的な立場とヒトラーの主流派の相違と対立に注目する。

(2)「利子奴隷制の打破」の変質とH・ロイプケの役割。加田は、他の論者と同様、「利子奴隷制の打破」(綱領一一条)をナチス経済綱領の中で「最も重要なもの」とみなす。フェーダーによって提唱され、ヒトラーによって支持されたこの要求は、農民や工業的中間層が負う重圧的な利子や株主への高率の利子配当に対する攻撃を意味しており、その矛先は銀行や金融資本に対して向けられていた。しかもこの綱領一一条には「不労所得の廃止」という一般的な項目すら含まれていた。しかしそれらの批判は、国際的な金融資本、ユダヤ的貸付資本の問題に集約される形になっており、加田は、ナチスのこの反ユダヤ的主張が著しく感情的であると批判する。彼はナチスの「経済生活における人種的要素」がこの点に強く表現されていると考えた。

だが、この「利子奴隷制の打破」に関連して、加田はナチスにおけるハンス・ロイプケの反対論の存在に注目する。ロイプケは、「利子奴隷制打破」の要求が不労所得の排除や利子・利潤の一般的廃棄に結びつけて理解される可能性があることを警戒し、これに反対してより企業者寄りの立場を表明した。加田は「ナチスの理論をより多く地主ブルジョア階級の利害と一致するように修正せんとする」このロイプケ的な修正的立場こそが、ナチスにおいて次第に優勢になりつつある、と分析した(25)。

(3)上のことはナチスの資本観と関連する。ナチスは資本を生産的な資本(「生産資本」・「企業資本」)と、もっぱら利子・配当の取得をめざす「金融資本」・「貸付資本」とに分ける。そして前者は国民経済にとって有益だが、後者は搾取的であるとして、後者を批判する。しかしその批判は結局は「ユダヤ的貸付資本」の排除に収斂し、一般的な形をとることはなかった。さらに綱領の中でうたわれているトラストやデパートの社会化や大銀行の国有化等に関しても、全体としてロイプケに代表される「新(親)資本主義政策」が濃厚になってきており、「大所得の利益を蹂躙するが如き行動」はいよいよ行われえなくなっている。

(4) ナチスは、労働者と企業家との協調を標榜する。それは、企業家を指導者、労働者を被指導者とするもので、これは経営における企業家・支配人の指揮権の絶対性、労働者のそれへの服従を意味している。それは現在の社会階級関係を固定化するものに他ならず、ファシズムの本質がまさにここに示されている。

(5) ファシズム運動の初期的形態から後期的形態への移行について。加田はファシズム運動の特徴が初期段階と後期段階とで本質的に変化することを重視し、それをファシズムの一般的な傾向として受け止める。ナチスの運動も同様の特徴が見られる。すなわち、一九三〇年九月の選挙以来勢力を強めるにいたったナチスは、その中で運動の形態を転化させつつあり、それはナチス思想における資本主義批判的要素の後退と、親資本主義的傾向の強まりの中に示されている。他方「保守権力階級」が、中間階級の支持を背景とする初期のナチス運動の全体主義的反プロレタリア的性格に対して注目し、これを利用するようになり、両者は接近する。こうした変化を伴いながら、ナチス運動はその基礎と当初のイデオロギーをなお維持してはいるが、権力の掌握以後はこのイデオロギーは大きく変化することになるだろう。

以上に見られるように加田のナチスの経済思想分析は、マルクス主義的なファシズム理解と共通する点が多い。しかし、加田はナチスの経済思想の内容をより具体的に捉えたばかりでなく、ナチス運動の中にシュトラッサーらの少数派とヒトラー主導の多数派が存在し対立していたこと、またロイプケのような企業家寄りの理論家が登場し、親資本主義的な立場を表明していたことを明らかにすることにより、ナチスとその運動の特質、その発展の方向性をより明確にすることができた点は注目に値するといえよう。もちろん今日の精緻なナチス研究の水準から見れば、加田の分析は明らかに大雑把であり不十分であるといえるが、しかしこの認識が、まさにナチスが政権を掌握したその直後あるいはその直前の時点での分析によるものであったことを考慮すれば、加田の分析はその先駆性において、また現実認識の鋭さの点において、十分評価すべき成果といってよいだろう。

ナチス党綱領に関しては、今日われわれは、栗原優らの研究を通じて、シュトラッサーや、一九三〇年にドイツ工業全国連盟がナチス党に送ったロイプケの活動と思想を詳細に知ることができる。(26) 栗原は、ロイプケの任務が「ナチスの反資本主義的、反大企業的要素を克服し、もって工業界のナチス支持を確保すること」にあったことを明確にした。しかしこの論文に先立つ四〇年前に、加田は、登場してきたばかりのこのロイプケについて注目していたのであり、しかもその理解は、現代の歴史学の成果に照らしてみても、大筋において的をはずしてはいなかったのである。そしてこのロイプケこそ、後述の長守善が――加田とは逆にそれを評価する立場から――最大の関心を寄せていた人物でもあった。

加田をはじめとする同時代のナチス分析は、史実(事実)認識の詳細さや正確さ、アカデミックな研究水準の高さという面では、当然のことながら時代的な制約を受けて、不十分さを免れることはできなかった。しかし、それはその先駆性において、また社会科学的な質の点において十分評価に値するものを含んでおり、われわれはそれをナチス分析の先行的研究として位置づける必要があるだろう。しかし、一層重要なことは、ナチスに関する同時代的な分析が、日本での同時代的な状況と重なり、かつ交錯し、この国自体のファッショ化の現実と鋭い緊張関係を有せざるをえなかったことである。(そのことを具体的に知るためにナチス研究者は、一度、自国のファシズム史の過程そのものの研究に足を踏みこむ必要があるだろう。)

(3)　ナチス的人種・民族論批判と「経済協同体」の構想

加田のナチス研究は、ファッショ的形態としてのナチズム思想に関する社会科学的であると同時に批判的な分析であった。それは自身の日本ファシズムの分析と表裏一体の関係にあり、それへの批判と密接に結びついていた。この観点は後の著書『転換期の政治経済思想』においても変わらない。その中で加田が注目し、批判したのは、ファシズムの親資本主義的・反労働者的性格であり、また民族主義的・人種帝国主義的な性格であった。両者は相互に関連するのであるが、加田は後者に関わるナチスの人種論と民族主義に対してより強い関心を向けるようになる。ナチス民族主義の分析とそれに対する徹底した批判は、加田のナチス研究を一貫して特徴づけており、それはまた我妻榮の場合とは異なった形で、同時代の日本の状況に対する加田自身の実践的活動と密接に関連していた。

ファシズムの民族主義を、帝国主義的な対外主義として、従って列強間の国際的な対立との関連で捉えるという立場は、加田が当初からもっていた観点であった。ナチズムが露わに示す全体主義的な特質と人種論的な民族主義の特徴、とくにその差別性と非合理性に対して、加田はこれまで厳しく論じてきた。その批判的論評は、その後刊行された二つの著書、『人種・民族・戦争』(慶応書房、一九三九年)と『政治・経済・民族』(同、一九四〇年)の中で繰り返し表明された。ドイツ民族の人種的優秀性の強調とユダヤ人等への劣等視、その迫害、ドイツ民族の生活のための領土拡大と植民地の獲得、ナチズムのこれらの問題性は、上記の研究の中で人種問題・民族問題の一般的な議論と関連づけて社会科学的に考察され、その非合理な性格と矛盾性が強く指摘されることになる。

加田はそこで、ナチス的なゲルマン民族の優秀性の強調を、白人種の優越論と、それに基づく列強の帝国主義的な世界支配に関連づけ、それを西欧列強による植民地・半植民地支配に対する批判と結びつけた。そしてそのような帝国主義的な支配体制の転換こそ現代的な課題に他ならないと加田は考える。従属的な諸国が、その関係から脱出して、互恵的な関係にもとづいて協同体を構成する、といういわゆる「経済協同体」の構想がそれである。そこでは帝国主義的な支配と同時に人種的・民族的差別も否定されなければならない。この「経済協同体」(Wirtschaftsgemeinschaft)

の考えは、すでに知られているように、日本のアジアへの軍事的進出、とくに日中戦争を欧米とは異なった協同的な「東亜の新体制」の創出に結びつけようとする構想であった。

この理念は、昭和研究会の「東亜ブロック経済研究会」における討議と密接に関連していた。支配・従属関係を排除したアジア的な「経済的協同体」は、同時に中枢国日本自体における資本主義の革新（「国内改新」）を前提とし、それと一体とされていた。それは「私利優先の資本主義精神」を「協同体全体を綜合としての全体的協同主義」に転換することを意味した。(27) われわれはそこに同じ昭和研究会の「文化問題研究会」の成果、三木清の筆になるという『新日本の思想原理』との大幅な重なりを見ることができる。(28) ナチス経済思想・人種的民族思想への批判は、加田の場合、日本の国家社会主義的な運動に対する批判と結合していたばかりでなく、このアジアの「経済協同体」の理念と不可分の関係にあった。しかし、「経済協同体」における「中枢国日本」の構想は、事実上日本の軍事的な進出と民族的支配の現実と一体となっており、この点において加田の認識は重大な矛盾を包蔵していたのである。(29)

三　ナチス的統制経済の解明——長守善——

(1)　ナチス評価と分析

長守善（一九〇〇—七一年。南満州鉄道株式会社、一九四一年同欧州事務所駐在、一九四六年帰国、のち中央大学、神奈川大学教授）の最初の書物『ナチス——ヒットラー運動・思想・政策』は、ナチスが権力を奪取した直後の一九三三年四月に刊行されており、経済思想・経済政策を含めたまとまったナチス分析の書物としては最も早いものに属する。(30)

東京帝国大学大学院で土方成美に指導された長は、当時その土方と近く、同じ頃刊行された『日本統制経済全集』

（全一〇巻）の第七巻土方成美著『統制経済政治機構』（一九三三年七月）は、著者土方の「はしがき」によれば、その内容の多くが長守善の筆によるものであったという。[31] 反マルクス主義・反自由主義の立場から日本経済学に向いつつある土方からの影響にもよるのであろうか、長守善も同じく反マルクス主義の立場を表明しており、ナチズムに対しても肯定的な考えを有していた。彼は当時の時代状況を次のように捉えていた。[32]

(1) 資本主義は多くの欠陥を含んでいる。しかし資本主義には長所もあり、その欠陥の故にこれを破壊しようとするマルキシズムは支持できない。

(2) これに対して資本主義の危機の原因を、制度そのものには結びつけず、その思想的背景をなす個人主義的自由主義に見て、それに対して、国民全体の利益の調和のために普遍主義的な立場から社会の改造を計画するものがファシズムと国民社会主義である。

(3) ナチスはこれまで暴力的な団体とみなされ、その綱領は単なるデマゴギーとして片づけられたり、反動思想として扱われたりしてきた。しかし今や国民社会主義は「力強い根」をドイツ国民の間に張りつつある。それ故その思想・政策・綱領を具体的に解明することが必要である。

まず、長の現実把握において注目すべき点は、資本主義は多くの欠陥を有しており、その資本主義は現在危機の状態にあるという理解と、ファシズムはそのような資本主義の危機に対して、反マルクス主義的・反自由主義的な立場から、資本主義を土台にしつつ、国民全体の利益の調和をめざす運動なのだ、という認識である。この認識は内容的には加田哲二のそれと殆ど全く一致する。加田はそのファシズムを批判的な観点から捉えたのに対して、長はナチズムの中に積極的な意義を見出すのである。

長の書物は、社会民主主義の破綻、国民社会主義運動、国民社会主義の思想体系、ナチスの政治理論、ナチスの経済政策理論、国民社会主義とファシズムなど、ナチズムとその運動について説明を試みた、日本における最初の包括的な紹介であった。

その際、①ナチス党の支持者層に関する社会学的な分析が紹介され、その中心勢力がホワイトカラー、中小商工業者等の中産階級や農民及び青年層であり、さらに労働者大衆すらも社会民主主義からナチスに移りつつある、と指摘したことは重要である。彼はそこでJ・ヴェルニケやR・ヒルファディングによりながら、この新・旧中間層の性格とその方向性についても検討を行っている。

さらに、②ナチスに対する国民的支持の高まりは、ナチスを思想的に根拠のない単なる煽動的ないし暴力的団体とみなす見方が誤りであること、逆にナチス支持の広がりはその思想が国民大衆に訴える何らかの根拠を有していることを示している。長はこのような理解の上に立ってナチスの思想内容を検討し、その多様性の中に、ロマン主義・国家社会主義・講壇社会主義・キリスト教社会運動・民族運動などの歴史的な諸思想や運動の影響を見出す。

③その上で長は結論する。ナチス思想は、それらの影響を受けながら、国民主義・民族的国家主義、人種主義・反セミティズム、国民社会主義、などの特徴を備えている、と。

(2)　公益優先と私的イニシアチヴの二元性の把握

ナチスの経済思想に関して長は次のように認識する。

(1) ナチスの経済思想は、個人主義的自由主義的経済理論とも、また社会主義理論とも基本的に異なった新たな理論を志向しているが、まだ体系化されていない。しかし、そこには「他に見られない情熱」と「倫理的要素」を伴った主張とが存在するとし、ナチズムにおける精神主義を積極的に評価する。長は主としてフェーダーの党綱領解釈によりながら、具体的に項目を取り上げて、その内容を検討する。

(2) その際に長は、我妻や加田と同様、ナチスの根本思想が「公益は私益に優先する」という原則にあることに注目する。「共同精神」に立脚したこの観念は、ナチスの「絶対的命令」であって、種々の政策思想はその上に成り立っている。なかでも不労所得の廃棄や利子奴隷制の打破の要求はとりわけ重要であって、それはこの根本原則の土台の上に理解されなければならない。

しかし長はその趣旨をこう解釈する。ナチスは、個人の利己心と個人的利益の追求にもとづく個人主義的自由主義的制度において、そのような公益優先の「倫理的要素」が欠如していることを重大な欠陥であると考える。そこでナチスは公益優先の「新しいイデオロギー」を注入し、この欠陥に対処しようとするのであり、まさに「共同精神」こそがナチスの根本思想なのである、と。

長は、以上のようにナチズムにおける倫理的要素、精神的要素の決定的な役割に注目し、「公益は私益に優先する」の理念を、そのような経済倫理ないしイデオロギーの側面に引きつけて捉えようとする。従ってこれと結びついた利子奴隷制打破等の「反資本主義的」とされる観念も、具体的な措置としてではなく、より多く「イデオロギー」として理解されることになる。長のこの理解は「世界観」を重視するナチズムの基本的な特質を正しく捉えていた。

(3) 従ってナチスは「反資本主義と言ふも、資本主義的制度そのものに反対するのではなく[33]」、逆に個人の創意(イニシアチヴ)を尊重する。私的所有は承認され、企業家は経済的な指導者とみなされて、その活動が重視される。私有財産制と個人の創意を認めつつ、一定の範囲内でそれに制限を加え、自由主義経済的な無制限な競争を排斥すること、これがナチスの経済原理なのである、と。私的所有の承認・私的イニシアチヴ尊重は、まさにナチスの経済観の基本的特質をなしている。(長のこの理解は、我妻と加田のそれと一致する。)

(4)長は利子奴隷制の打破や不労所得の廃止を単なる倫理的要請として理解したが、この認識は、別の観点からではあるが加田哲二が注目した、あのロイプケのナチズム解釈に全面的に依拠するものであった。加田は、ロイプケをナチズムの親資本主義化に関与する人物として重視したが、長は、利子奴隷制打破の希薄化をねらうそのロイプケの考えを、自らのナチス理解の中に積極的に取り込み、自身の見解をそれに一体化させた。加田の見たようにロイプケ的な親資本主義の方向がナチスの現実の姿を規定したとするならば、長のこの認識は結果的にナチスの現実に対応し、その限りで長と加田とは政権掌握期のナチス像の事実認識において共通することになる。(34)

(3)　ナチス統制経済分析とその意義

長守善は、『ナチス』に続く翌一九三四年の著作『ファッショ的統制経済』において、政権掌握直後のナチスの経済政策の実態を詳細に究明する。長はまず、国家による経済的統制の進展という世界的な状況を的確に認識し、それを「統制経済」という観点において把握する。彼は、統制経済の類型として、社会主義的なソ連型と、社会主義ともまた個人的自由主義とも異なった全体主義的なドイツ・イタリア型(ファッショ型)の二つを区分し、後者のファッショ型の統制経済の現状を解明しようとする。

ファッショ型を構成するドイツのナチス的な統制経済について、長は、「私益に対する公益の優先」の原則の下で、個々の企業の活動の余地は広範に存在し、企業による自治的な決定が大幅に認められていると指摘し、ソ連型との違いを強調する。その上で政権掌握後のナチス的理念に基づく経済体制(「実現された新経済体制」)の本質を、とりわけ新しい「組織」(35)の中に見ようとする。すなわち、①労働の面での組織化としてのドイツ労働戦線と、②企業の団体的組織化、がそれである。それはナチス的な有機的な団体国家(Ständestaat)の構想に対応した実体に他ならない。

長はこれらの団体組織を克明に解明し、その特徴をつぎのように把える。(36)

(1) 国家の団体的組織化の構想は、個々人の原子的存在と階級的国家の観念に対置される原理である。この構想は、団体の段階的な構成に基づく国家形態を説くO・シュパンの団体国家論から多くの影響を受けてはいる。しかしここでいうStändestaat の理念は、中世的・身分制的な性格をもたず、経済的条件に基づいた編成を基本としており、それは同一部門に所属するものの共通利益の保証を目的とする自治的な組織を意味している。

(2) 団体はその際国家によって監視され、その指導を受ける。しかしそれは個々の経済活動に対して官僚的・画一的になされるのではなく、国家的規制はただ経済活動の方向と意義を決定したり、法制上・秩序上の矛盾を除去したりすることに限定される。基本的な原則は団体的自治にある。農業分野における公法上の自治団体としてのドイツ〔ライヒ。以下同様〕食糧団体、ドイツ手工業団体、ドイツ工業団体、ドイツ商業団体等々の経済団体の組織化、またドイツ経済の有機的構成準備法による部門ごとの企業の組織化がそれである。

(3) 労働力の面では労働組合が廃止され、労働戦線として組織化された。一九三四年一月の国民労働秩序法はそれと不可分の関係にあるが、そこで提示された原則は、経営内の企業家、職員、労働者の相互間の「忠誠関係」の上に立つ「経営共同体」と「指導者原則」及び「能力原則」である。それらと並んで国家による賃金の監視と社会的名誉の保護が予定される。「経営共同体」(Betriebsgemeinschaft)においては、企業家は経営の指導者(Führer)として労働者に対して救済義務を負い、労働者はその従者(Gefolgschaft)として企業家に対して忠誠義務を負う。両者は経営の発展と、国家と国民の幸福のために協力しなければならない。

(4)「指導者原則」(Führerprinzip)は経営においてのみでなく、経済のあらゆる面で適用される基本的な原則である。指導は個人的責任と結びつき、国民経済的な観点、国家的な観点に基づいて遂行されねばならない。こうして全体＝

国民への奉仕の自覚と責任が強調される。しかしそれは個人の私的イニシアチヴを決して否定するのではなく、反対に個人の創造的活動とその能力の発揮が強く要請される。「能力あるもの、創造力を有するもの」に対する評価と保護、つまり「能力原則」(Leistungsprinzip)と「指導者原則」とは結合している。「経営共同体」における労働者・職員の賃金はもはや「経営に無知なる闘争団体」(傍点は引用者)によって画一的に協約されるのではなく、この能力原則に基づいて決定される(37)。

長守善は、体制としてのナチズムを上のように国家的な統制経済機構として捉え、一方ではそれを企業と労働の国家的な組織化、すなわち国民経済の有機的編成として、他方では全体主義との関連を自覚した個々の「経営共同体」とそこでの「指導者原理」・「能力主義」として理解した。長は、そのような国家的な経済統制の下で、企業家精神が尊重され、個人の創意とイニシアチヴが重視されることの意義を繰り返し強調する。経済団体の自治、自主的決定に関する指摘もこの観点と結びついている。

ついで長はこのような機構を土台とする農業統制、企業統制、中小企業政策、貿易統制、金融統制及び失業対策について詳細に叙述するのであるが、その紹介は具体的かつ明快であって、政権掌握直後のナチスの経済政策の状況に関する先駆的な分析として十分評価に値するといえよう。しかし一層重要なことは、長によるナチス像、とくに長によって紹介されたナチス的な統制経済の具体的な姿が、その後の日本の経済編成の転換、とくに戦時経済体制の整備と重なってくることである。長が分析し、肯定的に評価したナチス的な経済思想と統制経済体制は、後述する国防経済体制の構想や、「経済新体制」をめぐる論議に、明確に影を落としていた。一九四〇年一二月の経済新体制確立要綱の基本的観点は、企業担当者の創意と責任、公益優先と指導者原理、経済団体の編成による有機的国民経済の創出、に集約的に表現されているが、それらはまさに長のナチス分析が重視し積極的に評価したナチス的経済思想とぴったりと重なるのである(後出Ⅳ、Ⅴ参照)。

小括

われわれは、ヒトラー・ナチス党が単なる運動としてばかりでなく、ドイツ国家の権力を掌握し、ナチス体制として自らの機構の整備に足を踏み出したその時期に、その現実を日本において同時代人として受け止め、ナチスの経済思想の社会科学的な分析に先駆的に取り組んだ、我妻榮・加田哲二・長守善の三人を取り上げ、それぞれの分析の成果とその内容の特徴及びその意義について考察してきた。

ワイマール的民主主義の立場から法思想的な観点に立ってこれを批判的に分析した我妻榮、日本ファシズム批判の視点から、また昭和研究会の有力メンバーとして経済協同体の構想と関連させてナチス思想を批判する加田哲二、土方成美に近い立場からナチズムを肯定的に評価し、その現実を具体的に解明することにより、そのナチス像が事実上その後の日本の国家統制的な経済編成過程に重畳する長守善。観点や立場を異にしつつ、ほぼ同じ時期に試みられたこの三人のナチス経済思想の分析の成果が、その先駆性においてのみならず、社会科学的な内容の質の高さにおいてもそれぞれ評価さるべきものを有していたという点がほぼ理解できたと思う。

その際、彼らのナチス研究が、単にドイツ・ファシズムの学問的な解明という面においてばかりでなく、同時にファッショ化しつつある同時代の日本の現実の問題とも何らかの形で関連していたことも見逃すことのできない点であった。以下、ナチス思想の分析にあたって三人に共通して見られる認識の枠組みないし視点について要点を整理しておこう。

(1) 彼らはナチズムを、単なる反ユダヤ主義・民族主義、単なる全体主義としてではなく、資本主義の展開との関連において分析し、個人主義的自由主義的な資本主義の行き詰まりと危機への対応形態として捉えている。まず第一にこの点が注目される。

ナチスの運動と体制を資本主義経済の危機との関連で捉えるというこの視座は、ナチズムを単なる政治問題としてではなく、経済問題とそれに対する対応の問題に結びつけることになり、従って経済政策思想や経済思想の問題は、ナチズムが備えるさまざまな特徴や現象の中で、基軸的な位置を与えられることになる。中小商工業の没落、農民的経営の存立問題、金融資本の支配、等々の問題がそれである。ナチスを特徴づける人種的民族主義・反ユダヤ主義や全体主義もこの観点に結びつけられる。[38]

この視点は、同じく資本主義の展開と関連づけて捉えられた日本の同時期の諸問題、とくに日本的ファシズムの問題を、ナチズムとの併行性と共通性において認識することを可能にした。この視座は、社会科学的に見て、著しく重要な意味をもっている。[39]

(2) 公益優先原則・私的イニシアチヴ尊重・「反資本主義的」観念。各種の要求や原則からなるナチスの広い意味での経済思想のうち、三人の論者が一致して認めるナチスの根本原則は、「共通の利益(公益)は私的な利益(私益)に優先する」(Gemeinnutz geht vor Eigennutz)であった。それはこの原理をナチズムの「至上命令」とするという同時代ドイツのナチス思想理解に基づいており、その認識は同時代の日本人のナチス認識に共通した。一九四〇年末に経済新体制の基本理念として確定された「公益優先」の原理はナチス思想の強い影響によるのであるが、ナチズムをこの原理に結びつけるその基盤はすでにこの時期にできていたのであった。

この原則は、個人的利益の追求を基本原理とする自由主義的経済制度に対して、民族ないし国民の全体的な利益をもって私的利益に優先させることを趣旨としており、Gemeinnutz の gemein は、民族(国民)社会主義の民族・国民に対応し、人種主義的にゲルマン民族に結びつけられ、また政治的な全体主義と一体となっている。

全体的利益の優先というこの原則は、しかし、私的所有と私的営利活動を否定しないばかりでなく、逆に私的個人的な創意を重視し、それを体制の中に取り込むことを目的としていた。私的所有の承認、個人の経済的イニシアチヴ尊重、個人の責任の重視、これらの観念も三人の論者が同じように確認したナチズムの根幹の思想であった。つまりナチスは営利原則、資本主義的原理を決して否定していない、という認識である。この理解は経済新体制をめぐる論議の中でとくに財界が注目し、自身の立場をナチスに結びつける時の根拠としたものである。経済新体制確立要綱における「企業担当者の創意と責任とに於て自主的経営に任ぜしめ」る、という文言は、すぐれてナチス的であった(後出V参照)。

では私的利益の追求は民族的・国民的利益の観点からいかなる形で抑制されるか。本論で見たように我妻・加田・長の三者は一致してナチス党綱領一一条における「利子隷属制の打破」(Brechung der Zinsknechtschaft)をこれに結びつける。国民の利子負担の重圧の問題は、私的利益のあくなき追求の結果であり、国民を全体として圧迫する最大の問題であって、民族的国民的利益の観点から除かれねばならないというのである。我妻は「ナチスの政治運動の総ての意義は悉くこの主張の中に包含せしめられるとも称し得る」とまで述べてこれを重視した(40)。それは銀行資本・金融資本の支配の排除を意味し、それらによる土地の投機的取引、株式投機、戦時利得などの暴利行為の排斥と結びつくはずである。

しかしナチスの「社会主義」の核心をなすはずのこの金融資本批判、反拝金主義は、結局のところ反ユダヤ主義の人種的観点に結びつけられ、もっぱらユダヤ人の経済活動、とくにユダヤ系金融資本の問題に帰着せしめられた。この認識も三論者一致している。

後の歴史研究は、ナチズムの特徴として「反資本主義的」な要素をとりわけ重視してきた。利子隷属制打破・不労所得の廃止の観念は、まさにそのような「反資本主義的」とされるものの最たるものであった。だが三人の論者はすでに一九三三、三四年の時点でこの「反資本主義的」とされるものの内容とその実体を明確に分析していた。三者一致していることは、政権掌握前後におけるナチズムは基本的には資本主義的であり、金融資本批判はユダヤ系資本排除に集中しているという理解であった。つまり彼らの場合、ナチスの経済思想の全体的性格を「反資本主義的」な側面で捉えようとする観点は著しく弱かったといってよいのである。

(3) 労働関係の反民主的性格。ナチス的な民族主義・全体主義の観点の下で、資本家と労働者の関係は階級関係としてではなく、民族共同体的な関係とみなされる。企業家を指導者、労働者を従者とする指導者原則の下で、労働組合による労使交渉、労働関係の民主主義的原則は排除され、経営における企業者の強い指揮権が確保される。三人の認識は、それをいかに評価するかは別として、一致する。長はそれを肯定的に評価した。加田はそこに企業家の独裁的傾向を捉え、現存の社会階級関係を固定化させるものとしてそれを厳しく批判し、ファシズムの本質がそこにあると認識した。我妻も、そのようなナチス的共同体理念が既存の不当な勢力の無批判な是認、個人の自主性の剝奪、権力者による独善的支配に帰結することを指摘し、かつ強く警告した。

(4) ナチズムと中間層との緊密な関連についても三人の論者の認識は共通する。しかし両者の関連のあり方についてはそれぞれ異なっていた。ナチズムを「中間階級層の運動としての外見」を備えた運動と見る加田は、そこに含まれる矛盾を指摘し、この運動が「独占資本主義」の支配機構の構成者によって利用される運命にあるとみなし、ナチス運動の推移と転換を重視した。ナチス運動は「今日〔一九三三年〕最早中間階級運動ではな」く、「ドイツ大ブルジョアジーの運動」であるという加田の認識はそれと結びついている。利子隷属制打破等の考えはこの中間層的な要求に対応するもので、それはイデオロギーとして残されることになるとしても、やがて変えられることになるだろうと加田は予想した。

中間層とナチスとの関係に同じく注目しながら、長は、加田と異なり、むしろナチス政権の下で中小企業や農民層への具体的な立法が打ち出された事実を重要視する。長は、中間層政策が運動においてばかりでなく体制としてのナチズムの下で継続することに注目した。我妻も長と同様に、農民・中小商工業の維持とそのための保護の原則が党綱領においてのみでなく、政権掌握後の諸立法においても強く打ち出されていることを明らかにし、それが矛盾を内包していることを指摘した。ナチス政権の下でのこうした動向について長守善は特別の問題性を指摘しなかったが、資本主義の進展の不可避性を重視する我妻は、中間層の維持ないし保護の政策の実現については終始否定的であったのである。

注

(1)　安部博純著『日本ファシズム研究序説』(未來社、一九七五年、一九九五年〔新装版〕)第一編第一章、吉見義明「戦前における「日本ファシズム」観の変遷——一九三一年から一九三七年」(『歴史学研究』四五一号、一九七七年)、神田文人「昭和恐慌期の社会運動」(東京大学社会科学研究所編『ファシズム期の国家と社会1』東京大学出版会、一九七八年)、ほか。安部の著書及び神田の論文はマルクス主義以外の知識人のファシズム論についても言及している。

(2)　安部、前掲書、二三頁注(7)、三宅正樹編『ベルリン・ウィーン・東京』(論創社、一九九九年)第四章。但し、マルクス主義的なファシズム論は、一九三五、三六年の時期にとくに日本のファシズムとの関連で再び論ぜられる。吉見、前掲論文。

(3)　注(1)参照。

(4)　山口定著『現代ファシズム論の諸潮流』(有斐閣、一九七六年)、さらに栗原優著『ナチズム体制の成立』(ミネルヴァ書房、一九八一年)、中村幹雄著『ナチ党の思想と運動』(名古屋大学出版会、一九九〇年)ほかの、すぐれた研究を見よ。

(5)　安部、前掲書、二三頁注(7)。

(6)　本書Ⅴ・Ⅵ参照。

(7)　この論文は『法学協会雑誌』第五二巻四・五各号に掲載され、戦後我妻榮著『民法研究Ⅰ』(有斐閣、一九六六年)に収められた。但し、同書巻末の著作目録における本論文の発表年、雑誌巻号は誤植か。なお、戦前・戦時の我妻の学問研究の状況については、『ジュリスト』臨時増刊一九七四年六月二一日号(我妻先生追悼『特集・我妻法学の足跡』)参照。関連して、広渡清吾「第三帝国におけるブルジョア法の「転換」」(東京大学社会科学研究所編『ファシズム期の国家と社会5』東京大学出版会、一九七九年)。但し、広渡はここでは氏の問題意識と密接に関連すると思われる我妻のナチス法研究に立ち入って言及していない。

(8)　それぞれ『牧野先生還暦祝賀法理論集』(有斐閣、一九三八年)、『杉山教授還暦祝賀論文集』(岩波書店、一九四二年)に収録。両者ともに同上『民法研究Ⅰ』にも所収。

(9)　『法律時報』第六巻三号(一九三四年)。

(10)　同上『民法研究Ⅰ』「はしがき」をも参照。

(11)　西原寛一「株式会社法に於けるナチス思想(一)」(『法学協会雑誌』第五四巻八号、一九三六年)、一一七頁。なお後述の長守善は著書『ファッショ的統制経済』(日本評論社、一九三四年)でこの論文を参考文献として掲げ、「詳細なナチス経済法の紹介」と評価している。

(12)　我妻のナチス批判については、同「ナチスの民法理論(一)」、六四四頁以下、同上(二)、八八九頁以下、とくに第四章結語、参照。「ナチスの方策に普遍性なし」との判断を下しつつ、しかも我妻はドイツの「非常時」における「特殊的事情」の存在の可能性をも考慮し、最終的な断定を避けて、こう表明する。「畢竟私は、ナチスの民法理論に於て、個人主義的自由主義理論を修正せんとする一の特異な試みを発見する。その理論の裡には矛盾もあり、疑問を抱かしむるものも少くない。然し又反対に、教訓に富み暗示を含むものも決して絶無ではない。しかもこの理論は、次ぎ次ぎにその修正補充を加へつつ、今強大な政治権力によつて欧洲の一角に試練を試みられつつある。私は個人主義的民主理論の何等かの意味に於ける修正の必然を信ずる一民法学徒として多大の興味をもつて事のなりゆきを観察する者なのである。」なお、我妻「ナチスの私法原理とその立法」(『法律時報』第六巻三号、一九三四年三月、同上『民法研究Ⅰ』所収)の末尾の「ナチスよ、おまへはどこへゆく」の一節をも参照。

(13) 同「ナチスの所有権理論」、四四四頁、同『民法研究Ⅰ』、三八四頁以下、同「ナチスの契約理論」、一六六頁以下、同上、四五四頁以下。

(14) 森戸辰男著『独逸労働戦線と産業報国運動』(改造社、一九四一年)、序。本書後出Ⅵ、参照。

(15) 本書後出Ⅶ、Ⅷ参照。

(16) 我妻は非合理的でない「本来的な協同体理論」、「本来の意味での協同体」についてはそれを承認していた。彼は人間の生活関係のうちに、契約理論では説きえない協同体的関係の存在を認め、農民家族・農民団体(農村共同体ではない)を本来的な協同体として、これを是認する。「ナチス所有権論の根柢に横たはる協同体理論から、その人種法則的法律観に基く神秘的な、信仰にかくれた、非合理性を濾過し、これをもつて現実に即した批判的な指導原理とせよ。さうすることによつてのみその理論は普遍性と合理性を持つことが出来るであらう」(「ナチスの所有権理論」、四四六頁、同上三八六頁)。我妻が個体の確固たる自主的地位を土台とする合理的な協同体を構想していたことは間違いないだろう。それは我妻が立法の現実に関与した戦後改革にも何らかの形で関連してくるであろう。我妻榮著『経済再建と統制立法』(有斐閣、一九四八年)をも参照。

(17) 加田哲二については、増井健一「昭和一二—一五年の三田経済学部の先生たち」(『近代日本研究』一五、一九九八年)、一〇一頁以下、『慶應義塾の経済学(福澤先生没後百年記念)』(二〇〇一年一月)。加田の東亜協同体論については、波多野澄雄「「東亜新秩序」と地政学」(三輪公忠編『日本の一九三〇年代』創流社、一九八〇年)、三八頁以下、高橋久志「「東亜協同体論」——蠟山政道・尾崎秀実・加田哲二の場合」(同上)、参照。

(18) 酒井三郎著『昭和研究会』(TBSブリタニカ、一九七九年)、一三五頁、一五四頁以下。東亜ブロック経済研究会は一九三八年に発足し、翌三九年に研究会の成果を、昭和研究会著『ブロック経済に関する研究』(生活社)として発表する。加田は同会委員長として、第一章と第六章の理論的ないし総括的な部分を担当している(後述参照)。なお同会の活動状況については、同上書第一章に付せられた「資料」参照。加田は後者の文化研究会で「日本主義とその諸内容について」を報告した(笠信太郎による「経済再編成の問題について」もここで報告された)。三木が執筆した「新日本の思想原理」(一九三九年一月)はこの研究会の報告書であるが、これは前者の委員会でも討議されている(上記「資料」(五)参照)。

(19) 米谷匡史「戦時期日本の社会思想」(『思想』第八八二号、一九九七年)、昭和研究会の東亜協同体論については、伊藤のぞみ「昭和研究会における東亜協同体論の形成」(岡本幸治編著『近代日本のアジア観』ミネルヴァ書房、一九九八年)。Cf. W. M. Fletcher III, The Search for a New Order. Intellectuals and Fascism in Prewar Japan, The University of North Carolina Press, 1982, 5, esp. pp. 86. フレッチャーはナチズムの昭和研究会への影響について言及しているが、ナチス経済思想に関する理解は十分とはいえず、その影響の仕方についても部分的な叙述に止まっている。後述Ⅴ参照。

(20) 加田哲二著『国民主義と国際主義』(同文館、一九三二年)、二三八頁以下、二四三頁。

(21) 同著『日本国家社会主義批判』(春秋社、一九三二年)、序。

(22) 同上、とくに一八六頁以下。

(23) 同上、六〇頁。

(24) この論文は『三田学会雑誌』第二七巻三号に掲載された。加田は当時ナチス関連文献の蒐集に力を注いでおり、その蒐集文献をもとにしたナチス文献展示会が、慶應義塾大学の図書館で開かれたのは翌三四年六月であった。その展示文献が、加田「国民社会主義(ナチス文献)」として、同雑誌第二八巻七号(一九三四年七月)に紹介されている。文献が広範囲に及んでいることに驚かされる。

(25) 同「ドイツ国民社会主義の経済観」、二五頁以下、四一頁、四五頁以下。

(26) 栗原優「ナチス党綱領の歴史(上)(下)」(『西洋史学』XC III, XC IV, 一九七四年)。ロイプケについては同上(下)。

(27) 上出『ブロック経済に関する研究』、とくに第六章。

(28) 米谷、前掲論文、八五頁以下、参照。加田はやがて日本の武力的行動の完成をアジア解放の条件として考え、その民族協同の理念を「肇国の精神」に結びつけるようになる。この間加田は次のような著書を公にしている。同著『戦争本質論』(慶応書房、一九四二年)、同『日本経済学者の話』(同、一九四二年)、ほか。なお加田の動向については、伊藤隆著『昭和十年代史断章』(東京大学出版会、一九八一年)も参照。

(29) 波多野、前掲論文、高橋、同、参照。

(30) 我妻は最初の論文でこの書物を注で引用し、「ナチス支配下のドイツの国状のよき概観を与へる」と評価し、またナチス綱領の訳文についても、本書を参照している。本書の内容は、後の長の著作『ナチス経済建設』(日本評論社、一九三九年)に吸収された。

(31) 土方成美著『統制経済政治機構』(改造社、一九三三年)「はしがき」。土方は一九三二年に『ファッシズム』(岩波書店)を公にしているが、内容はイタリア・ファシズムの分析である。なお、長守善の経歴について、五井一雄中央大学名誉教授・増澤俊彦明治大学教授からご教示をえた。

(32) 長守善著『ナチス』(日本評論社、一九三三年)「はしがき」。

(33) 同上、二二四頁。

(34) 同上、第五章。

(35) 同『ファッショ的統制経済』(『新経済全集』第一一巻、日本評論社、一九三四年)、とくに一二二頁。

(36) 同、第三章第二節、参照。

(37) 同、一四四頁、また一一九頁以下をも参照。

(38) ナチズムが単なる戦争ないし総力戦の思想としてのみ理解されていないことも重要である。

(39) 共通性の認識は同時に特殊性の認識を伴う。両者は表裏一体の関係にある。それは公益優先等のナチス思想と日本へのその導入・適用が現実の問題となる経済新体制期にこれまでになく強く意識された。後述V以下、参照。

(40) 我妻「ナチスの民法理論(二)」、八三七頁。

Ⅳ 総力戦準備の経済体制の構想とナチスモデル

――日中戦争開始期――

日本ファシズム史上、二・二六事件(一九三六年)以降、日中戦争開始(一九三七年七月)から第二次大戦とその敗北(一九四五年八月)にいたる時期は、軍部を担い手とし、一方では官僚・重臣、他方では大資本と政党とによる連合的な支配体制の形をとった「上からのファシズム」、「国家機構としてのファシズム」が形成される時代といわれている(1)。この国家機構としてのファシズムの起点とされる日中戦争開始前後の時期は、日独防共協定、さらに日独伊防共協定が締結され、全体主義の国際的な体制が生み出されつつある時期でもある。日本では、この頃、総力戦の準備体制としてのいわゆる国防経済体制・準戦経済体制の理論的構築が試みられ、またその基準法としての国家総動員法が用意されていた。本章は、この国防経済体制の構想や国家総動員法の原理に対するナチス的思想の影響について検討し、日独全体主義相互の間の政策構想上の同時代的な関連と結びつきを解明しようとするものである。

日本経済史の研究成果が明らかにしているように(2)、満州事変(一九三一年)から六年、一九三七年に勃発した日中戦争は、日本経済の戦時経済体制・統制経済体制への移行の画期となった。この戦時経済体制は、何よりも当面の日中戦争の遂行を目的としていたが、しかし、同時にそれは予想される総力戦に対する準備的な体制の構築をめざすものでもあった。軍需生産を中心とする関連諸部門の生産力の拡充と、経済諸力の動員の体制は、中国での戦争遂行への直接的な対応としてばかりでなく、将来の全体戦争に対して、予め用意を整える準備的な体制としても整備されなければならなかった。戦時経済体制における後者の側面、総力戦の準備的段階としての経済体制は、将来の全体戦争を予測した現体制の編成替えとして構想された。

中国への軍事的侵略を実行し、また総力戦を用意する、軍事的経済動員のこの経済体制は、その後の展開を知る今日のわれわれから見れば、日本の戦時経済の一連の過程の第一段階として、従ってそのあとに続く総力戦に当然のように連続的に結びつく前段階でしかなかった。だが時代の只中にある当事者にとってはそうではなかった。彼らは第一次大戦の経験を通じて現代戦争の概念を知り、軍事の機械化・技術化、戦争の永続性・長期性、全体性を認識するにいたっていた。しかしそのような全体的総力的な大規模戦争の再来が予測される状況の下で、総力戦経済への転換を容易にする準備的体制を平時にいかに構築するかは未知の問題であった。最初の全体戦争としての第一次大戦は、現代戦争とは何たるかを教えたが、まさにその経験を土台にして、次の全体戦争を予測し、それへの対応を容易にする、総力戦準備段階的な経済体制を編成する仕方は、大戦後の課題に属した。こうして人は世界的な危機の深刻化の状況を観察しつつ、平時において、将来起こるべき(あるいは起こすべき)総力戦への準備として軍事力とそれを支える生産力の拡充と経済力の動員の諸条件を整備する独自な体制を自分たちで構想し計画する必要があった。

このような構想は、軍部、そして資源局を中心にすでに一九二〇年代から着手されていた。(3) 戦争目的のための「人的」また「物的」資源の動員体制、いわゆる国家総動員体制の計画はとくに資源局で準備されていた。世界恐慌(一九二九年)を背景にした列強における軍事力の拡充とブロック経済化の世界的な動向の中で、またアジアへの軍事的侵略と重なり合ってその勢いは加速され、日中戦争勃発の翌一九三八年に国家総動員法が制定された。日中戦争開始前後の時期は、このように総力戦を予期した国防経済体制とか準戦経済体制とか呼称された体制の構想が具体化してくる時期であった。

国防経済とは、名称は自国領土の防衛であるが、アジアでの侵略戦争を遂行しつつ同時に、総力戦を想定・準備して平時経済を編成替えし、総力戦体制に容易に移行できる独自な経済体制の構築を意味した。国防経済体制が同時に準戦経済体制と呼ばれた所以である。このいわゆる国防経済体制の構想の策定に際して先駆的な役割を果したのが、満州国建国の最高指導者、陸軍・石原莞爾により結成された組織、満鉄の宮崎正義を代表とする日満財政経済研究会(以下、日満財経研と略す)であった。そこで作成された計画と構想は、その後企画院等に受けつがれ、修正されつつ、第二次大戦に向う戦争経済体制の確立のために用いられた(4)。

日満財政経済研究会は、「国防」のための国家的な経済編成を構想し計画するにあたって、広範な調査を実施し、その結果を自らの計画案の作成に役立てた。この組織とその代表的人物・宮崎正義について詳しく分析した小林英夫は、彼らが計画作成に際してとくにソ連の五カ年計画を参考にしたことを重視して、「日本の総力戦体制は、ソビエトでの五カ年計画を模してそれを凌駕・改良するかたちで作られた」と述べている(5)。

また当時の「政府・軍部への計画化イデオロギーの浸透」に注目する岡崎哲二も、日満財経研の五カ年計画案が「政府の生産力計画の前提」となったこと、その原案が日中戦争の一年前の一九三六年八月にすでに作成されていたことを指摘して、それとソ連の五カ年計画との親近性を示唆している(6)。

だが戦時期日本の総力戦的経済体制とソ連の計画経済を結びつけるこの理解はどこまで正しいか。ロシアの計画経済が生産手段の私的所有の廃止を前提とした社会主義的な方式にもとづいていたことは周知の通りである。そのような前提条件を備えない日本が、経済の国家的統制に当ってソ連型の計画的経済方式を採用することには自ずから限度があったはずである。日満財経研は日本の国家的な計画的経済指導の方法として、私的な企業経営を否定した社会主義的な中央指令型のそれではなく、資本主義経済を前提にした国家的統制の方式を選択するほかはなかった。

そして資本主義的な国家的経済統制の事例はソ連においてではなく、何よりもドイツにおいて実施されつつあった。それ故日満財経研は、ソ連の計画経済と並んで、否それ以上に、ナチス・ドイツの統制的な経済体制に対して重大な関心を向けたのである。それでは日満財経研は、戦時経済における国家的な経済統制の方式の確定のために、また総力戦を準備する独自な段階としての国防経済体制の理論的構成のために、ナチス・ドイツの政策思想のいかなる面に注目したのだろうか。(7)

一　日満財政経済研究会の計画・構想とソ連モデル・ドイツモデル

日満財経研には、土方成美(東京帝大教授)、古賀英正(同助手)をはじめとする学者や永田鉄山などの軍人が参加していたが、その中心にあって計画作成の推進力となったのは宮崎正義(満鉄)であった。彼は、日中戦争勃発直後、その経緯を自著の中で次のように説明している。(8)

(1) 日満両国経済に対する国家の計画的指導が単なる方針の指示の段階から、経済建設の具体的計画による指導へと「一大飛躍」をとげ、経済統制上の画期となったのは「日満重要産業拡充五ケ年計画」の実行からである。これは「国防上の要求」に一致する国家的な計画的経済指導の「最初の標本」である。

(2) この計画は一九三六年の初め、当時の陸軍統帥部の指導により、最初の案を「軍備充実」を中心とする「財政五ケ年計画案の附案」として作成したことに始まる。その後約一年の間に第一次から第四次案までの検討を経て「日満を一体とする綜合案原案」が完成された。同案はその後日満両国政府に移されて検討された後、政府実行案の形をとって、まず満州国政府案が、ついで日本政府案が現われた。

宮崎は日本政府案について「企画院に於て略々具体案作成せられたりと聞く」と注釈をつけている。こうして宮崎は次のように指摘する。「生産力拡充政策は其後我経済政策中の最重要なる地位を占めるに至つたが、日満重要産業

拡充五ケ年計画は、準戦体制下の計画的経済指導の方法論的領域を開拓したものと考へる。」(傍点は引用者)

日満財経研が原案をいかに作成し、それがその後いかに検討されたかは、中村隆英・原朗の詳細な検証によって明らかにされている(注(4)参照)。その「五ケ年計画」を宮崎は、「国防上」の要請と一致した国家の計画的な経済指導の「最初の標本」となり、それは「準戦体制下の計画的経済指導」の「方法論的領域」を開拓したものと認識した。軍需工業の拡大、関連産業の拡充、また経済的諸力の動員のためには、経済諸部門に対する国家的統制の強化は不可避であった。そのような統制と結びついた計画的な「経済指導」の構想に際して宮崎らは、小林・岡崎が重視したように、ソ連の計画経済に注目し、第一次・第二次各五カ年計画の「資金問題」や重工業生産統計を詳しく調査研究した。[9] 宮崎らが作成した計画における諸項目、詳細な数字の統計作業や推定計算は、まさにソ連の計画経済運営の技術と方法に関する彼らの研究とその適用を通じて可能となったものといえよう。

しかしより重要な問題は、社会主義的体制をとらない日本が、資本主義的な経済体制を土台にして、国家的な経済計画をいかに現実化させるか、という基本的な方式であった。それは計画の技術的側面をこえた、国家的な「経済指導」の原理と枠組みの問題である。そしてそれは総力戦を準備する準戦経済・国防経済の概念とその内容に密接に関連した。

宮崎は次のように指摘する。[10]「準戦経済は如上の如く経済各部門に亘つて其計画化を要求するが、併し企業の国営を伴ふ所謂国家計画経済を決して必要としない。準戦経済は或国に於ては、例へばソ連の如く社会主義的計画経済形態を採るが、其他の国例へば独逸、伊太利、英国、仏国等に於てはさうで無い。」(傍点は引用者)

宮崎はこのように準戦経済の形態を、①ソ連型すなわち社会主義的計画経済形態と、②独・伊・英・仏の非社会主義型の二つの型に分けた。その上で彼は前者のソ連型を排除するのである。宮崎はソ連型についてこう述べる。

「経済は敏感な構成体であり其無謀な攪乱を許さない。此点特殊のイデオロギーに基きブルジョア経済機構の意識的破壊を敢てし、社会主義経済への転換期に於て国民経済の荒廃を齎らしたソ連の計画経済の経験そのものが明白に其不適性を示してゐる。」こうして宮崎は社会主義的な計画経済の方式を否定し、「ブルジョア経済機構」を土台にした独・伊・英・仏型の方針を採用するのである。

しかも彼は「ブルジョア経済機構」を前提にした独・伊・英・仏の型の中からドイツ方式を採用した。彼はドイツの一九三六年の四カ年計画におけるヒトラーの演説に注目してこう述べた。

「独逸に於てはヒットラー総統の演説及び党の財政綱領の示す如く、準戦経済と計画経済とは一致すべきものでは無い。即ち「国家は単に国家政策的に必要な方向に経済を導くことを自らに要求するだけであつて、他方では国家は個々の経済方針の遂行と経済的イニシアテイヴを個人の自由な判断力と自由な私経済に一任してゐるのである。」」

準戦経済・国防経済における「計画的経済指導」は、国家政策的に必要な方向への経済の「指導」であって、それは個人の自由な判断と自由な私経済にもとづく「経済的イニシアテイヴ」を前提とし、重視する。こうしてナチス経済思想における国家的統制の原理と個人的イニシアチヴ・自主性重視の二元性が認識され、積極的に評価されたのである。

宮崎は断言する。「統制」の合目的性・合理性の観点から、日本では「国民経済の重要なる形態」としては「私経済の存続」を認め、国家がこれに対して「計画的な経済指導を与ふることが、準戦経済形態として最も適してゐる。」

宮崎はこの「準戦経済」を「国防経済」といいかえつつ、ヒトラーの演説に重ね合わせるかのように、その国防経済の形態を次のように定式化した。「斯くして国民経済に対する目的意識的な、計画的な、国家の経済指導が、我国現下の国防経済の本質的な構成部分であると言ひ得る。即ち私経済諸企業の運営は能率的な企業者の自発的努力に委ねるが、経済機構の全領域に亘って強力なる国家権力によって計画性を附与し、一個の有機体としての経済体制の機能を、戦争目的遂行のために最高限に発揮させることを目標とするのである。これが我現下の国防経済の形態である。[11]」（傍点は引用者）

二　ドイツモデルの検討

(1)　ナチス・ドイツへの注目

日満財経研は以上のように、社会主義的なソ連モデルではなく、資本主義を前提にしたナチス・ドイツの国防経済体制、その統制経済体制こそが日本の現実的なモデルとなりうるものと考えた。[12]こうして日満財経研によるドイツ研究は詳細を極めた。宮崎らは、ナチス経済法、一九三六年のヒトラー四カ年計画、ドイツ軍需工業の状況等々の、ナチス・ドイツの経済体制、経済政策・構想を精力的に検討し、さらにそれらを背景とするドイツの戦争経済論、いわゆる準戦時経済・国防経済（Wehrwirtschaft）論を詳しく研究した。

一九三七年六月に刊行された『ナチス経済法』は、同会のナチス・ドイツ経済体制の研究の大きな成果であった。ナチス・ドイツの経済関係の法令から重要なものを選択・訳出したこの成果は、同会の「研究」に用いられ、さらに「各方面から其の公刊を慫慂《しょうよう》」され、書物として出版された。[13]ドイツ語原本からの訳出作業や内部での検討は、書物としての出版に先立って、恐らく一九三六年頃から始まっていたのであり、まさに同会の五カ年計画案作成の時期に重なっていた。国家的な「計画的経済指導」の構想を急ぐ宮崎らにとって、ナチス・ドイツの事例がいかに重要であったかは、本訳書の「序説」の冒頭の文言から推測されるところである。

「一九三三年以来の独逸の如く政府が国民経済の全範囲に亘って統制的立法活動が行はれたことは（ソヴェート政府樹立当時のそれと共に）近代国家発展史上例の少ないところであつて、然もナチス経済法規の全部と云はぬ迄も、大部分が少なからず有効にその機能を果しつゝあることが独逸の経済的復興の諸数字によつて証明されてゐる。勿論各国の経済法規はその国の経済的社会的の具体的事情に即して構成実施されねばならぬのであるが、かくの如き整然たる体系の下に統一目標を目指して構成されたナチスの経済法規はすべての統制経済の軌範であり、その研究によつて経済政策の体制に関する殆ど無限の暗示が与へらるゝであらう。」

日満財経研は、このようにナチスの経済法規を「すべての統制経済の軌範」として評価し、その研究によって「経済政策の体制」に関する「殆ど無限の暗示」が与えられると絶賛する。(14)

(2)　ナチス・ドイツ四カ年計画（一九三六年）の分析

研究会の五カ年計画作成中に、ナチス・ドイツの四カ年計画（一九三六年九月）が発表された。宮崎らはそれを急遽検討し、策定中の計画構想と対比して参考にしようとした。彼らはまず「独逸の四ケ年計画を発表せるヒットラー総統のニュルンベルグ宣言（一九三六・九・九）」に注目した。(15)

この「宣言」によればドイツの四カ年計画は、ドイツ内での原料・燃料等の生産と、それらの自給により節約された外国為替による食糧の確保とドイツで生産不可能な原料の購入とをめざしていた。宮崎はヒトラーの言葉を引用する。「さらば、余〔ヒトラー〕は次のことを今日新しい四ケ年計画として掲げる。四年間に独逸は自らの能力に依り、その化学及機械工業並に鉱業に依つて生産し得る限りの一切の原料に於て、外国から完全に独立しなければならぬ。」

宮崎らは、ドイツ四カ年計画における化学工業・機械工業・鉱山業による原料等の可能な限りの自給、外国からの自立の方針を重視する。それはドイツの再軍備、さらに将来の総力戦を予想した国防・準戦時経済の構想と密接に関連していたからである。ドイツ経済に詳しい小穴毅はこう指摘していた。[16]「一九三六年晩秋に開始された新四ケ年計画を以て独逸は本格的に謂ゆる国防経済体制の確立に向って邁進しだした」と。

研究会は、ドイツの軍需工業の分析に力を注いだ。『独逸に於ける軍需工業の大勢』(一九三七年八月)は、日満五カ年計画の策定作業の最中に準備され、検討された成果と考えることができるが、その中で研究会は「独逸の軍拡政策」の現状を次のように分析している。

今日の世界の一般的な現象は「軍拡熱の盛行」であり、世界経済はそこに「再建と再編成」の鍵を見出している。とくにドイツは「世界経済の最弱の一環」であるだけにこの傾向をよりはっきりと現わしている。そのドイツの軍拡過程は次のように要約することができる。[17]

「政権獲得以来のヒトラーの国内政策は、次の四つの段階を経て発展した。第一は、一九三三年の第一次四ケ年計画に初まる失業者撲滅運動であり、第二は三四年のシヤハトの新計画であり、第三は三五年以来の再軍備への努力であり、そして最後に三六年の第二次四ケ年計画の実践である。すなはち、一九三五年を転期として、ヒトラー財政は匡救財政より準戦財政へと変質し、ドイツは再軍備への決定的な一歩を踏み出したのであった。」

だがドイツの軍拡政策は、基礎要因としての原料資源が不足しているため、「アウタルキーへの努力」を伴わざるをえない。「このアウタルキー化の要望こそ、ドイツをして経済統制政策、準戦経済政策を必然ならしめた客観的条件」なのである、と。ナチス・ドイツの政策過程とその段階の分析を踏まえ、日満財経研はこの四カ年計画を単なるブロック経済としてではなく、再軍備と軍備拡大の政策、すなわち「準戦経済政策」として捉え、それと一体となった原料自給化・アウタルキー化として認識した。

三　経済機構の組織化

日満財経研の「準戦体制下の計画的経済指導」の方法は、先に見たようにソ連型の国家的計画方式ではなく、民間企業の存続を前提にし、その自発的な活動を土台として、国家権力による計画的な指導を実施する点に特徴があった。その代表的事例がナチス・ドイツ方式であり、ファッショ的な統制様式に他ならなかった。では私経済を前提にしてなおかつ計画的な経済指導はいかにしてなされるか。それは「有機体としての経済体制」の構成を必要とする。すなわち私的企業の組織化と有機的な編成がそれである。宮崎らはその模範をナチス・ドイツに求め、(18)「独逸経済有機的構成準備法」に注目した。

ヒトラー政権掌握の翌一九三四年に実施されたこの法律は、職業身分制的ないし団体制的な観点からドイツ経済を編成しようとする重要な試みであった。宮崎は次の点に注目する。①農業を除く国民経済の部門ごとの編成にもとづく経済団体の形成。それにより経済団体が当該部門の唯一の代表者となったこと。②組織成員の活動については指導者原則が基本原理とされ、各部門で主導的な企業家が指導者(フューラー)として任命されるにいたったこと。③企業家・企業の経済的要求が原則的に保証されたこと、である。

このことはカルテル的組織と関連してくる。宮崎はナチス・ドイツの強制カルテル法等のカルテル統制を日本の重要産業統制法と重ね合わせる。ドイツのカルテル統制としての「カルテルの国策化」は、カルテルの変質論(独占的組織から合理的調整的組織への転換論)に依拠して、この組織を積極的に採用し、産業の技術的同業組合化をめざすものである。日本においては厳密な強制カルテル制度は存在しないが、重要産業統制法は投資制限条項とアウトサイダーに対するカルテル協定への強制服従命令とを含んでいる。そこでこれを活用してカルテルを「国防経済の一環としての機能」をもつように編成し、カルテルはその範囲内においてのみ自由な活動が許容されるようにならなければならない。これが「カルテルの国策化」の方式であり、その場合「最早やカルテルといふのは穏当でないものとならう。」

宮崎のこの認識は、日満財経研の『ナチス経済法』「解説」の理解に対応している。「解説」はこの法律をナチス体制とその統制経済の根本をなすものとして重要視し、次のように捉える。(19)「階級国家より団体国家(Ständestaat)への組織変更はナチス統制経済の基本的思想である。諸諸の経済領域の団体的自治制による経済の組織法が従つてナチス経済法に於ける組織法の根本をなす。」

ナチス統制経済の「基本思想」は、まず「階級国家」から「団体国家」への組織的変更として認識される。(Ständestaat は旧い身分制的なものとしてでなく、現代的なコーポラティズムとして理解されている。)その上でこの法律は、それを目的とする経済の組織法として決定的に重視される。ナチス経済法の基軸となるこの組織法を宮崎は国防経済体制の経済統制の基本方式として注目したのである。ナチスによる経済の組織化の原則は、その場合、「団体的自治制」にある。個別の経済主体が中心となり、それが同時に団体の一員たることを自覚し、国民経済の有機的一部分として活動することが求められる。経済団体は部門の代表者となり、指導者原理が成員の活動の原則となる。

カルテル・コンツェルン等の独占体に対するナチス・ドイツの政策に関しても『ナチス経済法』の理解は宮崎のそれと重なる。(20)カルテルもナチスの基本原理たる「団体国家」の観点によって位置づけられた。カルテルは公共性を備えた自治的団体の分肢として許容され、国民経済全体の利益に合致する範囲内で自由な行動が認められる。一九三三年七月のカルテル令改正令及び強制カルテル創設法の趣旨はこのように解釈された。

「ナチスのカルテル法制は社会民主主義支配の下に於ける独占体の社会化乃至国有化を何等目的とするものでなく、経済活動の内容は全く各独占体の自由に委せ（生産競争〔前出〕はその一例である）、ただその公共性、即ち全体の国民経済の厚生に役立つ性質といふ一般的条件を与へたのである。其処にも亦指導者原則が貫かれてゐる。」

もちろんこのようなナチス理解は宮崎ら日満財経研のメンバーによってはじめて与えられたわけではなかった。ナチス・ドイツの経済政策に関しては、たとえば上述したように研究会メンバー土方成美の弟子、長守善が経済団体の有機的編成の措置やカルテル関係立法に注目し、ほぼ同趣旨の認識を提示していたからである。(21)

ナチス的統制経済を特徴づけるものとして宮崎らによって肯定的に評価された、団体的自治、自主的統制の観点、指導者原則、カルテル等の「国策化」などは、日満五カ年計画に際して参考とされ、日本の国防経済体制の枠組みの基本的な構成要素として吸収されているように思われる。(22)たとえば陸軍試案の原形になったという研究会の「重要産業五ケ年計画要綱実施ニ関スル政策大綱（案）」（一九三七年六月一〇日）の「産業統制政策」の中には、「強力」な政府の指導の下での「官民一致労資協力」が提唱され、「現経済機構」を前提にして、「有用人物」の「動員」と並んで、「民営事業」の「自主的統制」が重要視され、また「重要産業統制法」の「一般カルテル法」への改正、「新設及拡張統制条項」の活用による「新規投資ノ誘導」、「公益規定」の強化などが構想されているからである。(23)

また同年二月に作成された「国策要綱」ではより具体的に計画が示されている。すなわち重要産業については、①石油・石炭・鉄鋼・自動車・化学工業の一部の「指導的大合同体」の新設、②その他の重要産業における自主的カルテル（強制カルテル併用）の結成による国家的見地に立った統制の強化が提示されている。ついで「全国産業の団体化・組織化」として、各産業分野における部門別組合の結成、地域ごとのそのピラミッド型連繫、そして中央での全国組合総連合会の形成が計画されている。(24)ナチス的な統制経済の方式がモデルとして参考にされていることを推測することができる。

経済団体の組織化は、以上のように社会主義的なソ連型と異なる資本主義的な経済統制にとっては、最重要課題であった。それは企業の自主性を主張する経済界の利害を前提にして、それを取り込みつつ国家的に包摂するために不可欠の条件であった。だがこのような「上から」の統制的組織化に対して財界側は「自治統制」を主張して、激しく抵抗した。経済団体組織化の問題は、この後、経済新体制論にいたる時期に最も重要な問題となるのである。(25)

四　準戦経済・国防経済体制論とナチス・ドイツの国防経済論

(1)　総力戦の前段階としての準戦経済・国防経済体制

日満重要産業拡充計画案をはじめ一連の計画は、軍需産業と関連基礎産業(重化学工業)の計画的増産、経済諸力の国家的動員をめざすもので、すぐれて軍事的・軍拡的な性格をもっていた。それは近代戦の質的変化、すなわち戦争の綜合国力戦化・総力戦化と、それに伴う軍需産業・関連産業、さらに全体的な経済力の拡充とその総動員の必要性の認識と結びついていた。宮崎はそれを「準戦時経済」・「国防経済」の用語によって表現していたが、まさにこの用語はこの時期の時代状況を示す最も基本的な概念であった。それではその意味はどのような内容を備えていたのだろうか。

宮崎正義は、その「国防」の意味に関連して、(26)「国防国家の体制」は、「事変の継続」、「国是」の実現、「起こるべき次の総力戦に対する準備」のために、「国力強化の質及量」によって規定される、と説明する。その「国防国家」のために経済面での国家的な計画的指導は不可欠であり、それこそが「国防経済体制」の重要な課題となると考える。

宮崎らはその際「国防」を「準戦」ないし「準戦時」とも呼び、「準戦経済体制」と「国防経済体制」とは同置された。

「準戦経済」・「国防経済」なる用語はこのように、「事変の継続」と「起こるべき次の総力戦に対する準備」、つまり日中戦争の遂行と総力戦準備のための軍事的な国家的動員体制＝統制経済体制を表現する、独自な意味を備えていた。だがこれまでの経済史研究はそれを必ずしも明確には捉えてこなかったように思われる。たとえば現代日本経済史研究を代表する中村隆英は、「「準戦時」経済という言葉は、広田内閣の馬場鍈一蔵相が用いた言葉だそうである。二・二六事件以後、最強の政治勢力となった陸軍と協調して、軍事費の増額、赤字公債の増加、大増税を行おうという「馬場財政」が必要となったゆえんは、「非常時」を上回る「準戦時」だからであった」[27]と説明するが、その場合「準戦時」なる言葉は、広田弘毅内閣の馬場鍈一蔵相の名前と結びつけられる、「非常時」と同列の単なる時代用語として理解されるに止まっていた。

だがすでにその同じ時期に有澤廣巳はこの用語を単なる流行語として用いることを戒め、独自な時代的状況を示す概念として使用することを提起していた[28]。

「我国においては準戦時体制といへば、簡単に兵器戦争のための準備、特にその財政的準備施設の如く考へてゐる者があるが、これは皮相の見解である。馬場蔵相がその大増税のために税制改革案の発表にあたつて、この画期的増税をいはゞ準戦時体制だと述べて以来、この言葉は各方面において愛用されてゐるが、言葉の真の意味は、単に戦争に対する財政部面における準備の意味に局限されて解すべきではなく、それは全国民経済の戦争準備のための体制化の意味でなければならぬ。なぜなら、こゝに予定されてゐる戦争は全体戦争であり、これがための準備を単に財政的施設に局限することは、再び大戦前の、例へばリーサー教授の時代に逆行することにほかならないからである。」（傍

点は引用者)

有澤はその理由を次のように説明している。将来の戦争が全体戦であり資材戦であることは明らかである。客観情勢の緊迫とともに各国において経済上の戦争準備の問題が日程に上り、準戦時経済体制や国防経済が問題となるのはその現われである、と。「準戦時経済」と「国防経済」とは同じ意味であり、それは客観情勢が緊迫するなかで、予期される全体戦争・総力戦を経済的に準備する独自な体制なのであって、単に日本だけではなく、列強各国に共通する現象として捉えられた。

第一次大戦の経験により、戦争技術の高度化・機械化、戦争の規模の巨大性・全面性、長期性といった現代戦争の特質はすでに一般的に認識されていた。その認識の上に総力戦に必要な経済力をいかに拡充し動員するかが問題となる。平時経済を総力戦経済にいかに転換させるか、それは第一次大戦前には問題とはならず、最初の総力戦を経験した大戦後になってはじめて認識された大きな課題であったのである。

陸軍経理学校教官で経済学博士でもあった森武夫は、大著『戦時統制経済論』(日本評論社、一九三三年)の中で、すでに各国の「産業国防の強化」の状況を分析し、軍隊動員計画と併立する軍需動員・軍需工業組織化計画や国家的規制の強化による戦争経済準備の意義について言及していた。しかし森の観点は基本的には平時経済と戦時経済との二区分法にもとづいており、戦争経済は平時経済の戦争への適応・改編としてしか理解されなかった。そこでは準備的段階の独自な設定は十分には認識されていなかった。

それに対して宮崎ら日満財経研のグループは、一歩進めて平時経済と戦争(総力戦)経済との中間に、経済体制の独自な段階として、国防経済・準戦経済の段階を設けた。それは平時経済の総力戦経済への直接的な「総動員」ではなく、平時経済を前提にしつつしかも起こるべき(あるいは起こすべき)総力戦に対して可能な限りの準備を整える、そのような独自な意味を備えた体制であった。日中戦争の勃発がそれに新たに加わった。それは総力戦に向う状況を加速する条件であった。国防経済は単なる防御的な意味においてではなく、防衛の名目による積極的な対外軍事活動の拡大と、それが導く将来の総力戦への切迫した準備の意味が与えられた。国防経済は文字通り「準戦経済」と同置され、戦争経済的な要素を備えた、従ってすでに戦争経済への移行を示す経済体制として位置づけられたのである。

それでは宮崎らのこのような国防経済体制構想は如何なる根拠にもとづいて構成されたのであろうか。[29] それは一九三六年四カ年計画と殆ど軌を一にして登場してくるドイツのWehrwirtschaft(国防経済)論であった。[30]

戦争経済の研究は日満財経研の精力的な活動の一環をなしていた。ドイツのWehrwirtschaft論はその中で注目された最も重要な観点であった。ミュンヘン大学教授G・フィッシャーの著書Wehrwirtschaft. Ihre Grundlage und Theorien, Leipzig 1936が翻訳され、一九三七年一〇月に『準戦経済ト戦時経済』としてガリ版で印刷された。[31] 翌一九三八年には、ドイツ陸軍少佐K・ヘッセ刊行の『戦時経済年報』(Kriegswirtschaftliche Jahresberichte)一九三八年版に掲載された、ヘッセら四論文が訳され、『戦争経済に関する研究』(一九三八年一〇月〔例言〕)として同じくガリ版印刷された。このヘッセは、国防経済論の提起者として、日本で注目されていた人物である。[32] 研究会はドイツ語のWehrwirtschaftの訳語として「準戦経済」と「国防経済」の語を当てていた。その用法は先の宮崎正義の構想の用語法に一致する。宮崎のいう「準戦体制下の計画的経済指導の方法論的領域」の検討は、まさにこの訳出作業に時期的に重なっていた。そこでつぎに彼らによって最も注目されたフィッシャーの国防経済論の特徴について見ることにしよう。

(2)　ドイツの国防経済論

フィッシャーは国防経済と戦時経済とを区別する。国防経済は、国防軍(軍隊)の経済的需要(軍用器材・資材等の調達）の充足を配慮し、経済的動員を準備する体制である。つまり総力戦に対して平時においてすでに「平時経済から戦時経済への転換」が準備されなければならない。それは平時経済の反対物ではなく、むしろ現代における平時経済の形態なのである。フィッシャーは述べる。(33)

「将来の総力戦（der totale Krieg）〔日満財政経済研究会の訳語は全体戦争。以下括弧内は日満財経研の訳語〕がもたらす国民防衛・国土防衛の新形態は、予め平和時（Friedenszeiten）から準備され、訓練されていなければならない。総力戦を可能にし、また総力戦によって始動するすべての経済的方策の構築は、国防経済（Wehrwirtschaft）〔準戦経済〕の任務である。しかし国防経済は戦時経済（Kriegswirtschaft）のための例外的状況あるいは準備としてはみなされるべきではない。将来の総力戦は一切の国民的諸力を予め平時において把握し、戦時においてもそれらを保護するようにするからである。それ故総力戦を目標として編成された国防経済〔準戦経済〕は平時経済（Friedenswirtschaft）〔平和経済〕の反対物と呼ばれたり評価されたりすることは決してできない。国防経済〔準戦経済〕はむしろ平時経済〔平和経済〕の現代的に条件づけられた新しい形態なのである。」（傍点は引用者）

「国防経済」を平時経済の現代的形態とみるフィッシャーの観点は、総力戦の準備を、国際関係における新しい状況、政治的・社会的な新たな発展段階の表現、とする理解に対応している。第一次大戦前的な平時経済の諸条件と、この新しい段階の総力戦準備の国防経済的要請とが結合し、平時経済の新しい形態が形成されることになるというのである。従って平時経済の状況は今や伝統的な形態をとらず、一九世紀的な平時経済への復帰は行われえない。

その理由はこうである。総力戦の準備は、国民経済の転換、すなわち国防経済的転換を促進し、それは旧来の世界的経済関係を変質させた。国防経済的転化は、同時に併行して進展しつつある自由主義的経済形態の転換、市場経済の自己調整的均衡の解体、国家による計画的規制と経済再編成による構造転化と表裏一体の関係にある。経済の構造転化に対応した保護関税・輸出入許可制・為替管理等の対外的対抗政策や失業問題への国家的対応などは、上のような国防経済的転換と相互に関連し合っている。しかしドイツの場合、この転換は社会主義に見られるような国家による経済運営の全体的把握を意味しない。国家はただ国策上必要な方向に経済を管理することが重要であって、経済的イニシアチヴは個々人の自由な判断と私的経済に委ねられているからである。

以上のような認識を踏まえ、フィッシャーは、「国防経済」の課題として具体的に二つの領域を提示する。一つは軍の全需要の経済的充足、もう一つは経済的動員、つまり旧来の平時経済の国防経済的転換であり、それらについて準備することである。この国防経済は国民経済の構造転化によって条件づけられている。

「国防経済」はその際二つの段階を経過する。①第一段階は経済的動員計画である。それは国防のために経済的に準備することである。つまり軍の需要充足の確保と、戦争のための経済力投入の計画作成、企業・個人の意識の向上などである。②第二段階は狭義の経済上の動員、つまり国防的平時経済の戦時経済への編成替えである。それは高度な戦争危機の開始とともに必要になる。

フィッシャーは、そのためには現実の経済状況・経済諸力の正確な認識が前提となるという。彼は、さらに統計的知識の利用、独自の指導機関・執行機関の設置と既存諸組織の活用、また自国軍需工業の建設と外国からの自立化、必要な物資・機械・原料の生産の外国からの自立、そのための経済部門の編成替え、重要原料等に重点を置いた輸入規制、等を重視する。また、軍需関係品の規格化・標準化・技術開発、軍需品調達における国営・民営併立方式、発注配分による景気変動の調整、発注の組織化、独占・特権の排除・競争入札制、見積等審査、費用計算の統制による利益率の公正化、等々の具体的な措置を提起した。

日満財経研の『準戦経済ト戦時経済』はこのフィッシャーの国防経済論の翻訳であった。それが日満財経研の準戦経済・国防経済の計画とその方法論の「開拓」にかなり大きな役割を演じたことは十分推察されるところである。[34]

総力戦の準備的段階としての平時経済の国防経済への転換、つまりフィッシャーのいう第一階梯の計画に着手した日満財経研は、日中戦争勃発とともに、急遽戦争経済的要素を強くもった国防経済の第二階梯のより戦時経済的な構想に重点を移すことになった。それは研究会が注目したK・ヘッセの国防経済論における戦時への「過渡的経済」ないし「戦争経済」に相応するものであった。だがヘッセは、平時経済・国防経済・戦時経済の区分の下で、戦争終了後は平時経済への復帰の可能性を確信していた。国防経済体制はもっぱら戦争と関係づけられ、その限りで一時的現象でしかなかった。これに対してフィッシャーは国防経済を、国民経済・世界経済の構造転化、国際関係の政治的・社会的発展の新しい段階における現代的な平時経済として認識し、本来的な平時経済への復帰の可能性を否定した。国防経済は総力戦への準備であるが、それは経過的ではなく、戦争準備それ自体が中間的な恒常的状態として考えられたのである。国防経済体制はもはや単なる時局的な課題ではなく、現代を特徴づける経済体制、歴史的発展における一つの現代的段階として位置づけられた。

宮崎正義は自らの国防経済論をこのような理解にあたかも符合させるかのように述べる。[35] 欧州大戦後の市場経済破壊の現象は世界恐慌として表面化し、日本も世界経済の一環として恐慌に巻き込まれた。国際経済はその後交換経済の原則に立つ自由主義的調和を解体し、資源と市場の争奪戦、国民経済の対抗時代が出現する。こうして自由主義的国際経済の凋落と国民主義的準戦経済の台頭が世紀の動向となった。日本も今や経済政策の根本的変更と質的転換が必要になった、と。

さて先に見たように、有澤は「準戦(時)経済」・「国防経済」の用語を単なる時代的な流行語として解することを批判し、それが独自な意味をもった客観的概念であることを主張した。有澤はヘッセらのドイツの Wehrwirtschaft 論を分析しつつ、「準戦時経済」・「国防経済」を「戦時経済の体制化」として捉え、それを次のように説明する。全体戦争は兵器戦と並んで、むしろそれ以上に経済戦の性格をとるが、この経済戦遂行のためには軍隊動員と並んで国民経済の動員が必要となる。それは戦時経済の体制化を意味する。各国は第一次大戦の経験に学んですでに軍需工業動員法から進んで国家総動員法を制定してこれに対応しようとしている。それ故、平時経済は開戦と同時に、戦時経済体制に移行するのではなく、最近の動向は平時経済から戦時経済への転換の中間に過渡的な段階が存在し、この段階において戦時経済のための基礎工作が行われることを示している。この過渡的段階が準戦時体制、もしくは国防経済化に他ならない。こうして国防経済化の段階においては、国防的見地が第一義的となり、経済政策がこの点に集中し、さらに国家が直接的に経済を指導しようとする。それ故、国防経済の段階は、質的にはむしろ戦時経済に近く、直接的戦時状態ではないが、「既に戦争経済の前段階であり、即ち準戦時体制である」。

有澤はこのように「国防経済」は「直接的戦時状態ではないにしても、既に戦争経済の前段階であり、即ち準戦時体制である」と規定した(36)。この文章が書かれた一九三七年に日中戦争が勃発し、有澤自身は翌三八年に労農派教授グループ事件によって東京帝国大学経済学部の休職を余儀なくされた。

五　国防経済体制の日本的特質

「ナチスの経済構成は戦争経済及び戦争経済を平時に準備する国防経済にとって最善の基礎をなすものである。」——ナチス経済の専門家小穴毅は当時のナチス・ドイツをこのように特徴づけた(37)。彼は日本がこの体制にどれほど注目し、参考にしたかを強調した(38)。ナチスの準戦時政策は「我国の実情に適応するやうに修正補強されて採用された」。

その理由は「ドイツの平時経済機構と、日本のそれとの近似性だけでなしに、ドイツが営んだ戦時経済なり、又今日の国防経済なりが全く世界的に見て価値のある見本であり、実験済みの尊い資料を提供するからである」と。

もちろん軍需工業を軸とする重要産業の生産力拡充の具体的な計画作業に当っては、ドイツ・モデルではなく、ソ連の一九二八年に始まる第一次五カ年計画、さらに一九三二年からの第二次五カ年計画の重化学工業等の拡充計画とその方法が参考にされ、また国民経済の産業的連関の計算的技法が研究されたことは、事実であった。だがソ連の経済計画の方法がどれほど先駆的で技術的に優れていたとしても、資本主義的関係の廃棄を前提にし、社会主義の発展をめざすソ連方式は、計画の方法や具体化のための基本的条件が資本主義経済を土台とする日本と本質的に異なっていた。その技法の適用には乗り越え難い制度的限界が存在していた。ナチス・ドイツのモデルはこれに対して、そのような技術的な領域においてではなく、広域アウタルキー的な国防経済体制と経済統制・経済動員の構想の基本的な観点・方向性・枠組みに関してより適切な「方法論」と理論とを提供したのであった。

もとよりナチス的な経済思想・経済政策構想がそのまま受容されたわけではなく、小穴毅が指摘したように、その多くは「修正補強されて採用」されたのであり、また採用されずにむしろ排除され否定された部分も存在した。ナチスがその運動の中で提示した「利子隷属制の打破」に集約的に表現されたナチズムの「反資本主義的」な要請がそれであった。宮崎は次のように指摘する。(39)

「猶太の超国家的金融資本よりの解放、利子奴隷制の打破をスローガンとするナチスの金融政策の特色は、未だ積極的にはその立法に殆ど片鱗さへも窺ふ事は出来ない」と。ドイツにおいてナチスの「利子奴隷制の打破」のスローガンは、権力掌握後はその経済構想から事実上排除されており、宮崎もこのような「反資本主義的」とされる観念を排除する。しかしこのことは私的企業に対する「利潤制限」の排斥を意味しない。むしろ彼は、それを準戦経済の重要問題と考え、ドイツの資本投下法（Kapitalanlagegesetz, 1934. 3. 29）と公債投資法（Anleihestockgesetz, 1934. 12. 4）に注目した。次年度配当額を六％（一定の条件においては八％）に制限し、これを超える利潤の部分を金割引銀行による公債またはライヒ保証公債所有に使用するこの方式を、彼は「公益のための利潤制限」としてではなく、「資本の源泉涵養の目的」に結びつける。彼は国家総動員法一一条の発動をめぐる日本での配当制限問題を「統制政策の国民各層に与へる負担と犠牲の均分といふ政治的、社会的観点」から捉えるべきであって、その「第一一条発動」が反対されるようでは「我が国は果して高度国防国家たり得」るかと疑問を提示する。こうして「総力国防の具現を可能ならしめる政治力」の「不足」が問題とされたのである。

国防経済体制の問題はまさに経済的統制を実現する国家的な「政治力」の問題に関連する。だが宮崎らにとってその「政治力」のあり方は、ヒトラー・ナチス党独裁あるいはファシスト党独裁の方式ではなかった。それは日本の「国民思想」のあるべき姿に関連してくる。一九三七年一二月作成の日満財経研の「国策要綱」は冒頭に「国民思想ノ統一」を掲げ、次のように「鼓吹」する。(40)

「日本民族哲学ノ樹立　マルクシズム、リベラリズム等我カ国体ト民族性ニ悖ル思想体系乃至ハ独伊直訳ノファシズム等ニ対シ、真ニ我カ国体ノ本質ニ透徹セル豪壮ナル民族哲学ヲ樹立ス。」

このように日満財経研は「国体」と「民族性」の観念を基本に置いた。その観点からマルクス主義と自由主義が否定され、併せて「独伊直訳ノファシズム」が排除された。だがマルクス主義と自由主義・個人主義の排除、その徹底的な弾圧は、ドイツのナチズムの本質的に共通する特徴であった。木下半治はそれをまさに「全体主義」の本質として次のように定義していた。(41)

「狭義ではドイツ・ナチズムと同義であり、広義では個人主義、自由主義に反対する集団主義、統制主義の革新原理の意に用ひられる。後者の義においては各国各様の全体主義があり得るわけであり、イタリーのファシズム、ドイツのナチズム、日本の国家主義乃至日本主義等々皆然りといひ得る。」

ナチズムは「個別よりも全体を重しとし、かかる全体の具体物として民族の価値を最大に評価する」(木下半治)。反マルクス主義・反自由主義の「全体主義」としてのこのナチス体制は、「国家主義」・「日本主義」の形をとった反マルクス主義・反自由主義の日本の「全体主義」と共通する。その全体主義的なドイツの「国防経済」的な統制経済体制のモデルが、日満財経研の構想においては、日本の天皇制的「国体」的な観念に結びつけられた。「準戦経済」・「国防経済」の構想の実現のためには、国民の「国体的」観念、つまり天皇制イデオロギーに支えられた独自な「政治力」が不可欠である。それはナチス党独裁のドイツの全体主義とは異なる日本的な天皇制的な全体主義でなければならない。それはまさに日本型の「国家としてのファシズム」に他ならない。

六　総力戦準備・統制経済の基準法としての国家総動員法

以上、日満財経研における国防経済体制構想について見てきたが、予想される総力戦の動員体制を平時において準備するという構想は、内閣の資源局(一九二七年発足、一九三七年企画院へ統合)において、いわゆる「国家総動員」の観念と結びつけられて検討されており、それは一九三八年五月に国家総動員法として具体化された。この法律は「国防目的」のために「人的及物的資源」を国家的に統制・運用することを可能にするもので、その後数々の統制経済措置の法的根拠となった。国家総動員法は議会の審議を経ずに政府が決定を行える委任法として制定されており、同法が日本的ファシズムの確立の重要な画期となったことは周知の通りである。だが国家総動員の構想それ自体は、日本特有の現象ではなく、欧米でも計画されており、日本の構想は欧米の総力戦準備(英語では preparedness ないし procurement)や産業動員計画(industrial mobilization planning)を参考にしつつ準備された(42)。

第一次大戦における戦争の形態転化、その現代化に関する研究を通じて資源局は、早くから将来戦の総力戦化のために軍事的動員とともに、産業(工業)動員が不可欠であること、またそのための「準備」が必要であるという認識を強めつつあった(43)。資源局はその構想に際して欧米諸国(とくに米・仏・チェコスロヴァキア)における総力戦準備の状況を詳細に調査した。

アメリカでは一九二〇年国防法(National Defense Act)に基づく陸軍省次官室の戦争準備局(Procurement Division)と、一九三〇年に設置された戦争政策委員会(War Policies Commission)によって産業動員(Industrial Mobilization)の研究が進められ、一九三一年には第一次動員計画(一九三〇年作成)が発表され、一九三九年の最終案完成までに一九三三年、一九三六年と二度の改訂が行われていた(44)。

資源局はアメリカの上記委員会(「戦時方策委員会」と訳された)の聴聞会報告書(一九三一年)に盛り込まれた陸軍総動員計画(一九三〇年作成と思われる)を訳出し、一九三三年に『米国総動員計画』として編集、書物として公にした(45)。その序文はアメリカを含む世界的状況と総動員準備の必要性に関する資源局の認識を示しており、興味深いので要約しよう。

世界平和の促進を外交の基調とする米国においても、将来戦に対する総動員準備施設は着々として進捗している。総動員準備のある意味における根幹的施設ともいうべき産業動員準備については、つとに一九二〇年国防法を改正して、陸軍次官に対しその業務を賦課している。同法によれば、同次官は陸軍長官の指揮の下に「一切の軍需品の調達及之に附帯する陸軍省の業務を監督し、兼ねて物資及産業機関の動員準備を確保すべき」職務を有する。すなわち、有事の場合における莫大な軍需品を迅速、経済的に購入すべき組織と方法とを樹立すべき任務を帯びるとともに、他方経済的資源を動員し、国民の経済的努力を統制すべき戦時における大統領の職務を補佐する諸計画の策定に関する職務を有するのである。そしてこれらの職務遂行に関してはその進捗が企図されて、あるいは調達管区の設定となり、あるいは工場生産計画の設定、さらに教育注文制度の実施についても着々と計画が進められつつある、と。

つまりここに「将来戦」に対する「総動員準備」は世界的傾向であること、その総動員準備の「根本的施設」が「産業動員準備」であるという認識とが明示されている。次の引用はアメリカのこの産業動員計画の結論部分の訳文である(同書七二頁以下)。「問題は戦争に際し物的資源の有効な使用を確保するに必要なあらゆる準備を前以て行ふことである。此の制度は陸海軍及産業方面の意向に従つて議会並に大統領の協賛を経なければならない。準備方法の区分は殆ど際限がない。而も之には常に研究と調査とが必要である。」(傍点は引用者)

資源局はフランスにも関心を抱き、同局『研究資料』で二度(一九三〇年一月・一九三七年五月)にわたり調査報告を行った。[46] 後者の報告は、「国家総動員」を「人的物的資源」の全体的な「統制・運用」と等置し、「将来戦」のためにそれが武力と並んで不可欠であること、その根拠法規を制定して「平時戦時」の「両時」の転換を期すべきであること、それは各国の立法の趨勢でもある、と指摘している。

一九三八年四月公布の日本の国家総動員法(全五〇条)は、これら欧米の総動員計画の進展を背景とし、またその内容を検討しつつ作成されたものと見ることができよう。同法の第一条は次の如くであった。

第一条　本法ニ於テ国家総動員トハ戦争(戦争ニ準ズベキ事変ノ場合ヲ含ム以下之ニ同ジ)ニ際シ国防目的達成ノ為国ノ全力ヲ最モ有効ニ発揮セシムル様人的及物的資源ヲ統制運用スルヲ謂フ

同法は戦時における国家的総動員の仕方を平時において予め法律の形で規定しておくという点で「準備的」であっ

たばかりでなく、「戦争ニ準ズベキ事変」、さらに平時における人的物的資源の統制運用を定める点においてまさに「平時」の「準備」的措置を規定する基準法であった。末川博編著『国防経済法体制』(一九四二年)はこのことを次のように解説している。(47)

「元来、国家総動員法は「戦時ニ際シ」特に「国防目的達成」といふ目的を以て為される資源経済統制の大綱を定める基本法である。この意味においては戦時といふ臨時性を有する非常時法であるともいひ得る。しかし、戦時といふのは支那事変といふやうな特定の具体的な戦争の時だけを指すのではなくて、広く一般に将来も起ることのあり得べき戦争のすべての時をも含むのであり、しかもその時の為めに平時から備へて置くべき準備に関するところもあるのだから、この意味においては恒久性を有すると共に平常時法たる一面をも有する。そしてその故にこそ広く国防経済法の根幹たるのである。」(傍点は引用者)

このことは同法において「政府ハ国家総動員上必要アルトキハ勅令ノ定ムル所ニ依リ……スルコトヲ得」という形で規定されたいわゆる「平戦時」規定(第二一—二六条、第三一条)に該当した。職業能力調査、技術者養成、物資保有、業務の計画・演練、試験研究、事業の助成、報告徴収及び臨検検査に関する統制である。それらに関連して対象となる「人的及物的」資源は、「総動員物資」及び「総動員業務」としてそれぞれ第二条、三条等で規定されていた。前者は軍需品はもとより、広く生活必需品やその補給物資を含み、しかも個別的に列挙されている以外でも適宜指定の対象となりえた。後者の「業務」は、総動員物資の生産・修理・配給・輸出入・保管をはじめ「国家総動員上」必要なすべての業務を含み、軍需のみでなく「あらゆる生活場面の事柄」に及び得たのである。

もちろんこのような総動員法の総力戦準備的な特徴とその「平時」性は、上述したように、決して日本独自のものではなかった。上記の資源局『仏国国家総動員法案(一九三五年)』によれば、フランスでは「戦時」と並んで「対外関係急迫セル場合」の人的な「徴発」と「平時」における「職業の申告」、また「国ノ需要ヲ充スルニ必要ナル給付」に関する「協定」・「徴発」を案文に盛り込んでいた。調査と緊急事項の試行について規定した第二四条（前半）の案文は次のようになっていた。「政府ハ平時ヨリ命令ノ定ムル所ニ依リ動員ニ際シ徴発シ得ベキ人員、獣畜、原料、材料、生産品、食糧品、器具、不動産、施設、事業等ヲ調査シ必要アルトキハ特別承認投票ヲ経テ緊要ト認ムル事項ヲ試ミルコトヲ得」

平時での総動員計画は、このように欧米の類似の計画の総力戦準備構想に共通する特質であった。だが日本の国家総動員法は決定的な点でアメリカやフランスと異なっていた。米・仏の総動員構想においては、「動員」は議会の承認などの民主主義的な手続きを前提にしていたが、日本はそのような動員方式を否定したのである。

アメリカの国家総動員計画を例にとると、たとえば企画院の玉城肇は日本との事情の違いを次のように把えていた。(48)

(1) 合衆国には現在積極的に戦争を行う意志がない。

(2) 合衆国においては、軍事行動ないし軍需産業は、一般産業の見地から見られており、それは軍事行動や軍需産業発達の見地から、一般産業を見る国（つまりドイツや日本――引用者）とは対照的である。現在の合衆国は、産業の発達が最も重要であって、戦争を極力回避することこそ寧ろ得策とするとさえいえる。そして「戦争を積極的に行はねばならぬ国、換言すれば軍事的立場に立つて諸産業を見ようとしてゐる国」は、平時の各省、官庁、経済諸団体の組織に比して、「戦時的組織が比較にならぬ程度重要な位置を占めなければならない」。また「戦時的機構が産業に対して指導的な役割を演じなければならないであらう。」

(3) 産業動員組織における産業的民主主義的特徴。この特徴は、戦時資源局その他の戦時経済諸官庁の長を私経済の中から採用すること、また戦時労働局及び物価統制委員会の決議が法律的効力をもたない点に現われている。

(4) この民主的特徴が最も集中的に表現されているのは、大統領の権限が「憲法により、議会により、与論に基いて経済の規制を行ふ任務」と規定されていることである。つまり「独裁的支配者の独裁権の下に戦時経済機構が組織されてゐるのではない」。

アメリカの国家総動員計画は、以上のように戦争への意欲・軍事的積極性を欠き、しかもその機構は民主主義的であって、独裁的でない、と認識された。それはドイツや日本との状況の違いを意味した。日本との異質性は、共和制を重視し、国際連盟の役割を配慮するフランスの場合にも該当するといってよいであろう。[49]

日本の国家総動員法は、まさに米仏とは異なり、民主主義的な方式を排除し、全体主義的な原則を採用した。同法における「政府ハ戦時ニ際シ国家総動員上必要アルトキハ勅令ノ定ムル所ニ依リ……」とか、「政府ハ国家総動員上必要アルトキハ勅令ノ定ムル所ニ依リ……」という文言がそれを示していた。政府は、議会の立法によらずに、同法の発動として制定される勅令とそれに付随する省令によって統制を規定することができた。しかも国家総動員の実施と準備についても、抽象的・普遍的に基本原則を定めているだけであって、その範囲は著しく包括的となりえたのである。[50]

『日本統制経済法』の著者・津曲藏之丞は指摘する。[51]「従って同法は国防目的達成のために、物的並に人的資源を統制して行く一の強力な戦時国家統制法とも言ふべきであり、一種の授権法でもあり、基準法でもある。」

日本の国家総動員法は、まさに「授権法」であった。[52] ここで「授権法」とはナチス・ドイツの一九三三年三月二四日の「国民およびドイツ国の危機克服のための法律」(Gesetz zur Behebung der Not von Volk und Reich, いわゆる "Ermächtigungsgesetz"〔授権法〕)を意味していた。議会から広範囲の立法権を政府に委譲させたこの法律は、周知のようにヒトラー・ナチス党の独裁政治の基礎をつくり出した。

資源局、ついで企画院でナチス国防経済の調査に携わってきた菊池春雄はこの「授権法」を「ナチス国家総動員法」の第一条に該当すると述べる。[53]「この授権法を根拠として、ナチス政府は、国策諸般に亘れる一切の執行力を賦与され、其後のナチス第三国家建設に向つて、法制上何の障碍もなしに邁進し得たのであつた。いはゞ、ナチス国家総動員法の第一ヶ条に相当する重要法である……。」

総力戦準備立法としての日本の国家総動員法は、米仏の民主主義的な総動員方式を排斥して、「独裁的支配者の独裁権の下に戦時経済機構」を組織することを可能にした一九三三年のナチス・ドイツの「授権法」(菊池が比喩的に規定した「ナチス国家総動員法の第一条」)を自覚的に採用したということができるだろう。

総動員法は生産力拡充四カ年計画の決定(一九三九年一月)の後、全面的に発動されはじめる。国民徴用令(同法四条の発動)、従業者雇入制限令(同六条)、賃金統制令(同)、会社利益配当及資金融通令(同一一条)、等々の諸勅令に続いて、さらに価格等統制令、地代家賃統制令、小作料統制令等、価格関係の法令(同法一九条発動)や、陸運統制令・海運統制令、電力調整令、米穀搗精製等制限令、等々が次々に発令された。[54]

日中戦争(「日支事変」)の勃発とともに総動員法のいう「戦時」に準じた「事変」が始まり、一九三八年以降は、その「長期化」が明白となっていた。にもかかわらず総動員法は、「事変」への対応としてばかりでなく、予想される「将来戦」、すなわち本格的な「総力戦」への準備的体制(第一段階)としての「国防経済体制」として認識された。それは経済新体制を経て結果的に(そしてまさに意図的に)一九四一年一二月の太平洋戦争(本格的総力戦)に連続していくことになる。太平洋戦争を本格的な総力戦とするならば、この時期はまさにそれへの計画された「準備的」な第一段階であったのである。

国家総動員体制は、資本主義的な経済体制を土台にしつつ、それの編成替えを必要とする。日本経済の機構的改造を課題とする経済新体制の問題が登場してくる所以である。

（1）　丸山眞男著『増補版・現代政治の思想と行動』（未來社、一九六四年）、三二頁、三八頁以下、同『丸山眞男集』第三巻（岩波書店、一九九五年）、二六二頁、二六九頁以下。

（2）　近代日本研究会編『年報・近代日本研究9　戦時経済』（山川出版社、一九八七年）、原朗編『日本の戦時経済』（東京大学出版会、一九九五年）、各所収の諸研究、ほか参照。原は後者の書物で次のように指摘している（同「日本の戦時経済」五頁）。「日本は一九三一年に満州事変を起して中国侵略を開始したが、満州事変期の日本経済は一九二九年から三一年にかけての恐慌からの景気回復過程にあり、経済全体が戦時経済に移行するのは一九三七年の盧溝橋事件により日中戦争が全面化してからのことであった。政治史あるいは軍事史の観点からみれば一九三一年から四五年の敗戦までを一続きにして一五年戦争として捉えることができるが、経済史からみれば一九三七年以降のみが戦時経済として捉えられるのであり、一九三一年から三六年までの満州事変期は経済に対する軍事の影響はなお小さく、基本的には平時経済と考えられる。」

（3）　加藤俊彦「軍部と統制経済」（『社会科学研究』第二九巻一号、一九七七年）、同「軍部の経済統制思想」（東京大学社会科学研究所編『ファシズム期の国家と社会2』東京大学出版会、一九七九年）、由井正臣「軍部と国民統合」（同上、1、同、一九七八年）、藤村道生「国家総力戦体制とクーデター計画」（三輪公忠編『再考・太平洋戦争前夜』創世紀、一九八一年）、纐纈厚著『総力戦体制研究』（三一書房、一九八一年）、安藤良雄著『太平洋戦争の経済史的研究』（東京大学出版会、一九八七年）、附論一、ほか。須崎慎一「総力戦理解をめぐって」（『年報・日本現代史』第三号〔総力戦・ファシズムと現代史〕、現代史料出版、一九九七年）。なお、総力戦・全体戦争の概念は、ドイツの軍人E・ルーデンドルフに結びつけられるが、彼の著名な書物Der totale Krieg, München 1935（一九三九年版で一〇万部をこえる）の邦訳『国家総力戦』は一九三八年に刊行されている。三宅正樹著『日独政治外交史研究』（河出書房新社、一九九六年）第一部第一章、をも参照。

（4）　日本近代史料研究会編『日満財政経済研究会資料』第一巻―三巻（一九七〇年、以下『資料』と略す）、中村隆英・原朗「解題」（同上）、山崎志郎「生産力拡充計画の展開過程」（前掲『年報・近代日本研究9』）、同「生産力拡充計画資料」（原朗・山崎志郎『戦時経済総動員関係資料集・解説と目録』現代史料出版、二〇〇二年）、ほか。また一般書に属する書物であるが、小林英夫著『超官僚』(徳間書店、一九九五年)、同『「日本株式会社」を創った男・宮崎正義の生涯』(小学館、一九九五年)、小林英夫・岡崎哲二・米倉誠一郎・NHK取材班著『「日本株式会社」の昭和史』(創元社、一九九五年)。この研究会には土方成美、今野源八郎、越村信三郎、古賀英正、ほかの経済学者が協力した。日中戦争期の全般的な状況については、松浦正孝著『日中戦争期における経済と政治』(東京大学出版会、一九九五年)、参照。

(5) 小林『「日本株式会社」を創った男』「はじめに」。

(6) 岡崎哲二「戦時計画経済と企業」(東京大学社会科学研究所編『現代日本社会4』東京大学出版会、一九九一年)、三七八頁以下。岡崎は、企画院もソ連を「経済運営のモデル」としたと指摘している。

(7) この時期の日独間の外交史に関しては、三宅正樹著『日独伊三国同盟の研究』(南窓社、一九七五年)、義井博著『日独伊三国同盟と日米関係』(同、一九八七年)、また翻訳としてテオ・ゾンマー著『ナチスドイツと軍国日本』(金森誠也訳、時事通信社、一九六四年)。さらに田嶋信雄著『ナチズム外交と「満洲国」』(千倉書房、一九九二年)、第二部、ほかを参照。

(8) 宮崎正義著『東亜聯盟論』(改造社、一九三八年)、九三頁以下。

(9) 『現代史資料8(日中戦争一)』(みすず書房、一九六四年)所収の「日満財政経済研究会業務報告書」(以下「報告書」と略す)、七〇一頁、小林、前掲書、一一八頁以下。

(10) 宮崎、前掲書、一〇〇頁以下。

(11) 同上、一〇三頁。

(12) 同上「報告書」参照。小林も同会のドイツ統制経済への関心を指摘し、さらにその影響について示唆しているが(同、前掲書、一二二、一二八、一三〇各頁)、単なる指摘に止まっている。岡崎の場合は理由は明らかでないが、ドイツへの言及を欠いている。これに対して安藤良雄は「満州事変期以降の総動員体制の推進にさいしても、ナチス・ドイツをモデルにした」と指摘し、ドイツの影響に留意している。同上、三九二頁。

(13) 日満財政経済研究会編『ナチス経済法』(日本評論社、一九三七年)、「序説」参照。もとのドイツ語原本は、Werner Hoche (Hrsg.), Die Gesetzgebung des Kabinetts Hitler: die Gesetze in Reich und Preußen seit dem 30. Januar 1933 in systematischer Ordnung, Berlin 1933–1939, そのうちの一九三三、三四年の法令。なお翻訳は岩野晃次郎・竹原八郎が担当

したという。同「序説」参照。

(14) 同上。また本章Ⅲをも参照。

(15) 宮崎、前掲書、九四頁以下。このヒトラーの「宣言」は日満財政経済研究会『独逸四ケ年計画法令集』(昭和一三年三月)に編集された。この『法令集』はW. Kolbe/H. Martzloff/F. Behrens (Hrsg.), Der Vierjahresplan の翻訳で、ガリ版刷りである。

(16) 小穴毅著『独逸国防経済論』(森山書店、一九三八年)、序、四八頁。同様のことは有澤廣巳によっても指摘されていた。有澤廣巳著『戦争と経済』(日本評論社、一九三七年)、三二七頁。

(17) 日満財政経済研究会『独逸に於ける軍需工業の大勢』(昭和一二年八月、ガリ版刷)、三頁以下。

(18) 宮崎、前掲書、一〇三頁以下。

(19) 日満財経研編、前掲『ナチス経済法』、二頁。

(20) 同上、五頁以下。

(21) 本書Ⅲ参照。

(22) 小林、前掲『「日本株式会社」を創った男』、一三〇頁以下の短い指摘をも参照。

(23) 上記『資料』第一巻、一三頁、二四八頁。

(24) 同上、三一八頁以下。

(25) 本書Ⅴ参照。また松浦、前掲『日中戦争期における経済と政治』一八〇頁以下をも参照願いたい。

(26) 宮崎、前掲書、六〇頁。

(27) 中村隆英「「準戦時」から「戦時」経済体制への移行」(『年報・近代日本研究9』)、一頁。

(28) 有澤、前掲書、七頁。

(29) 安藤、前掲『太平洋戦争の経済史的研究』はナチス・ドイツがモデルになったと述べているが(二九二頁、二九五頁)、単なる言及に終わっている。

(30) Wehrwirtschaft は、通常は「国防経済」と訳された。たとえば、小林良正編『新独逸政治・経済語彙』(日光書院、一九四二年)。ヴェルサイユ条約に規定されたドイツ語の Reichswehr が「国防軍」と和訳され、一九三五年五月の法律でこの語が Wehrmacht に改称されたが、これも「国防軍」と訳されている。H. H. Lammers/H. Pfundtner (Hrsg.), Grundlagen, Aufbau und Wirtschaftsordnung des nationalsozialistischen Staates, Berlin 1936 の邦訳『新独逸国家大系』第三巻六「国防軍」(F. Haselmayr, Die Wehrmacht, in: Lammers/Pfundtner (Hrsg.), a. a. O., Bd. 2)〔訳者は陸軍大尉山崎藤吾〕(日本評論社、一九三九年)、参照。日中戦争開始期には、この Wehrwirtschaft の訳語に同時に「準戦時経済」という語が当てられた(後述本文参照)。この「国防経済」は「国防国家」と不可分の関係にある。ドイツ語の意味は、総力戦が予想される状況においては、国防軍(軍隊)だけの強化では不十分で、全国民が国防の任に当らなければならないという観念にもとづき、旧来の「武装した国民」(Volk in Waffen)を遥かに超えた「国防国民」(wehrhaftes Volk)の概念が生じ、そのように組織され指導される国家を「国防国家」(Wehrstaat)と呼んだ。「国防国家」は、国家の一切の機能が対外的な抵抗力を最高度に保障するように整備され、同時に国民が国防(Landesverteidigung)のための義務を自覚し、その遂行のために身を捧げる用意を整えた国家のこととされている。Haselmayr, a. a. O., 30, S. 21, 邦訳四五三頁。ハーゼルマイェルは、「国防国家」は戦争志向的ではなく、平和的だとしているが、同時代人はそのようには見なかった。同時代ドイツの Wehrwirtschaft 観念に関するドイツの現代歴史家の説明としては、Ludolf Herbst, Der totale Krieg und die Ordnung der Wirtschaft, Stuttgart 1982, 2. Teil, I. S. 95 ff. 参照。ヘルプストはこの用語をG・トーマス、とくにH・フンクに関連づけている。G・フィッシャーには言及がない。日本では「経済新体制」が問題となる一九四〇年頃には、「高度国防国家」の語が用いられるようになる。木下半治編『新体制辞典』(朝日新聞社、一九四一年)はこの語を次のように定義している。「総力戦を勝利的に戦ふため、単に軍備のみならず、政治、経済、文化など、国家生活のあらゆる領域にわたつて国防を主眼として一元的に運営して行く国家体制である。高度国防国家体制の必要はつとに感ぜられてゐたところであるが、我が国においてことにやかましくなつて来たのは一九四〇年五～六月、ナチス・ドイツの赫赫たる軍事的勝利をみて以来である。ある場合にはナチス的全体主義国家体制の別名として用ひられたこともあつた。」企画院研究会著『国防国家の綱領』(新紀元社、一九四一年)によれば、国防国家は、長期総力戦の段階への突入の認識のもとに、自由主義的国家観を否定し、全体主義的な国家観に基づき、政治・文化・教育・国民生活をすべて含めた「一切の国家国民的な全領域における総活力を、国防といふ一点に結集して最高度に発揮しうる国家」と規定する

（二〇頁以下）。法的には一九三八年五月の国家総動員法が起点となるが、その観念はそれ以前から現われていた。なお、国防国家の観念に関連する政治思想上の文献としては以下のものをあげておく。橋川文三「国防国家の理念」（橋川文三・松本三之介編『近代日本政治思想史Ⅱ』有斐閣、一九七〇年）、同著『昭和ナショナリズムの諸相』（名古屋大学出版会、一九九四年）Ⅲ、石関敬三「国防国家と国体明徴」（早稲田大学社会科学研究所／プレ・ファシズム研究部会編『日本のファシズム』早稲田大学出版部、一九七〇年）、荒川磯男「国防国家の思想と大東亜共栄圏の問題」（古田光・作田啓一・生松敬三編『近代日本社会思想史Ⅱ』有斐閣、一九七一年）、竹山護夫「日本ファシズムの文化史的背景」（浅沼和典・河原宏・柴田敏夫編『比較ファシズム研究』成文堂、一九八二年）、三五九頁以下、安部博純「〈国防国家〉の形成（一）（二）（三）」（北九州大学『法政論集』第一七巻三・三四号、一九九〇年、第一九巻三号、一九九二年）、ほか参照。

(31)　この書物は、マルクス経済学者伊藤好道（一九三七年一二月人民戦線事件で逮捕）によっても『国防経済論』（萬里閣、一九四〇年）として翻訳されている。G・フィッシャー（一八九九―一九八三年）は、経営学の学者で、戦後は労使の同権思想に基づくパートナーシャフト論を提起した。川崎文治「フィッシャーのパートナーシャフト論」（海道進・吉田和夫編著『ドイツ経営学説史』ミネルヴァ書房、一九七〇年〔二刷〕）、参照。

(32)　有澤、前掲書、八頁以下。また菊池春雄著『ナチス戦時経済体制研究』（東洋書館、一九四〇年）、一九頁。なお国防経済をめぐる論議については、赤松要「国防経済学の綜合弁証法」（赤松要・中山伊知郎・大熊信行著『国防経済総論』巌松堂、一九四二年）、第一節。

(33)　G. Fischer, Wehrwirtschaft, Leipzig 1936, S. 23, 日満財経研訳、三一頁、伊藤訳、三七頁。

(34)　たとえば宮崎、前掲書、九七頁を参照。

(35)　同上、八六頁以下。

(36)　有澤、前掲書、七頁以下。

(37)　小穴、前掲書、四六頁。

(38)　同著『ナチスの戦争経済政策』（時代社、一九四〇年）、六頁以下。

(39)　宮崎、前掲書、一〇五頁。以下も同じ。

(40) 前掲『資料』第一巻、三一一頁。

(41) 木下、前掲書、一一五頁以下。

(42) 国家総動員法については多くの研究があるが、ここでは本間重紀「国家総動員法と国家総動員体制」(『法律時報』創刊五〇周年記念『昭和の法と法学』日本評論社、一九七八年)、長尾龍一「帝国憲法と国家総動員法」(近代日本研究会編『年報・近代日本研究4 太平洋戦争』山川出版社、一九八二年)、企画院編『国家総動員法』(日本図書センター、一九八九年、復刻第一巻「解説」(本間重紀)、参照。但し、本間は日本の国家総動員構想と欧米のそれとの関連については触れていない。そのため国家総動員構想の世界的な共通性が見落とされ、日本的特殊性においてのみ理解される結果となっている。

(43) 防衛庁防衛研修所戦史室著『陸軍軍需動員(一)計画編』(朝雲新聞社、一九六七年)、安部博純著『日本ファシズム研究序説』(未來社、一九七五年)第二編第一章、安藤良雄「戦時経済統制の系譜」(安藤、前掲書)、山口利昭「国家総動員研究序説―第一次世界大戦から資源局の設立まで―」(『国家学会雑誌』第九二巻三・四号、一九七九年)、また御厨貴著『政策の総合と権力』(東京大学出版会、一九九六年)、一八頁以下。

(44) R. E. Smith (ed.), The Army and Economic Mobilization (United States Army in World War II. The War Department.), Washington, D.C., 1959, Part 2, Chapter IV. 河村哲二著『第二次大戦期アメリカ戦時経済の研究』(御茶の水書房、一九九八年)、第二章第一節。

(45) 資源局編『米国総動員計画』(栗田書店、一九三三年)。その一部は同局機関誌『資源』に掲載された。同、第二巻一号(一九三二年八月)、同、第三号(同、一一月)、同、第七巻一〇号(一九三七年一〇月)。

(46) 資源局『仏国国家総動員法案』(『研究資料』第二輯、一九三〇年一月)、同『仏国国家総動員法案(一九三五年)・附米国クラーク法案』(同、第六輯(其ノ二)、一九三七年五月)。

(47) 末川博編著『国防経済法体制』(有斐閣、一九四二年)、二〇頁。

(48) 玉城肇著『アメリカ計画経済(世界計画経済6)』(河出書房、一九三八年)、二〇二頁以下。

(49) フランスでは軍需工業の国有化が計画されていた。その不適当性、また国有化と人民戦線的イデオロギーについては、同じく企画院の福田喜東の指摘がある。福田喜東著『フランス計画経済(世界計画経済4)』(河出書房、一九三九年)、二〇〇頁。

(50) 末川、同上、また本間、前掲論文、ほか。
(51) 津曲藏之丞箸『日本統制経済法』(日本評論社、一九四二年)、七三頁。また長尾、前掲論文、一四頁をも参照。
(52) 本間、前掲論文、ほか。
(53) 菊池春雄著『ナチス戦時経済体制研究』(東洋書館、一九四〇年)、七頁。
(54) 津曲、前掲書、七五頁以下。

V

日本の「経済新体制」とナチス経済思想

——一九四〇年前後——

本章は、第二次近衛内閣期の経済新体制をめぐる論議に焦点を合わせ、一九四〇年一二月の経済新体制確立要綱の決定にいたる過程の中で、ナチスの経済思想ないしナチス・ドイツの経済政策思想がどのような形で受け止められたか、またそれが日本的伝統主義や天皇制思想といかに結合したかを考察する。

日中戦争の勃発から三年、一九四〇年七月に第二次近衛内閣が発足し、企画院のいわゆる革新官僚を中心に経済新体制が企画された。その構想は、日中戦争の長期化に対応した戦時経済体制の確立、総力戦準備の国防経済体制の確立のために、新しい形態の経済統制の実現をめざすものであったが、しかしそれは単に戦時的ないし時局的な状況への一時的な政策的対応としてばかりでなく、同時に世界恐慌、ブロック経済、再軍備という世界経済的な転換と、自由主義的な資本主義経済の行き詰まりへの対応という段階的な課題を含むものであった。

近衛新体制の一環としてのこの経済新体制の問題は、それに関する革新官僚たちの構想、これに対する経済界の強力な抵抗、両者の対立と妥協という経過をとるが、そのような問題の経緯と帰結、またその意義は、中村隆英・原朗のすぐれた分析によって余すところなく解明されている。(1) しかし、この経済新体制がドイツのナチズムといかなる関連を有していたかという問題については、中村・原論文は単に問題の存在を示唆するに止まり、その課題への立ち入った考察を分析の対象から除外した。(2) いうまでもなくこのことはナチスないしナチス・ドイツの経済思想の日本での受容、とくに経済新体制の議論へのその影響の問題の重要性を否定するものではない。

戦前・戦時のこの時代を身をもって経験した現代日本経済史研究の開拓者・安藤良雄は、かつてこの新体制運動とナチス思想との関連について経済史の観点から次のように指摘したことがあった。新体制期の動向は、日本の「ファッシズム体制の確立過程の重要な道標」であり、「軍部と官僚の支配するファッシズム体制」をつくり出した画期である。その推移は日本ファシズムの特徴を集中的に表現しており、その中で、①天皇制を軸として、②軍部・官僚が優越的地位を保ち、③しかも財界・金融資本が経済制度・政策の問題に決定的発言権をもつという特質が出現する。(3)

そのような経緯に際して重要な役割を果した新体制の「イデオロギー」は、「ナチスのイミテーション」に他ならなかった。安藤はこのナチス的な方向性を反資本主義的なものとして、あるいは資本主義に対する「革新」性として捉え、そのような「革新」の方向性に対して「財界」と「観念右翼」とが対抗したこと、その結果この「革新」性は薄められ、妥協的な形態をとって決着するにいたったと指摘する。一九四〇年一二月に閣議決定された経済新体制確立要綱について安藤は述べる。「そのなかには「公益優先」、「職分奉公」などのスローガンが織り込まれているが、国家社会主義イデオロギーと日本財界イデオロギーの妥協的産物という印象を与えるもので、けっきょくはきわめて抽象的作文である」と。(4)

安藤の認識は重要である。まず、①経済新体制の構想のなかにドイツのナチズム、より正確には日本的に解釈されたナチズム、あるいは国家社会主義イデオロギーが基本的な要素として含まれており、それは日本の「ファッシズム体制の確立過程の重要な道標」としての「新体制運動」の重要な規定要因となった。②国家社会主義ないしナチズムのイデオロギーは「日本財界イデオロギー」と対立したが、しかし両者は妥協的に融合し、経済新体制確立要綱の中に吸収された。そして、③安藤は結論する。(5)「かくて新体制、そして日本のファッシズムは、国体すなわち天皇制と資本主義(とりわけ日本資本主義)のその本質、とくにその痛点にはいささかもふれないワク内のものに終わったのである」(傍点は原文)。つまりナチス的な新体制の理念は、変形され弱められて、国体・天皇制と日本資本主義の枠に組み込まれたのである。

ではナチズムのイデオロギーとはいかなるものであったか。ナチズムはさまざまな側面を有しているが、ここで問題となるのは資本主義とその営利主義のあり方に関わる経済思想としての側面である。安藤は、現代の多くの歴史家と同様に、このナチズムをもっぱら「反資本主義的」なもの、「国家社会主義」として認識し、資本主義に対する「革新性」の面に重点を置いて捉えていた。しかし、安藤のこの通説的な理解はどこまで適切といえるのだろうか。

確かにドイツにおいて、当初、「反資本主義的」な要素をもったナチズムの経済思想が、ヒトラーとナチス党の運動の中で重要な役割を演じたことは事実である。しかし党が標榜したこの初期の経済思想はその後変質し、政権掌握(一九三三年)以降は、現実の政策作成の過程の中で修正され骨抜きにされた。日本において新体制を構想し、その実現をめざした企画院・革新官僚たちは、同時代人としてナチス思想のこのような変質の現実を認識していた。それでは彼らはナチス・ドイツの現実とその政策思想や経済思想をどのように解釈し、いかに受容したのだろうか。またそれは安藤の先の指摘にある「公益優先」や「職分奉公」のスローガンといかなる関係にあったのか。

この問題は革新官僚と対立した財界のナチス認識にも関連してくる。経済界のリーダーは確かに営利原則を否定する「反資本主義的」な方向性に反発した。しかし彼らは現実のナチス・ドイツの経済体制が営利原則を是認し、企業の自主性を重視している点に注目し、この観点からナチズムを自らの立場に引きつけて解釈した。革新官僚の新体制構想イコールナチス的国家社会主義(=反資本主義)の図式が必ずしも成立しないように、財界イコール反ナチズム、という図式も必ずしも成り立たないのである。それどころかナチズム理解に関して、またそれを通じて両者の間には相互に共有できる面が存在しえた。革新官僚のナチス的な「イデオロギー」の内容と同時に、財界の「イデオロギー」についてもより立ち入った吟味が必要となるといえよう。

さらに安藤は、ナチス的経済思想ないし国家社会主義イデオロギーを、あたかも天皇制イデオロギーと対立するかのように捉えているが、それは正しい理解といえるのだろうか。たとえばナチス的な公益優先・指導者原理と国体思想とは、むしろ併存し、日本ファシズムのイデオロギーを構成する要素として、補完し合う関係にあったのではないか。

ではこれらの問題に関してその後の歴史研究の状況はどのようになっているか。周知のようにわれわれは、日本ファシズムとドイツ・ナチズムの双方に関して数多くのすぐれた研究の成果を有している。それらの研究がこれまで最も重視してきた観点は、日独ファシズム間の比較であった。ドイツのナチズムと日本の天皇制的な全体主義を対比し、両者の共通点と相違点とを析出することは、日独ファシズム研究にとってこれまで最大の課題であった。しかし、ナチズムないしナチス体制が、日本の現実のファシズム過程それ自体に内在的にいかに影響を与えたか、政策過程に関わった日本の同時代人が、ドイツ・ナチズムをいかに受け止め、どの部分を取り容れ、何を排除したか、という思想上・政策上の内的な「関係」については、意外なことに深く検討されることがなかった。両国のファシズムは、それぞれ独立した、併行的な現象としてのみ理解されるに止まり、日本でのナチスの影響はせいぜいのところ、「ナチス的」とか、「ナチス類似の」あるいは「ナチスを模倣した」という形容のレベルに止まっていたのである。(6)

もちろん多少の分析はなされないわけではなかった。たとえば古川隆久は、(7)中村・原の先の研究に基づきながら、経済新体制の構想の立案過程に関与した美濃部洋次らの企画院の革新官僚の役割に注目し、彼らの構想の原案の中に見られる国家主導の下での軍需生産中心の重工業化の方針を「ソ連やナチスドイツの経済政策と軌を一にする」ものと指摘する。古川は、その上で、この原案の背景にある考え方に関して、中村・原論文が笠信太郎著『日本経済の再編成』(一九三九年一二月)を重視したことに疑問を提示し、「マルクス経済学を肯定的に継承した笠の経済学」に対して、

むしろ革新官僚の考え方がもつ独自性に注目し、その中に「ナチス的、全体主義的経済学」の強い影響があると述べる。(8)

古川はそれを、革新官僚の毛里英於菟らにおけるナチスの政策、ドイツの地政学、F・リストなどの引用や、O・シュパンとゴットル・オットリリエンフェルトの思想に関連づけようとした。(9) だが、それらの思想が彼らの構想の内容に、いかなる形で具体的に関連していたかについては検討を深めることができなかった。古川の分析はこのように革新官僚の思想上の単なる背景のそれに止まり、ナチス経済思想と経済新体制構想との内容上の関連は解明されるにはいたらなかったのである。(10)

ナチスあるいはナチス・ドイツの「新体制」の経済思想が、日本の経済的「新体制」の中にいかに受容され吸収されたかは、ナチズムの形をとったドイツの「国家としてのファシズム」の経済体制が、天皇制的な日本の「国家としてのファシズム」の経済体制に意識的に受け止められ、接合される仕方の問題であり、従ってドイツと日本のファシズムの間の内在的な同時代的関連を問う著しく重要な問題である。それは本来ファシズムの日独比較を行う際に当然考慮されねばならなかった基本的な観点であった。本章はこれまで歴史家がその重要性に気がつきながら、立ち入った検討を躊躇ってきたこの問題領域に対して、ささやかながら分析を試みようとするものである。

一　経済新体制確立要綱とナチズム

(1)　同時代日本の社会科学者の認識

われわれはまず経済新体制の構想とナチス経済思想との関連について、同時代のその状況を目のあたりにしていた当時の社会科学者や経済論者が、それをどのように認識していたか、を見ることから始めよう。

第二次近衛内閣の経済新体制について、経済思想・経済学史の専門家、上田辰之助(一八九二―一九五六年、東京商大、のち一橋大)は、経済新体制の構想が日本だけの出来事でなく、同時代的な「世界的共通性」を備えていることを強調する。(11)「新体制の構想は純粋に日本独自の所産といふよりは、寧ろ日本がその一翼を支へてゐる世界新秩序建設の努力から生れ出たものと見得る節が多い。従つて、わが国の新体制には具体的内容の独自性と並んで方向づけにおける世界的共通性ともいふべき傾向が看取されるのである。」

上田はこのように、新体制における日本的独自性と並ぶ、方向性における世界的共通性に注目する。その理由は新体制構想における「秩序的統一」の考え方が「ナチ・ドイツの新体制たる全国的シュタント組織」や「ファシスタ・イタリアの新体制を代表するコルポラツィオーネ制度」と共通している点にある。つまり彼は新体制構想における経済団体の組織化とその職能的な編成原理に注目し、それをナチス・ドイツとイタリア・ファシズムとの共通性との関連において捉えるのである。

続いて上田は新体制構想における公益優先原則と指導者原理の重要性を指摘し、それらと独伊の思想との間に同じような共通性が存在すると考えた。(12)「経済新体制は新秩序の世界観に即応するものであり、新秩序の樹立は必然的に高度国防国家の整備充実を要求するものであるといふ点に、問題の核心がつかまれる。この根本事実を一つのエピグラムとして表現したものが、すなはち「公益優先」の標語である。そして「職域奉公」はその方法を示したものである。」また「指導者原理も経済新体制の関係で近来頻りに叫ばれてゐる一つの主張であるが、公益優先の標語と同じくもともと舶来の思想であるに違ひない」と。

上田は以上のように経済新体制における、①経済団体の組織化という機構的な改造と、②公益優先、③指導者原理の思想とが、ドイツ・イタリアの体制の考え方と共通していることに注目した。そしてそれらが「日本がその一翼を支へている世界新秩序建設」を推進するドイツとイタリア、とくにドイツからの移入によるものと考えた。

ナチス・ドイツの民法学について冷静な分析を試みた法学者・吾妻光俊（一九〇三―七三年、東京商大）は、日本の法学界における外国法排除の排外主義的動向を批判する中で、そのような排外主義的立場のものがナチス思想を安易に取り入れている当時の状況を皮肉をこめてつぎのように描写している。(13)

「私はその最も著しい事例を最近のナチス思想の移入に見る。公益優先・指導者原理その他のナチスの標語がその意味を深く吟味することなしに、経済統制の強化に伴つて、統制の先進国たるドイツから非常な勢ひで輸入されつゝある。それはまさに第二の外国法の継受である。明治初年以来の外国法への依存をこと新らしく問題とする人々に、この最近の事態に対する批判的態度の用意ありや、疑ひなきを得ない。」

ナチス・ドイツに関する専門的な知識にもとづいて吾妻は、公益優先原則と指導者原則がナチスの標語であり、経済統制の強化に伴ってナチス・ドイツから日本に輸入されたのだと述べる。

公益優先原則等に対するナチスの影響は、軍部と関係が深く、また一般雑誌などで活躍する経済学者の武村忠雄（慶應義塾大）が一九四一年に財界人を前に語った経済新体制に関する説明の中にも示されている。(14)武村は経済分野において企業は私益のみを追求すべきではなく、「国民経済全体の生産力に仕へると云ふ公益的な立場」に立って、また「国民経済全体の再生産過程に於ける夫々の職能」に応じて活動しなければならない、と強調する。全体的な生産力への貢献とその職能的活動を武村は公益優先に他ならないとするのであるが、彼はその言葉を次のように説明する。

「此の公益優先と言ふ言葉ですが、是は元来ナチスの統制経済の標語であつて、それが日本に移された。其の為めに公益優先と云ふのはナチ専売の言葉のやうに考へられますが、此の公益優先的な考へは元々日本の民族精神の中にも昔からあつた訳であります。」

公益優先原則の語はナチスの統制経済に由来する。武村はこのように述べると共に、『国体の本義』を引用しつつ、ナチス的なこの原則を日本的民族精神における和の精神に重ねた。

公益優先原則と並んで経済新体制の理念として重視されたのが、指導者原理である。この指導者原理は、当時ドイツ語の Führerprinzip のカタカナ表示である「フューラー・システム」とか「ヒューラー・プリンチープ」とも称され、その語が表わす通り、ナチス・ドイツから移植されたものであった。『ナチス統制経済読本〔新体制版〕』(一九四〇年)の著者で、ナチス通の経済論評家・小島精一は、経済新体制のこの指導者原理を統制会とそこにおける「ナチス流のフユーラー・システム」に結びつけてこう語っている。(15)「フユーラー・システム」は「ドイツ・ナチスの提唱にかゝり、ドイツに於ては、めざましい効果をあげてゐるものではあるが、それは元来ナチス独特の社会的・政治的環境裡の産物」なのである、と。小島は経済新体制におけるその指導者原則を、経済団体の組織化としての重要産業部門の統制会に関連づけると共に、その効果については慎重論を唱えた。

以上のように同時代の社会科学者や経済論者は、経済新体制の構想がナチス思想から大きな影響を受けていること、そのようなナチス的政策思想として、とくに、①公益優先原則、②指導者原理、③経済団体の組織化すなわち職能的編成計画の三つの原理があることに注目した。それらの原則は後述するように相互に関連し合う関係にあった。

(2)　経済新体制確立要綱と公益優先原則・指導者原理・経済団体組織化

経済新体制のナチス的要素として論者が指摘した公益優先原則と指導者原理、経済団体の組織化は、一九四〇年の経済新体制確立要綱の中でどのような形で表現されていたか。

要綱の基本方針は、日満支を一環とし、「大東亜」を包含した自給自足の共栄圏の確立、その圏内における資源にもとづく国防経済の自主権の確立、そして官民協力の下での重要産業を中心とする綜合的計画経済の遂行をめざすものであった。(16)

そのためには、①まず企業体制の確立が不可欠である。すなわち企業における資本・経営・労務の有機的一体性を実現すること、企業は国家綜合計画の下で国民経済の構成部分として位置づけられ、企業担当者は創意と責任とによる自主的経営にもとづき生産力の増進をめざすこと、が要請される。次に、②公益優先、職分奉公の趣旨に従って、国民経済を指導するとともに、経済団体の編成によって国民経済に有機的一体性を与え、それによって国家総力を発揮し、高度国防の国家目的を達成させる、というものであった。

要綱の第一の目的は国防経済の確立、すなわち軍需工業を中心とする重要産業の生産力増進とそのための国家的な統制と経済編成にあった。それは国営企業・国策会社方式ではなく、民営企業を土台とし、営利原則を認めつつ企業の創意・責任による自主的経営を基本としていた。私的企業の存立と営利原則(「私益」)は容認された。しかし企業は国民経済の構成部分として位置づけられ、国家的な目的(「公益」)に協力することが要請され、利潤追求に対しては適正利潤の基準と投機的利潤や独占的利潤の抑止、利益配当の制限等の制約が与えられた。「私益」(営利原則)が認められたために、「公益」が強調されねばならなかったのである。それが「公益優先」であり、「職分奉公」に他ならなかった。それはまさに、ナチスの世界観「公益は私益に優先する」に基づいていた。

国家的目的(生産力増進・経済諸力動員)の実現のためには、経済機構の編成、すなわち経済団体の組織化が不可欠であった。経済団体は、国家的要請がそれを通じて企業に指令される仲介的機構であり、同時に企業側の立場を調整し、その利害を国家に連絡する媒介的な機能を果すからである。それは国家と企業の間のいわゆる官民協力体制を現実化する経済機構であり、その構築こそ経済新体制の中心課題となるものであった。「企業形態」と並ぶ「経済団体」の規定は、要綱の内容の半分近くを占め、新体制構想における経済機構の編成替えの柱をなした。業種別・物資別の全国的な組織化をめざすこの構想のモデルは、ナチス・ドイツの経済有機的構成準備法であったのである。

要綱の「企業団体」は、その後「統制会」として具体化されるが、要綱作成に関与した企画院の中心的官僚の一人、美濃部洋次は当時この「統制会」に関して、次のように説明している。

「統制会の組織といふものが、独逸の模倣であり、日本の国民性に適合するかどうかといふ点はいろ／＼議論があります。しかし統制会の性格といふものは、必ずしも独逸の直接の模倣ではない。その点は相当はつきり考へなければならぬと思ひます」(傍点は引用者)。経済新体制における経済団体の組織化は、このようにナチス・ドイツの直接的ではないが、しかし間違いなく一つの「模倣」であったのである[17]。

ナチス的とされた指導者原理は、この経済団体の機構に関わる組織原理であった。指導者原理は、要綱において、企業に対する国家の指導統制、経済団体における「理事者指導」、重要産業団体による下部経済団体・所属企業の「指導」として表現される。つまり国家→経済団体＝理事者→下部経済団体→企業、という上から下への指導原理が採用され、その中で経済団体は国家と企業を媒介し、国家→企業の指導体制を担う中核的な位置を与えられた。

指導者原理は、民主的な多数決原理を否定し、指導者の責任による、上から下への強権的な指揮の方式を意味し、ナチス・ドイツの全体主義的な組織原理を特徴づけていた。それは国家的目的の下部への指令を支える基本原理であって、公益優先の原則と不可分の関係にあった。それが日本の経済新体制の原理として受容されたのである。こうして公益優先、指導者原理、経済団体の組織化すなわち職能的編成は、要綱において一体となっていた。

二　ナチス経済思想の特質

(1)　ナチス経済思想の基礎としての公益優先原則

それでは要綱を特徴づけたこれらの「ナチス的」原理は、ナチズムそれ自体においてはどのような意味を有していたのだろうか。公益優先原則は、ナチズムにおいてGemeinnutz (geht) vor Eigennutz, つまり「公益は私益に優先する」の標語で表現される。経済学者・気賀健三(慶應義塾大)は、次のように述べる。[18]「公益優先の思想は、元来ナチスの綱領の一つたる「公益は私益に優先す」といふ一条から出たものであるが、あながちナチスの専売となすべきものでなく、全体主義から生れる当然の原則である。」

「公益は私益を通じて」、つまり私益イコール公益という個人主義的自由主義的な経済原則に対して、ナチスの「公益は私益に優先する」は、経済の倫理化、統制経済、国防的経済と並んで、全体主義の経済政策の原則を集約的に表わす思想であった。全体主義の典型たるナチス・ドイツのこの経済思想は、何よりもその党綱領に示されていた。

木下半治編『新体制辞典』は「公益優先」の語をナチス党綱領二四条から出ているとしてこう説明する。「ナチス綱領二十四条より出づ。唯物的利己主義に対して民族共同体を強調するナチズムの一原則。近来日本の新体制に関する指導原則にも同じ言葉が用ひられてゐる。[19]」

ナチス党の綱領の二四条は「精神革命」(Revolution der Gesinnung)と称され、公益優先原則はそこにおいて国民の復興を支える精神的原則として提示されていた。[20] ナチズムは著しく精神主義的であり、あらゆる面でナチス的な「世界観」(Weltanschauung)が求められ、また強制された。ナチス的世界観に対立する世界観や思想は徹底して排除され、弾圧された。それが精神革命・意識革命であり、それを宣言する二四条は、綱領の中でとくに重要な位置をあたえられていた。

「精神革命」は、その中で「ユダヤ的唯物論的精神」(jüdisch-materialistisches Geist) に対する闘いと一体となって提示された。ユダヤ主義、唯物論・マルクス主義は、あるいは貨幣崇拝と享楽、あるいは階級闘争と猜疑、民族栄誉の喪失と等置された。これに対置されたのがナチス的な世界観と生活様式である。それは個人の生活を、私的な利益をこえて、民族的利益 (das Volkswohl) のために提供しようとする立場とされた。

「公益は私益に優先する」はナチズムのこの世界観を端的に表現する言葉であり、ナチス党綱領のいわば精神的基礎たる意義を付与された。その目標はユダヤ主義・マルクス主義との対抗と闘争という具体的な行動と結びついている。つまりナチス的な「精神革命」はマルクス主義的な階級闘争・労働運動を弾圧し、「ユダヤ的」とされる貨幣崇拝主義に対抗すること、それを通じてナチズム最大の課題、「民族的利益」を追求することであった。公益優先原則は「民族的利益」の実現をめざすナチス経済観における文字通り「至上命題」として最も重要な位置を与えられた。

(2)　労働の重視と利子隷属制の解体——いわゆる「反資本主義的」要素——

ナチス経済思想の土台としての公益優先原則は、上述のように「ユダヤ的」な精神とそれに支えられた経済活動との闘いに結びつけられている。その際「ユダヤ的」とは、まず民族的な意味での「ユダヤ人」・「ユダヤ系」とされ、それはナチズムを特徴づけている人種主義的な反ユダヤ主義と一致する。しかしこの「ユダヤ的」なる用語は、同時に、より広義に「唯物的」・「貨幣崇拝的」として理解される。党綱領のその他の条項にも示されているように、「唯物的」・「貨幣崇拝的」なる観念は、あるいは「貨幣の特権」、「労働から乖離した」、「金融的」・「金融資本的」、「寄生的」な活動、「私益の神聖化」として捉えられ、「ユダヤ的な見方が強く規定する自由主義時代」、「自由主義的資本主義的商人精神」(liberalistisch-kapitalistischer Händler-Geist)、「自由主義的金融資本的経済観の利己的利潤追求」(das eigennützige Profitstreben der liberalistisch-finanzkapitalistischen Wirtschaftsauffassung)と重ね合わされる。「ユダヤ的」なるものとは、人種的意味を離れて、より広く金融的・金融資本的活動、さらに自由放任主義的な商人的活動、そのような営利第一主義、限りなき営利追求をも意味したのである。

それらに対置されたのが「労働」であった。国民の労働の義務、全体利益との関係を提示した第一〇条の内容がそれである。すなわちナチズムは「貨幣の代りに労働(Arbeit)を思想と心情の核心におく」のであり、その労働は労働者自身の必要のためばかりでなく、同時に「民族の利益」のために、「すべての利益」(zum Nutzen aller)のために実行されなければならない。「労働」の観念は従って公益優先原則と結びつく。「私益を神聖視する」自由主義的な活動は、「労働」とはいえない。「全体の福祉」に反する活動は、「労働」ではなくて「不正行為」でしかない。労働による民族への貢献を義務とし権利とする思想こそがドイツ固有のものであり、それは他人の労働に頼り寄生者として生活する「ユダヤ的理念」と対立する。

こうして労働に基づく、あるいはそれに由来する収益は正当化されるが、「勤労なき所得」は排除される。綱領第一一条「利子隷属制の打破」はこのことを要請する。労働に対して正当な賃金を支払わない企業家もそれに属する。とりわけ「創造的労働」(schaffende Arbeit)の搾取者と見なされたのは「国際的な、多くの場合ユダヤ的な金融資本」であった。その支配は、除去されなければならない。彼らは「価値」を創造せず、利益のみを目的としている。その帰結が「労働に対する貨幣の非倫理的支配」であり、ナチズムの経済思想の最大の課題は、「このような略奪的な資本(raffendes Kapital)の支配を破砕し、ドイツ民族を国際的吸血鬼から解放」すること、経済が国民に奉仕し、国民の福祉の向上に役立つように経済を改造することである。著名な利子隷属制の打破(Brechung der Zinsknechtschaft)の標語はそのようなナチズムの目標を端的に示すものであった。

他方、戦時における私的致富、つまり戦時利得、金融資本による国際的トラスト化、コスト切下げ・劣悪賃金・販売価格引上げ等による拝金主義的な「自由主義的搾取者」、等が批判される。また健全な中産階層の創設・維持のためにデパートや均一価格店の自治体所有化や小営業者への貸与、等が求められているが、これも上述の創造的労働の重視と強奪的な「資本主義精神」批判という観点と密接な関係にあった。

ナチズムの以上の観念は、しばしば資本主義的営利主義に反するもの、「反資本主義的」な性格をもった要求と評価されてきた。しかし、それは営利活動の否定を決して意味するものではなかった。そこで問題となるのは際限なき営利追求、不正ないし不適正な利潤追求であり、そのようなものとみなされる金融資本とその利子収入や独占利潤、特定の大商業資本の活動、などであった。しかしそれは資本の過大な集中やカルテル等独占への批判に結びつくものであり、また「寄生的」な営利として、銀行の利子収入とともに、株式会社の株主の得る配当も批判の対象とされた。ナチス経済思想は銀行資本の存立条件や株式会社の存否にも関わる重大な主張を包蔵していたのである。

さらにまた党綱領一四条は、ドイツ的社会主義として「大経営における利益分配」を掲げ、勤勉な労働者、能力ある企業家をはじめ「創造的」な国民への利益還元を要求している。この場合も営利第一主義に対する「ドイツ民族・ドイツ的人間の労働協同体」の福祉の優位が根拠とされている。土地制度に関しても、国民的ないし民族的観点から、また「労働と業績」の理念から土地投機、利己的な土地利用による不正利得が攻撃され、不適切な仕方で取得された土地や国民に損害を与えるような土地の没収が求められた。

これらのいわゆる「反資本主義的」な、しかし本質的には資本主義修正的な政策は、先行研究が示すように、ヒトラー主流によるシュトラッサーら党急進派の排除を経て、さらに権力掌握後の体制化の中で、大幅に修正され、実質上骨抜きにされて、その大半は実行されるにいたらなかった。そしてその方向性は、もっぱら人種主義的な反ユダヤ主義と結びつけられ、「ユダヤ人」への攻撃に収斂していったのである。(21)

しかしナチス経済思想の資本主義修正的な方向性の転換は、公益は私益に先行するという大原則の否定を意味しない。民族的国民的利益の実現という最高目標と結びつけられて「公益」の観点は私的利益追求に対して、少なくともイデオロギー上は、優位を保持し、自由な私的営利追求の志向性に対して、経済活動の枠組みとして一定の役割を引き続き演じた。(22)

たとえば一九三五年版『ナチス経済年報』においてライヒ経済会議所商工会議部長P・ヒラントは次のように述べている。(23)

「ナチス国家が経済の主導権を掌握して以来、経済組織を根本的に新しい規制の下におく必要が生じた。経済政策のための機構をそのように編成替えするためには、民族社会主義の二つの基本原則である指導者原理と公益優先とを実現することこそが必要なのである。」

ナチス経済体制における公益優先原則と指導者原理の重要性は、ナチス・ドイツの国家的な編集事業ともいえるH・H・ランマース／H・プフントナー編『ナチス国家の基礎・構成・経済秩序』(一九三六年)でも強調された。(24) ヒトラーも公益優先原則の観点から寄生的営利を批判する。たとえば一九四〇年一二月にベルリンの軍需工場の労働者を前になされたヒトラーの演説を新聞はこう伝えている。(25)

「資本主義的民主主義の世界の最も重要な経済原則はこうである——国民は経済のために存在し、経済は資本のためにある。われわれはこの原則を逆転した。つまり資本は経済のために存在し、そして経済は国民のためにある、と。

別の言葉でいえば、何より重要なのは国民だということである。ほかのすべてのものはその目的のための手段なのである。(中略)私には配当なるものには一切関心がない。われわれはこれに限度を設定した。人は直ちにこう言うだろう。「あなた方、それでは自由へのテロになりますよ。」その通り。われわれは協同体を犠牲にしてまで儲けようとする自由に対してテロを行い、もし必要ならば、われわれはそれを排除することも敢えて辞さないのである(ドイツ労働者——再び破れるような拍手鳴りやまず)。」

(3)　私的イニシアチヴ重視と指導者原理

先に見たようにナチズムはマルクス主義を否定し、生産手段の社会化に反対して、私的所有を全面的に承認する。ナチスの根本的な観点である公益重視の原則は、この私的所有を土台にした諸個人の積極的な経済活動を否定せず、むしろ創造的な私的活動、私的イニシアチヴは、ナチス経済思想を構成するもう一つの重要なイデオロギーであった。国民が自身の資質と能力とによって、また内面的な職業意識に支えられて存分に働くこと、そのような国民各人の「労働」と「職業活動」をナチズムは徹底的に重視する(党綱領一〇条)。ナチズムはこうして企業の活動力・冒険心・リスク・創造的精神・組織能力に対する経済的な利益配分を承認する(綱領一三条・一四条)。しかし、私的なイニシアチヴと責任性、諸個人の能力の発揮、その結果としての業績・成果(Leistung)はナチズムの場合、自由放任主義の時代のように個人の利益だけに結びつけられるのではなく、全体的な利益、公益への配慮と一体とならなければならない。私的イニシアチヴは公益優先原則と結びつけられ、後者の実現のための必要条件となる。つまり積極的な個人的活動を奨励しつつ、それを国家的に取り込むこと、これがナチス的全体主義の特質であった。

私的イニシアチヴ重視の観点は、このように能力主義と、またその成果の評価、すなわち業績主義と結びつきつつ、創造的活動における専門的な能力、そのような能力者による指導性の強調となって現われる。指導者原理は、ナチス的な能力主義を土台としていた。

ナチズムの指導者原理は、政治的にはゲルマン民族と「民族協同体」の優越性の観念＝「世界観」に支えられ、ナチス的な対内的・対外的な政治的指導性、つまり指導者国家(Führerstaat)の理念の形をとっていた。(26)「下に対する指導者の権威と上に対する責任」を標榜するこの指導者原理は、従って民族的ないし全体的な利益の目標とそのための積極的な指導性、民族的利益のための公益優先原則とそれを実現する指導者的活動という二重の観点から構成されていた。指導者的活動は、ナチス的な意味での能力主義、業績主義を土台として、それらに基づく私的な経済活動を公益優先原則に結びつけるナチズムの本質的な原理であった。そしてその前提になっているのが、上のようなナチス的「世界観」であり、その結果として、ナチス党の党員やナチスを支持する経済人のみが指導者的位置に就任しえたのである。従って指導者原理の採用は、同時に既存の自由主義的な経済人リーダーの指導的地位からの排除を意味した。それとともに多くのものがナチス的「世界観」の信奉者へと転向した。これがグライヒシャルトゥングである。

(4)　経済機構の編成替え

ヒトラー・ナチス党は、一九三三年の政権掌握と殆ど軌を一にして、ワイマール共和制時代の経済機構の解体と新たな形での編成・組織化に着手した。経済団体・企業者団体の改組と再編、全国的な機構化は、労働組合の解体とドイツ労働戦線(Deutsche Arbeitsfront, DAF)の結成と並んで、ドイツ経済のナチス的編成替えの根幹を形づくるものであった。一九三四年二月の「ドイツ経済の有機的構成準備法」(Gesetz zur Vorbereitung des organischen Aufbaues der deutschen Wirtschaft)と、同年一一月の同法の施行令とは、そのような経済機構のナチス的再編成にとって著しく重要な意味を有した。この法律は現行の経済連合体や団体を組織化し、国民経済の下にそれらを有機的に編成することを目的とするもので、経済団体はその際に当該経済部門の唯一の代表者として認められるとともに、団体に指導者(Führer)が置かれ、それを経済大臣が任命することが規定された。それは経済団体を経済的自治の有機的体系として編成し、「その組織体の中で指導者原理を実現する可能性」をつくり出すものであった。(27)

ナチス国家はそれによって経済活動に介入し、再軍備体制をめざす経済統制のための条件をつくり出した。それは経済に対する政治の優位、公益の優先というナチズムの主張に対応するものであった。「国家が経済を指導する」(der Staat führt die Wirtschaft)ためには、資本主義的企業の国家的な編成と既存の経済団体の国民的統合が不可欠であったのである。他方、ナチスは前述のように営利活動を認め、それを経済活動の原動力として位置づけるとともに、経済団体の全体的な組織化に際して、経済活動の担い手たる企業家の活動と自治を全面的に承認した。だが彼らが「公益」のための国家的方針や指示に従って活動し、それを適切に実行する必要があった。こうして経済組織は国家と経済との間の仲介者的な機能を果す重要な機構として位置づけられた。国家的な公益と企業家の私益とを調整するこの組織は、公法的であると同時に私法的であるという二重性をもったものだった。

経済は工業・商業・銀行・保険・エネルギー・対外商業の六つのグループ(グルッペすなわち団体)と手工業とに大別され、それらはさらに経済グルッペ(団体、以下同じ)、専門グルッペ、同下部グルッペに分けられた。他方、それらは地域的にも組織化され、各地の商工会議所、手工業会議所とともに、経済会議所を構成した。全国組織としてはライヒ経済会議所と、商工会議所協同体が統括し、後者には各地の手工業会議所が参加した。各企業は少なくとも経済グルッペ(さらに専門グルッペ)のいずれかと、地域の商工会議所とに所属した。

経済有機的構成準備法は、経済団体の改組と統合等に関するライヒ経済相の権限を確立するとともに、経済団体の運営に指導者原理を導入した。すなわち同法第一条は指導者原則の採用について規定し、同施行法は、第三節「団体指導者の任務と権限」において、ライヒ団体指導者――経済団体指導者――専門団体・専門下級団体各指導者、またライヒ団体の地域団体・同分局各指導者、経済会議所指導者、等々について定め、第四節で「指導者」は、「民族社会主義国家の精神において団体を指導」し、「商工業の全体的利益」と「国家的利益」とを考慮すべきことが任務とされた。

一九三九年第二次大戦の勃発と戦時体制への移行に伴って経済団体の自治は大きく制限され、国家的な中央指導が強化され、一九四二年にはシュペア体制の下で軍需生産部門を中心に企業側の責任体制を強化したリンク制という新しい方式が採用されるが、上の組織機構は引き続きドイツ経済の土台として機能した。

(5) ナチス経済思想の二元性

公益優先原則と指導者原理の二つの原則は、民族的国家的利益の優越性の観点に立って、経済活動を国家的に統制し、私的な営利活動を抑制する方向性をもっていた。だがナチズムは、同時に私的所有とそれを土台とする個人的私的イニシアチヴ、その創造性と責任を否定せず、むしろそれを積極的に評価した。能力主義・業績主義・自主的活動はナチズムを特徴づけるもう一つの原理であった。だが個人的私的イニシアチヴは経済的には私的利益によって支えられ、営利追求と一体となっている。それはそのまま民族的国家的利益の実現に結びつくとは限らない。むしろ私的営利活動はしばしば国家的利益と衝突することになる。それ故上の原則は相互に対立する関係をそのうちに含んでいた。それは公益優先原則における「私益」と「公益」との関係、つまり「私益」を承認し、「私益」と結びつく私的イニシアチヴを通じて創造的経済活動を促進させるという面と、「公益」の観点からそれを統制するという方向性との対立を孕んだその関係の中に示される。公益優先原則そのものがそのような二元性を包摂し、矛盾した内容を有していたのである。

指導者原理は、対立的な関係を含む両者を媒介し調整する役割と結びついている。指導者的立場にあるものは民族的国家的利益を自覚しつつ、しかも個別的な経済活動を促進することが求められる。そのためにナチス的「世界観」の思想と、同時に積極的な資質と能力とが要求される。公益と私益の関係の認識とその調整はある意味でナチス経済思想の根幹に関わるものでもあった。公益優先の原則は、自由主義的な営利主義への規制を本質の一つとしており、この原則の中に含まれたそのような方向性をいかに位置づけ、また調整ないし骨抜きにするかは、指導者一人一人にとって著しく困難な問題となるのである。

ナチス的体制の宣伝とナチズム徹底のために配布された先の『ナチス国家の基礎・構成・経済秩序』(一九三六年)の中で、ライヒ食糧職分団中央局指導者は「経済の全体秩序」に関連して次のように強調した。[28]

「諸個人の業績能力(Leistungskraft)とそのイニシアチヴをないがしろにする経済秩序は、個々人の貴重な諸力を荒廃させ、その結果意欲を欠いた大衆をつくり出し、ロシアに見られるような状況を生み出すことになる。／秩序思想(Ordnungsgedanke)と業績思想(Leistungsgedanke)の実現は、経済の自治(Selbstverwaltung)の理念の下でむしろはじめて可能となる。」

またケルン大学教授P・ベルケンコプフは、同書でナチス経済体制の下でも私経済的な企業活動が、適正な賃金政策と公正な競争の枠内においてならば、全体経済にとっても有益であるとみなし、そのような条件の下での企業家相互の自由な競争およびその結果生じる企業家利得とを是認し、国家がどの程度までこの利得を要求するかは二義的な問題だとしている。しかしその上でその活動が民族の利益によって規定されており、利益至上主義は許されないこと、企業家は指導者としての地位を自覚することが求められた。[29]ナチス的経済思想を特徴づける先の二元性は党の綱領においてのみでなく、ナチスが政権を掌握した後にむしろより現実的な問題となるのである。[30]

三　ナチス経済思想への関心の広がり――「新体制」前夜――

ナチス・ドイツの経済政策思想に対する日本での関心は、日中戦争勃発前後の時期には、一層の広がりを示していた。日満財政経済研究会におけるナチス・ドイツ方式の検討はその一つであったが(前述Ⅳ参照)、本章ではそれと並ぶ二つの動向を紹介し、経済新体制直前の日本人のナチズムへの関心の広がりについて見ておこう。その一つはナチス・ドイツが編集した大部の紹介的文書の日本語への翻訳と刊行の半ば国家的事業であり、もう一つは革新官僚の構想に影響を与えたといわれる昭和研究会におけるナチスの機構改革に関する批判的検討である。

(1)　ナチス・ドイツ体制の国家的紹介――『新独逸国家大系』一二巻の翻訳・刊行事業――

ナチス・ドイツは、公務員など公的任務につくドイツ人にナチス的体制の全体像を周知させる目的で一九三六年から『ナチス国家の基礎・構成・経済秩序』を編集し、順次冊子として刊行し、配布した。それらの冊子は大部の三巻綴としてまとめられた。その日本語への翻訳事業が一九三八年に企画され、『新独逸国家大系』全一二巻として一九三九年から四一年にかけて刊行された。

その翻訳・刊行のために後援会が結成され、その会長となったのが日本商工会議所会頭の伍堂卓雄(一八七七―一九五六年、海軍造兵中将、満州の昭和製鋼所社長、満鉄理事、三七年林内閣の鉄道兼商工大臣、等を歴任)であった。名誉顧問としては海軍大臣米内光政ら一二人の大臣、日独文化協力会関係者、企画院総裁、東京帝大教授牧野英一、ミュンヘン大学教授（日独交換教授）O・ケルロイターなどが名を連ねた。顧問には穂積重遠（東京帝大）や末弘厳太郎（同）と並んで、鹿子木員信《かずのぶ》（九州帝大教授・ベルリン大学客員教授、のち大日本言論報国会事務局長、超国家主義者）や藤沢親雄（国民精神文化研究所）が加わっていた。翻訳・刊行事業は、日独防共・文化協定の締結を背景とする、日本側の半ば国家的な文化事業であったのであり、ナチズムに対する積極的な評価と結びつけていた。(31)

この翻訳・刊行事業は次の点において注目される。

⑴まず、この書物は政権掌握後のナチスの法律・政治・経済の制度と思想の公式的な紹介・解説であるが、同時にナチス的な原則をドイツ国民に周知させる目的をも備えていた。つまり本書はナチス・ドイツの全体的な現状紹介であると同時に、ナチズム浸透の手引書でもあった。(32)

その国家的な性格は、編者がヒトラー側近のランマース（国務大臣・内閣官房長官）とW・フリック（内務大臣）側近のプフントナー（内務省長官）で、副党首R・ヘスとフリックが序を書いていることにも示される。第一巻「ナチス国家の基礎——世界観・政治・法制」が二九章、第二巻「ナチス国家の構成」が二一章、第三巻「ナチス国家の経済秩序」が二三章、合計七三章からなるこの厖大な書物には、A・ローゼンベルグ、O・ディートリヒ、W・ダレ、F・ラインハルト、O・ケルロイター、E・R・フーバー、K・ハウスホーファー、J・W・ヘーデマン等々、政府・大学等当時の指導的な人物・専門家が執筆に参加していた。

⑵駐日ドイツ大使E・オットの序詞を付したその日本語訳『新独逸国家大系』は一二巻からなり、たとえば第五巻は四一年に七刷が出るほどに普及した。ナチス・ドイツの経済体制や経済思想に関しては、ヒトラー政権掌握以降日本では多くの論文や書物が発表されていたが、(33)この文書は、ナチス体制に関するドイツ政府の事実上公式の解説で

あり、その浩瀚さと詳細な紹介は、ナチス体制の現実を理解する上で重要な手がかりを提供するものであった。

(3) 翻訳のために当時の、また戦後活躍する第一級の社会科学者が総動員されたことも重要である。今中次麿(九州帝大)・住谷悦治(松山高商)・来栖三郎(東京帝大)・川島武宜(同)・山田晟《あきら》(同)・兼子一(同)・宮沢俊義(同)・田中二郎(同)・杉村章三郎(同)・鈴木竹雄(同)・石井照久(同)・大河内一男(同)・近藤康男(同)・安井琢磨(同)・神川彦松(同)・吾妻光俊(東京商大)・板垣與一(同)・上原専禄(同)・木村亀二(東北帝大)・服部英太郎(同)・柳瀬良幹(同)、さらに風早八十二・小林良正らがそれである。これらの社会科学者と並んで、企画院の中島清二(第三部長)や『ドイツ計画経済』(一九三八年)の著者・福田喜東《よしはる》(同書記官)、美濃口時次郎(同調査官)はじめ企画院関係官僚も訳出に加わっていた。実際の作業の中心になったのは「刊行会」の編纂事務主任・平野義太郎と小林良正であった。彼らは、周知のように『日本資本主義発達史講座』に参画した講座派マルクス経済学者であった[34]。

(4)『新独逸国家大系』の各巻には政府等の要人の序文が付せられている。それはしばしば彼らのナチス・ドイツ認識を示していた。第一巻冒頭の「刊行の辞」を執筆したのは、刊行後援会長の伍堂卓雄であった。元商工大臣で商工会議所会頭の伍堂は財界の有力者で、経済新体制問題が論議される折には財界を代表する一人となる人物である。その伍堂がこの国家的な翻訳・刊行事業に深く関わっていたことは注目に値するが、彼はその中でドイツの国運隆盛の要因がナチス世界観、「公益は私益に先んず」の指導精神とその下での四カ年計画、それに伴う経済機構の改革にあるとし、その根源を考究することは「東亜に新秩序を建設しつつある日本にとつて急務である」と述べ、ナチス・ドイツの思想と機構改造を積極的に評価した[35]。

また『大系』の「経済篇」の冒頭の「序」を担当したのは、同じ日本商工会議所で理事として会頭伍堂を支える前資源局長松井春生[36]であった。松井もナチス・ドイツの統制経済に注目し、日本の独自性に配慮しながら、同時にドイツのそれを「我々の採つて以て範」とすべき点が極めて多いと評価する。松井がとくに重視したのはドイツの統制経済における商工会議所・経済会議所の役割であった。彼は指摘する。(37)

「ドイツの統制経済は、ソヴェート連邦の如き国営主義に依るものでもなく、イタリアの如き組合主義に依るものでもない。それは、多分に、個人の活動を認め、既存のあらゆる経済団体、銀行会社乃至産業経済関係を認めつつ、謂ゆる指導者原理に基いて、一定の目的及び方向に向つて、経済界を有機的に再編成しようとするのである。随つて、ドイツの経済界の組織は、各部門毎に組織化され、この組織化された各種のカルテルのやうな団体が、主要経済市場に統制権を持ち、それが国家の指導に従つて行くことに、なつてゐるのである。そして、商工会議所は、此等の各種の経済団体及び経済関係を、綜合するところに、其の使命があり、それがライヒ経済会議所に統括されて、全国的に、経済統制が、矛盾相克する所なく、最も効果的に、実施されるやうに、規整されてゐるのである。」

松井は、ドイツの統制経済を、個人的活動を基礎にした、指導者原理に基づく有機的な経済界の編成として捉えた。この認識にもとづき松井は、商工会議所を中心とする経済界の有機的再編成、経済界の要求を土台にした経済統制の方式を提示して、それを「経済界の実情に合致」しない「紙上計画に堕した統制」(すなわち官治統制)に対置した。「国民精神と全体主義的指導原理とは日独共通する」から、ドイツ的な統制経済の「指導的機構と組織的実践」の日本への移植に大きな支障はないはずだ、と松井は主張する。伍堂と松井のこの認識は、『大系』の翻訳事業が実施された同じ時期に、両人によって構想された日本商工会議所を中心とする経済界の有機的編成の企画に符合する。

(2)　昭和研究会の批判的検討

日中戦争の開始と国家的な経済統制の強化は、経済機構の再編を必要とした。民間経済団体の有機的編成に関する最初の構想は、近衛文麿のブレーン・トラストといわれる昭和研究会によって作成されていた。

同研究会は一九三七年四月の研究会結成と同時に小委員会を組織し、民間経済界の力を綜合する中枢機関の創設のために、米英独の中枢経済団体の機構の検討を始めた。こうして同年一二月には『民間経済中枢機関試案』が作成された。それは既存の経済団体の単なる集合としての現行の「経済団体連盟」に対して、それを母体にしつつより組織的な中枢機関の結成を提案するもので、「日本産業連盟」と仮称された。

同研究会は『試案』の構想にあたって、ナチス・ドイツの経済組織化の方式に対して大きな関心を向けた。しかし同会は、ナチス的経済機構改革のそのままの導入に対しては距離をおき、むしろ「所謂ナチス的商工統制組織」とその「建前」とは「根本的に異にする」案を作成しようとした。ナチス・ドイツの経済有機的構成準備法による統合組織は、「表面的には自治機関」であるが、その実質は「ナチスが此の組織を通じて独逸全産業に号令し、ナチスの産業政策を全産業に滲透せしめんとする目的」をもったものであるからである。それは「所謂ナチス・イイデオロギー〔ママ〕」である「下への強権上への責任」を至上命令とする「指導者原則」に基づいて、「上から全産業を組織化」したものであって、この組織の性格は民間の産業団体というより「国家機関の延長」とみるべきである、と。昭和研究会は、このようなナチス的方式に対比して、「重要産業をそれ自らの力によつて、自治的に下から組織」する「日本産業連盟」(仮称)を、「国家機関とは全く独立」し、その機能は行政官庁と補完し助け合う関係にあるものと位置づけた。[38]

だがそれは英米型の経済団体の組織様式の採用を意味しなかった。経済部門と専門的業種にもとづく企業の全体的な団体編成、地域的会議所の併存、団体組織への会員の加入強制、さらに団体組織とカルテルの併存など、『試案』の提言は、内容的にはナチス的な機構改造の方式に大きく重なり、昭和研究会がいかにナチス・ドイツの企業の団体編成の様式を参照し、その機能的な側面を事案の中に取りこんでいたかを示していた。

また経済新体制の問題が表面化した一九四〇年八月に、昭和研究会事務局は『日本経済再編成試案』を作成した。(39) この文書は、企画院・美濃部洋次に関係する「国策研究会文書」の中にも含まれており、美濃部ら革新官僚が経済新体制構想にあたって、それを参考にした事情が推測されるのであるが、それもナチス的方式への批判的な検討にもとづいて構想されていた。

同案は「生産経済」の発展を日本経済の再編の最大の課題として捉え、その基礎的単位として、企業経営とそこにおける「経営」の側面を重視した。企業は私的利益の追求をめざす資本所有の機能と、経営活動がもつ「公的(社会的)機能」という二重の性質を有している。前者は資本所有と資本所有者(出資者・株主)の観点に対応し、後者は企業の経営機能の担い手たる経営担当者の活動と結びついている。そして両者は分離し、矛盾している。今日必要なことは、前者における私的利益の「専恣的追求」を「統制」し、後者の経営機能を十分に発揮させることである。それはいかにして可能か。

『日本経済再編成試案』は経営機能の「自力発揮」のためには新しい要因が必要であると考え、この「新な動因」が、ドイツではナチスの指導者原理にあると認めた。この原理は民族社会主義の「精神」と不可欠の関係にあり、ドイツではそれを備えた「産業指導者」による「ナチス的原理」にもとづく経営指導が経営機能の発現の「新な動因」を形づくっている。『試案』はこのように指導者原理をナチス的経済指導者によるナチス的世界観・ナチス的原理の実現を支える本質的な原理として認識し、それがナチス・ドイツの経営的発展を推進する要因となっているとみなした。だが『試案』はナチス的なこの指導者原理を日本には適用不可能と判断し、「わが国情に即した新な方式」の必要性を説く。

「ナチはかゝる動因として指導者原理を取り入れてゐる。ナチ的精神を体得した産業指導者がナチ的原理に準拠して経営機能を指導し、その機能を発揮せしめんとする体制である。併し、この指導者体制を採用することは我国では不可能であり、又決して適当でもない。我々はわが国情に即した新な方式を工夫すべきであり、またかゝる方式を創造することも出来ないではないのである。」

指導者原理に代わる日本式方式として考えられたのが広義の「給料方式」であった。すなわち企業の経営機能の担当者に公的人格を賦与し、職能的活動に対応した給料制度を設けることである。具体的には会社の社長・常務取締役の公共人化、資本所有者に対する「統制利潤」の確保と生産的経営の向上、経営者の能力と創意とその競争、国家的責任の下での協調、全従業員の職能化・公共的立場の自覚、技術の解放、などがそれであった。このような観点が企画院の当初の経済新体制構想に影響を与えることになったのである。

四　企画院・革新官僚とナチス政策思想

(1)　企画院におけるナチス・ドイツ分析

戦争のための「人的」及び「物的」な国家的動員とその準備体制に関する政府の検討は、とくに資源局を中心に進められてきた(本書Ⅳ参照)。国家的な経済統制は、日中戦争前後の時期の日本政府が直面する最も重要な課題となっていた。そのような戦争準備的な経済体制確立のための中枢機関として一九三七年に第一次近衛内閣の下で企画院が発足し(資源局はその中に吸収された)、翌三八年に国家総動員法が制定され、国家的経済統制のための法的基礎がつくり出された。その同じ年に企画院所属スタッフは『世界計画経済』(河出書房)全六巻(うち第四巻は三九年刊行)を公にする。第一巻は『ドイツ計画経済』で福田喜東(調査部)が執筆し、第二巻イタリアは内田源兵衛(総務部)、第三巻ソ連(ソヴェト)は直井武夫(調査部)、第四巻フランスは同じ福田喜東、第五巻イギリスは岡倉古志郎(財務部)、第六巻アメリカは玉城肇(内政部)がそれぞれ担当し、書物の題名はドイツと同様各国名に「計画経済」が付せられた。「計画経済」の語は、標題が示すように社会主義的な計画経済だけを意味するのではなく、主要諸国における経済に対する国家的な統制ないし計画という広い概念として用いられていた。アメリカの場合はNIRA(全国産業復興法)によるニューディールが計画経済とされた。第一次大戦期に始まり、世界恐慌を経てブロック経済化と再軍備にいたる約二〇年の世界経済の動向を、彼らは諸国民経済のそのような意味での「計画経済化」と「統制経済化」として捉えたのである。

戦争―恐慌―再軍備のコースの中で示される経済の国家的統制は、社会主義的なソ連型、「持たざる国」のドイツ型・イタリア型、「持てる国」の典型イギリス型の三つに大きく区分された。資本主義的な「持たざる国」日本にとっては、社会主義的なソ連型はもとより、より自由主義的なイギリス型も適当でなく、資本主義的な「持たざる国」ドイツ型イタリア型こそが最も身近なモデルたりえた。『世界計画経済』の第一巻がドイツ、第二巻がイタリアであったのは決して偶然ではなかった。

一九三八年一月に刊行された企画院の雑誌『企画』は、英・独・仏・米・伊・ソ連を中心に各国の事情を詳細に分析している。最近の研究が主張するように、確かにソ連の計画経済は企画院にとって重要な研究対象に据えられており、第一巻五・六各号はじめこの国の国民経済計画の作成と運営機構が詳しく紹介されている。だが『企画』は、このソ連型の計画経済が「プロレタリア独裁」と「重要資源及生産手段の国有」にもとづいていることを重視する。ソ連型はまさにプロレタリアの独裁という「強大なる政治的経済的権力」を基礎として成り立つ国家的総動員体制と国民経済計画であった。ソ連の国民経済計画の作成方法・算出様式、その運営機構は、統制的政策の技術的手段として重要であり、企画院はそれに注目した。しかしその計画経済を可能にした「プロレタリア独裁」と「生産手段の国有」の条件が日本には欠如していた。

資本主義的な日本の「計画経済」にとって、ソ連型は国民経済計画の作成の技術的な面において重要なモデルとして参考になるとしても、国家的な経済統制を実際に遂行する際の現実的な枠組みの基本的なモデルにはなりえなかった。それに対して資本主義的な体制を前提にした欧米、とくに「持たざる国」として同じような条件を備えたドイツのそれこそがより身近な模範となりえたのである。こうして『企画』におけるドイツ分析は詳細を極めた。ナチス・ドイツの第一次、ついで第二次四カ年計画、価格政策、労働政策、国策会社、道路政策、戦時動員体制、食糧政策等々が企画院の重要な研究対象とされることになったのである。

『企画』でのドイツ紹介・翻訳に最も多く関与したのは企画院の調査官菊池春雄であった。彼は『ナチス戦時経済体制研究』(一九四〇年)、続いて『ナチス労務動員体制研究』(一九四一年)を公にするが、それらは企画院での調査を土台にしていたといえる。両著書共にその分析は同時代の欧米の類書に比して遜色がなく、当時の企画院のナチス・ドイツ認識が、時代的な制約はあるとしても、かなり高い水準にあったことを示していた。

企画院の調査研究の目的は、戦時だけでなく、平時における綜合的国力の拡充・運用に関する企画、国家総動員計画の設定・遂行に関する各庁事務の調整・統一にあったが(40)、総力戦を予想しつつ平時から戦時への経済体制の転換を国防経済体制として確立しようとするナチス・ドイツの事例は、上の目的に最もよく適合するものであった。一九三三年ナチス政権掌握以降、第二次四カ年計画から第二次大戦にいたるこのナチス・ドイツの経過を、企画院随一のドイツ専門家、菊池春雄は、まさに国家総力を国防目的に動員する国防経済体制の確立として特徴づけた。ドイツにおいては「軍事動員」に先行して「経済動員」の体制が整備されていたこと、平時経済から総力戦(戦時)への転換を準備する独自な段階としての「国防経済」の体制が存在したことを菊池は重視する。「近代国家総力戦の遂行に即した所謂国防国家機構が、開戦までの数年間の準備期間中に、高度に具現化されてゐた」のである。(41)

菊池のこの認識は、資源局、ついで企画院での調査・研究にもとづくものであり、ナチス的な国防・戦時経済に関する菊池の分析は、企画院の他のメンバーにも多分に共有されたものと推測できる。

(2)　美濃部洋次の準戦時経済体制論と経済新体制論

(i)　準戦時経済体制論

企画院において経済新体制を構想した革新的官僚の中で美濃部洋次（一九〇〇―五三年）は、毛里英於菟・迫水久常らと共に、最も重要な役割を担ったといわれる。(42)それでは美濃部洋次らの経済新体制構想は、ナチス・ドイツの「新体制」とどのような関係にあったのだろうか。

美濃部は、経済新体制が本格的に問題になる前、日中戦争勃発の翌年の一九三八年に、論文「工業政策の日本的転換」(43)を発表していた。彼はその中で日本の資本主義的発展の特質を示すとともに、現今の世界状況が「国防の整備・充実」に向いつつある事実を指摘し、重工業を中心とする産業の再編成の必要性を強調する。その際に美濃部が重視したのは総力戦そのものではなく、その到来を考慮した戦争準備の独自の体制、すなわち「準戦時体制経済」であった。彼は「準戦時体制」を「平時経済」とはもちろん、「戦時体制」とも区別して次のように述べる。準戦時体制も戦時体制も、国防が中心でそれへの対応としての計画的経済政策の遂行という点では共通しているが、しかし前者の「準戦時体制」はあくまでも戦時を目標とした準備体制であり、後者の「戦時体制」は戦時自体における経済政策である点で根本的に異なる。日本においては準戦時体制への転換がまだ十分でない時に日中戦争が勃発し戦時経済への転向を加速し、統制強化の重圧を大きくしてしまった、と。

このように美濃部は平時経済から戦争経済への直接的移行ではなく、戦争(総力戦)を予定しつつ準備を整える独自な経済体制、すなわち準戦時体制経済を重視していた。この体制は経済全般にわたって「国防の整備充実」を目的とし、計画的な生産力拡充の遂行を中心とする「計画的統制」の段階であり、「平時経済の戦時経済化」を意味する、と美濃部は述べている。この準戦時体制が、当時国防経済体制とも呼ばれていたことは前述の通りである。それは一九三六年前後からナチス・ドイツで活発に議論されたいわゆるWehrwirtschaftに対応する概念であり、四カ年計画を背景とするドイツのこの議論はとくに日満財政経済研究会において調査され、検討されていたことは前章で見た。その成果は同会によって冊子として関係者に配布されており、美濃部の立論もこのナチス的な国防・準戦経済体制論に依拠していたものと推測することができる。(44)

美濃部はこの理論を現実の世界的状況に関連づける。各国における「自国中心」の政策と「国家主義的経済政策」の採用を、彼は第一次大戦後の世界的動向として捉え、それが各国における「軍備の拡充」・「国防の充実」と結びつき、「高度の統制経済化」をつくり出していると考える。それはソ連の五カ年計画やナチス・ドイツの四カ年計画が示すように、重工業の確立、重工業中心の国内産業再編成を要請する、と。

美濃部はこの準戦時体制・国防経済体制の確立が自由主義的資本主義からの転換を不可避にしていると指摘する。「かゝる産業の再編成を企画するに当つては、従来の自由主義を基調とせる資本主義的発展に之を放任することによつては到底その目的の達成を所期することを得ないのである。世界大戦はこの点に於て従来の戦争の概念に革命的変革を与へたものと云ひ得るので、所謂兵器材を中心とする近代戦にあつては戦争は厖大なる軍需資材を要求し、平時に於てこの需要に応ずる軍需工業の確立なくしては戦争の遂行を不可能とするものであることを教へた。しかも平、戦両時に於けるこの軍需の著大なる不均衡を認識しつゝ尚且つ国内産業の平時より戦時への転換を円滑ならしむ為には、どうしても平時経済の戦時経済化を為す事を要するのであつて、この点に関しては欧州大戦に於て苦い経験をなしたる世界各国の夫々痛感せるところである。」

日本の場合――美濃部は述べる――資本主義の発展が当初から遅れ、「発展の後進性と原料資源の欠乏」という矛盾を内蔵しているので、そのために統制の強化と「全工業の構成的変革」によって「将来戦争に対する産業的準備」を充実しなければならない。こうして「従来の自由主義を基調とする資本主義経済はここに漸く止揚せられ、国家を中心とする全体主義的統制経済への転換」を見るにいたり、従来の工業政策も一変して、「工業の国家管理的色彩を帯びる」にいたった。

以上のように美濃部洋次の観点は将来の戦争に対する準備的体制の確立・強化にあり、その準備的体制が整っていない状況での日中戦争開始は「戦時経済への転向」を急激ならしめ、統制強化を重圧的に大きくした、と考えた。経済新体制はこのような世界的状況の認識と、準戦時経済体制の戦時経済への移行の不可避性の観点から構想された(45)。そのために自由主義的な資本主義の止揚と国家中心の全体主義的な(従ってドイツ型の)統制経済への転換が要請されたのである。

(ii) 経済新体制論とナチス理解

この論文の二年後、第二次近衛内閣の下で新体制問題が表面化する。美濃部らによる経済新体制構想は、財界からの激しい反対に遭遇した。一九四〇年一二月初めに近衛首相に手交された財界七団体の「経済新体制に関する意見書」は、革新官僚の構想が経済を混乱に導きかねないこと、経済のことは経済界に委ねるべきで、政府は統制を是正すべきであること、利潤追求は企業発展の根源であり、その規制は企業を萎縮させせかねないことを主張した。企画院の構想は営利原則を否定するあたかも社会主義的な方向性をもつものとして受け止められた。一九四〇年一二月の経済新体制確立要綱の決定直後、美濃部は経済界の批判に対して、論文「経済新体制管見」(46)を公にし、自らの見解を次のように表明して、財界の「意見書」の「誤解」に反論した。

(1)経済新体制の確立の主張の最大の理由は、財界の「意見書」の指摘する「皇国の安危存亡の岐るゝ難局」に対処するためであって、決して「革新の為に革新を為さん」とするものではない。経済新体制が「国民経済の計画性の確立」・「国家総力の最高能率の発揮による生産の増強」を要請するのもそのためである。

(2)しかし国民経済の計画性の確立のためには「自由主義経済の機構による自由主義的経済運営」をもってしては不可能であり、その改革が必要となる。それは「自由主義経済の弊を矯める」ことだけを目的とするのでは決してない。「戦争の必要に基き国民経済の運営を綜合計画的ならしめざるべからざる必要に、自由主義経済の機構並に運営が適合せざるものなり」と指摘しているのである。経済新体制の確立が必要とされるのはこのためである。

(3)利潤の問題に関しても同様であり、「我々としてもいさゝかも利潤それ自体を否定する意思はないのである」と強調する。しかし公益なくしては私益もない。従って「公私一如」の理念をもって「営利心の純化」を唱道しようとしているだけである。

(4)財界の「意見書」はドイツを模範とすべきことを主張している。しかしそのドイツこそ「公益優先」を最も強調している点に注意すべきである。ナチス党綱領第一〇条がそれである。そこには「すべての独逸国民の第一の義務は精神的若しくは物質的に創造することでなければならぬ。個人の活動は公益に抵触するを許されず、全体の框内で且つ万人の利益のために行はねばならぬ」と明記されている。さらに第一八条は「吾々はその活動によつて公益を害する者に対する顧慮するところなき闘争を要求する」と宣言している。[47] ナチス・ドイツを模範にする財界はこのことを同時に考慮すべきである。

経済新体制に関する美濃部のこの見解⑴―⑶は、新体制が問題となる前の一九三八年論文の趣旨と軌を一にしている。世界的な軍拡の状況の認識、Wehrwirtschaft 論にもとづく準戦経済・国防経済体制の確立の要請→重工業中心の国民経済再編成の必要性→自由主義的政策の改革の不可避性、という観点は、新体制問題以前からの、そして新体制を要請する美濃部の基本的な構想であった。それは利潤原理を、従って資本主義を何ら否定するものではなかった。ただそのような必要と目的のために「私益」に対して「公益優先」が考慮されねばならない。この決定的な点において⑷のようにナチス・ドイツの公益優先原則が引用され、財界に対する反論の論拠として採用された。美濃部の経済新体制論は、公益は私益に優先するというナチズムの経済思想の根本原理の認識と、同じくナチス・ドイツ的な準戦(時)経済論・国防経済体制論(経済力拡充・経済統制論)とを背景にもっていたのである。

ところでナチズムの公益優先原則は、当初、自由主義的な営利至上主義への批判、利子隷属制の打破や不労所得排除など、資本主義的営利原則の批判と修正の方向性をその中に含んでいた。それはナチズム(民族社会主義)における「社会主義」的な要素を意味しており、この「反資本主義的」要素はとくにナチス党綱領第一一条利子隷属制打破の要求に表現されていた。だが美濃部はこの一一条を自らの観点から全面的に排除した。彼の新体制論は、自由主義経済や資本主義の一般的な欠陥(「弊」)の除去をめざすものでは決してなく、従って「反資本主義的」な性格をもった「国家社会主義」・「国民社会主義」を指向するものでは全くなかったのである。彼の構想は、日中戦争の遂行という「時局的」要請と、予想される総力的な戦争の準備・国防経済体制と戦争経済体制への移行をめざす、中期的な政策を超えるものではなかった。だがこのことはナチス・ドイツの経済政策思想からの乖離を決して意味しない。ナチスは、とくに政権掌握後は、上述のように「反資本主義的」な側面を大幅に修正し、後退させていたからである。美濃部の経済新体制論は、ナチス・ドイツの「新体制」の現実に関する適正な認識にもとづいて構成されていたといえる。

同様のことは経済新体制の具体化のための企業体制・経済団体組織化に関する彼の基本的観点についても該当する。企業体制に関して財界は「民営自主」を強調した。これに対して美濃部はそれに反対するどころか「寧ろ我々の最も希望せんとするところ」と応じる。彼にとって社会主義的体制を前提とするソ連型の計画経済は、資本主義経済を土台とする日本の統制経済の原理とはなりえなかった。戦争経済体制確立のためには民間企業側の協力は不可欠であり、「民営自主」を前提にした「官民協力」こそが唯一可能な方式であった。

「民間の経営を排除し官自ら経営を為さんとするが如きは現下の如き時局に於て最も避くべきであることは当然」である。官民対立の現状を是正し「官民一致」して「非常時に於ける国家経済」の運営がなされねばならない。美濃部は述べる(48)。「要は各個の経済が各々国民経済の構成部分たることを自覚し、国家経済運営の綜合計画の下にその部分担当者として国家目的にその経営を帰一せしめ、その職分に精進すると共に、政府も亦その職分及責任を自覚し「専ら綜合的見地に立ちて指導監督を為すと同時に、各業種別又は物資別経済団体間の調整の任に当る」、べきである。」

こうして業種別・物資別の経済団体の組織化と調整、「指導者原理」の確立が必要となる。「民営自主」・「官民協力」、経済人による国家的利益の自覚、その具体化のための経済団体の組織化と指導者原理のモデルは、社会主義的なソ連でも、自由主義的な英米でもなく、まさに、ナチス・ドイツの現実が提供していた。ドイツの Wirtschafts-gruppe に近い産業部門別の経済団体の組織化(→重要産業における統制会)は、公益優先原則と民営自主原理とを結合させ、指導者原理によって媒介する方式として、戦時統制経済を支える基軸の役割を与えられる。だがその指導者原理の実現を可能にする権力的体制のあり方が日本とドイツとでは大きく異なっていた。その点については後に述べよう。

(3)　革新官僚と公益優先原則・営利原則

美濃部のこの考え方は他の革新官僚に共有された。一九四一年一月の『実業之日本』(新年特大号)は、美濃部洋次と毛里英於菟・迫水久常・柏原兵太郎ら四人の中心的革新官僚による「新体制を語る座談会」を掲載している。その中で「公益優先」の原則を「私益」の否定ないし所有権の否定、それ故に「赤」とする「民間」の一部の考え方が批判される。美濃部は「公益優先といふことは、決して私益を否定してゐるのぢやない」と述べ、その公益優先について「公益優先といふ言葉は、ドイツから来た言葉」であると指摘し、そのドイツでは「公益を離れて私益はない」と解釈している、と説明する。

この座談会において毛里は、日本の革新官僚をドイツの「シャハト」(一九三四―三七年ライヒスバンク総裁・経済相)に重ね合わせる。毛里は「計画経済」について「計画経済といふものは、自由主義経済にそのまゝ生のまゝで直接対立するものではない」と述べ、「だからいはゆる自由主義経済そのものを、論理的に否定しては成立たぬ。一応ありのまゝに肯定して、多元的な要素を把握して、それを綜合化して持つて行く。かういふ感覚も官僚として持つて行かなければならない」と主張する。毛里も資本主義的な営利活動を前提にし、それを全体主義的にとり込む改革を考えていたのである。

また「利潤」追求に関して迫水久常(一九〇二―七七年)も次のように説明し、経済界の誤解を批判している。「もう一つ利潤といふものが否定されるのぢやないかと云ふことですが、吾々は利潤追求否定といふ言葉を或る場合に使つた、ところがその利潤追求否定の追求といふ字を落としていきなり利潤否定といふ風に解釈されてゐるらしい、これも世間の一つの大きな誤解ですね。これに対しては私は利潤といふものを否定した場合には、これは拡大再生産といふものは出来ない。貨幣経済の下に於ては利潤の存在といふことが拡大再生産といふことの具体的の表はれなんですね。」生産拡充が要請されている今、拡大再生産は当面の課題であり、利潤を否定するということは理屈からいってても決してない。ただ「飽くなき利潤を追求して、その為めに国家目的に反するやうなことになる」のがいけないのだ、と。(49)

営利原則は否定されず、戦時経済→生産拡充→拡大再生産の必要性のために、それはむしろ前提とされねばならない。しかし公益に反する「飽くなき」利潤追求は排除される。美濃部は主張する。「利潤の問題も、今迫水君がいひましたやうに経営利潤といひますか、生産利潤といひますか、さういふものは寧ろ否定しようとは吾々は思はない、寧ろそれを生むといふことが、国家目的でもあると思ふ。」美濃部が批判するのは「投機的な利潤」と「独占的の利潤」であった。(50)

美濃部は次のようにも述べる。(51)「計画経済それ自体が決して利潤を否定するものでなく、生産力の拡充即ち拡大再生産の基礎となるものは生産より生ずる利潤に外ならない。従つて生産より生ずる利潤を否定することは、生産力の拡充それ自体をも否定することになるから、斯くては国富の増強も期待することは不可能である。ただ、国民経済が綜合的一体となり綜合的計画に基いて運営される場合に、その秩序を紊り、延いてはその運営全般を破壊するの虞《おそれ》ある投機的乃至独占的利潤の発生は厳にこれを防止せよと主張するに過ぎない。」「利己主義的利潤追求」の排除や戦時利得の没収などのナチス的な要求が形を変えて提示されているといってよいだろう。

(4)　配当制限問題とナチス配当制限法

国家総動員法第一一条にもとづいて公布された会社利益配当及資金融通令は一九三九年四月に施行された後、同年一二月に改正され、その後会社経理統制令等に吸収された。この法令により会社の利益配当が制限されることになると、財界がこれを「企業精神」の無視として激しく反対したことは先行研究が明らかにしたところである。

会社経理統制令における利益配当の統制は、本来企業の資金の蓄積と経営の堅実化、また消費購買力の抑制や、商品原価の高騰の防止をめざすものであった。それにより企業における利益の内部留保を拡大し、自己資金による金融能力を強化する役割が期待された。配当制限のこの政策立案に関与した中心人物は迫水久常であった。彼は先の座談会で、配当制限が利潤原則を決して否定するものではなく、逆に企業の内部留保の拡大と生産拡大を促進し、それが会社の利益を増大させるばかりでなく、同時に国民経済の生産力拡大という公益にも結びつく点を強調した(52)。

迫水らのこの措置は、ナチス・ドイツの配当制限政策に相応するものであった。政権掌握後間もない一九三四年、ナチスは資本投下法を、続いてその改正法、「利益配当制限法」(Gesetz über die Gewinnverteilung bei Kapitalgesellschaften)を公布する。この法律は、別名の国債蓄蔵法の通り、本来は失業救済等により窮迫した財政のための公債の消化を目的とするものであった。優良会社の利益の剰余はこの立法により強制的に国債に投資するように仕向けられたのである。

ナチスのこの配当制限法は日本においても早くから注目されており、広田弘毅内閣の時期には議会においても議論の対象とされた。株式会社の高率配当が社会問題となっていた二・二六事件当時の日本では、ドイツのこの立法はむしろより多く資本主義的営利活動へのナチス的な国家的統制として受け止められた。この問題に関する専門家、長谷川安兵衛(早大教授)も、ドイツの配当制限のこの立法をナチス的な公益優先原則に結びつけてこう理解した。[53]「ただナチス統制経済の指導原理は、従来動《やや》もすれば私益のためには公益を無視することをも敢て辞せないといふ歪める資本家的精神に対し「公益は私益に先んずる」ことを強調し、企業方針並に経営の原則を公益におくといふ指導原理を確立したるにある。(中略)その結果は私益が公益に先立つものであり、従つて経済社会に見逃し得ない弊害があるならば強力な国家権力を侵入せしめ、その弊害を艾除《がいじょ》することは当然となるのである。」

迫水らの官僚は、ナチス的なこの政策を国家的な利潤統制という側面より、資本主義的な企業経営の合理化の手段として捉え、戦争経済体制のための生産力拡充の条件として認識し、それ故に公益に結びつくものと考えた。公債消化という技術的な性格を備えたナチス・ドイツの配当制限法は、日本の革新官僚によって、同じく技術的ではあるが、生産力拡充という戦時経済政策上の観点から注目され、その手段として活用された。これに対して財界は、配当制限をもっぱら公益優先原則の観点に立った国家的な営利統制と見て、自由主義的な営利原則の否定につながる措置として捉えたのである。

確かに配当制限は理論的には国家的な利潤統制を意味しており、また先に見たヒトラーの労働者向けの演説に示されるように、それを不労所得批判として理解させる余地も残っていた。しかも日本では当時、利潤第一主義に対して生産的活動を重視し、その観点から国民経済を合理的に再編成すべきであるという笠信太郎らの見解が提示され、人々の強い関心を惹きつけていた。この問題は株式会社の株主の配当利益と企業の経営活動との関係、資本(株式)所有と経営との関係に関連してこざるをえない。そのような中で経済新体制の構想に際して革新官僚が会社企業の所有・経営の分離を提起するに及び、この配当制限立法は、所有・経営分離論と結びつけられ、配当の利子化、資本主義的な営利原則への国家的な介入として受け止められたのである。こうしてこの問題は革新官僚と財界との対立の焦

点を形づくることになった。(54)

五　財界のナチス・ドイツ認識と独自な受容

経済新体制問題をめぐる論議に際して財界が企画院・革新官僚の構想を「赤」として攻撃したことは周知の通りで、それは経済界の反マルクス主義の立場を端的に表現するものであった。そもそも財界は、マルクス主義に対してばかりでなく、資本主義的な営利原則に対する国家的な規制のいかなる形態に対しても反発した。従ってそのような営利の抑制を党の綱領において標榜するナチスの民族社会主義(国民社会主義・国家社会主義)に対しても、財界の警戒心は強く、これに対して批判的な立場をとり続けてきた。それでは「国家社会主義イデオロギー」に対する財界の反発は、そのまま反ナチズムないし反ファシズムを意味したのだろうか。決してそうではなかった。では日本の経済界はナチス・ドイツの政策思想をいかに捉え、あるいは受け止めていたのだろうか。

(1)　商工会議所中心の機構改革構想

一九三八年、商工省は日本商工会議所に対して「経済会議所法案(未定稿)」なるものを内示した。それは従来の商工会議所に代えてより広範な機能を備えた「経済会議所」を構想したものであった。(55)これに対して日本商工会議所側は自らの改革案を提案する。松井春生案、ついで作成された伍堂卓雄案がそれであった。

理事松井春生の商工会議所改革案は、商工会議所が単なる建議機関としてばかりでなく、国家的な経済政策の樹立に積極的に参画し、民間側意向の代弁者となること、さらに行政事務の一部をも代行し、政府の外郭機関として政府・民間経済界との架橋を行うことを求めたものであった。

続いて発表された会頭伍堂卓雄の日本商工会議所改革案は、松井の上の構想に加えて、商工会議所に対して商工業に関する各種組合や団体の連絡・協調・統制をはかる権限を与え、業種別・全国的商工団体をその組織に加えることを提案するもので、商工会議所に経済中枢団体としての実質を与える内容となっていた。(56)

商工会議所の改革と経済団体再編成による経済中枢団体に関する松井や伍堂の構想は、同じ時期に準備され、刊行された『新独逸国家大系』における先のナチス・ドイツ評価と密接な関連を有していた。伍堂は同じ頃、日独間の事情の「酷似」を指摘しつつ、こう語っていた。(57)「ドイツの統制経済が今日円滑に運用されつゝある実例に鑑みることは、わが国統制経済の運用に当り其の動向を察知し、過不足を補整するに極めて便利であると考へる」、と。

彼らはナチス・ドイツの経済統制と経済団体の自治にもとづく経済の有機的編成と商工会議所の改造に注目したのである。当時『新独逸国家大系』「経済篇」の関連部分の訳出に携わっていた風早八十二は、この伍堂案が「一層徹底せるナチス型の職分団的産業自治団体の編成案」であると指摘し、「日商は伍堂会頭を媒介としてハッキリとナチス型産業団体再編成案にサインした」と批判した。(58)

松井らは、ナチス・ドイツの経済体制の土台がドイツ経済有機的構成準備法と商工会議所令(一九三四年八月)にあり、経済統制にとって経済団体の再編成が著しく重要であることを認め、日本での経済団体再編構想にナチス的方式を採用した。その際の彼らのナチス体制理解は、昭和研究会のそれとは異なっていた。昭和研究会は、ナチス・ドイツの経済組織の原理を強力な国家的統制として認識していたのに対して、彼らはそれを経済団体の自治的組織の側面に力点を置いて捉えていた。先に見たようにナチス・ドイツの政策・制度は二つの方向性を内包していた。企業や経済団体のイニシアチヴと自主性の重視と、「上から」の統制及びそれと結びつく指導者原則という二元性である。昭和研究会は後者をナチス的特質として捉え、これを否定的に評価した。これに対して、伍堂・松井は逆に前者の要素をナチス・ドイツの方向性として捉え、この観点を肯定的に受け止め、自らの商工会議所改革構想の基礎に据えたのであった。だが彼らの構想はナチスの場合と次の点で異なっていた。

ナチス・ドイツの有機的な経済構成は、産業部門ごとの全国的・地域的な団体的編成と、諸部門からなる地域的組織としての商工会議所の全国的な編成という二重の構成原理に立脚していた。伍堂・松井らの構想は後者の系統を支柱にして、前者をそれに包摂するという商工会議所重点主義の立場をとっていた。それは産業部門別の組織化、とくにカルテル的組織を軸とした経済組織化を主張する主流の日本経済連盟会の立場と異なっており、むしろそれに対抗しようとする構想であった。

商工会議所はもともと各地の地域経済と結びつき、地域の各種の中小規模の商工業を重要な要素として包摂していた。それらは重要産業に足場を置いた大企業の業種にもとづく組織、ことに全国的な団体やカルテルと利害をしばしば異にした。戦時経済体制への移行とともに、地域の商工業者にとって死活問題である原料割当、生産統制、物資配給、輸出入統制、価格統制、交通調整は、直接業者の団体であるカルテルや商工業・貿易の各組合の担当するところとなり、商工会議所の関与する余地は著しく狭められるにいたったからである(59)。

たとえば、一九三九年一一月二五日に日本経済連盟会が村瀬商工次官等商工省高官を招いて開催した時局経済懇談会・常任委員会において、商工省側に提示された「経済統制に関する当業者の苦情並に改善意見要旨」の中には、「有力な大業者」と「微力の中小業者」の力の関係から不公平が生じている欠陥を指摘する苦情が含まれていたという。そこには大阪や名古屋など地方業界の中小企業の利害が反映されていたのであった(60)。

伍堂・松井らの日本商工会議所改革構想は、このような地方の利害、中小企業の利害を背景にして、地方の横の経済的関連を土台とし、団体自治主義を原則としつつ、あえて政策過程へ積極的に参画し、行政事務を代行することによって商工会議所の権限を拡大し、地方的利害のための基盤の確保をはかろうとしたものであった。それは同時に重要産業の大企業を背景とする日本経済連盟会の主要カルテル組織の強化、縦の産業別の組織化とそれにもとづく従来型の「自治統制」の方向に対抗する路線であったということができる。

ナチス・ドイツの経済有機的構成準備法や商工会議所令が、一方では団体自治主義を認めつつ、他方で「商工業の全体的利益」・「国家的利益」を重視し、その観点から指導者原理を提示していたことは当時の人々の知るところであり、伍堂・松井の構想は、それを参考にしつつ、一方では団体自治主義を主張しながら、他方では国家的な統制への対応を不可避と考え、それを容認し、むしろ利用しつつ、大企業中心のカルテル的な「自治統制」の方向に対抗し、逆にそれを自らの体制に包摂しようとしたのである。それは企画院を中心とする官民協力による戦時経済体制確立の構想に下から呼応していくものであった。風早八十二が指摘したようにそれは「ナチス型の職分団的産業自治団体の編成案」にもとづいていた。だが地域経済に足場を置いた中小企業の利害をも包摂し「国民経済的」にそれらを編成しようとする方向性においては、中小企業を含めた中間的社会層を重要な支柱にするナチズムと共通する特質を有していたことがわかる。『経済団体連合会前史』は、この動きをそれに対抗する日本経済連盟会の観点に立って、次のように分析している。(61)

「このように、中小企業の中には、自治統制の名のもとに大企業に引きずられるよりは、むしろ官治統制を望む声も現実に存在したのであって、これが民間業界の足並みの不揃いとなり、ひいては革新的な軍部、官僚の立場を利することとなった。このような事実もまた、後に重要産業統制団体懇談会という別働組織を必要とするようになった背景の一つである。」

大企業に基礎をおく日本経済連盟会は、当然のごとく商工会議所を軸とする経済団体の統制的組織化に反発する。伍堂らの構想に対して、日本経済連盟会の理事高島誠一は時期尚早論をもって直ちに反論する。こうして伍堂案は自治統制、カルテル的組織化を主張する財界の最有力団体・日本経済連盟会の反対によって挫折する。

(2)　日本経済連盟会・重要産業統制団体懇談会とナチズム

(i)「民間経済新体制要綱(参考案)」と公益優先原則

日本経済連盟会の中に、戦時統制経済に対してより積極的に対応し、政府の政策形成に参画しようとする動きが台頭してくるのは一九三〇年代の終わりの時期であった。経済統制に関する日本経済連盟会の検討は一九四〇年に入って時局対策委員会を中心に開始され、六月には「産業統制機構改善に関する緊急対策意見」が作成され、政府に提出された。その中に「民間経済統制機構の整備」の考えが盛りこまれたのである。それは民間経済団体の整理統合とその自治統制機構の強化・充実、主要産業相互間の連絡緊密化のための主要産業統制団体協議会の設置を構想するもので、八月に発足した重要産業統制団体懇談会はその構想にもとづくものであった。そこにすでに後の「統制会」の思想が芽ばえていたのである。[62]

鉄鋼・石炭・海運等の重要産業のリーダーを中心とする重要産業統制団体懇談会[63](以下、重産懇と略す)は、八月に発足すると直ちに財界側の経済新体制の構想に取り組み、九月に「民間経済新体制要綱(参考案)」を作成し、これを経済界各方面に提示した。その同意を得た上で財界の要望として政府に建議する方針であった。この案はまさに財界の新体制構想の基本的な立場を示すものであったが、同案の「経済新体制の基本原則」の冒頭において提起された原則は次の通りであった。[64]

「我国産業が高度国防経済の建設を目標とし、熱烈なる国家意識を以て、公益優先の原則に立ち自発且つ自律的に官民一体となつて、経済国策の樹立及び遂行に邁進すべき体制を整ふること」(傍点は引用者)。「公益優先の原則」に立って「自発且つ自律的」に「官民一体」となって経済国策の樹立と遂行に進むというこの基本原則は、まさにナチス的経済思想の基本線と一致し、革新官僚の構想とも重なる。

さらに「基本原則」は、次のように主張する。「生産を本意とし、営利偏重の弊を除き、企業及び組織をして敢然と国家的立場よりする生産増強に精進せしむること。之が為には個々の企業に対する行政官庁の干渉を強化するといふ方法よりも、産業別並に業種別団体の公益的性格を育成し、其の首脳部の経営指導に関する権能を強化するといふ方法によつて之を行ふこと。」――生産本位、営利偏重の弊の除去、国家的立場に立った生産増強、産業別・業種別団体の公益性の育成、その首脳部による経営指導権能の強化など、いずれの原則もナチス・ドイツの経済政策思想と大きく重複するものであった(65)。

(ii)　重要産業統制団体懇談会書記長、帆足計のナチス・ドイツ認識

重産懇のこの方針は、その後の財界の動向に複雑な影響を及ぼすことになるが、この「民間経済新体制要綱(参考案)」の原案を作成したのが書記長の帆足計(一九〇五―八九年)であった。彼は、重産懇の後続の組織・重要産業統制団体協議会でも書記長として活躍するのであるが、その彼が、一九四一年の自著の中で記した考えは(66)、自らが原案を練り上げた、この「民間経済新体制要綱(参考案)」の基礎にある観点を示すものであった。

帆足はその中で日本固有の経済的条件を重視する立場に立ってナチス・ドイツ方式の安直な導入を批判するのであるが、しかし同時に「ナチス・ドイツの統制経済機構に学ぶべき多くのものをもつ」とし、ナチスの経済統制の独自な方式に注目する。彼は経済統制の方式として、民間創意を活用した企業側の責任と組織にもとづく欧米型を肯定し、ナチスがこの方式を戦時産業動員のために最もよく活用していると評価する。帆足はこの統制方式がドイツでは「計画経済」と区別して「経済指導」〔Wirtschaftslenkung〕と呼ばれていることを重視して、その意味を次のように説明する。

ナチスのいう「経済指導」の意味は、自由経済の長所である個人の創意、実業家の工夫心、発明心を活用し、官庁がこれに干渉を加えることなく、政府は大局的見地から国民経済を合理的な軌道に向けて指導していこうとするものである。ナチスが「計画経済」という言葉を避けているのは、「計画経済」が「赤」であるというような単純な理由からではない。それは「計画経済」という言葉が、ドイツでは、ナチスの政敵・社会民主党が好んで使用したという伝統があり、またこの用語が官庁の机上プランを民間に押しつけるといったような響きをもつことを嫌ったからである。こうして「「経済指導」といふ魅力あり、且つ含蓄のある表現」が用いられているのだ、と。

帆足は閣議決定された経済新体制確立要綱の趣旨をこのナチス的な「経済指導」に結びつけて理解する。それは「今後我国産業統制の嚮《むか》ふべき方針」を規定したものであり、統制方式の原則として、民間の創意を尊重しその協力の下にやっていく方式を採ることを明らかにした点において、まさに「画期的」なものである、と。

ナチズムを個人的創意重視の統制経済とする帆足の理解は、一方では公益優先原則を承認しつつ、他方では国家的官僚的な統制に対して、企業側の自主的活動の最大限の余地を求める先の財界の民間経済新体制要綱案の観点に符合する。ナチス・ドイツの経済政策思想は、先に見たように個人的なイニシアチヴ、その創意と責任を基本原理の一つの柱としており、帆足の理解はこの側面を強調することによって国家的統制へ対応しようとしたものであり、ナチズム受容の財界的方式を最もよく表現するものであった。

ナチス思想の基本原則をなすいわゆる指導者原理もそのような観点から受け止められる。公益的な要請と個人的自主性とを媒介し結合させるのは統制的な経済団体であるが、国家的要請を自主的に受け止め伝える原理としてこの指導者原理が必要となる。この点に関して帆足は、その重要性を認識しつつ、これを国家的統制の側面から捉えるのではなく、逆にそれがもたらす「弊害を匡正」する方法として理解し、その面から受容する。それが単なる「模倣」と区別される、適切なナチズムの受容の方式なのであった。彼は述べる(67)。

「指導者原理を加味するといふことは単なるナチズムの模倣なのではなくて、自由経済における長所を異る形において統制経済の中に取入れ、統制経済に伴ふ弱点をこれによつて匡正しようといふのである。即ち個人の創意を尊重してその指導に委ね、同時に必要にして適切なる権限をこれに附与し、さらにそれについての責任の帰属を明にすること、このやうな諸要因を加味することによつて、やゝもすれば統制経済の陥りがちな官僚化の弊を防止しようといふのが「指導者原理」の狙ひどころなのである。」

一方で個人(企業・経営)の創意・責任を重視しつつ、他方で資材・労働力の国家的な重点的配分のための統制を担うには、指導者となる実業家の資質や能力が重要な意味をもってくる。だが、先進的なドイツに対比した場合、日本では「一身に技術力と組織力と徳望とを兼ね備へたところのフユーラー」が乏しい。そこで統制会の会長を補助するためのブレーン・トラストとともに、産業界内部における指導者の養成が不可欠である。帆足はこのように主張する。

それでは彼のこのようなナチス・ドイツ認識と、財界的なナチス的政策の受容は何にもとづいていたか。それはナチス・ドイツから派遣されて当時日本に滞在していたドイツ経済使節団、「ドイツ経済統制の指導者」「エ・ヘルフリッヒ」(ドイツ経済使節団団長E・ヘルフェリヒ、以下ヘルフェリヒと表示)の日本経済連盟における講演であった(68)。帆足のナチス理解とナチズム受容は重要産業統制団体懇談会の、さらに日本経済連盟会の「新体制」構想を方向づけた。そうであるならばこのヘルフェリヒ講演は、日本の財界のナチス的方向を決める上で著しく重要な役割を果したということができる。この講演については後に見ることにしよう。

以上、帆足計のナチス政策思想の理解と受容について見たが、その際に彼は、ナチズムの受容に当っては、ナチズムの単なる「模倣」ではなく、ナチス・ドイツとは異なる日本の特殊性を考慮すべきことを繰り返し説いた。日本の重化学工業の後進性の問題がそれである。すなわち、ドイツの重化学工業はカルテル組織、技術的水準の点で先進的であり、国民経済が全体として高度な重工業段階に達していて、中小商工業・農業もそのような中に編成されているが、日本はその点ではるかに後進的であり、現在は重工業段階への過渡期にあって、中小商工業の整理・再編成の問題や農業問題に解決すべき点が多い。さらに国民性の点でも「誠忠愛国の精神においては世界無比」であるが、科学および組織的能力の点で立ち遅れている[69]、と。

日本の重化学工業の後進性の問題は、もとより帆足ひとりの特有な認識ではなく、すでに多くの論者によって指摘されてきたことであった。革新官僚・美濃部洋次も先の論文「工業政策の日本的転換」の中で日本における重化学工業の発展の遅れ、軽工業の比重の高さを強調していた。美濃部はまさにそのような後進性の故に国家的な統制政策の必要性とそれにもとづく工業の構成的変革の不可避性とを強調したのであったが、帆足は同じ問題を財界の自主性と主導性の必要性に結びつけ、その立場を堅持しつつ国家的統制に「協力」するという方式をもって対応したのである。ナチス・ドイツの経済政策や経済思想を日本がいかに導入し、利用するかという現実の問題は、ナチス・ドイツと日本との間の状況の共通性と、同時に両国間の経済発展の相違性についての認識を必要とした。

(3)　財界の経済新体制に関する「意見書」とナチス受容

(i)日本経済連盟会とドイツ経済使節団

財界はカルテル的な「自治統制」の観点を維持しつつ、しかも戦時経済・統制経済に対して積極的に対応していく方向を明らかにした。その中で財界はナチス・ドイツの現実の政策や思想の具体的な姿を知る必要に迫られた。統制経済の現実を知るドイツ人関係者を招き、講演会が催されることになった。

日本経済連盟会は、経済統制に関する検討を開始して間もない一九四〇年三月に、来日中のドイツ全国商業団体貿易部指導者、E・ヘルフェリヒを招き講演会を開催する。ヘルフェリヒは、国家国民党議員としてW・ラーテナウに対立した財政専門家カール・ヘルフェリヒ(ドイツ銀行理事、大蔵次官等歴任)の弟で、アジアを中心に活動してきたハンブルク出身の経済人であった。彼はヒトラーの権力掌握に際して協力しそれを助けた財界人のグループ、いわゆるケプラー・クライスの一人で、その後H・ヒムラーらの親衛隊(SS)友の会に参画していた。その彼が、独ソ不可侵条約(一九三九年)によって冷却していた日独間の関係の改善のためにドイツ政府によって派遣されていた。[70] 彼は日本の要人と精力的に接触し、日本経済連盟会会長の郷誠之助とも懇意になっていた。講演の演題は「ドイツ経済の指導(Lenkung)と成果(Leistung)」であり、その日本語標題として「独逸における経済指導と能率増進」が当てられた。[71]

講演の中でヘルフェリヒはナチス・ドイツ式の新しい経済形式が非個人的・官僚的な計画経済と区別される「経済指導」(Wirtschaftslenkung)であることを強調する。それは人間の個性を尊重し、所有権を認めるもので、ただその無制限な使用・処分・利益追求を認めないことを原則とする。それは「公益は私益に先んず」の言葉に表現されている、と。ヘルフェリヒの説明は、次のように日本語に翻訳された。

「協同体の思想に立脚する民族社会主義は個人主義を否定するものでありますが、然し個人の働き、即ち個人のイニシアテイブ、個人の責任、意思等、もつと端的に申しますれば「能力」は之を要求するものなのであります。この観念は一見矛盾するやうに思はれるかも知れませんが、決して矛盾ではありません。而して我々が独逸の新経済形式に於て樹立した大きな使命は、経済指導と能力の増進とを如何にして調和し統合するかと言ふ問題でありました。我々の見る所では、経済指導なる原理は、それが官僚化されない限り決して自由を否定するものではなく、却って我々の建設しつゝあるこの経済指導の秩序はより高き自由の原則に外なりません。」（傍点は引用者）

さらに産業経済の組織化に関して詳しく説明した同人は、公法人と私法団体の各特質を統合したナチス・ドイツ独自の経済団体組織の課題の二重性について解説する。つまりその一つは「産業経済の自治機関」という側面で、他は「国策遂行の為の制度」の面であって、それぞれが国家と経済、経済と国家との間の橋わたしを行う役割を担っている。それは経済に関する国家の法律や命令の実行者であり、経済の自治の範囲内で自己のイニシアチヴを発展させ、その成員に対して指示・命令する権限をもっている。この二元的な側面がまさにこの組織の特質であって、それによって官僚的な干渉から自立し、自己の責任において生産活動をなす領域が確保される。これはドイツの経済体制において国家・経済界双方にとって、経済指導の側から、また能率増進の面からも重要な組織となっている、と。

ヘルフェリヒのこの講演は——雑誌『統制経済』の記事によれば——統制経済における官僚化の傾向を批判してきた日本経済連盟会の出席者に「或る種の感銘と示唆を与へた」ように思われた[72]。事実、企業家の創意と責任を軸とした重産懇書記長・帆足計の統制経済論の基本線は、まさにこの講演趣旨にもとづいたのであって、財界人に対するヘルフェリヒ講演の影響がきわめて重要な意味をもったことがわかる。

(ii) ドイツ労働戦線代表者との交流

さらに一九四〇年一一月、経済新体制問題が重要な局面を迎えつつある時に日本経済連盟会は、ドイツ労働戦線

（ＤＡＦ）のダレの代理として、「興亜厚生大会」（会長は伍堂卓雄）に招待され来日したナチス党組織部長クラウス・ゼルツナーと訓練部長オットー・ゴーデスとを招き、ナチス・ドイツの現状について説明を受けた。その内容は「時局柄我国にとり意義深き示唆を含む」ものと受け止められた。当日その会合には駐日ドイツ大使、鉄道・厚生各大臣、企画院総裁（星野直樹）、大使館商務参事官（長井亜歴山）が来賓として出席し、日本経済連盟会からは会長郷誠之助、常務理事伍堂卓雄、ほかが同席した。(73) 講演と質疑・応答は印刷され冊子（『独逸に於ける統制経済の実情』）として会員に配布された。

その折に会長郷誠之助は、統制経済の必要性を認めつつ、次のような質問を行っている。(74) 財界のナチス認識をよく伝えているので少々長いが引用しよう。

「我国の如く現在戦をして居るやうな最中にはそれだけ物が減つて居るから、最も有効にあるものを使つて行かなければならぬ。そこで統制経済が必要であるが、それに二つの流がある。一つの流は仮にこれをソヴイエツト型と申しませうか、詰り政府が全部を管理する。もう一つは個人がイニシヤテイヴを取つて、さうして専ら産業者に仕事をやらせて政府は単に監督に止める。あとは個人の創意に委せる。それをナチス式と申しませうか。ナチスにしても、それからフアツシヨにしても略同じことでありまして、私が曾て聞いて居るのに、第一に私有財産といふものを認める。第二に個人のイニシヤテイヴといふものを認める。それから第三にはソヴイエツトの思想に反対する。このやうに聞いて居る。而してドイツに於ても今お話のやうに、一九三三年にナチスが政権を取つてからこれによつて総ての計画を立てゝ行かれたのであるが、やはり或る時期に於ては社会主義といふものが入り込んで、その為めに大分悩まされたやうに聞いて居るのですが、その時の状況はどうであつたか、それからそれに対してどういふ処置を執られたか、これをまづ第一に御質問申上げたい。」（傍点は引用者）

これに対してドイツ側（ゼルッナー）は回答する。「実は非常に意外なことを承るやうであります。吾々の今までの関係に於きましては、社会主義、殊にソヴィエットのやうな運動、私有財産を没収するといふやうな種類の運動は少しもありません。（中略）或いは利潤の統制とか政府の租税政策といふことが、恰も自由主義経済的に考へられる方々にはさういふやうに感じられたかも知れませんが、社会主義的といふやうな傾向は少しも執つたことはありません。例へば、十万馬克《マルク》以上の収入に対して五割以上の所得税を課するとか、或は八分以上の配当に対して公債に振替へる、或は利潤の一部を公債に投下せしめるとか、或は利益の一部分を工場設備改良費に向けしめるとかいふやうな政府の方策は、公益の為めにする利潤の自由処分の制限でありますが、これは社会主義的運動とは違ふのであります。これらの利潤は何れも資材として又財産としてそれがちやんと残つて居るのであります。」

(iii) 経済新体制に関する「意見書」とナチズム

財界は上述したように、一九四〇年の夏に「民間経済新体制要綱（参考案）」を作成し、さらに経済新体制問題が大詰めを迎えた一二月、七経済団体の著名な「経済新体制に関する意見書」を政府に提出した。続いて経済新体制確立要綱の閣議決定の後、四一年一月、「経済新体制実施に関する意見書」を作成し、同じく諸団体共同して政府に建議した。

それを主導したのは、郷誠之助であった。この間の経緯を『男爵郷誠之助君伝』は次のように記している。(75)

「男爵は閣僚間にさへ意見の一致を見なかつたと言はれるかうした情勢を憂慮して、経済新体制の進展と、それによつて醸し出されるさまざまな動向を注意深く凝視しつつ、経済連盟会幹部其他を招致して情勢の報告を求めて研鑽を重ね、又は重要産業統制団体懇談会事務局長帆足計を箱根の別邸に招んで、午前と午後に各三時間づつ二日間に亘って統制会方式に関する論議を尽され、そうして情勢の動きを見究め、方策ひとたび成るや男爵は颯爽として箱根の山を下った。十二月四日星ヶ岡茶寮に財界の各団体の有力者の参集を求め、経済新体制に対する意見を聴ひた上で、男爵は私的意見として次ぎの如き条項を提案された。

一　新経済体制は日本固有の美点に適応するものたることを要し、苟くも国体観念に遠ざかり家族制度を破壊するが如き傾向ある可らざること。

二　新経済体制は時局突破及び生産拡充を目標とし、濫りに其の限度外に逸脱し却って生産拡充を阻害するが如きことを厳に警むべきこと。

三　新経済体制は、民間が其の創意、責任及び熱意を以て企業経営を為すことを本体とし、官庁は原則として直接経営に触手せず、専ら大局的指導及び監督に当るべきこと。」(傍点は引用者)

一二月五日に作成され首相に提出された財界七団体の「経済新体制に関する意見書」は、「国防国家の建設」・「生産の増強」のために、「自由主義経済の弊」を矯正すること、「自由」への一定の制限は認めるが、しかし「経済機構の根本」を動揺させるようなことはあってはならないと主張し、「国家目的に合致する範囲内に於て利潤思想を是認すること」を要求する。その際に引き合いに出されたのがナチス・ドイツであった。「独逸の如く営利心を排撃せずして之が純化を唱道し企業経営の目標が国家目的に背馳せざる正当の利潤あるに於ては如何なる高率の利潤ならむも国家とて寧ろ之を奨励すべきものに非ずやと信ず。」

民間経済人が国家総力戦に即応して「政府指導」の下に「自発的に体制を整へ」ることの必要性を認識し、「官民一体」の対応を強調する翌一月の「経済新体制実施に関する意見書」は、日本独自の「経済道」の尊重とともに、「民営自主」、「生産拡充」を目標に掲げる。この「意見書」は、高度国防国家の建設のための経済人の「職分奉公」

は何よりも生産拡充にあるとし、生産拡充のためには「利潤」こそが「国家生産力構成の要素」であること、従って「適正利潤」の考えは認めるが、生産拡充資金の自己調達、戦時企業の危険性、新規事業育成に伴う冒険性、戦後における対外競争力の蓄積、などを考慮して、その幅については高度の弾力性が必要であることを強調した。そしてその際に模範とされたのが再びナチス・ドイツの事例、つまり「最近独逸が企業利潤に対して施設する所」であった(76)。ナチス・ドイツは財界にとっても貴重なモデルとなったのである。

日本経済連盟会会長・郷誠之助の先の発言に見られたように、財界人はナチス型の統制経済をソ連型の社会主義的な統制経済と区別し、それに対置した。彼らは利潤是認、個人的イニシアチヴ重視、反社会主義をナチス型の統制経済の特質と理解し、それを積極的に評価していた。「意見書」が示すように、戦時経済体制への移行の中で、財界人は生産力拡充の国家的要請の重要性とそれへの協力の必要性を認識し、それを企業の営利活動の確保と拡大に結びつけた。経済人による創意と責任、企業の自主原則を前提にして公益優先原則が是認され、官民協力が宣言された。新体制の中心問題は、こうして「適正利潤」の「弾力性」の許容や統制的経済団体における自主性の確保という部分的な争点に重心を移行させた。

財界のこのような観点に対する企画院・革新官僚側の認識は美濃部の先の見解(「経済新体制管見」)に示されている。彼は利潤原則と民営自主の原則の意義を認めつつ、同時に財界側の「意見書」が企画院案批判の根拠として提示したナチス・ドイツの「模範」を取り上げ、それを公益優先重視の立場の主張に結びつけた。革新官僚と財界との「対立」は、このようにそもそも本質的な対立ではなかったのである。それはより多くの官僚的統制か、より多くの民間自主かの違いでしかなかった。両者は実質上基本的な点において共通し、両者の「妥協」はそれを土台にする限りすでに準備されていたといえよう。

以上のように経済新体制をめぐる革新官僚と財界の観点や見解は、ともにナチス・ドイツの経済政策と経済思想に関するそれぞれの解釈に基づく、それぞれの仕方でのナチズム受容と結びついていた。両者の間の「対立」面は、このナチス・ドイツのモデルのどの側面により多くのウェイトを置くかの問題でしかなかった。ナチス・ドイツの政策・経済思想は、先に見たようにそもそも多様な、相互に対立する側面と方向性をそのうちに包摂しており、異なった方向性の対立と調整はまさにナチス・ドイツの経済体制が示す現実の姿そのものであった。そのようなナチス体制の現実に照合させるならば、日本の革新官僚と財界との対立と妥協はナチス・ドイツにおけるナチス権力と経済界との対立と妥協とに相応し、ファシズムとしてのナチス体制と共通する特性を備えていたということができるのである。

六 指導者原理・公益優先原則と日本的伝統主義・天皇制イデオロギーとの結合

(1) 日本におけるナチス的指導体制の欠如の認識

戦時経済体制の確立のための生産力拡充と経済動員は、公益優先原則と民営自主原則とに基づいて「官民協力」の形をとってなされねばならない。経済新体制においてそれは何よりも経済団体の編成、統制会を通じて実現される。国家的な公益優先原理と経済界の民営自主の原則とは、統制的団体における指導者原理(フューラー・プリンチープ)によって媒介され、結合される。いわゆる「上意下達」と「下意上達」の原理である。その際の問題は、①指導者たる地位にあるものが経済界の利益を考慮しつつしかも公益優先を自覚し、その方向に沿って指導能力をどこまで発揮できるか、また、②国家的(公益的)な方向性を各組織の指導者に対して強制し現実化する権力的・指導的な機構がどの程度整備されているか、この二点である。

ナチス・ドイツにおいては指導者原理は、総統（Führer）たるヒトラーを頂点にする独裁的な権力体制の下で、ナチス党・ナチス党員を中心にして担われていたが、そのような強力な独裁者・党による独裁的体制を欠く日本では権力的な指導体制が弱体であり、また指導者的資質を備えた人材も不足している。前述の「新体制を語る座談会」で美濃部らの革新官僚が一致して問題にしたのがこの点であった。柏原兵太郎はいう。「真のフユーラーといふのは単に地位に於てフユーラーの地位を占めてゐるばかりでなく、思想的にも見識に於ても実力に於ても、フユーラーの資格を備へてゐなければならぬと思ふ。それが官界に於ても民間に於ても、斯ういふ過渡的な時代に於て欠けてゐるのぢやないかと思ふ」と。美濃部もそれに同意し、「ドイツが一番ヒユーラー《〔ママ〕》システムとして確立してゐる」と指摘し、日本がドイツと異なっていることを確認する。

同じ頃『改造・時局版十四』は、美濃部洋次と小畑忠良・小島精一・金原賢之助（慶應義塾大）の四者の座談会「経済新体制の実体」を掲載している。そこでも冒頭にこの指導者問題が論ぜられ、「ドイツの場合には、ナチス党的な勢力がそこに働いてゐるから、指導者もやりいいが、日本の場合にはそれがない」と小島精一が指摘したのに対して美濃部洋次は次のように答えている。(77)

「今仰しやるやうに、ドイツにはナチといふ一つの力があつて、それによつて之を推進して行つたのですけれども、日本にはさういふものはない。しかし、日本にはそれに代るものとして、とにかく国の為めに尽す――といふ観念は何処の国よりも劣らぬと謂はれてゐる。それによつて職域奉公、一億一心を促進する方法として大政翼賛会が出来た。又それを裏付ける力として、政府といふものが指導者をバツクしてゆく――といふことになるんぢやないか。」

ナチス党のような強力な党や権力機構の欠如を補完する条件として、美濃部が重視したのは「国の為めに尽す」の観念であり、「職域奉公」・「一億一心」の理念であった。そのような観念の育成のために大政翼賛会に期待したのである。

企画院次長・大政翼賛会企画局長の地位にあり後に産業報国会理事長に就く小畑忠良も、財界に対する政府の協力要請に関して、「日本でさういふナチスだとか、ファッショのやうな強い政治力を期待できないといふやう〔な〕ことになれば、そこはやはり日本の国民精神といふものに愬《うった》へ」るほかにないと述べ、同じように「日本の国民精神」に注目する。小島精一も小畑の意見に同意する。「此際殊に財界の指導者にたいして、さういふ精神をウンと吹き込むことが必要ですね。ドイツなどは、曲りなりにも、ナチスがああいふ風に吹き込んで以来、何年経つたか、さういふ気持ちになるのですね。日本はそれがまだ非常に欠けてゐますからね。」

指導者原理の問題は、以上のように、何よりも経済界の自主性原則を踏まえて国家的統制を現実化する統制会とそれを自覚し実践する指導的な担い手の問題に帰着する。それは国家的要請に即応するための経済界の人材とその指導者能力の問題と、国家的方向性を実現させる権力的機構との二重の問題を含んでいた。革新官僚側は、ナチス・ドイツとの決定的な違いがそこにあると認め、それに代位するもの、あるいはそれを補完するものとして、日本的な伝統的精神に期待したのである。「職域奉公」・「一億一心」の要請はここでは政府から統制的団体を通じて経済人に対して向けられている。「職域奉公」の精神は、「奉公」の目標としての「皇国」の観念と、従って天皇制（国体）の意識と結びついている。

日本における指導者原理の欠如を問題にする先の柏原兵太郎の発言に対して美濃部洋次は「紀元二千六百年」の式典奉祝会の催しの例を出して次のように語る。(78)「それで、両陛下がお出でになつて、まあ場所は遠く離れて居りますけれども陛下の御前で御一緒に物を食べ物を飲みました。あの時に相当年を取った実業家の方々を初め若い人々我々も涙を流しました。／それから高松の宮様が吾々臣下を代表して陛下の御前で祝辞を述べられた、あの時の気持ちを皆忘れずにスタートし直したらよいと思ふ。僕はあれが一つの転機として皆さんがあの時に感じられた、あの気持ちで日本といふものを見詰めて戴いたらもう斯ういふことは心配は要らないと思ひます。さういふ意味で僕はあの式典といふものを、活かして欲しいと斯う思ふのであります。」

天皇機関説によって弾圧された美濃部達吉の甥にあたる美濃部洋次が慎重であいまいな表現を用いてあえて示唆したのは、まさに天皇制とその観念の機能的役割であった。「座談会」の最後に結論的に表明された上の文言は、日本の指導的権力体制の不足を補完するためには、経済人・国民が抱く天皇制・国体の意識を活用する以外にはないという政策提言に他ならなかった。

(2)　職分奉公・公私一如の伝統的精神と国体思想の活用——代位・補完的要素として——

指導者原理はこのように国家的な統制と企業者側の自主的活動とを媒介的に結合する原理であり、それは公益優先原則の観点から見れば公益と私益の調整に関わる主体とその意識の問題と結びつく。それは同時に「指導」される側の経済活動の担い手たちの意識のあり方によっても規定されている。上の美濃部の示唆は公益優先のそのような観念を天皇制イデオロギーによって補完するということをも意味していた。美濃部は「高度国防国家体制」における公益と私益との一致について別の機会に語っているが、彼はそれを「公私一如」とし、それこそが「日本古来の姿」であると強調した。(79)　彼はいう。「上に万世一系の天皇を戴き奉り、義は君臣にして情は父子、而も純潔なる大和民族を以て形成せられたる我が皇国こそ独逸羨望の的であり、ヒットラーの理想であつた。」（傍点は引用者）

美濃部はこのような「天皇」・「皇国」の伝統的な観念を「皇道主義」とし、それを「公私一如」すなわち公益優先原則に意図的に結びつけた。「皇道主義」とそれにもとづく大政翼賛・臣道実践・職分奉公こそ、A・マーシャルの

「経済騎士道」に対応する日本的な「新しき経済道」であると説くのである。こうしてナチス的な指導者原理・公益優先原則は日本的な伝統主義観念と天皇制イデオロギーと結合し、補完し合う関係に置かれる。

それではこれに対して財界はどのような立場をとったか。すでに見たように財界の「経済新体制実施に関する意見書」の冒頭に掲げられた目標は、「我国独特の発達を遂げたる経済道の美点」の尊重であった。つまり日本的伝統主義的な「経済道」は、まさに、笠信太郎らによる経済機構の改革の構想に対置される財界の最大の主張だったのである。現状の改造ではなく、伝統的な関係と結びついた「良習美風」の維持と育成が、財界の「新体制」論の土台を形づくっていた。「国民をして安んじて職分奉公の誠を竭《つく》すこと」――伝統的な「良習美風」に根をもつこの「職分奉公」の理念は、革新官僚にとってばかりでなく、財界の主張する日本的な「経済道」でもあった。

「職分奉公」の理念は、大日本産業報国会の「全産業一体報国」のイデオロギーと、また「事業一家」・「勤労報国」のそれと重なる。それは企業者による国家的な「奉公」と、企業家が雇用する勤労者・労働者による「報国」、「皇国」への奉仕を意味する。「職分奉公」は企業家・経済人の皇国への「奉公」であり、企業の「事業一家」に編成された労働者の「報国」であって、後者の観念は企業内の「指導者」たる企業経営者による労働編成と労働支配の強化に利用されることになる。(80)

「職分奉公」を中心とする財界の日本的な「経済道」は伝統主義的な家族主義を土台とし、またその上に成り立つ天皇制的な国家イデオロギーと究極的に結びつくことになる。先に見たように経済新体制に対する財界の「意見書」の作成を指導した日本経済連盟会会長郷誠之助の私案の冒頭には「日本固有の美点」、「国体観念」及び「家族制度」の維持が強く打ち出されていた。

伍堂卓雄は経済界代表の作成した「意見書」を携え、首相に会い、提出した財界代表の一人であった。その彼が文部省教学局で行った講演「時局と産業人[81]」は、日本と共通するナチス・ドイツから学ぶことの重要性を強調するとともに、日本の「全体主義」の独自性とその意義を次のように高く評価した。

彼は述べる。統制経済の運用は結局全体主義によらなければならない。それはすでにドイツでは実験済みである。では日本はどうであろうか。国民の中には全体主義というものは新しい言葉でファシズムやナチズムの真似でもするように考えるものもいるが、決してそうではない。伍堂はこのように述べたあと、ナチス・ドイツの「アルバイト・フロント」〔労働戦線〕の指揮官、ライ〔R・ライ、原文では「ライト博士」〕が自分に語ったというその文言を披露する。

「あなたは今日ドイツのアルバイト・フロントの組織を研究に来られたさうだけれども、日本に何故その必要がある。日本は非常時に於ては如何なる階級の者も、如何なる職業の者でも、直ちに団結一致し得る国民である。皇室を中心として実に得難い家族主義の国家である。ドイツは民族こそ一つであるけれども、過去における思想、宗教等に相違があつたが為に、彼等を統一する為にかくの如き厖大な機関を設け多額の費用を使つて居る。恂《まこと》に日本は羨しい。自分は一九四〇年東京で行はるゝオリムピック大会に多数の会員を引率して行くことになつて居るが、単に競技を見に行くことが目的でない。その機会に日本の国民精神を研究して見たいのだ。」

伍堂は続ける。ドイツの指導者はこのように今日の所謂全体主義が、日本精神を真似ているといっているのである。日本はすでに二千六百年来の建国精神を持っており、これまでも国家の危急に際してこの魂が発露されてきたことは歴史の示すところである。今日求められているのは、個人の自発だけでなく、それを集結し、組織化することである、と。

伍堂卓雄は、このように統制経済のためにはファシズムのような全体主義が不可欠であるが、日本は皇室中心の家族主義的な日本精神・建国精神がそのような全体主義をつくり出しており、ドイツの全体主義すなわちナチズムにとっては、日本のそれこそが模範になっていると説く。伍堂のこの言葉は、「公私一如」の「日本古来の姿」、皇国思想を重視し、「我が皇国こそ独逸羨望の的であり、ヒットラーの理想であつた」と語る美濃部洋次の考え方とぴったりと符合する。伝統的な日本精神、皇国精神こそがナチス・ドイツの模範となっているのだ、という神話が財界と革新官僚の双方の代表者から強調されていることに注意しなければならない。

そこには日本がナチス・ドイツと全体主義において共通するという理解と、同時に日本の全体主義がナチス・ドイツと異なる特殊性を有しており、伝統主義的天皇制的なこの特殊性が日本の全体主義を支え、それを一層強固たらしめる要因であるという認識が存在する。問題は日本が本当にナチスのモデルになっていたか否かの真偽ではなく、そのような神話の一般化を通じて日本精神、皇国観念の意義を強調し、それによって国民を精神的に鼓舞し、動員することであった。上の神話はナチス的な一党独裁体制を欠く日本的な全体主義を一層強化するために意図的に強調された。(82) 伝統主義的な観念と天皇制イデオロギーの重視は、革新官僚と財界とに共通し、官民協力体制を支え両者を結合させる連結器の役割を果したのである。

注

(1) 中村隆英・原朗「「経済新体制」」(日本政治学会編『「近衛新体制」の研究』『年報政治学』一九七二年)岩波書店、一九七三年)、七一頁以下。
(2) 同上、七二頁。
(3) 安藤良雄著『現代日本経済史入門』(日本評論新社、一九六三年)、二五三頁以下。
(4) 同、二四八頁以下。
(5) 同、二五五頁。

（6）　たとえば J. Hirschmeier/T. Yui, The Development of Japanese Business 1600–1980, 2. ed., London/Boston/Sydney, 1981, Part II. 戦前・戦時期の日本の経済政策に対する「ドイツ・モデル」の影響に注目する最近の欧文研究として、以下のものがあるが、いずれも具体的な実証を欠いている。Bai Gao, Economic Ideology and Japanese Industrial Policy, Cambridge, 1997, pp. 12, 25–28, 69, 96–101; Gerhard Lehmbruch, The institutional embedding of market economies: the German "model" and its impact on Japan, in: Wolfgang Streeck/Kozo Yamamura (ed.), The Origins of Neoliberal Capitalism. Germany and Japan in Comparison, Ithaca/London, 2001. 邦語文献の多くはナチズムの日本への影響に関して「ナチスばり」・「ナチス流」・「ナチス的」等と表現するに止まり、その具体的な内容、影響の仕方、等は概して明確ではない。なお、Kentaro Hayashi, Japan and Germany in the Interwar Period, in: James William Morley (ed.), Dilemmas of Growth in Prewar Japan, Princeton, New Jersey, 1971 は一九三〇年代までの日本でのナチス類似のイデオロギーの波及を認めるが、むしろその相違性を、またイデオロギー面に対して日独間の政治構造の違いを強調し、それによって日本へのファシズム概念の適用を排除する。このためこの論文では、本章が問題にするような関連は排除されている。ドイツ・ナチズムと対比して、日本の当時の政治状況の独自性を強調し、ファシズム概念の適用を回避するその他の研究も同様である。

（7）　古川隆久著『昭和戦中期の総合国策機関』(吉川弘文館、一九九二年)。

（8）　同上、一七八頁以下。

（9）　同、一一九頁、一七八頁。

（10）　同様の問題点を、Otrud Kerde, The ideological background of the Japanese war economy: visions of the "reformist bureaucrats", in: Erich Pauer (ed.), Japan's War Economy, London/New York, 1999 についても指摘できる。なお、経済新体制構想との関連で重視される笠信太郎や笠の所属した昭和研究会の思想的立場に関しては、マイルス・フレッチャー「日本ファシズムと知識人」(日本現代史研究会編『日本ファシズム(1)』大月書店、一九八一年)、William Miles Fletcher III, The Search for a New Order. Intellectuals and Fascism in Prewar Japan, The University of North Carolina Press, 1982 は注目に値する研究である。フレッチャーは笠信太郎や三木清らの考え方の中にナチズムの影響を見るのであるが、しかし経済思想・政策面での関連については立ち入った分析はなされていない。本章後述、参照。なお筆者は次の独文の論文を発表した。O. Yanagisawa, “Gemeinnutz geht vor Eigennutz” im Streit um die Neue Wirtschaftsordnung in Japan in der kritischen Zeit, in: R. Gömmel / M. A. Denzel (Hg.), Weltwirtschaft und Wirtschaftsordnung (Festschrift für Jürgen Schneider zum 65. Geburtstag), Stuttgart 2002.

(11) 上田辰之助「経済新体制の世界観」(『統制経済』第二巻四号、一九四一年四月)、同著『経済人・職分人』(理想社、一九四二年)、二二九頁。

(12) 同上著書、二二九、二三九、二四九各頁。

(13) 吾妻光俊著『ナチス民法学の精神』(岩波書店、一九四二年)、序。同じ法学に属する経済法の学者、峯村光郎(慶應義塾大)も指摘する。「「公益は私益に先立つ」といふ経済統制の指導原理は、既に今次事変の当初以来経済法の基調であった。(中略)併しながら、近時国家新体制の実現が論議の対象となるに及んで、いよいよその重大性は増大して来た。しかもこの公益優先の原理たるや、いはゆる「新しい経済の倫理」として全体主義的立場から昂揚され、人はそれぞれ利己的な立場から私の利潤のみを追求するが如き態度をすてて、全体的な公共の利益のために協同すべきことを要求するのである。」峯村光郎著『法と統制経済』(東洋書館、一九四二年)、一八一頁。

(14) 武村忠雄講述『経済新体制の発展方向』(東京銀行集会所、一九四一年)、四〇頁。武村と海軍との関係については、伊藤隆著『昭和十年代史断章』(東京大学出版会、一九八一年)、その統制経済論については、本書I、参照。

(15) 小島精一著『日本戦時産業統制論』(千倉書房、一九四一年)、一五一頁以下。

(16) このようなアウタルキー的な広域国防経済体制の構想に対してもナチス・ドイツの政策思想が重大な影響を与えていることについては、本書IV参照。

(17) 美濃部洋次『戦時経済体制講話』(橘書店、一九四二年)、九一頁。また通商産業省編『商工政策史』第一一巻(一九六四年、編纂担当者前田靖幸)は次のように叙述している(同、四六五頁)。「重要産業における統制団体は、統制会と統制組合に分かれる。前者は全国的産業の統制組織であり、後者は地方的基盤をもつ中小企業の組織である。このうちとくに重要なのはナチスのヴィルトシャフツ・グルッペにならった統制会であり、その主たる事業は当該産業における生産・配給等に関する政府の計画に対する参画、および当該産業における生産・配給・事業に関する統制指導等である。」(傍点は引用者)

(18) 気賀健三著『経済政策の根本問題』(有斐閣、一九四一年)、三九〇頁。

(19) 木下半治編『新体制辞典』(朝日新聞社、一九四一年)、五六頁。

(20) Hans Fabricius, Das Programm der NSDAP, in: H. H. Lammers/H. Pfundtner (Hrsg.), Grundlagen, Aufbau und Wirtschaftsordnung des nationalsozialistischen Staates (以下 Grundlagen と略す)、Bd. I, Gruppe 1, Beitrag 6, 邦訳『新独逸国家大系』(日本評論社、一九三九年、以下『大系』と略す) 第一巻、五 (今中次麿訳)。

(21) 日本の社会科学者が当時このような傾向を認識していたことについては、本書Ⅲ参照。

(22) 公益優先原則に関してナチス研究の専門家、山口定は指摘する。「「反資本主義」の立場からのファシストの体制構想は、ファシズム体制の確立過程のなかでは一般にその機能を逆転させたものにならざるをえない。ファシズムの勝利とともに「社会主義」とは結局のところ、職能別利益の保護のことではなく――ナチス流にいえば――「公益は私益に優先する」という原則の確立のことだと強弁されるようになるからである。そしてその場合何が「公益」であるかを決めるのは、ファシスト指導部ならびにそれと同盟した既成支配層のなかの最反動派なのである。」山口定著『ファシズム』(有斐閣、一九七九年)、一五〇頁。山口はこのように公益優先原則が権力掌握後のナチス体制の下で一定のイデオロギー的な役割を演じたことを示唆しているが、しかし具体的な内容については説明がない。ナチス思想に関する他の代表的な研究もナチスの「至上命令」とされるこの原則についての説明は全体として手薄である。たとえば中村幹雄著『ナチ党の思想と運動』(名古屋大学出版会、一九九〇年)、宮田光雄著『ナチ・ドイツの精神構造』(岩波書店、一九九一年)。

(23) P. Hilland, Die Neuordnung der gewerblichen Wirtschaft, in: Otto Mönckmeier (Hrsg.), Jahrbuch für nationalsozialistische Wirtschaft, Stuttgart/Berlin 1935, S. 119. 同じ Jahrbuch 1937 年版ではライヒ経済省参事官長E・バルトが公益優先原則を第三帝国の全経済政策の基礎であると指摘している。E. Barth, Der fachliche und regionale Aufbau der gewerblichen Wirtschaft, in: Mönckmeier (Hrsg.), a. a. O., München 1937, S. 264.

(24) 注(20)の Lammers/Pfundtner (Hrsg.), Grundlagen. たとえば、P. Berkenkopf, Gewerbe und Gewerbepolitik, in: Grundlagen, Bd. III, 52, S. 35,『大系』第九巻 (経済篇1)、四 (風早八十二訳)、八三頁。

(25) Die Deutsche Allgemeine Zeitung, 12. Dezember 1940. なお、Jürgen Schneider, Von der nationalsozialistischen

Kriegswirtschaftsordnung zur sozialistischen Zentralplanung in der SBZ–DDR, in: J. Schneider / W. Harbrecht (Hrsg.), Wirtschaftsordnung und Wirtschaftspolitik in Deutschland (1933–1993), Stuttgart 1996, S. 18 ff. をも参照。

(26) 指導者国家については、Otto Koellreutter, Die Aufbau des deutschen Führerstaates, in: Grundlagen, Bd. I, Gruppe 2, 16,『大系』第三巻（政治篇3）、二（和田小次郎訳）、参照。山口、前掲書、七〇頁以下、一五八頁以下、鈴木幸寿「ナチス指導者国家の構造と党の機能」（浅沼和典・河原宏・柴田敏夫編『比較ファシズム研究』成文堂、一九八二年）、宮田、前掲書、四七頁以下、参照。

(27) Berkenkopf, a. a. O., S. 66, 前掲訳、三九〇頁。

(28) H. Reischle, Der Reichsnährstand und seine Marktordnung, in: Grundlagen, Bd. I, Gruppe 2, 49, S. 32,『大系』第九巻、三（福田喜東訳）、二二六頁。

(29) Berkenkopf, a. a. O., S. 35, 同訳、三二一頁以下。

(30) 山口、前掲書、一五八頁以下をも参照。ナチス経済思想を特徴づけるこの二元性はこれまで必ずしも明確に認識されてこなかった。たとえばD・シェンボウムはナチスの経済政策思想を経済の「全面的な統制」、組織化・計画化の方向で捉え、一九三三年から三九年までのナチス・ドイツの経済を、その「要請」と「実践」との「乖離」の典型として理解し、この時期のドイツを「見かけは資本主義経済」だが「非資本主義的」、さらに「反資本主義的」に運営された事例として捉える。ナチズムにおける「資本主義的」な方向性は考慮されず、そのためにそれが「見かけ」となり、「乖離」としてしか映じないことになる。David Schoenbaum, Hitler's Social Revolution, London, 1966（大島通義・大島かおり訳『ヒットラーの社会革命』而立書房、一九七八年）。ナチズムを「反資本主義的」とする多くの研究に共通する問題性といえよう。これに対してナチズムの資本主義的性格を強調する見解、あるいは「反資本主義的」から「資本主義的」への転換を重視する多くの研究は、公益優先原則がもつ意義をあまり重視しないか全く無視する。たとえば塚本健著『ナチス経済』（東京大学出版会、一九六四年）、最近では、西牟田祐二著『ナチズムとドイツ自動車工業』（有斐閣、一九九九年）。他方、この二元性はナチズムの「あいまいさ」・「不明確さ」として捉えられる。たとえば経済史家W・フィッシャーは、シェンボウムと異なり、ナチスの経済思想についてもっぱらその貧弱さ、あいまいさを強調し、一般的利益や全体的枠組みの重視というナチス的な観念がそもそも著しく明確さを欠いていたと指摘している。しかし、フィッシャーは単にそれだけの指摘に止まっており、そのあいまいさがその中に含む独自な意味に気づいていない。Wolfram Fischer, Deutsche Wirtschaftspolitik 1918–1945, Opladen 1968, S. 52, 加藤栄一訳『ヴァイマルからナチズムへ――ドイツの経済と政治一九一八―一九四五』(みすず書房、一九八二年)、七二頁。なお、ナチズムにおける利子隷属制の打破、金融資本への批判のイデオロギー的重要性に関する最近の指摘として、Carl-Ludwig Holtfrerich, Die Banken aus makroökonomischer Sicht, in: Lothar Gall/Manfred Pohl (Hrsg.), Unternehmen im Nationalsozialismus (Schriftenreihe zur Zeitschrift für Unternehmensgeschichte, Bd 1), München 1998.

(31)　原本は、経済省外国為替管理局長で日独貿易協定におけるドイツ側代表であったH・ヴォルタートがドイツ駐在商務書記官の長井亜歴山に推薦し、一九三八年秋渡独した貴族院議員安場保健・同後藤一蔵が帰国に際してもたらしたものといわれる。同『大系』月報(『新独逸』)第二号。翻訳事業は一九三八年に始まり、三九年から四一年にその成果が出版された。平野義太郎「新独逸国家大系の完結に当りて」(同『大系』第八巻)をも参照。刊行当時の事情については、毎日新聞社編『昭和思想史への証言』(毎日新聞社、一九七二年)、二九一頁以下。当時の平野らの状況に関連して、とくに秋定嘉和「社会科学者の戦時下のアジア観」(古屋哲夫編『近代日本のアジア認識』京都大学人文科学研究所、一九九四年、緑蔭書房、一九九六年)、また鈴木麻雄「大東亜共栄圏の思想」(岡本幸治編著『近代日本のアジア観』ミネルヴァ書房、一九九八年)、二五六頁以下。杉山光信著『戦後日本の〈市民社会〉』(みすず書房、二〇〇一年)I、をも参照。

(32)　当初の刊行文書のタイトルは次の通りである。Die Verwaltungs-Akademie. Ein Handbuch für den Beamten im nationalsozialistischen Staat. 当時ドイツではこの文書は数章ないし各章ごとに仮綴分冊で配布され、購入者が三巻分をバウンド式綴じ挟みで刊行順に自ら製本した。従って通し頁はない。第一巻の冒頭には本書の学習の指針が付されている。

(33)　本書Ⅲ参照。

(34)　出版に携わった美作太郎の回顧を参照。前掲『昭和思想史への証言』二九一頁以下。ナチズムないしファシズムは当時最大の現代的問題であった。それらの学者がこの翻訳を現代的問題に対する自身の社会科学的関心に結びつけたであろうことは十分推測可能である。たとえばヘーデマンの所有権法を担当した川島武宜の場合、同著『所有権法の理論』(岩波書店、一九四九年)「はしがき」、同新版(同、一九八七年)「あとがき」を参照。なお、杉山、前掲書、I、参照。

(35)『大系』第一巻。伍堂に関連して松浦正孝著『日中戦争期における経済と政治』(東京大学出版会、一九九五年)、一八一頁、同著『財界の政治経済史』(同、二〇〇二年)、一〇六頁、二〇七頁をも参照。

(36) 資源局時代とその後の松井春生とその統制経済論・経済参謀本部論については、伊藤隆「「国是」と「国策」・「統制」・「計画」」(中村隆英・尾高煌之助編『日本経済史6 二重構造』岩波書店、一九八九年)、三三八頁、三四九頁以下、御厨貴著『政策の総合と権力』(東京大学出版会、一九九六年)I、参照。

(37)『大系』第九巻「「経済篇」に序す」参照。

(38) 昭和研究会『民間経済中枢機関試案』(一九三七年一二月)、とくに四、二二頁。このように昭和研究会はナチス的な立場と自らを区別し、それに対抗する構想を打ち出そうとしていた。cf. Fletcher, op. cit. なお昭和研究会による産業統制等政策構想の検討については、松島春海「経済「国策」の構想とその展開過程」(逆井孝仁・保志恂・関口尚志・石井寛治編『日本資本主義——展開と論理』東京大学出版会、一九七八年)。当時の経済団体再編成構想として、三浦銕太郎(東洋経済新報社)の『新経済体制の理論と試案』(同社出版部、一九三九年七月)が注目される。それと関連して風早八十二「日本産業機構の再編成(四・完)」(『科学主義工業』第三巻五号、一九三九年一〇月)、及び笠信太郎著『日本経済の再編成』(中央公論社、一九三九年一二月)、一五九頁以下を参照。

(39) 酒井三郎著『昭和研究会』(TBSブリタニカ、一九七九年)所収「資料」に全文が収められている。「国策研究会文書」(マイクロフィルム)では同「目録」六二〇九。中村・原、前掲「「経済新体制」」はこの文書が一九三九年八月頃に作成されたと推測した上で、次のように指摘している(同八四頁以下)。「……ひとしく書生論と片づけてしまうのは容易である。しかし、この書生論の原型の上にのちの「経済新体制」論が構築されたこともまたいなめない事実であった。」

(40)『企画』第一巻一号(一九三八年一月)「創刊の辞」(企画院総裁・瀧正雄)。

(41) 菊池春雄著『ナチス戦時経済体制研究』(東洋書館、一九四〇年)、序、第一編、また三九〇頁以下。同著『ナチス労務動員体制研究』(同上、一九四一年)。

(42) 古川、前掲書、一七六頁以下。

(43) 美濃部洋次「工業政策の日本的転換」(『科学主義工業』第二巻一号、一九三八年六月)。

(44)　本書Ⅳ参照。

(45)　古川は美濃部らの「新体制」案の基調を国防経済新体制の確立、軍需生産を中心とする重工業部門拡充をめざしているものと推定しているが(古川、同、一七七頁)、この推定は本書の分析と一致する。その骨格は新体制論が問題になる一九三八年において出来上がっていたと考えられる。むしろこの時点の考え方の中から新体制の必要性が導き出されたともいえよう。

(46)　美濃部洋次「経済新体制管見」(『日本評論』一九四一年三月)、同著『戦時経済体制講話』(橘書店、一九四二年)、第一編第四。

(47)　同、一八頁以下、同著書、六四頁以下。

(48)　同、一九頁以下、同、六六頁以下。

(49)　以上「革新官僚・新体制を語る座談会」(『実業之日本』一月一日新年特大号、一九四一年一月、以下「座談会」と略す)、五五頁、五八頁以下、六五頁。長島修著『日本戦時鉄鋼統制成立史』(法律文化社、一九八六年)、二九一頁をも参照。それ故に革新官僚の考え方を「反資本主義的」とする従来の捉え方は修正されなければならない。先行研究の多くはこのような見方に立っている。たとえば柴垣和夫「「経済新体制」と統制会」(東京大学社会科学研究所編『ファシズム期の国家と社会2　戦時日本経済』東京大学出版会、一九七九年)、三〇二頁、岡崎哲二「戦時計画経済と価格統制」(『年報・近代日本研究9　戦時経済』山川出版社、一九八七年)、一九三頁、宮島英昭「戦時経済下の自由主義経済論と統制経済論」(『シリーズ日本近現代史3　現代社会への転形』岩波書店、一九九三年)、三一三頁。

(50)　前掲「座談会」、六五頁。

(51)　美濃部、前掲書、二四頁。

(52)　上記「座談会」五九頁、六五頁。また迫水久常著『金融統制会の進路』(新経済社、一九四二年)、一七頁以下。

(53)　長谷川安兵衛著『配当統制の研究』(千倉書房、一九三七年)、一〇頁以下。また同「戦時経済下の配当制限」(上田貞次郎博士記念論文集編纂委員会編『経営経済の諸問題』科学主義工業社、一九四二年)をも参照。

(54)　この問題については何よりも前掲中村・原論文を参照のこと。また本書Ⅱ。

(55)　木村増太郎「経済団体の中枢機関問題」(『科学主義工業』第二巻一一号、一九三九年四月)。この点に関して、須永徳武

「商工会議所の機構改革と商工経済会の活動」（柳沢遊・木村健二編著『戦時下アジアの日本経済団体』日本経済評論社、二〇〇四年）、参照。なお、財界の経済組織化構想については、拙稿「日本経済界の経済組織化構想とナチス思想」（『政経論叢』第七六巻三・四号、二〇〇八年春刊行予定）をも参照されたい。

(56) 木村、同上、二九頁以下。また風早八十二「日本産業機構の再編成（四・完）」（『科学主義工業』第三巻五号、一九三九年一〇月）、五頁以下。須永、同上、二七頁以下。

(57) 伍堂卓雄「時局と産業人」（文部省教学局編『教学叢書』第五輯、一九三九年六月、一九四四年五月（五刷））、一八八頁。ナチスによる商工会議所の再編については、拙稿「ナチス・ドイツにおける商工会議所の改造――地域経済のナチス的編成――」（『政経論叢』第七五巻五・六号、二〇〇七年三月）参照。

(58) 風早、同上、六頁。なお、すでに一九三八年に東京商工会議所編の『商工経済』第五巻二号（一九三八年二月）は、座談会「経済統制中枢機関問題」を掲載してこの問題の重要性に注目していた。小島精一・有澤廣巳・川原次吉郎・美濃部亮吉・木村増太郎が座談会に出席し、その中で有澤廣巳もその必要性を強調している。東商と商工省との間のこの問題をめぐる交渉についての言及として、同二〇二頁。また小島精一「経済団体の全面的改組を論ず」（同上、第七巻二号、一九三九年二月）、一五四頁、参照。商工会議所を含めた財界の改革構想とその意義については、須永、前掲論文、松浦、前掲書。松浦は商工会議所改革のこの動きを、著者とは異なりアメリカ・モデルとして理解している。

(59) 小穴毅訳編『戦争経済と商工会議所』（商工行政社、一九三九年）、小穴「序に代へて」七頁以下。なお小穴はその前に東京商工会議所に所属していた。

(60)『経済団体連合会前史』（一九六二年）、二八八頁以下。名古屋では、同商工会議所会頭とともに、慶應義塾大学退職後に同理事に就任した産業組合論・統制経済論の第一人者、向井鹿松が参加している。地方的組織、横の職能組織としての商工会議所の意義、それと中小工業との関連に関する向井の見解については、向井「計画経済下の経済団体」（『統制経済』第六巻一号、一九四三年一月）。この間の状況については須永論文参照。

(61) 同、二九〇頁。官僚側の統制経済構想に対するこのような民間側の経済統制案の重要性を指摘するのは、松浦正孝である。ただし松浦は地域経済・中小商工業を基盤とする商工会議所中心の松井・伍堂的な改革の方向と、大企業中心・カルテル重視の産業別編成をめざす日本経済連盟会の路線とを区分せず、従って両者の対立関係にも留意していない。

(62)　前掲『経済団体連合会前史』、二九六頁以下。

(63)　重要産業懇談会等の動向については、中村・原、前掲論文、九四頁以下、長島、前掲書、第六章、宮島、前掲論文、三三一三頁以下、宮島英昭著『産業政策と企業統治の経済史』(有斐閣、二〇〇四年)、三三〇頁以下、松浦、前掲『財界の政治経済史』、二〇四頁以下、参照。

(64)　前掲『経済団体連合会前史』第三篇、とくに五二四頁以下、参照。

(65)　財界団体の日本工業倶楽部の調査課は、この間ナチス・ドイツの下での資本主義経済の状況について分析し、その成果をまとめ『ヒトラ政治下独逸資本主義の変貌』(実業之日本社、一九四〇年一二月、一九四一年二月〔三版〕)、として公にした。ナチス経済の指導原理はその中で次のように要約されている。「国民共同体の観念(自由主義・個人主義廃棄)・公益優先(恣意的の利潤追求を不許)・不景気免疫の統制経済樹立(自由競争を廃棄)・各人に労働の権利ありと宣言す(失業を不可避必然の現象と認めず)・金融資本を王座より追ふ・生産と労働に王座を与ふ・経済至上主義の否認」、同上、七頁。前掲拙稿「日本経済界の経済組織化構想とナチス思想」をも参照。

(66)　帆足計著『統制会の理論と実際』(新経済社、一九四一年)、五頁以下、一一頁、一七頁、二九頁以下、三八頁以下。帆足については岡崎哲二他著『戦後日本経済と経済同友会』(岩波書店、一九九六年)、第一章(菅山真次)、参照。

(67)　帆足、同、二九頁以下、また五〇頁以下。

(68)　同、三三頁、一一頁。

(69)　同、五頁以下。

(70)　ヘルフェリヒについては、E. Helfferich, Ein Leben, Bd. 1-3, Hamburg (1948?), Bd. 4/5, Jever 1964/65, 日本での行動については、Bd. 4, S. 158-191. 彼は当時、Staits & Sunda Syndikat, Deutsch-Amerikanische Petroleum-Gesellschaft (ESSO), Hamburg-Amerika-Line の重役の地位にあった。郷との関係については『男爵郷誠之助君伝』(一九四三年、復刻一九八八年)、七〇二頁、七二六頁。詳しくは、拙稿「ナチス政策思想と「経済新体制」——日本経済界の受容——」(工藤章・田嶋信雄編『日独関係史一八九〇—一九四五』東京大学出版会、二〇〇八年春刊行予定)、参照。ヘルフェリヒについては、華南理工大学副教授M・ラウック博士から懇切な教示を得た。

(71) E. Helfferich, Lenkung und Leistung der deutschen Wirtschaft. Vortrag (gekürzt) vor der "Japan Economic Federation" im Industriellen Klub in Tokio am 12. März 1940, in: ders., Ein Leben, 5. Bd., Jever 1965. 講演はシュターツラート・エ・ヘルフェリッヒ「戦時統制と企業創意――ドイツ統制経済の現状――」(『経済情報・政経篇』一九四〇年六月、一四四頁以下)として公にされた。

(72) 『統制経済』第一巻第一号(一九四〇年九月)掲載の「新政治体制と経済界」、一四〇頁。

(73) 日本経済連盟会『独逸に於ける統制経済の実情』(一九四〇年一二月)。なお同会を中心に日本の八経済団体は、同一〇月末に、日独伊三国同盟締結(同九月二七日)の祝賀をかねてこの二人を招いて歓迎会を開催している。『経済連盟』第一一巻一号(一九四一年一月)、一四八頁以下参照。また前掲拙稿。

(74) 同上『独逸に於ける統制経済の実情』、一〇頁以下。郷誠之助の思想と行動については、前掲『男爵郷誠之助君伝』、松浦、前掲書、参照。

(75) 『男爵郷誠之助君伝』、七六三頁、七六六頁以下。

(76) 『経済連盟』第一一巻二号、一頁以下。

(77) 「経済新体制の実体」(『改造・時局版十四』一九四一年)、一三三頁。

(78) 「革新官僚・新体制を語る座談会」、六七頁。

(79) 美濃部『戦時経済体制講話』、一三頁以下。

(80) 本書Ⅵ及びⅧ、参照。

(81) 伍堂、前掲「時局と産業人」。なお、商工会議所中心の経済団体再編成構想が挫折した後の伍堂のナチス・ドイツ式の経済会議所案については『経済情報・政経篇』一九四〇年三月号参照。伍堂は日本の統制経済について「現在は私が申上げるまでもないことだと思ひますが大体ドイツの真似をして居る」と指摘する。

(82) この神話はナチスの「日本的国体への接近」といわれるものである。たとえば中川與之助著『ナチス社会の基本構造の研究』(山口書店、一九四四年)第八章。なお、日本の国家神道に対するゲッベルスやヒトラーの関心については、宮田、前掲

『ナチ・ドイツの精神構造』、二六八頁以下。なお、竹山護夫「日本ファシズムの文化史的背景」(浅沼和典他編『比較ファシズム研究』)、三五九頁以下の分析をも参照。

Ⅵ 「勤労新体制」とナチズム

近衛内閣(第二次)における「経済新体制」の構想は、資本主義的企業の企業形態と諸企業の団体的組織化を基本とするいわゆる経済機構の再編成を内容としていた。しかし日中戦争に対応した戦時経済体制の確立と総力戦の準備的体制の樹立のためには、同時に経済諸力を根底において支える労働(者)の動員と組織化が必要とされた。「経済新体制確立要綱」の閣議決定に先立つ一カ月前の一九四〇年一一月に決定された「勤労新体制確立要綱」は、「経済新体制」と並び、それと一体となるべき「労働新体制」の基本方針を確定したものといえる。

労働の国家性と経営における労使の共同体的関係の原則、労働組合の排除と労働者の国家的編成とは、この労働新体制を特徴づける理念であるが、そこにおいてもナチス的な観点が重大な影響を与えていた。本章はその具体的な関連を跡づけるものである。

一 労働のナチス的組織化

ナチスは政権を掌握すると、一九三三年五月、社会民主党系の労働組合をも掌握し、労働組合の解体を強行した。それに代わって登場したのが、ドイツ労働戦線(Deutsche Arbeitsfront, DAF)である。翌一九三四年一月二〇日には、国民労働秩序法(Gesetz zur Ordnung der nationalen Arbeit)が定められ、ナチス的労働体制の理念が確定した。それは次のような特徴をもっていた。①これまでのいわゆる階級闘争的観点を排除し、雇主と被傭者との信頼関係にもとづく経営共同体を創出すること、②企業家・経営者は指導者(Führer)として、労働者は従者(Gefolgschaft, 従業員)として経営の目的のため、また民族的共同利益をめざして、協力してこれを遂行する。指導者は経営体の運営とともに、従者(従業員)への社会的配慮を怠ってはならない、と。

つまり指導者原理が企業経営の中に導入されたのである。経営における賃金等の労働条件は、これまでのように労使交渉によってではなく、経営を監督する公的な労働管理官(Treuhänder der Arbeit)によって定められた。(1)

ナチスは、党綱領において労使の階級対立的関係の排除、マルクス主義の排斥を主張していた。政権掌握後の労働組合の強圧的な解体とドイツ労働戦線の編成は、既存の企業家組織、各種経済団体の改組と、経済有機的構成準備法による専門別・地域別の経済編成に対応するものであった。そして一九三五年三月のライプチヒ協定によって両組織の間の協力関係が実現し、ライヒ労働・経済協議会がつくり出された。

ドイツ労働戦線は、一九三八年には約二三〇〇万の成員を擁し、指導者R・ライの下で、旧労組の資産や会員会費等の資力にもとづき、住宅・居住地建設、保険、出版、造船、自動車(フォルクスワーゲン)製造等々の広範な事業に資金を提供した。またこの組織には、技術や専門技能、職業や経営のための教育機関と、歓喜力行団(Kraft durch Freude)が含まれていた。

労働者の観劇・演奏会・展覧会、スポーツ・ハイキング、外国旅行を含むバカンス旅行などが歓喜力行団によって企画され、援助されたことは重要である。これまでもっぱら中・上層社会層によって享受されてきた文化的娯楽的な施設や機会が労働者層によっても利用されるようになったのである。これらの活動がナチス体制に対する労働者・下層市民の支持の確保ないし拡大という目的と結びついていたことはいうまでもない。また歓喜力行団は、企業に対して作業場や建物の改善、従業員食堂・スポーツ施設等の設置、衛生・照明の改善、等々を要請し、支援した。「労働の美局」によるこの活動は、現代的な経営学や労働科学の成果を利用しており、上記の労働者余暇政策とともに、労働力の再生産と労働生産性の向上という目的を備えていた。(2)

政治学者丸山眞男は、一方では、日本ファシズムとドイツ・ナチズムとの共通性を指摘しつつ、同時にナチス・ドイツの「労働者階級への配慮」に注目して次のように述べていた。(3)「日本のファシズムとドイツのファシズムのこの点に関する違いは具体的には日本の「産報運動」と、ナチスの"Kraft durch Freude"のちがいとしてはっきり現われています。」

たしかに両国の労働体制は大きく異なっていた。しかしそのことは日本の「産報運動」や労働体制の理念が、ナチス・ドイツから影響を受けたことを否定するものではなかった。労働問題・社会政策の専門家森戸辰男(東京帝大助教授、いわゆる森戸事件で起訴、一九二〇年退職、大原社会問題研究所、戦後文相)は、当時、日本の産業報国会運動とドイツ労働戦線との関係について次のように指摘していた。(4)

> 「(前略)自由主義労働秩序に代位しようとする諸々の体制中にあつて、独逸における労働戦線の経営協同体主義と我国における産業報国運動の労資一体主義とが同一系統の思想に属するからばかりではなく、独逸労働戦線がわが産業報国運動の着想・建設にあたつて重要な刺激と示唆と範例とを供与したといふ蔽ふべからざる事実によるのである。」(傍点は引用者)

日本の産業報国会運動は、ナチス・ドイツの労働戦線から重要な影響を受けていたのである。

二 日本の労働新体制の特質

『近代日本労資関係史の研究』の著者西成田豊は、ファシズム的労資関係の特徴として「階級的存在を反動的に「止揚」することによって、労資関係を擬似共同体的に編成すること」にあるとした上で、次のように述べている。(5)「一君万民の家族国家観に支えられた「有機的倫理的協同体」としての労資一体の思想と、自由放任主義・階級闘争主義を否認し産業をとおして皇運の扶翼をはかる産業報国思想の、この両者をイデオロギー的に内蔵した産業報国運動は、この点でまさしくファシズム運動であった。産業報国会の中核的組織である労資懇談会は、労資関係の擬似共同体的編成を実体化する機構としての役割を担った。」

また河原宏は次のように指摘していた。(6)「戦時下日本の労働観は二つの系統に分けられる。一つは天皇制イデオロギーの嫡流としてのいわゆる皇国勤労観であり、もう一つはドイツ・ナチズム、イタリア・ファシズムからの示唆をうけ、それを日本流にモディファイした全体主義的労働観である。この両者は混淆しながら、時には激しく対立して、全体として戦時労働強化のイデオロギーとして機能する。」

しかし西成田も河原もナチズム等のファシズムの「擬似共同体的」イデオロギーや労働観の日本への波及の具体的な仕方については分析するまでにいたらなかった。(7)これに対してナチス的労働体制の日本への影響の問題に注意を向けたのは、安田浩である。(8)安田は、一九三五・三六年頃から展開する「労資一体・産業報国」の理念に対する内閣調査局専門委員南岩男の思想と活動に注目し、日本へのナチス的な観点の影響に言及している。安田は南の労資関係調整策構想における経済の全面的統制と組織化、労働における労働組合禁止と労資一体組織の形成の考え方が、ナチス的要素と日本主義イデオロギーを抱合していたことを重視し、一九四〇年の大日本産業報国会の創立にいたる過程で、上述のナチス的な方向がいかに継承され、また指導者原理の排除を含めそれがいかに修正されたかを検討した。

しかし安田の研究は、南岩男を介してのナチス的影響に止まっていた。また安田は河原が指摘したナチス的労働観や、西成田がファシズム的とした擬似共同体的観点の日本への影響の仕方については具体的には分析しなかった。われわれはこの問題を、経済新体制と不可分の関係にあった勤労(労働)新体制の構想との関連で検討することにしたい。この勤労新体制こそ産業報国会を含めた、日本の戦時経済体制を支える労働体制の基本的な理念を提示していたからである。

三　ナチス国民労働秩序法に関する認識

われわれはまずナチス・ドイツの労働体制に関する同時代の日本での認識の状況について見ることにしよう。

ナチス政権発足の翌一九三四年一月に決定された国民労働秩序法は、ナチス・ドイツの労働体制の基本立法であり、ナチス的観念がそこに集約されていたことは上述した。ナチス経済の専門家・長守善は、一九三四年の書物でこの立法にいち早く注目し、ナチス的労働思想の特質を次のように指摘していた(9)。①経営内の企業家・使用人・労働者間の忠誠関係の上に立つ経営共同体、②指導者原理・能力原則、③国家的賃金監視、④社会的名誉の保護。

また国防経済体制の構想に関して政官界に影響を与えた日満財政経済研究会が編集した『ナチス経済法』(一九三七年)も、この法律をナチス・ドイツの「新労働憲章」として重視し、その特色をこう要約していた。

第一に企業者と労働者との関係は、従来の階級的社会観に立脚する対立関係としては規定されず、両者は相互の信頼の上に経営共同体を構成し、企業者は指導者として、労働者の福祉に努力するとともに、従属者たる労働者は経営共同体に対する忠実を守るべき義務を有する。

第二に労働組合が解消された結果、労働条件の画一的で集団的な規制は廃止され、各経営の内部において個別的に決定が行われることとなった。

第三に経営内部の管理については、指導者及び信任協議会を中心とする自治的運営を主とすると同時に、国家官吏(労働管理官)に強力な権限を付与することによって、国民共同体の全体的利益を擁護しようとしている。

ナチスの国民労働秩序法は、労働関係調査に関わる重要組織・協調会や産業報国連盟も注目するところとなった。協調会調査部の稲葉秀三(一九三七年企画院嘱託、四一年企画院事件で検挙・起訴される)が執筆した協調会『ナチス労働法』(一九三六年、同法は国民労働統制法と訳された)や、産業報国連盟『各国の国民組織と労働組織』(一九四〇年七月)の冒頭編「ドイツ」(溜島武雄・青木治朗担当。溜島は一九四〇年産業報国運動中央本部創立準備会に関与、四一年同事務局厚生局副部長)がそのことを示している。

国民労働秩序法の原理は、労働者組織と、企業者組織との間の集団主義的な協約関係とを否定し、労働関係の基礎を個々の「経営」の共同体的な関係とそれに対する国家の関係として構成した。第一条「経営においては企業家は経営の指導者として、職員・労働者はその従者として、共同して経営の目的を促進し、かつ民族及び国家の共同利益を図るべきものとする」という規定は、ナチス的労働関係の精神を象徴する原則として受け止められた。(10) その中にナチス的な指導者原理が経営内の共同体的な労使関係に適用され、また経営目的と併せて民族的国家的観点が貫かれていたからである。

労働と経営の重視は、同法第三五条に示されていた。『ナチス経済法』はそれを次のように訳出している。

「経営共同体の各所属者は経営共同体内部に於ける其の地位に応ずる義務を良心的に履行すべき責任を有す。各所属者は経営共同体に於ける其の地位に伴ふ尊敬に値することを其の行動により示すことを要す。特に各所属者は常に其の責任を自覚して経営の勤務に其の全力を捧げ共同の福祉の為己を没却することを要す。」

以上のようにナチスの労働秩序法における経営と労使の経営共同体的関係、また経営の有する私的かつ公益的目標の特質については、同時代の日本の知識人、とくに労働政策当事者はすでに十分な認識に達していたのである。それは労働体制におけるナチス的な理念が日本で問題となり、受け止められる前提となる条件であった。

四　勤労新体制とナチス的労働観

日中戦争への対応、総力戦準備体制のために「労働」の「新体制」の確立は「産業」の「新体制」とともに不可欠な条件であった。協調会の中に設けられた戦時体制の社会政策を構想する官・財界有力関係者の時局対策委員会が、一九三八年三月に「労資関係調整方策」(以下「方策」とする)を作成し建議したのもそのような必要性と結びついていた。

協調会常務理事で同委員会幹事の町田辰次郎が述べるように、「労資」関係の新しい精神は「皇運扶翼の臣民道を経とし、事業一家職分奉公の実践理念を緯とする新産業精神」を特徴とした。(11)「我国古来の家族制度の精神」、「事業場一体一家」に立った「産業報国会」を提起するこの日本主義的な「方策」は、同時にその冒頭で次のような観点を提示していた。(12)「産業は、事業者従業員各自の職分によつて結ばれた有機的組織体」であり、産業の「使命」は「産業の発展によつて国民の厚生を図り、以て、皇国の興隆、人類の文化に貢献すること」である。そのために「事業者は経営に関する一切の責に任じて従業員の福祉を図り、従業員は産業の発展に協力し、事業一家家族親和の精神を高揚し、以て、国家奉仕の為に各々自己の職分を全うしなければならぬのである。」

そこには協調会の従来の労使協調主義を土台にしつつ、しかし経営内の労使の関係を職分によって結ばれた「有機的組織体」とする見方が示されており、労使関係を対立的なものとしてでなく有機的な経営共同体としてとらえ、その目的を経営と同時に国民的利益に結びつけるナチス的な観念と共通する理念が採用されていた。企業家団体の一つ、中部産業団体連合会が協調会の上記の「方策」を批判しつつ、これをナチズムと対比させて次のような共通性を指摘したのはそのような事情によるものといえよう。(13)

「労資一体ト云フコトハナチス独逸ノ労資ニ対スル考ヘ方ト同ジデアル。」ナチスの場合「雇主モ労働者モ之レ等シク事業共同体ノ構成員」であり、「彼等ノ利害ハ全体トシテ国民ノ利害ノ内ニ解消」されている。「此点ハ協調会ノ指導精神ト極メテ類似シテヰル。」

その上で中部産業団体連合会はこう結論づけた。(14) ①協調会の「労資関係調整方策」は、ナチス・ドイツにおける労資関係の思想及び運動から多くの示唆を得たものである。②しかしナチスの「指導者原理」は採用されていない。そのために「労資一体」という根本精神はお題目に終わっている、と。企業家側は、経営者を指導者とするというナチス的な経営内指導者原理を決定的に必要なものと考え、「方策」におけるその欠如を批判したのである。

労働新体制の構想は、政府においては企画院を中心に進められていた。それは当初経済新体制の一環として、経済組織化と関連づけて企画院第一部で検討された。そこで作成された「経済機構整備要綱(案)」(八月八日)は、経済新体制に関する当初の構想の一つであったが、その中で企画院は「経営協同体の原理」を計画の中に盛り込み、その原理として「指導者及び労務者を一体」とした「産業報国運動」を提起していた。八月一七日案はそれに加えて「経営に於ける指導者組織」の確立を謳った。[15] つまり企画院第一部のこの案の中には、経営者に代わる言葉として「指導者」なる言葉が採用され、「労務者」と「一体」となった「経営協同体」が計画されていたのである。ナチスの国民労働秩序法がそこで参考にされていたことは間違いないといえよう。

労働の新体制の検討はその後、企画院第一部から第三部に移った。その第三部の調査官・美濃口時次郎は、新体制問題が大きく論ぜられていた一九四〇年秋、「高度国防国家建設の時代的要請」が「労働統制の新たな前提」を要求している、と述べ、労働再配置のための統制の強化、労働生産力増大の措置と並ぶ最大の問題として、「新たなる労働観の確立」と、それにもとづく「新たなる労働体制の確立」をあげていた。「労働を以て単なる私的生活の資を得るための手段と見ないで、それを通じて国家に奉公するといふ、産業報国の精神を確立することと、この産業報国の精神を具現した新たなる労働体制を確立することとでなければならない。[16]」

企画院第三部は、一九四〇年一〇月に勤労新体制に関するいくつかの原案を作成し、それにもとづき政府は、同年一一月八日に、勤労新体制確立要綱を閣議決定した。それは前文、勤労精神の確立、単位経営体に於ける勤労組織の確立、勤労組織連合体の確立、勤労組織連合体と他の団体との関係、行政機構、外地における体制、からなっていた。そこにおいて、労働(勤労)の、国家性・人格性・生産性が強調され、国民の責任とその栄誉、能率発揮、秩序への服従、創意性・自発性が要請された。さらに個々の経営体の労働関係が定められ、経営は「企業経営者を以て指揮者として経営体に所属する全勤労者を以て構成する特別社団組織たること」と規定した。

まず企業の経営体(「単位経営体」)が基本として重視されていることが重要である。その経営体は「資本、経営、労務の有機的一体」として位置づけられた。企業を「資本」・「経営」・「労務」の「有機的一体」とみなす観点は、一カ月後に決定される「経済新体制確立要綱」にそのまま採用される。この見方は、従来の労使関係の観点を否定し、雇主と被傭者との間の経営的な「有機的一体」をつくり出そうとするものであった。しかも「企業経営者」は、経営の「指揮者」として明示された。

以上の観点は著しくナチス的であった。それは原案の作成過程においてより明白に看取された。即ち企画院第三部は、それに先立つ一〇月三日と一八日の勤労新体制確立要綱の原案において「右組織は指導者に依り統率せられたる指導者組織たること」と規定し、「指揮者」ではなく、「指導者」及び「指導者組織」というナチス的な文言をそのまま使用していたからである。そして続く一〇月二一日の案でそれはさらに「経営者を以て指導者とし経営体に所属する全勤労者を以て構成する特別社団組織たること」と修正され、まさに「経営内において企業者は経営の指導者として……」という先のナチス国民労働秩序法第一条の条文と酷似した文章に変えられていた。つまりナチス的な企業家優位の指導者原理が採用されていたのである。

それは上述したように企業家団体の一つ、中部産業団体連合会が求めていた点であった。この表現は一〇月二八日の企画院・基本国策要綱実施草案の勤労新体制確立要綱案にそのまま用いられて、企画院原案の中に吸収された。そしてこの「指導者」の語が、一一月八日の閣議決定に際して、「指揮者」におきかえられたのである。だが、上の経過が示すように、その趣旨はまさにナチス的な経営共同体の観念と、経営内指導者原理を受容したものであった(17)。

勤労新体制確立要綱決定の後、大日本産業報国会が設立された。ナチス・ドイツと同じように労働組合は解散し、またドイツ労働戦線の場合と同様、労働者だけでなく雇主(事業主)も含めた産業人の全国的組織がつくり出された。公益優先を至上命令とするナチス的世界観の教育と指導者の育成を第一の目的とするドイツ労働戦線と同じように、大日本産業報国会は「産業報国」の「精神」の昂揚と教育・訓練を最大の目標にしていた。またその活動領域には歓喜力行団(Kraft durch Freude)の機能に対応する「福利厚生、生活指導、勤労文化の向上」も含まれていた。日本現代経済史の専門家安藤良雄の次の指摘はまさにこの事情を指すものであった。[18]

「産報はナチス・ドイツの「労働戦線」のイミテーションであり、右要綱にはそのナチス的臭味もあるが、また観念右翼にも通じる「皇国経済学」的表現もある。このあたりにも、日本ファシズムの特徴があらわれているというべきであろう。」

労働力の再生産と育成は戦時経済体制の最も基本的な条件であり、そのためには職場・労働過程の労働条件のみならず、職場外における、また余暇での労働者の生活様式も考慮されねばならない。そのような目的と結びつくドイツ労働戦線の歓喜力行団は実は同時代の日本人の関心の的であった。厚生省は、余暇・レクリエーションを中心とする日本の厚生運動の発展のために、一九三八年に日本厚生協会を設立したが、その会長の座に就いたのはヨーロッパ訪問の折にドイツ労働戦線を訪れ、歓喜力行団の活動に強い関心を抱いた日本商工会議所会頭の伍堂卓雄であった。

協会は一九四〇年一〇月に大阪でアジア各地の代表を招いて「興亜厚生大会」を開催するが、そこにはイタリアの「ドポラボーロ」(労働後事業団)の代表とともに、ドイツの労働戦線や歓喜力行団の代表(ゼルツナー。前述V参照)も招待された。この大会は最後に決議を採択するが、その中にドイツ語のクラフト・ドゥルヒ・フロイデの日本語訳である「歓喜力行」が掲げられたのである。このように日本の厚生運動はナチス・ドイツのその理念を受容した。[19] ただそれがドイツのようには実行されることがなかったのである。

もちろん日本はドイツと事情を異にしていた。日本厚生協会理事の吉阪俊蔵は、ドイツとイタリアの運動が「参考」になることを認めながら、「そのままの翻訳」を排除した。伍堂も日本の独自な「国情と国民性」に合致すべきことを主張した。彼はそれを「日本精神」を基本とする国民精神総動員に結びつけた。天皇を中心として万民ひとしく天皇に帰一する翼賛の観念が強調された。興亜厚生大会は、ナチス的な「歓喜力行」を国家的な「奉公」に結びつけたが、それは皇運扶翼の天皇制的な観念と結合していたのである。[20]

(1) 国民労働秩序法については多くの文献があるが、ここでは以下によった。W. Mansfeld (Hrsg.), Die Ordnung der nationalen Arbeit, 12., wesentlich ergänzte Auflage, Berlin 1941. この書はこの版で七万三〇〇〇—七万五〇〇〇部の印刷となっている。

(2) T. W. Mason, Zur Entstehung des Gesetzes zur Ordnung der nationalen Arbeit, vom 20. Januar 1934, in: H. Mommsen / D. Petzina / B. Weisbrod (Hrsg.), Industrielles System und politische Entwicklung in der Weimarer Republik, Düsseldorf 1974; Hermann Weiss, Ideologie der Freizeit im Dritten Reich. Die NS-Gemeinschaft "Kraft durch Freude", in: Archiv für Sozialgeschichte, 33, 1993.

(3) 丸山眞男著『現代政治の思想と行動』(未來社、増補版、一九六四年)、五六頁、同『丸山眞男集』第三巻(岩波書店、一九九五年)、二八八頁。

(4) 森戸辰男著『独逸労働戦線と産業報国運動』(改造社、一九四一年)、序一二頁以下。

(5) 西成田豊著『近代日本労資関係史の研究』(東京大学出版会、一九八八年)、四三五頁。

(6) 河原宏「戦時下労働の思想と政策」(早稲田大学社会科学研究所ファシズム研究部会編『日本のファシズムIII』早稲田大学出版部、一九七八年)、一一二頁。なお、昭和研究会との関連では、有馬学「戦時労働政策の思想」(『史淵』第一二〇輯、一九八三年)、たとえば八頁、参照。

(7) 佐口和郎著『日本における産業民主主義の前提——労使懇談制度から産業報国会へ』(東京大学出版会、一九九一年)の内容は本章と密接に関連するが、そこにはナチズムやファシズムとの関連は言及されていない。

(8) 安田浩「官僚と労働者問題——産業報国会体制論」(東京大学社会科学研究所編『現代日本社会4 歴史的前提』東京大学出版会、一九九一年)。またこの時期の全体的状況については、三輪泰史著『日本ファシズムと労働運動』(校倉書房、一九八八年)、南については特に一八二頁以下。

(9) 長守善著『ファッショ的統制経済』(新経済全集)(日本評論社、一九三四年)、一四二頁以下。

(10) 杉村章三郎・我妻榮・木村亀二・後藤清著『ナチスの法律』(日本評論社、一九三四年)、「ナチスの労働法制」(後藤清)、三四九頁以下。
(11) 町田辰次郎「産業報国運動の現勢と産業報国会の機能」(『統制経済』第一巻三号、一九四〇年一一月)、九七頁以下、とくに九九頁以下。町田辰次郎については、法政大学大原社会問題研究所編、梅田俊英・高橋彦博・横関至著『協調会の研究』(柏書房、二〇〇四年)、とくに一四七頁以下、参照。
(12) 協調会偕和会『財団法人協調会史』(一九四五年)、九三頁以下、神田文人編『資料日本現代史7』(大月書店、一九八一年)、一一三頁以下。
(13) 同上『資料日本現代史7』資料七、二二一頁以下。
(14) 同上、二二四頁。
(15) 国策研究会文書(マイクロフィルム)、6196, 6230
(16) 美濃口時次郎「高度国防国家と労働体制」(『統制経済』第一巻三号、一九四〇年一一月)、七六頁以下。
(17) 国策研究会文書(マイクロフィルム)、勤労新体制確立要綱関係(6690-3, 6696, 6702, 6931, 7070, 7104)。
(18) 安藤良雄著『現代日本経済史入門』(日本評論新社、一九六三年)、二五二頁。しかし安藤自身はその論拠について説明していない。
(19) この間の経緯の詳細については、拙稿「ナチス政策思想と「経済新体制」——日本経済界の受容——」(工藤章・田嶋信雄編『日独関係史一八九〇—一九四五』東京大学出版会、二〇〇八年春刊行予定)参照。
(20) 前掲拙稿。

Ⅶ

ナチス・ドイツ認識と日本的特殊性

――経済学者の日独比較論――

本章は、日中戦争開始前後から経済新体制にいたる時期の日本におけるナチス・ドイツないしナチズムの認識と、それと結びついた日本の現状とその特殊性の把握、その批判的または肯定的認識とを有力経済学者の見解の分析を通じて考察する。

われわれはすでにナチス政権掌握期に相応した時期の日本の社会科学者によるナチス・ドイツ体制分析を検討したが、(1)本章が対象とする時期は、それに続く時代、すなわち日中戦争の勃発と戦時経済体制への移行、また外交的には日独防共協定(一九三六年)・日独伊防共協定(一九三七年)、さらに日独伊三国同盟(一九四〇年)による国際的関係を背景に、全体主義的な傾向が強化され、経済新体制が発足して日本における「国家としてのファシズム」が確立に向う時代である。ドイツでは、ナチス的な国家的体制の下で、再軍備と第二次四カ年計画(一九三六年)が進められ、続いて一九三九年にはポーランドに侵攻し、第二次大戦が開始された時期に該当する。

この時代の日本の経済学者は、前章(Ⅲ)の時期と同様、ナチズムをもはや単に運動や思想としてのファシズムではなく、ドイツ国家のナチス的体制の問題として受け止め、その経済体制の全体主義的な特質に注目していた。本章では、当時の指導的経済学者の中から、社会政策論における代表的な三人の論客、風早八十二、服部英太郎及び大河内一男と、経済史・思想史の気鋭の学者大塚久雄、そして天皇制国家の支配的原理を構築しようとする日本経済学の難波田春夫を取り上げ、彼らの認識を分析することにしたい。(2)彼らのナチス研究は、何らかの形で、自国日本の現実と関連づけられ、そのドイツ認識は、同時に日独の比較と日本の特殊性の考察を伴い、それを通じて批判的(限定付きであるが）にであれ、肯定的にであれ、総力戦準備＝準戦経済体制をめざすこの国の全体主義的体制の理解に結びつけられた。本章が重視するのはこの点である。

一　日本における「ヒトラー以後」的要素と「ビスマルク前」的要素の結合
——風早八十二——

ドイツでヒトラーが政権を掌握したその同じ一九三三年に風早八十二は検挙・投獄され、その後出獄、一九三七年に『日本社会政策史』を公にする。(3) この書物は日本における社会政策の展開を社会的再生産の発展過程の観点から解明し、その現代的な一般性とその特殊的な型を明らかにした先駆的な書物である。その方法の特徴は、社会政策を単に具体的な政策内容についてだけでなく、資本制社会の一般的また特殊的な歴史的展開とに関連づけて分析した点にあった。

日本の社会政策分析に当って風早が基準としたのは、ドイツの社会政策の理論と政策の歴史的展開であった。その際に風早は、ドイツ認識の多くを、大河内一男の著書『独逸社会政策思想史』（一九三六年）と服部英太郎の論文「独逸社会民主主義社会政策理論の崩壊過程」（一九三四年）に負った。日本の社会政策の歴史的特質は、ワイマール共和制の解体とナチス体制の成立を含めたドイツの歴史的展開に関するこれらの社会科学的な考察を土台にして解明され、日本の現実問題は、ドイツの現実との対比の中で追究されたのである。

風早は述べている。(4)「社会政策の基底たる日本資本主義の体系的特質はこれを英国型に対してゞなく、ビスマークのドイツ並びにナチス・ドイツのそれと対比することによつて比較的最も明瞭に彫刻されるであらう。」

『日本社会政策史』刊行の二年後、風早は論文「日本産業機構の再編成(一―四)」[5]を雑誌に発表する。この論文は日本の全体的な産業編成・機構の現状と特質を分析したものであるが、そこでも風早は日本をナチス・ドイツと対比し、産業機構におけるドイツ型と日本型という類型構成を試みている。このように風早において日本分析はドイツ分析と不可分の関係にあった。日本はドイツとの対比の中で認識され、またその中でドイツの歴史と現実とが問題とされた。では風早の日独比較論はどのような内容をもっていたか。

(1)　ナチス的政策の日本への移植と日本資本主義の特殊性

日本においてナチズムやナチス・ドイツの政策思想が本格的に注目されるのは、上述したようにヒトラーが実際に政権を掌握した一九三三年以降においてであった。そして間もなくそのナチス・ドイツの政策の日本への移入が現実化する。風早はすでに『日本社会政策史』において日本への「ナチス諸政策の移入」に言及し、その独自性に注目した[6]。一九三六年の「労働組合統制法」(陸軍各工廠労働者の労働組合加入・団体行動の禁止)と「地方財政調整交付金制」(臨時町村財政補給金制度)の問題がそれである。これらの措置をナチスの国家的な労働統制ないし新地方制度の日本版として把え、日本の政策上の転換をそこに見ようとする見解(後者の場合、大内兵衛)に対して、風早は次のように批判した。

それら日本の政策は、ナチスの政策と同一視される面を有してはいるが、同時に独自な側面があり、それ自身の固有の発生要因を有している。日本の場合、ナチスと同様の現象を生み、ドイツと共通する要因のほかに、別の独自な要因、「もう一つのプリンシプル」が働いている、と。

風早は、ドイツにおけるナチズムを、社会民主主義の興隆とその滅亡の後に起きた支配形態として、従って資本主義社会の発展の現代的な形態として理解する。これに対して日本は、ドイツと同じような現代的な面と、それ以前の段階とが併存している点に特徴がある。確かに資本主義は世界的な体系であって、日本もその一環として多かれ少なかれ自由主義的な原理によって支配されてきた。従って自由主義的原理に対立するナチス的な統制の原理が、日本でも問題になることは否定できない。しかし日本では、資本主義的な体制と前資本主義体制とが密接に絡み合って展開し、資本主義経済の価値法則と共に、前資本主義的な「拘束」が強力に作用している。この国では自由主義の限界の問題としての規制と、自由主義以前の「拘束」の桎梏が併存するのである。生産力の発展のためには前資本主義的な問題の解決が不可欠であり、それはむしろ前資本主義的な「拘束」の除去、すなわち「自由」の実現にこそある。

日本も資本主義国に属する限りナチス・ドイツと同様に自由主義への「統制」の原理が登場してくる根拠は確かにある。しかしその「統制」はドイツと異なり、前資本主義的な「拘束」の意味における「統制」となりがちである。つまり日本では「自由」の以前にある「統制」と以後のそれとが相互補強し、重ね合わされている。前資本主義的な「拘束」は、ドイツの場合、ビスマルク帝国以前のものであって、日本は、従って、自由主義の統制としてのナチス的な要素、「ヒットラアのドイツ以後のもの」と、ビスマルク帝国以前の前資本主義的なもの、「ビスマークのドイツより以前のもの」とを兼備していることになる。

彼は指摘する。(7)「ナチス・ドイツはビスマークの段階を克服し、ワイマール憲法の段階を超克して構成されたものである。処で日本資本主義は、ビスマークのドイツより以前のものと、ヒットラアのドイツ以後のものとを兼ね備へてゐる。これは日本資本主義の根本的に大切な前提的本質である。日本の諸対策を単純にナチス政策に類推する論者の不正確さは此の本質を洞察し得ないところから来るのである。現在および近き将来においてナチス風の社会政策が此の国に妥当すると考へる論者の不十分さについても同様である。」

こうして日本資本主義における「ビスマーク以前のエレメント」と「ヒットラア後のエレメント」との「比重及び結合の態様」が解明されなければならない。日本でも確かに第一次大戦前から大戦後にかけて、前者から後者へと比重は移動した。しかしそのような移行の中でかえって「両者の結合」がいよいよ緊密化し強化されることになった。風早は現状をこのように認識した。

(2) 日本資本主義の「ビスマルク以前」的要素

風早は「ヒットラア後」の状況を、自由主義的な資本主義の発展、資本と労働との対立的関係の展開を経た後の現象として、それらの展開に対する「統制」の段階として理解した。ドイツのナチズムは資本主義の発展における現代的な支配形態として認識され、それに対して「ビスマーク前」は前資本主義的な形態として捉えられた。大河内一男の『独逸社会政策思想史』を高く評価する風早は、[8] ビスマルク的社会政策論とその解体・社会民主主義的社会政策論への転換の事実に関しては、大河内の認識に依拠していた。すなわちビスマルク的ドイツは、一方では社会主義者鎮圧法、他方では疾病保険法(一八八三年)、災害保険法(一八八四年)、廃疾・養老保険法(一八八九年)などの社会保険という「飴と鞭」の政策をとった。その背景には「ユンケル的勢力」が存在した。だが独占資本が発展し、他方で社会民主党勢力が増大するに及んで、ビスマルクは失脚し、社会主義者鎮圧法は廃止された。つまりビスマルク的なドイツの場合、社会主義者鎮圧法が示すように、労働者はすでに資本家に対立するまで成長していた。ドイツの講壇社会主義における政策の対象は、近代的な労働階級であり、そこでは労資関係は前提条件であった。社会主義者鎮圧法による労働者の権利の抑圧は、労働者に対する社会政策的保護と一体となっていたのである。

ところが第一次大戦前の日本の社会政策は、労働者の団結と自助的方法を一切禁止しながら、労働者保護法を欠き、伝統的な「慈恵」の観念からする「救恤」に止まっていた。「窮民」は「資本に対して」保護さるべきものではなく、単なる「憐れまるべき」存在でしかなかった。第一次大戦前の日本の社会政策は、存在する労働者階級を階級としては認めず、「憐れまるべき者」に対する「宗教的慈恵」に止まり、それによって大衆自身の「自主性」の発展を防止しようとした。それはドイツの「ビスマーク以前」的状況に対応する。

第一次大戦を画期にして日本資本主義は変化し、労働者階級の主観的・客観的地位が向上するとともに、一連の社会政策が立法化された。こうしてビスマルク的段階に行きつくのであるが、しかし社会政策の内容は低位に止まり、しかも「労働大衆の自主性」は抑制された。この政策は大恐慌以降に継承された。労働者化していない広範な大衆、つまり「半プロレタリア的な小作農民」、「マニュファクチュア乃至零細家内工業の従業者」の広範な存在も日本的特質を示している。彼らは階級的自覚はもたず、無規定的な「慈恵」政策の下に置かれている。資本家も「淳風美俗」主義を主張し、このような恩恵主義を維持しようとする。社会政策による「産業負担」を削減させようとする企業側の意図がその背景に存在した。

以上のように風早は、日本資本主義における一方での旧い「拘束」と恩恵主義の存続、資本家によるその利用、他方での現代的な「拘束」、自由主義の否定、そして両者の重なり合いに注目した。ドイツの現状はどうか。ビスマルク後のドイツでは、企業は社会政策の「産業負担」に耐えたが、第一次大戦後ヴェルサイユ体制の下で巨大資本はそれを負担しえたものの、中小資本は窮迫して巨大資本に集中された。生産政策と社会政策の鋭い矛盾、前者のための後者の犠牲の中でナチズムは労働者の自主性を剝奪する。独占資本主義下における労働者の自主権の奪取というヒトラー後のこのドイツ的状況は日本にも共通するが、この国の特徴はそれが旧来の抑圧的状況と結合して出現している点にある。風早はこのように理解した。

(3)　統制的産業編成におけるドイツ型と日本型

(i)　労働組合組織化と国民経済的再編成の主張

『日本社会政策史』の刊行後風早は、ナチス・ドイツの政治・経済体制に関するナチスの国家的な紹介の書物、H・H・ランマース／H・プフントナー編『ナチス国家の基礎・構成・経済秩序』の翻訳事業に関与し、P・ベルケンコプフの論文「営業政策」とF・ジールップの論文「労働力の企画的配置と事業振興」との訳出を分担していた。(9) 同じ頃、彼は雑誌『科学主義工業』に論文「日本産業機構の再編成」を発表し、当時進行しつつあった国民経済の編成替えと統制経済化に関して、ナチス・ドイツと日本との比較論を展開する。(10)

この論文は日本における経済統制の本格化に注目し、産業に対する国家的統制の機構とその編成替え、主要産業の統制機構の編成、官僚制的(官治的)な産業統制と経済界の自主的な統制(自治統制)との関係、後者の国民経済的性格、それを土台にした産業編成の方向性を解明しようとしたものである。「新東亜国家の長期的建設」という日本の「歴史的任務」のためには――風早は述べる――「生産力の飛躍的発展」は不可欠であり、産業機構の再編成は、それを支え、また推進する方向でなされねばならない。そのためには「経済の私的営利主義的側面がミニマムに抑制」され、その「国民経済的性格がマキシマムに伸張」されることが必要となる。それは「国家と資本と労働」とが「唯一の国民経済的国家」に統合され、その媒介体として「政治的推進力としての国民的政治勢力」が結成されることを通じてなされねばならない。

風早のこの考えは同じ頃発表された三浦鋕太郎の『新経済体制の理論と試案』(11)(東洋経済出版部、一九三九年七月)に関する肯定的な認識と結びついていた。自由主義的な論者・三浦の見解は、経済人に対して産業行政へ直接関与する権限を与え、自治的に産業行政に参加する制度をつくるとともに(新しい組合制度)、それに基づき官民の協力行政を実現すること、また労働組合を組織化し、それへの参画を認めること、等を主張するものであった。風早は三浦の構想が「全国民的労働の新体制」に結びつき、官僚的なものでない、「産業担当者自体の産業行政」、「国民的なるもの」を志向している点を重視した。だが行政・労働・産業の関係を多元的並列的関係に置き、それを土台とした三者の連絡方式をめざす三浦の考えを風早は十分でないとし、三者を「国民的労働の有機的・統一的」な体系に編成すべきこと、それらを「有機的構成分子」として「合一」する「民族協同体」を創出することを提案する。

労働組合の組織化と行政への参加を軸にしたこの風早の構想は、「民族協同体」とそのための国民的労働の有機的な編成という点においてナチス的である。しかし彼の最大のねらいは後進的な日本における労働組合の組織化と労働者の自主性の強化と、それを前提とした独自なコーポラティズムにあった。

(ii) 産業機構の再編成のドイツ型と日本型——一九三八年

風早のこの論文の核心は、当時の国家的な総動員計画、とくに物動計画・生産力拡充計画と、産業機構の転換と統制機構の確立の問題にあった。日本のこの切実な問題を彼は、ナチス・ドイツとの対比において捉えようとする。彼によれば、自由主義的経済体制の行き詰まりと、重工業化や統制的機構化は、資本主義国に共通する必然的現象であるが、しかしドイツと日本は自由主義経済体制の不適応性が米・英・仏よりも顕著である点で共通し、そのことが両国における統制的編成の強化を一層強く要請している。そのような共通性を前提にした上で、日独の統制的な産業機構の編成は、相互に重要な相違を示しており、それはドイツ型と日本型とに区分することができる。それは以下の四点に現われている。

a. 産業機構の再編成のための歴史的契機　ドイツの産業機構の再編成は、自由主義的ないし社会民主主義的な体制の否定とナチス的な新経済秩序の確立のために必要とされた。ナチス政権掌握時においてドイツの資本機構は、すでに高度化しており、重工業化・機械工業化は高い水準に達していた。そのため政策の中心は、重工業化それ自体にはなく、むしろ食糧確保のための農業生産拡充、そのための非工業部面への労働力の配置に置かれていた。ナチス・ドイツの新経済秩序の特徴は、それ故、農業を含めた全産業部門編成の思想、つまり職分思想にあり、それは各部門の職分団的自治機構として具体化された。その中には指導者原理が導入され、ナチス的精神が内から浸透するように編成された。このようにドイツの産業機構の転換は、重工業化の意味における生産力拡充ではなく、何よりも従来の自由主義的ないし社会民主主義的機構の転換、「新社会経済秩序への企業経営および労働力の秩序づけ」のために行われたのである。

これに対して日本の機構改革は、軍需生産力拡充と物資需給調整及びこれと関連する価格統制を目的としている。軽工業が産業構成の中心であった日本では、産業の新機構の創出は、何よりも重工業化を不可欠の内容とし、「重工業化」と「機構編成替え」との同時的な実現が要請されている。

b. 編成替えのイニシアチヴと機構の主導的主体　ドイツにおける職分団的な機構編成のイニシアチヴはナチス党から出ており、また機構に配置された指導者(実際にはナチス党員)は、指導者原理によって機構の内部から指導をする仕組みになっている。

これに対して日本では機構の編成替えのイニシアチヴは政府、とくに経済政策遂行の主務官庁である商工省と、経済参謀本部ともいえる企画院等の官僚から出ている点に特徴がある。こうして機構の指導性は、官僚による「外から」の指示に基づいている。官僚のこの主導性は歴史的に見て日本の基本的な特質をなすものであるが、しかしそのような官僚による「外から」の指導は実際には指導ではなく、単なる命令ないし指示でしかないのである。

c．指導の内容の特質　ドイツの職分団的な自治機構は経済的任務と社会的任務とを有している。経済的任務は、生産や配給、企業者・労働者の監督、技術教育などであるが、しかしより重要なのはナチス的精神とその適用、とくに全体主義的経済精神を表わす「全体的利益は個別的利益に先んず」と、国民的労働奉仕の精神とを構成員に対して精神的に教育する社会的任務である。

これに対して日本の統制機構の課題は何よりも配給の技術や価格抑制と、生産技術の改善にある。ドイツ型の任務が経済倫理的であるとすれば、日本型は生産技術的である。それは、生産力拡充の目下の必要性だけではなく、むしろ日本経済の機構的特質に結びついているからである。もちろん日本でも国民精神総動員運動の形で国民精神の指導がなされてはいるが、それもまた「外から」のものであり、またこの精神指導と産業統制機構の任務である経済指導との間には大きな溝も存在している。ドイツの職分団的機構における「経済と倫理との統一」は、ナチズムそのものの可否は別として、日本の将来にとって教訓的である。

d．統制機構と民間企業家・カルテルとの関係　ナチス・ドイツは日本と同様に自由競争原理を排除しない。ドイツは、むしろ競争原理を重視しつつ、同時に経済倫理的な規制を設けて、不正な方法による利潤獲得を排斥する。それは法律や命令による強制としてではなく、企業家自身に対する教育の形で行われる。カルテル等の企業結合に対する政策も同様であり、企業独占そのものは排除されないが、その濫用が抑制される。またその方法も国家的な干渉によるのではなく、企業者教育や自治的制裁によって達成されることになっている。職分団的機構(とくに全国工業グルッペ)とカルテルとは併存関係にあり、カルテルは価格統制機能がなお認められているが、グルッペやその中央統合機構としての全国経済会議所の監視下に置かれている。

これに対して日本の場合は、従来のカルテル的組織自体を再編成し、それを通じて配給統制・価格統制など官治的統制のための産業機構を設置する傾向が見られる。このため企業側の反発に直面し、十分な機能を発揮できない状況が存在する。その原因は民間経済の自治的統制の発展が十分でない点にもある。将来は自治的統制機構と官治的統制機構の同時的な育成が必要となるだろう。

こうして風早は次のように結論づける。(12)「両国の新統制機構の特質の比較研究から得られた私の結論としては、ドイツのそれは機構の内からの指導者的経済倫理的性格であるに対し、日本のそれは、機構の外からの官僚的・生産技術的性格であると規定しうる。」

以上のように風早八十二の日独比較論は、日中戦争開始期における日本の戦時経済体制への移行を背景にして、そのために要請される国民経済的な再編成の方式・方向性の問題と密接に結びついていた。風早の認識は、マルクス主義に対する国家的な弾圧の下で公にされた、旧講座派学者の経済学的な現状分析として重要である。そこにはいかにも講座派らしい認識の特徴が示されていた。

風早は日本の特殊性をヒトラー以後的な現代的要因とビスマルク以前的な前近代的要因の結合、現代的な自由主義否定と前近代的な反自由主義との結合として認識する。(13) 統制機構の再編成における官僚制的な方式、「外から」の統制機構編成替えを特徴とする日本型と、機構の「内から」の「指導者的経済倫理的」な編成替えとしてのドイツ型、という風早の類型区分は、この認識と密接に関連している。風早のこの理解は、戦後日本におけるファシズム研究、とくにドイツ・ナチズムを「下から」・「内から」のファシズムとして捉え、日本の全体主義を「上から」の国家的ファシズムとする認識と大きく重なり、いわばその先駆として位置づけることができるのである。(14)

風早は、前近代的な要素を強く残す日本との比較という観点に立ってナチス・ドイツを統制的経済の段階における合理的・現代的な形態として考える。経済体制、とくに産業再編成の様式についてナチス方式の先進性を強調した風早は、ナチス・ドイツの社会政策・労働体制のあり方についてもそれを現代的な性格をもったものと考え、日本が「ドイツに就いて学ぶべき」政策とみなしていた。[15]彼は、ドイツにおける平準的労働力の大量補給と熟練工補給のための労働者補習教育、科学的技術的な徒弟教育の仕方、労働力の計画的配置の方式(労働紹介・失業保険中央事務局)、労働力の保全と培養(賃金規制・労働時間、労働力保全施設と経理統制・利潤制限によるそのための費用捻出)、ドイツ的な新労働体制の樹立、に大きな関心と期待を寄せた。

風早はとくに、労働秩序法、労働戦線および歓喜力行団の編成によるナチス・ドイツの合理的労働秩序の樹立を積極的に評価し、それが労働者の生産的活動に自発的活力を吹きこんでいると指摘する。これに対して日本の国民総動員機構は、抽象的ないし枝葉末節的であり、また産業報国会も精神運動に止まっていて、労働者の生産への自発的参加は見られない、と批判する。労働体制の日独間の相違に関するこの認識は、ある意味で戦後日本のファシズム研究の中にも継承されるのであるが、もちろん労働組合・労働運動の否定、マルクス主義・民主主義の弾圧というナチス体制の重大な問題性を隠蔽するという決定的な問題点をもっていた。

二　ナチス的社会国家論と日本的労働体制の特殊性——服部英太郎——

戦前・戦時の日本において社会政策研究の観点から同時代のナチス・ドイツに最も大きな関心を向けたのは、森戸辰男[16]と服部英太郎[17](東北帝大、一九四二年辞職、検挙、戦後復帰)とであった。ここでは服部英太郎を取り上げ、ナチス・

ドイツの社会政策の特質に関するその分析と、それを踏まえた日本の労働体制・社会政策比較論を検討する。

ドイツでナチスが政権を掌握した直後の一九三四年、服部はそれにいたるワイマール期ドイツ社会民主主義の社会政策論とその解体過程に関して長篇の論文を発表し、またすぐ続いて、ナチスの「全体主義＝職業身分的」社会政策論の系譜に関する研究を公にしていた。[18] それから数年後、戦時経済体制への移行と経済新体制が問題となる時期に、服部は日本の労働体制の現実問題を、ナチス・ドイツのそれに関連づけて活発な論陣を展開する。その頃風早八十二は再び検挙（一九四〇年）されており、ナチス・ドイツ分析を土台とした服部の日本分析と現状批判は、マルクス主義弾圧下の日本における事実上マルクス経済学的な数少ない成果の一つとして、後述の大河内一男のそれとともに日本の社会科学研究史上独自な位置を占めることになる。

(1)　ナチス・ドイツの職業身分的社会政策の現代的性格

社会政策は、資本制的生産発展の段階に応じてその表現形態を変化させつつ展開するという認識に立って、服部は資本主義の現段階のそれを、国家的強力的な労働政策及び景気政策と癒合した労働機会供与政策として捉える。それはイデオロギーとしての社会政策的な理論構想の中に反映する。

第一次大戦後のドイツは、すでに資本主義的展開の現代的な段階、すなわち独占資本主義の典型的な形態を示していたのであって、そのイデオロギー的な形態が全体主義的・身分的・職業身分的な理論構想に他ならなかった。それは利益的・階級的団体としての労働組合の立場に対立し、また社会民主主義的な労働組合政策に対抗するものであった。服部は、W・ヴェディゲン、O・シュパン、O・v・ツヴィーディネク＝ズデンホルスト、A・アモン、F・A・ヴェストファーレン、またG・アルブレヒト等の社会政策論の思想史的展開を跡づけ、それをこのような理論的構想の具体化の過程として認識する。労資の対立関係に対する労資協調の観点と、社会的集団・利益当事者集団の有機的結合、社会的共同体への編入と身分的ないし職業身分的編成の実現、社会政策に対する経済政策の優位と生産性・効率性の重視、個別利害・階級的利害を超えた国民共同体の形成等を求める観点や構想がそれである。その背景には経営協議会の機能転化という事情が進展していた。(19)

一九三三年のナチス「国民革命」は――E・ヴァルガの考えに依拠しつつ服部は述べる――「独逸資本家階級によるナチスへの政権の委託」である。ドイツの資本家階級は、社会民主主義を支柱とする「自由主義的」な社会体制・社会政策に対して、それに代わる「拘束的」な社会体制・社会政策を必要と認め、職業身分的社会秩序をイデオロギーとして標榜するナチスに期待を寄せた。ナチス体制は、こうしてワイマール期における展開の内部から、資本主義の現代的形態として出現する。一九三三年五月のドイツ労働戦線、一九三四年一月国民労働秩序法、同二月ドイツ経済有機的構成準備法、一九三五年三月ライプチヒ協定等は、ナチス的な職業身分的イデオロギーの実現形態を示すものである。ドイツ労働戦線の目標は、教育的文化的な作用にあり、それは「国民的民族的協同体」思想の涵養、公益は私益に先立つという原理の実現、雇主・被傭者の宥和と責任意識的協働に向けての意識と能力の推進、とりわけマルクス主義の根絶、階級的思想の超克にあった。

このナチス的な全体主義は、ワイマール期の全体主義的＝職業身分的政策思想とは異なっていた。ワイマール期のそれが構想した「全体」の観念は、「国家」ではなく、「社会」そのものであり、国家の社会政策的任務はむしろ後退すべきものであった。ところがナチスは、全く逆に、権威国家、全体国家論の立場に立っており、職業身分的社会秩序と権威国家・全体国家との理論的癒合がまさにナチス体制を特徴づけていた。(20)ナチス政権掌握直後のナチス・ドイツの状況を服部はこのように適確に理解していた。

(2)　ナチス的社会国家の可能性と日本的労働体制の後進性

それから暫くして、服部は論文「ナチス「社会国家」の展望」[21]（一九四一年）においてナチス体制の「社会国家」としての可能性を問題にする。それは日中戦争下の日本の戦時体制確立をめざす機構改革とその「社会的実践」との関連で論ぜられ、従ってナチス・ドイツ理解はむしろより多く日本分析に、さらに日本の現状への批判に結びつけられた。ナチス・ドイツ体制の全体主義的国家主義と職業身分的社会政策の問題性を強く指摘していた先の論文と異なり、この時期の服部は、これまでのようなナチス体制への批判的評価を全面的に抑制し、むしろ逆に、ナチス・ドイツの労働体制・政策体系の現代性に着目しつつ、その観点から日本的現状の問題性、その合理性の遅れを浮き彫りにしようと試みた。

(i)　ナチス的社会国家論

服部はナチス・ドイツが「戦後の社会的約束」として国民養老年金制度の創設と住宅建設計画とを提示し、準備を開始したことを重視し、これを新しい「社会国家」への展望をもつものとして評価する。彼はそこに二律背反的とされる軍事的国防的支出と社会的支出、国防国家と社会国家とが結合する可能性を看取し、社会国家が国防的体制の下で現実化する方向性を指摘する。服部はそれをナチス前の旧来の社会国家論との対比によって示そうとする。

そもそも社会国家（あるいは国家の社会化）とは、従来、近代資本主義国家の社会政策的役割の増大を意味しており、そこではとくに分配政策的な視点、国民所得の再分配の観点が重要視されてきた。経済的にはそれは国民大衆の購買力を増大し、国内市場を拡張する機能を果し、労働者階級の支持の下で政治的には民主制の発展を確保するものとされた。しかしこのような社会国家の発展は、経済的に見ると帝国主義の段階における超過利潤を土台にしてはじめて実現することができた。先進資本主義国の社会国家の下で可能となった独占資本の高利潤と労働貴族の高賃金は、後進資本主義国や半植民地国・植民地の労働者の犠牲に基づいており、先進国の社会政策の限界はその犠牲の大きさによって与えられていた。社会政策と帝国主義とは内的に関連し合っていたのであり、そこには世界資本主義の発展の不均衡性が前提とされていたのである。服部はこのように鋭く指摘する。

ところが今や新しい状況が到来した。労働条件の改善と、各種社会政策による生活水準の向上、労働者階級の強大な組織を特徴とする先進資本主義国は、低賃金・劣悪労働条件の労働者を活用できる後進的あるいは半植民地的な資本主義国や植民地と、世界市場の獲得をめぐって対抗関係に置かれるにいたった。その闘争は生産費をめぐる激しい競争となって展開し、かくて社会政策的支出・負担の多い先進資本主義国は敗退の危機に直面するにいたった。それは第一次大戦後に顕在化した。服部は第一次大戦後における世界的な不均等的発展の帰結と、帝国主義的体制の変質と動揺の現実に注目し、それに基づきナチス・ドイツの広域経済体制の矛盾を次のように問題にする。

もしナチス的な社会国家と「戦後の社会的約束」とが、東南ヨーロッパの農業諸国と新たに獲得さるべき植民地からの超過利潤とによって可能となるとするならば、それは旧来のそれと何ら異なるものでなく、ナチス的社会国家の内在的矛盾を示すことになる。このことはフンクの欧州新経済秩序論にも該当する。こうして社会国家を社会政策の伝統的観念、分配政策的視点から把握しようとする限り、新たな社会国家も自ら限界をもたざるをえなくなる、と。

だが服部は同時にこの社会国家が戦争体制と深く関連して展開してきた歴史的経緯に注意を喚起した。つまり、第一次大戦中の戦時社会主義、経済の国家化、ヒンデンブルク綱領における生産・労働の国家的統制＝総動員体制がそれである。戦時期のこのような政策や制度の多くが、戦後の社会民主主義的な社会国家に継承され、労働紹介・失業保険制度、労働組合の公的承認、労働協約、仲裁委員会、等の形をとって現実化した、と。服部は、この社会民主主義的なドイツの社会国家の基本構造の中に、すでにナチス的社会国家体制への転換が準備されていたこと、そしてナチス的な新社会国家は、社会民主主義的な社会国家との関係の下でのみ成り立ちえていること、を強調した。

彼は論じる。ナチスの新社会国家は、まず経済恐慌における社会的危機克服を、ついで国防国家高度化を課題とした。それは指導者原理と、国民協同体及び経営協同体の理念によって支えられている。その体制は、①計画的な労働配置、賃金等労働諸条件の統制、社会保険など国家的社会政策の担当機関と、②経営協同体実現のための経営社会政策の担当者で、国家的社会政策の助力者たるドイツ労働戦線、とを軸としている。労働諸条件の国家的統制、とくに賃金統制における労働管理官の独裁的位置は、ナチス体制を特徴づけているが、そのような「上から」の統制に対して、「下から」の協力は不可欠である。ドイツ労働戦線による国家的社会政策への助力は、ナチス体制の前提になるべきものであって、それこそがナチスのそれをビスマルク的な社会政策から区別させるのである。「下からの社会的協力」はまだ制度的に確立していないが、その展望はすでに与えられており、この点において新しい社会国家は帝国主義的限界から自由になる可能性を有する。

以上のように服部は、一方ではナチス体制の軍事的拡張主義の帝国主義的傾向の可能性を問題にし、またナチス的社会国家の国家的独裁的性格を指摘しつつ、しかし、同時に、にもかかわらず国防体制に移行したナチス国家が、ドイツ労働戦線の「下から」の協力を前提にして、新しい形の社会国家をつくり出していく方向性に期待したのである。

ナチス労働体制の可能性に対する服部の積極的な評価は、ナチス的なヨーロッパ広域経済、とくにW・フンクと結びつけられる「欧州新経済秩序」の構想に関する論評の中に一層明確に表現された。(22) 一九三九年九月ポーランド侵入に始まるドイツのヨーロッパへの軍事的侵略は、帝国主義的拡張主義には最早結びつけられず、逆に「新ヨーロッパにおける社会政策」、「来たるべき労働のヨーロッパ」を展望する「進駐」、「社会政策の「進駐」」として肯定的に捉えられた。

この認識は、ナチスの「国民革命」に関する理解と一体となっていた。服部はナチスの原理をもっぱら「国民労働の秩序」の視点から捉え、それを国民協同体に対する労働と「業績」重視の観点に結びつけた。このナチス的観点は、「自由主義経済」に対比した時、「資本の権力」の喪失と「労働の地位」の向上とに結びつくものと考えられた。労働は国家の「指導と保護」に服する本来の意味での「公的職務」になり、それが「労働するもの」の国家体制への「同権的編成」（グライヒシャルトゥング）に他ならない。（ナチス政権を独占資本主義と結びつけたかつての認識は姿を消した。）

ドイツの対外的な軍事的行動は、「利潤追求の私的資本の道」とは異なる、「労働とその業績」の理念の当該地域での実現として展望される。東南ヨーロッパ諸国の「新たな経済的方向」が、さらにフランスをも含めたヨーロッパ広域経済圏での階級闘争からの「解放」が期待される。ナチス的広域経済への「客観的批判」の可能性を認めながら、しかし服部は次のような認識を示す(23)。

「ドイツ国防軍の「進駐」に直ちに続くものは、資本の「進駐」にあらず、況んや私益追求者の「進駐」にあらずして、反って社会政策の「進駐」であり、接収とは社会政策的な接収を意味し、そして保護領とは社会政策的保護領の性格を著しく担ふもののようにさへも見える。また総じて軍事的進駐は「国民労働の秩序」の「進駐」を意味するものといってよい。」服部のナチス認識は、このように批判的から肯定的に転換する。

(ii)　日本的労働体制の後進性

ナチス・ドイツの労働体制の分析と評価は、服部の場合も、日本的労働体制の特質に関する認識、それに対する批判と結びついていた。彼は指摘する。「これまで日本の戦時経済統制と労働統制の政策担当者とその建設的批判者たち」はナチス・ドイツを「久しく先蹤的範例」[24]としてきた。国家総動員法に基づく日本の労働法令等は、ドイツのそれと似たような外観を現わしているのはその故であるが、しかし、労働体制・社会政策の日本の現状はドイツに比して大きく遅れている。次のように彼は捉える。[25]

(1) 日本の賃金統制令(一九三九年)における国家的な賃金規制や就業時間制限令における成年男子工の労働時間規制は、いずれも日本の企業と労働者にとって、はじめての社会政策的な経験となった。それほどまでに日本の労働体制は社会政策的な歴史的基盤を欠いていた。日本には労働体制というべきものがそもそも存在しなかったのである。

(2) それらの法令は、相互に矛盾し、実施に際して混乱が指摘されている。立法の基底となり、労働体制の根幹になるべき労働新秩序に関する基本立法が、全く欠如しているからである。ナチス・ドイツの労働体制における国民労働秩序法やイタリアの労働憲章に該当する基本的な労働法が、これまで全く問題とならなかった点に、日本の労働体制の後進性が示されている。労働秩序法と労働体制の確立は、日本の場合、それを阻害する企業体制の革新、つまり営利主義一本槍を排除する経済新体制とともに実現されねばならない。日本的な国民労働秩序法が構想され、勤労新体制確立要綱と経済新体制確立要綱との理念が同時に生かされるとき、そこにはじめて高度国防国家体制の進路が確定することになる。

(3) このような日本の遅れは、労働者の自主性が伝統的に拒否されてきたこと、企業において企業者の家長的権利が強固なことと深く関連している。新体制における企業の労働・経営協同体的関係は、本来の姿においてではなく、もっぱら企業家の家長的権利への労働者の隷属関係の観点から理解された。それは企業者による社会的恣意の強化のために利用されようとしている。ナチス・ドイツとは異なり日本ではこのような「伝統的な機構的障碍」との闘いこそが必要なのである。

(4) 労働をそのような資本の恣意から解放し、労働力配置の国家的規制と労働条件の国家的管理を実現するためには、国家的な中枢機関を確立し、基底にある組織機構を改革しなければならない。つまりナチス・ドイツのような労働局や労働管理者の制度が採用される必要がある。その意味で新しく設けられた労務官制度を強化し、労務官の企業経営内部への介入、経営内部への国家権力の積極的関与を認めるようにしなければならない。

(5) 高度国防国家は、労働力自体の国家管理を特徴とするが、しかし労働力は同時に意識的主体性における労働者でもあり、この労働力担当者の主体的な成熟と自覚的協力は軍需生産拡充のために不可欠の条件となる。労働力の保全と維持・培養及び労働者の主体的成熟、その自主性の実現のためには、産業報国会が労働統制の社会的自治の組織機構たる地位を与えられ、労働関係諸問題に主体的に関与する必要がある。

以上の観点に立って服部は、経済新体制と勤労新体制の同時的な推進の重要性を強調する。前者に関しては、産業の重点的再編成の機構的中核体として、生産増強の促進母体である重要産業部門中心の統制会の機能が中心的な位置を占め、また後者においては労働体制の機構的拠点として産業報国会の役割が重要となる。それだけではない。さらに両組織は相互に関連し提携していくことが大切である。ナチス・ドイツのモデルはその先例として注目されねばならない。

日本の高度国防国家における経済と勤労の両新体制の中核組織体はいずれもナチス・ドイツにその機構的範例を求めたが、この「ナチス・ドイツの経済体制の拠点、商工団体と労働体制の拠点、独逸労働戦線との組織機構的な関連は、その制度的用意に於てもちろんそのまま範例となすことができないにしても、この課題解決に就て極めて豊かな教訓を含むものといはねばならない[26]」。

ドイツでは社会政策・労働統制に関する課題は、労働新体制の中枢体としての労働戦線の組織的協力にもとづくのが原則となっている。これに対して商工経済団体や、経済の職分的自治体は、国家の経済政策・四ヵ年計画実施、戦時経済統制への協力のみに限られ、社会政策・労働統制の諸問題への直接的関与は、その機能から排除されてきた。しかし一九三五年三月の「ライプチヒ協定」によって後者が前者に加入し、両者間に新たに連絡機構がつくり出された。労働会議所、労働・経済会議所及び労働委員会の創設がそれであり、とくに最下部組織の労働委員会の活発な機能の展開が重要な意味を有している。

ところが日本の場合、経済新体制の中核的組織体である統制会の権限は、ナチス・ドイツと異なり、労働力の部面にまで入り込んでいる。しかも統制会はカルテル的な機能をも保有している。統制会のもつ権限のこの二重性は、カルテルの発達の低位性と、労働組合の未発達、労働組合の生産的機能の抑圧という遅れと結びついている。それは日本経済の機構的特質を示している。この遅れた日本の状況に対して必要とされているのは、ナチス・ドイツのような労働・経済両体制の確立と両者の一元的結合機構の実現である。そのために日本的な国民労働秩序法が施行され、労働体制に関わる産業報国会の機能が強化されること、それとともに産業報国会と統制会との協力的関係が創出される必要がある。それによって統制会(カルテル)が一元的に労働統制に関与する問題も除かれるであろう。

風早に続いて服部も一九四二年一一月に治安維持法違反容疑で検挙された。それまでの約二年間、服部は戦時経済体制下の日本の社会政策・労働体制に関して精力的に論文を執筆し、発言した。その多くが『中央公論』や『改造』など一般雑誌を通じて広く世に問われた。日本の高度国防国家と労働新体制・社会政策に関するこれらの論文は、厳しい言論弾圧の中、慎重な表現を心がけつつ、しかし例外なく現状批判的な観点に立って執筆されており、シャープな問題意識と現実分析は、今日なお一読に値するものを含んでいる。[27] 日本の現状に対する服部の批判の基準は、ナチス・ドイツの社会政策・労働体制にあり、従ってこの時期の彼の論文はたいていナチス・ドイツと日本との比較論の形をとっている。その論点を要約しておこう。

(1) ナチス・ドイツは、すでに資本主義発展の独占段階において産業構成の高度化を典型的に達成し、重化学工業の強大な基盤の上に国防経済体制を整備した国として、また独占段階の過程で社会政策・労働体制を展開させ、その制度的遺産の上に国防経済体制にとって最も適合的な労働体制を完備させた国として理解される。その体制は、帝国主義的な基盤の上に可能となっていた旧来型の社会政策・労働体制とは異なる、新しい型の「社会国家」の姿を示しつつある。戦時経済体制に対する労働力の主体的な担い手・労働者の協力的な生産体制こそ、まさにナチス・ドイツの体制を特徴づけるものである。企業の営利活動への抑制と結びついた労働・業績重視の国民共同体的組織とその下での合理的な社会政策的配慮を服部は社会政策・労働体制の現代的形態として理解する。この認識は、独裁的権力と独占資本との関係を重視し、労働組合の解体と労働者の主体的活動の否定、全体主義的な職業身分制の編成という側面を問題にした初期のナチス理解とは大きく異なっている。ナチス評価は批判的なものから、肯定的なものに転換し、軍事的侵略的行動すらも新しい社会政策・労働体制の「進駐」として是認されるにいたった。

ナチス的体制を資本主義発展の帰結として捉え、その現代性を重視する見方は先の風早八十二と共通する。服部は、風早と同様ナチス的労働体制・社会政策を先行するワイマール共和制と社会民主主義のそれを前提とする、その遺産として捉え、その中に「社会国家」的な側面を見る。この認識は丸山眞男らの戦後日本のファシズムの日独比較研究に見られるナチス理解のある側面に重なるものであり、その中に受け継がれているといってよいだろう。[28] そしてナチス体制の「社会国家」的側面は、今日のドイツの一部の歴史家によっても注目され、戦後西ドイツの体制への連続面をなすものとして重視されている。この見方は総力戦的体制の下での合理化と現代化の効果を強調する最近の日本の研究動向の中にも影を落としている。[29]「社会国家」的な体制が戦時経済の準備的段階(すなわち国防経済体制)への移行の中で整備されるという服部の観点は、このように、日独の最近のこの動向と共通しており、その意味でそれらに対する先駆的な認識として位置づけることもできよう。

だが服部は、同時に、「社会国家」の萌芽がすでに最初の総力戦である第一次大戦期に準備され、ワイマール期に継承されたこと、ナチス期のそれが、ワイマール的・社会民主主義的な労働体制の「遺産」でしかなく、この歴史的前提なしには成立しえなかったことを明確に指摘していた。ただしこの認識は逆にナチスの全体主義的な側面、労働者に対する国家的抑圧の側面に関する初期の認識の後退と結びついていた。ナチス体制をもっぱら現代性と合理的側面で捉え、それを肯定的に評価する服部の見方は明らかに一面的であった。それと共にわれわれは、同時に彼がその理解を、苛酷な言論・思想弾圧の状況の下で、日本の労働体制・社会政策の現状への批判と密接に結びつけていた側面も留意する必要があるだろう。そのような状況への配慮の下で認識の一面化それ自体が自覚され、意図的になされたと考えることもできる。(このような緊張の存在が先の今日的研究と異なる点であろう。)

(2)　ナチス・ドイツの経済体制・労働体制は、日本の国防経済体制の「機構的範例」、「先蹤的範例」となった。そして日本はそのドイツ的段階に近づきつつある。服部のこの認識は、産業報国会運動に対するドイツ労働戦線とナチス的経営共同体主義の影響を強く指摘する森戸辰男の見解と一致する。[30]ナチス・ドイツ的モデルへの接近は、このように日本の労働体制ないし社会政策の近代的合理主義的形態への移行を意味し、肯定的に評価された。この接近は、戦時経済体制のための生産力拡充、労働力の動員と国家的配置の必要性と結びついている。服部はそれが日本的労働体制の伝統的な脆弱性・非能率性を克服し、労働体制の機構整備を促進する画期的なことがらとして評価する。

(3)この認識は、最低賃金制や近代的な標準賃金の社会的基盤を欠く日本的な労働体制・社会政策の後進性への批判と一体となっている。この後進性は私的企業の労務管理における低賃金・長時間労働・熟練工争奪・低廉労働力徴募等の傾向や非能率性と密接に関連する。労働条件の国家的規制に対する企業経営者・その代表的団体の嫌悪と忌避はそれと不可分の関係にある。「ドイツ的な巨大経営の近代的合理主義的な形態」と対比した場合、日本の形態は「精神主義・修養主義に著しく偏った」特質を有し、伝統主義的な「家族主義」的指導精神の作用を特徴としている。(31)

日本の労働体制における伝統的(ないし封建的)要素の強固な規定性と社会政策の歴史的基盤の欠如についての認識、またその直接的原因を日本の経済機構の発展の遅れに求める服部の観点は、上述した風早八十二のそれと共通する。しかし服部は同時にそれに対する間接的な要因として日本経済の「米英資本主義への機構的「依存」」と「米英帝国主義による「不等価交換」の強行」をあげる。社会政策と帝国主義との関係を対立的ないし消極的側面においてのみ捉えるのではなく、彼は逆にドイツを含めた欧米帝国主義的諸国の社会政策が歴史的には植民地・半植民地国および後進資本主義国に対する「不等価交換」の強行による超過利潤の取得にもとづいていたことを重視した。後進資本主義国としての日本の社会政策上の遅れはそのような関連の中で把握される。(32)

(4)服部は現在の戦時経済＝労働体制が、国家的な労働・社会政策立法の整備と、勤労新体制による産業報国会の機能強化を要請していると強調し、それらを通じて私的企業の労働強化・労働力摩滅を阻止できると考える。労働新体制の中核、産業報国会が労働力の主体的担い手たる労働者の組織的拠点として機能を拡大すること、他方経済新体制の機構的拠点、統制会による一面的な労働体制介入を抑止し、両組織がそれぞれの機能を中心に協力的な関係をつくり出す必要性を説く。個別資本の恣意的な労働強化、労働条件改善への抵抗を克服するために企業に対する国家的規制は不可欠であり、従って「勤労の国家的性格」と同時に「経営の国家的性格」が制度化されねばならない。それは企業の私的営利活動への国家的規制を不可避とする。

服部は、現段階の日本の社会政策として、単に「生産的」社会政策だけでなく、欧米が帝国主義的超過利潤に基づいて行った「分配的」社会政策を、日本では別の仕方で実現しなければならないと考える。その方法が資本主義的私的営利への規制、企業利潤の抑制による余剰の政策的活用であり、それを伴う経済新体制と勤労新体制との同時的前進であった。日本における「分配的」政策と「生産的」社会政策との結合は、それを通じてのみ現実化できると彼は考えた(33)。

(5) 服部の観点は、以上のように徹底して労働と労働者の立場に置かれていた。労働者の自主性の強化と組織化は、彼の場合、戦時経済体制と経済力拡充・動員の体制を前提とし、その中で具体化される。それは戦時体制への労働者の積極的な「協力」体制の構築を意味する。しかし彼は「分配的」・「生産的」な社会政策＝労働体制の実現を、単に戦時経済のみの一時的な目標としては考えず、近代的合理的な社会政策＝労働体制の永続的な基盤の創出として捉えていた。戦時経済体制を通じて日本型の新しい「社会国家」を創出することを構想していたといってよいだろう。戦時経済体制を通じて、それを経る中で、新しい体制の実現をはかるという構想は、大河内一男と森戸辰男らの立場とも共通する。それこそがまさに総力戦体制への学問・研究の動員体制の中で試みられた「建設的積極的批判」の「建設的」なるもののより進んだ意味を示すものであった。

(6) 日本の総力戦体制が、天皇制思想・国体思想と一体となっていたこと、産業報国会の理念が「国体の本義」と「事業一家」の観念と結びついていたことは前述の通りである。だが服部は、日本の労働体制における伝統的な精神主義・家族主義には徹底して批判的であった。そのような日本型から、現代的合理的なナチス・ドイツ型への転換こそが現段階の課題だと考えていた。この観点は、日本的な伝統的精神主義・家族主義と不可分の関係にある国体・天皇主義と対立せざるをえない。ナチス・ドイツ的な「合理主義」の立場と日本的な伝統主義、天皇制イデオロギーとの対立はそこにおいて集中的に現われてくるのである。後述するように難波田春夫らの日本主義がナチズムを否定する所以はそこにあった。

服部のナチス理解は、しかし、あまりにも一面的であった。その一面性は、自身の初期のナチス認識と対立し、この対立は服部の立論の矛盾を構成していた。そしてこの一面的なナチス認識の日本への適用もあまりにも観念的であった。日本の新体制は、ナチス的体制の全体主義的な原理とその精神主義と「世界観」の特質を研究し、そこから最大限に学びとり、それを伝統主義・天皇制イデオロギーに接合させていたからである。

三　ナチス的政策の共同体的中間層的性格――大河内一男と大塚久雄――

服部英太郎と風早八十二は、ドイツのナチス体制を資本主義的展開の帰結、ワイマール期の社会政策・労働体制の内在的展開の所産として捉えつつ、ともにナチス的な労働体制における現代的・合理的な側面を一面的に強調して、その観点から日本的体制の後進性を批判した。そのような独自な労働体制と並んで、ナチズムは同時に、多様な側面と方向性を包蔵しており、その中で中間層重視の政策思想はとりわけ重要な位置を占めていた。社会政策論においてこのことを重視したのは大河内一男であり、経済史の観点からナチズムのこの特質に注目したのが大塚久雄であった。

(1)　ナチス社会政策の身分制的国民共同体的性格――大河内一男のナチズム批判――

ナチス政権登場三年にあたる一九三六年に公にされた大河内一男(一九〇五―八四年)の著書『独逸社会政策思想史』

は、一九世紀中葉からワイマール共和制にいたるまでのドイツの社会改良主義の展開を解明した名著であるが、その最後は階級協調論に関する今日もなお(むしろ一層)通用する次の言葉でしめくくられた(34)。

「斯くして階級協調の理念は、資本制社会がかゝるものとして存続するかぎり、消え去ることはない。それはただ異なれる経済的地盤に於ては、異なれる主体と客体とを持ち、且つ異なれる理論的基礎付けを持つて現はれるに過ぎない。以前「社会的王制」、「倫理国家」、官僚の三位一体を主体とし、「弱者」たる労働者階級を客体としたものは、今や労働者は「強者」として主体＝客体の地位を獲たが、やがて資本勢力の為に漸次にその主体たる地位より放逐せられるに至り、資本がその地位に上つた。戦前に於ける社会政策はその学問的基礎付けをその主体の存在の仕方に応じて「倫理的」分配政策(「分配的正義」！)に求めたが、いまや斯かる主体の喪失の故、その基礎付けはただ「社会関係」一般の維持、「社会の内的・物質的・維持強化」に係はらしめてのみ可能となつた。「社会的王制」なる統一的「倫理的」価値無き限り、社会政策は社会関係一般の維持に係はらしめてのみ階級協調論と結び付き得たのである。この意味で社会政策の学そのものも又「世俗化」したと言ふことが出来る。」

このことはナチス体制にも該当する。ワイマール的社会国家・経済国家を否定して登場したナチスの社会政策は、「身分制的」(ständisch)な性格を備え、資本・労働関係、その階級的関係を否定して国民的協同体的関係をめざしている――大河内一男は論文「「国民社会主義」と社会政策(35)」(一九三五年)においてナチス・ドイツをこのように捉えた。大河内はナチス的な社会政策思想の二つの要素として、①国民的協同体感情の作興と、②身分制的思想、とを指摘する。ナチスはそれを通じて階級対立の「克服」、階級協調をはかろうとする。それは全体社会への生産的目的、その同一性による結合を求める、と。

大河内はこのナチス的観念によって、社会政策が労働者階級を対象とする階級政策であるという事実が抹殺され、政策の重点があたかも中間社会層(手工業者・小売商・農民)の救済、「中間階級の保護」に向けられている状況に注目する。中間層は世界恐慌以降、社会的地位の安定を国民社会主義に求めたのであり、それは資本と労働への同時的反対の立場を示している。大河内は、ナチズムと講壇社会主義、とくにA・ワグナーとの間の共通面をそこに見てとり、ワグナーの思想上の「復活」の理由をそこに捉えた。

大河内は、同時に、ナチス的社会政策が国家とともに「経営」を資本と労働の「協働」の場として重視したこと、Betriebsgemeinschaftたる「経営」の下で、Arbeitsgeber(雇主)とArbeitsnehmer(労働者)との関係を対立からStandesgenossen(職業身分的同志)としての融和に変化させようとしていることに注目する。経営内の福利施設の充実はそれと結びつく。それは結局は労働力の維持・保全、能率増進・熟練高度化のための施設であり、また労働力を特定企業に呪縛し、従属的労働関係を経済的にも観念的にも固めようとするものでしかない。

労働を「祝福」として、また国家有機体に対する「肢体」の「義務」とする観念に支えられたナチス的社会政策の下では、「隷属的労働関係」は、国民経済全般として、また経営内部において、「協同体国家または経営」のための「奉仕」となり、労働関係は「封建的忠勤関係」に転化する。それは労働者階級の経済的地位の改善を意味せず、逆にその悪化を観念的に「諦観」させる方法であり、「すすんでそれを受容するものの考え方」である。それは危機の下で独占資本が労働の支配を社会主義の手に委ねることなく確保する唯一の方法であった。大河内はナチス的社会政策の本質をこのように分析する。(36)

服部英太郎は当初のナチス理解を修正してナチス体制の中に社会国家の可能性を見出そうとした。大河内はどうか。一九四〇年の論文(37)で大河内は、ナチスが社会政策的な諸政策を全く新たな精神の下に再組織しようと試み、それがある程度まで効果を示していることを認める。それは労働力とその主体的存在としての労働者を国民協同体の下に編成するための一元的・整序的な国家政策として進められつつある、と。しかし大河内は、同時にナチスの社会政策の多くがまだ単なる「構想」・「理念」に止まっているに過ぎない、と冷静に判断する。

それ故、ドイツの資本制的な経済機構は――大河内は論じる――ナチスによる「外から」の統制を多く受けてはいるが、その基本構造と精神は存続し、従って労働関係も、ナチスによる労働組織・労働観念の改変の試みにもかかわらず、実態においてナチス的「構想」とは著しく隔たっている。国民協同体の政治目標の前には、雇主と被傭者も対立的ではないとしても、それは決して雇主が雇主たることをやめ、被傭者が被傭者たることをやめたことを意味しない。

大河内は指摘する。「両者の経済社会に於ける地位並びに相互の利害の対立は、経済体制が強権的に「上から」編成替えせられるのでない限り、真に消滅したとは言ひ難く、またその限りに於て、「雇主・被傭者」といふ標識は「無用の概念である」とは断言し得ないであらう。ナチスに於る社会政策の新しい「構想」に於ては、斯様な概念は無用に帰すべきものとせられてゐるであらうが、このような一つの価値判断を現実の労働関係に於る存在判断と置き換えることを我々は注意深く差し控へなければならない。(38)」

大河内はナチズムとナチス体制の資本主義的な本質を正確に認識していた。そのような理解に立てば、ナチスの社会政策の国民協同体的な側面に期待したり、「社会国家」をナチス的「構想」に結びつけたりする見方は、幻想であり、大河内の採用する観点ではなかった。こうして大河内はこの批判的なナチス・ドイツ分析を踏まえて、労働者の推進力をとりこんだ社会政策論の理論的考察に向う。

彼は社会政策を資本制への「外から」の修正として捉えることに疑問を提示し、それに対して経済体制の「内から」の編成替えの必要性を認識し、その理論化を企画する。社会政策はその場合、経済機構それ自体との不可分の関係において、つまり経済機構の再生産とその発展の論理から理解されねばならない。大河内はそれをさし迫った現実、戦時における社会政策として、戦時経済体制との連関における労働力の保全と配置の不可避性として認識する。戦時経済の円滑な遂行のためには労働力の再生産が不可欠であり、労働者の自主性が強化さるべきであるという大河内の主張は、「戦時に於て一切の国民はあらゆる犠牲を忍び一切の力を挙げて国防に集中することは当然(39)」とするような支配的な立場に対する厳しい批判を意味していた。

だが、大河内の場合、この「戦時」は単なる一時的・経過的な状況ではなく、同時に「転換期」でもあり、新しいものへの「経済機構の編成替え」の時代としても理解される。社会政策は「経済機構の編成替えの論理」から認識されねばならない。その際労働力の再生産の必要性と労働者の自主性の強化は、戦時経済のためばかりでなく、同時にこのような機構の編成替えへの「下から」の積極的な協力、その推進力として位置づけられる。体制の「転換」と機構的改革に際して、それらの力は「体制」に対して「外から」ではなく、「内から」の、その「胎内」からの変革の可能性を生み出すものと考えられるようになる。服部と同じように大河内も戦時経済体制に期待し、そこでの労働者の推進力の強化の必要性を重視する。両者はともに単なる資本・労働関係の融和論、労資協調論の立場に立っていない。むしろ、それに対する批判を前提としている。大河内はさらに踏みこんで、あたかも労働者による「内からの」変革、労働者主体の生産的・機能的社会の実現を密かに構想するのである。「経済機構の編成替え」は、その意味で二重の内容をもっていた(40)。

(2)　ナチス体制と社会的中間層──大塚久雄──

ナチズムと中間層との結びつきは、すでに見たように、ナチスが台頭した時期から指摘されてきた。そこで問題とされたのは、資本制的発展の中で解体を余儀なくされた、下層の中間層(中小営業者・農民層)であり、資本主義に対する彼らの反発であった。ナチズムと中間層の関連について、このような認識とは異なる独自の理解を示したのが西洋経済史研究の気鋭の学者大塚久雄(一九〇七―九六年、東京帝大)であった。

大塚は当時、経済史上における経済活動の担い手や主体、その利害や運動の役割を重視するG・アンウィン、R・H・トーニー、M・ジェームス等のイギリス経済史研究の新しい成果に注目しながら、イギリスにおける資本主義の形成過程を農村工業・中産的生産者層・マニュファクチュアなどの歴史的範疇によって解明しようとしていた。『近代欧洲経済史序説(上巻)』(一九四四年)はその最も重要な成果であった。(41)

この書物の末尾においてピューリタン革命とクロムウェルについて経済史的な分析を加える中で、大塚はヒトラー・ナチスに言及し、W・R・イング著『英国論』(小山東一訳)を引用しつつ、(42)ナチス・ヒトラーをクロムウェルに重ね合わせた。(43)クロムウェルはそこでは、国庫的・金融的な独占商人を排除しながら営利より生産力への転換を敢行し、その生産力を「近代イギリス的営利と異った「国民的」基礎」の上に打ち立てようとした人物として位置づけられていた。またそのプロテクトレイト政権は中産的生産者層、とくに豊かな自営農民層(ヨーマン)を基体として、「生産力」的な「国民」を建設しようとする主体として認識された。そのクロムウェルと現代のナチス・ヒトラーの理想は相互に「全く異った歴史的系譜と個性」をもつ。そのことを認めた上で、大塚はクロムウェルとナチス・ヒトラーの間にある共通面を見出す。

ナチズムは利子隷属制の打破、金融資本の支配の排除をうたい、また労働と生産的活動の重視を打ち出していた。ナチズムのこの主張は、クロムウェルとプロテクトレイト政権のめざす「国庫的・金融的な独占商人」の排除と、営利に対する生産力の重視という目標に重ねることができる。社会的中間層を重視するナチス・ドイツは、金融資本的な営利本位ではなく、生産力的な国民経済を建設する方向をもつものとされた。ナチズムの基盤はその場合、没落しつつある中間層ではなく、生産力の担い手であり、建設者としての中間層でなければならない。大塚はナチスのめざす方向を、金融資本・独占資本を担い手とする資本主義、あるいは現代的なイギリス型の営利的な資本主義とは異なる、生産力的な中間層を推進力とする独自な資本主義の途と理解した。(44)

ナチス・ドイツに関するこの認識は、同じ頃発表された別の論文でより具体的に示された。(45)大塚は産業と人口の国内再配置をめざすナチス・ドイツのジードルンク政策、とくに工場の農村分散・産業の再配置と農工調和の計画に注目し、(46)「盟邦ドイツ」が国民的生産力の建設の土台として「健実な農村中小工業創設」に力を注いでいること、近代工業力建設の重要な土台として堅実な「農民」層とこれに絡み合う「農村工業の建設」に努力している、と指摘する。大塚は、これを農村工業の発達と中産的生産者層の成長、それを土台とする近代的な工業力の展開というイギリス経済史上の歴史的事実に対応させる。しかしイギリスではそれは中小経営の解体、農業と工業との完全な分離に帰結した。ナチス・ドイツのめざすものは、それに対して、農村工業の発展と中小工業の生産力的展開を土台としつつ、しかもイギリスのような全面的な農工分離を志向しない、独自な方向を示している。大塚はこのように考えた。

大塚はナチス・ドイツの発展の方向をイギリス的な農工分離の型と区別される中小工業重視の農工調和型として捉え、農村への工業分散、農村の中小工業の創設のためのナチスの政策を積極的に評価して、これを近代工業力の建設のもう一つの可能性として位置づけた。ナチス・ドイツに関するこの理解は、戦時経済体制下の日本の農村工業の肯定的評価と一体となり、その論拠となった。

大塚は、日本の農村工業、とくに農民経済の内部において農業に経営的に結びついた農民的工業が、生産力的に低位かつ遅れた状況にあることを否定しない。しかし、そのことから農村工業の現時点での育成は生産力拡充の要請に逆働すると考えるべきではない、としてそのような農村工業反対論を批判する。大塚は、農村工業の消滅と農工分離とが近代工業生産力の拡充に帰結した歴史的事実を認める。しかし、そこからいきなり農村工業が近代工業力の拡充にとって全面的に無価値だと推論してはならないと述べ、「近代工業生産力発達の全歴史的過程と言ふより広い視角」の重要性を指摘する。すなわち農村工業は本来工場制度出現の重要な前提条件であり、近代工業力の「陶冶の場」であったのであり、日本はドイツと同じように、この近代工業力の「母胎」、「陶冶の場」を維持しつつ、しかもその中から工業力を建設していくことによって、イギリス的な農工分離型ではない発展の仕方が可能になる、と。

大塚のこの主張の背景には、日本の産業的発展の不均等性と後進性に関する現状認識がある。農業・農村部面での著しい後進性と伝統的関係の強固な残存、及び国民経済における消費財生産部門の比重の高さがそれである。その消費財部門は、戦時経済体制のための軍需工業・重化学工業の政策的拡充の下で圧迫されつつあった。農村工業は、消費財生産(平時的産業)に基盤を置き、生産力的に見て劣位にあるが、農民経営の展開と結びついて発展する可能性をまだ十分に残している。しかし戦時経済体制の強化と、重点主義、さらに超重点主義による軍需工業と関連重化学工業に対する強力な国家的な生産力拡充政策、その結果としての重化学工業化の進展という状況を背景にして、農村工業反対論が広まりつつあった。反対論は、日本のこの重化学工業化を日本経済の進むべき方向として認識し、アジア支配(すなわち「大東亜共栄圏」)を前提にした広域的な国際分業体制の出現を予測しつつ、農業を含めた日本の消費財部門の比重の低下ないし消滅を推測して、そのような方向に適合的でない、後進的ないし劣悪的部門の切捨てを構想したのである。(47)

大塚は、この大東亜共栄圏を中心とする広域的分業関係創出論に対して、国民経済的な生産力の建設の側面を重視し、その観点と農村工業論を結びつけた。彼の農村工業擁護論は、広域的国際分業論と結びついた重化学工業化第一主義、それと一体となった農民的経営・中小企業否定論への批判を意味したのである。(48) 大塚の観点は、消費財部門を含めた国民経済の均衡的発展と、その土台としての農村(地方)での中小経営の発達、農民的経営の成長、それによる農村の伝統的後進的状況の解体にあったといってよいだろう。それを裏づけるためにイギリスの経済史上の事実が引用され、ナチス・ドイツの政策が現実的な根拠として肯定的に評価されることになったのである。

四　日独異質論と日本的独自性の強調——難波田春夫——

戦前・戦時のナチス・ドイツ認識とそれを基礎とした日独比較論は、自由主義的・個人主義的な英米とは異なる、日本とドイツとの間の状況の共通性に注目し、日本的な特殊性はこの共通性の認識の上に問題とされるのが普通であった。これに対して、天皇制的な日本の国家形態を、世界に類のない独自な価値を備えたものとし、その観点からマルクス主義・自由主義を否定するばかりでなく、さらにヒトラー・ナチスをも日本とは全く異質なものとして排除する観点が存在した。戦時期の日本において国家権力と結びつき、支配的な経済学の位置に立つことに成功した日本経済学がそれである。その理論的代表者である難波田春夫をとりあげ、その日独比較論、正確には日独比較不能論を見ることにしよう。

(1)　ナチス的労働観批判

大日本産業報国会の依頼に基づいて難波田春夫が執筆した『日本的勤労観』が同会の「産報理論叢書」の第一輯と

して出版されたのは、一九四二年四月であった。大日本産業報国会は「国体の本義」を根本とし、全産業一体報国、皇運扶翼、事業一家・職分奉公、皇国産業の興隆、勤労、剛健明朗な生活、国力培養を内容とする「綱領」を掲げていた。この「綱領」を冒頭に掲載したこの書物の中で、著者難波田春夫(一九〇六―九一年、東京帝大)は、マルクス主義的あるいは自由主義的経済思想とともに、それに代わる「新しい思想」、すなわちナチス的経済思想を批判し、それを排除して、日本では「たゞ古き経済理念の新たなる回復のみが許される」と主張する。(49)

自由主義的・マルクス主義的経済思想の「破壊作用」を強調する難波田は、まずナチスをその「害悪」からのドイツの救済者として位置づける。それはナチスが民族・民族共同体を最高理念にしたことによって可能となったのであり、その結果「経済」はその手段たる位置に引き下げられ、政治の優位が実現したからである。「公益は私益に優先す」はそのことを表現している、と。

難波田はこのようにナチスが経済の上位に民族を置き、それによって自由主義的あるいはマルクス主義的経済思想を「克服」したことを積極的に評価する。しかしナチスは、経済そのものについては、資本・労働をなお対立的関係において捉え、この対立を民族の観念によって外から抑えようとするだけに止まり、その意味で個人主義を完全に離脱できていない、と批判する。

難波田はこれに対して民族観念を一層徹底化し、経済をその中に包摂する。経済社会は現実には人間の共同生活、民族的共同生活の形をとり、経済生活は個人の経済的営みの単なる集合ではなく、具体的な存在としての民族の営むものである。つまり個人は民族の成員として経済生活に携わっており、資本家も労働者も経済的である前に民族的であり、従って両者は本質的には対立的な関係ではない、と説明する。

(2)　日本的民族構造(天皇・郷土・家)の独自性

難波田によれば経済の根底の規定は、民族であり、日本は独自の民族構造をもつことによって他国にはない経済のあり方を示している。その独自性がまさに国体、つまり「天皇を中心とする血縁的・精神的統一」であり、日本民族は一つの民族となったときすでに「他国には全然見ることのできぬ構造の国家」を形成していた。(50) それは血縁的には皇室を「宗家」とする「家族国家」として、精神的には天皇への国民すべての「忠誠」・「仕奉」として現われ、「君民一体」の理想が出現したのだ、と。

難波田は民族の構造を国民と国家(天皇制的「家族国家」)との直接的な関係としては捉えない。彼は国民を「家(族)」として、ついでこの「家」と「家」との関連に注目し、それを地域社会的結合すなわち「郷土」として認識し、それらを立体的に関連づけて「家・郷土・国家(国体)」の「三重の人倫的共同生活関係」として把握する。難波田の主著『国家と経済』、とくに第四巻(一九四二年)はこのことを強調する。(51)

すなわち日本的な「民族構造」は、モンスーン的風土による水田耕作を土台とする、「家」(夫婦・子の水平的な家族関係ではなく、親子関係を主とする縦の血縁的共同関係)と、家と家との地縁的関係としての郷土(自然村)と、天皇を中心とする「血縁的・精神的統一体としての国家」との「人倫的共同関係」を意味する。日本経済は、これまで外国資本の侵略に対する対抗という外的条件の中で、国家的な財政的保護と低廉な労働力との二つの基礎によって発展することができたが、この二つの基礎はまさに「農村経済」によって支えられてきた。農村への不均衡に重い財政的負担、小作農民の高小作料が農家経済を圧迫し、農村から工業に向けて低廉な労働力が排出されたのである。

難波田はこの重い負担に耐える「強靭な力」、「根強い力」が農民の中に存在したこと、それがまさに農村における家・郷土・国体の民族構造であったと主張する。農村における「鞏固な家族的結合と郷土的な紐帯」、さらにまたそこにおける「強い国体意識」、これらのものがあったからこそ、「農村は都市に比較して甚だしく高い租税負担を負ひ、ひいてはまた高い小作料に圧迫せられながら、都市に於ける近代工業の発展を七十年の間担ひつゞけて来たのである。[52]」

この民族構造は日本固有のものであり、「われわれ日本民族のもつ永遠の構造」であり、かつ「永遠のあり方」でもある。それ故日本の戦争経済の確立は、経済機構の再編成や改造によってでは決してなく、「民族構造そのものの強化」以外にない。彼はこう結論する。

上の認識は文字通り「天皇制国家の支配原理」の自覚とその論理化に他ならない。「天皇」の支配体制は、単に国家と国民の関係としてではなく、天皇制的な血縁的・精神的統一体たる「家族国家」と「家」との関係において、さらに両者が村落共同体的関係によって媒介される、そのような三者の立体的な観念の構成体として理解されている。この認識は、戦後、藤田省三が著書『天皇制国家の支配原理』(一九六六年)において試みた天皇制的支配体制の論理に関する社会科学的分析の内容に見事に符合する。

難波田の民族構造論は、藤田が社会科学的に解剖した天皇制国家・郷土(村落共同体)・家の支配的論理とその現実の観念的側面を、その時代の只中で自覚し、論理的に構成したものであり、天皇制国家の支配体制の重要な局面に関する認識として、あたかも藤田に先行する成果のように見える。[53]だが、難波田の「民族構造」は、決して社会的経済的な関係としての構造や機構を内容とするものではなかった。それは、客観的な構造に対応した、社会的な意識や観念における関係、天皇制国家を支える精神的な構造のみを意味していたのである。

しかもそれは単なる客観的な精神構造をこえて、同時に自らが組みこまれ、立脚するその体制の理念、あるべき姿として提示されており、従ってそれは体制の維持・存続のためのイデオロギー的な論理化、思想上の補強的作業の役割を果すものであった。つまりそれ自体が藤田のいう天皇制国家の支配的原理を構成し、支える積極的な要素をなしていた。天皇中心の血縁的精神的統一、そのような「血と精神」こそ日本民族の「世界に比類のない強靭さ」を示すものであり、天皇への「仕奉」(すなわち奉仕)、「君」と「民」との融合(「君民一体」)が最も大切な国民の課題だ、という難波田の主張は天皇制国家の支配的イデオロギーを端的に示していた。(54)

天皇制的体制の論理化・理念化と一体となった「民族構造」論は、そのようなイデオロギー性と不可分に結びつきながら、しかも支配体制を支える思想的構造の重要な局面を捉えた自覚的な考察という面を有していた。しかしその内容は、明示されてはいないが、同時代の他の学者の研究に依拠する部分が少なくなかった。そこには難波田たちが排除しようとしたマルクス経済学者の成果も含まれていた。難波田はそれを自らの立場に引きつけて解釈し、換骨奪胎した。日本資本主義論争の成果の利用は、その重要な一部分をなす。『日本資本主義分析』で山田盛太郎が重視した日本資本主義の軍事的性格は、難波田によってもっぱら外国資本の侵略への対抗の力の強さとして、また日本資本主義の基底として否定的に認識された半封建的土地所有制・半農奴制的零細耕作、高率小作料と低賃金との関係の現実は、日本経済の発展のための重圧と負担に耐える農民の「強靭な力」として、それぞれ肯定的に評価され、最終的に国体・郷土・家の理念と天皇への「仕奉」の精神に結びつけられた。(55)また「家」と「郷土」の論理化のためには、鈴木榮太郎の著書『日本農村社会学原理』(時潮社、一九四〇年)などの社会学のすぐれた研究が用いられ、その一部が全体の脈略から切り離されて利用された。「民族構造」の論理は、これまでの研究が解明した特殊日本的な社会的経済的構造の特定部分を、一面的に組み替えて、それを精神的ないし観念的構造として構成し直したものでもあったのである。(56)

五　日本独自性論のナチス的共通性

難波田春夫はこのように、国家(国体すなわち天皇中心の「血縁的・精神的統一」)・郷土(地縁的村落共同体)・家(親子の縦の血縁的関係)の三重の観念を日本的な「人倫的共同体」つまり民族構造として捉え、それを「日本民族」に固有のもの[57]、そして永遠にあるべき姿として理解した。この観念は、国民精神総動員運動や大日本産業報国会をはじめ戦前・戦時の国家的な思想・文化政策に対して重大な影響を及ぼし、戦時経済体制期の支配的思想として機能した。

だがこの立場は、単なる思想や精神の局面の認識に止まり、経済機構、とくに戦争準備経済・戦時経済それ自体に関する経済学的な理解を二義的と考え、むしろ排除した。総力戦準備・総力戦体制の確立は、現行の資本主義的な経済機構の改造や編成替えを必要としたが、経済への民族(国家)的規定性を強調する難波田は、それを要請する立場に反対して、民族構造の観念の強化、人倫共同体的精神、天皇への「仕奉」の強化の主張をもって対抗した[58]。難波田のこの精神主義的立場は、現存の資本主義体制の編成替えに対立し、その可能な限りの温存をめざすものでもあった。

それは財界の立場と一致する。前述のように資本主義体制の存続をはかる財界は当時、昭和研究会を中心とする経済機構の再編成と改造の構想に激しく対立し、また企画院・革新官僚を推進力とする経済新体制の営利主義規制の方向に反発し、日本的伝統主義的な「経済道」を主張して、それらに対置させていた[59]。このような財界的立場から見る時、難波田の考えはまさに歓迎すべきものであり、「民族構造」論は、こうして単に天皇制国家の思想たるに止まらないで、同時に戦時期の日本資本主義の支配的思想としても役立ちえたのである。

このように難波田は、経済学的な戦時経済体制論や生産力拡充のための客観的な戦時経済編成論を事実上排除し、排斥した。難波田の「国家と経済」論と「戦力増強の理論」は、総力戦体制が不可避的に要請する経済諸力動員とその統制の論理を提示することができなかった。彼の民族構造論は、戦時体制の論理としては思想構造の部面に止まり、その主張は精神主義的な思想構造の強化に収斂し、イデオロギーの面から天皇制国家の「支配原理」を支える役割を担ったということができる。(60)

総力戦準備・戦時経済体制確立のためのより合目的的な編成原理は、先に見たように企画院をはじめとする革新的官僚によって準備された。彼らはナチス・ドイツの経済体制とその政策思想に注目し、その中から戦争経済の体制的確立のための機構改革の「論理」を引き出した。公益優先思想・指導者原理・官民協力・経済団体組織化・経営共同体・配当制限等の国防経済体制論がそれであった。そして彼らのその「論理」は、単なる「論理」ではなく、その中に精神主義の重視という観点を含んでいた。彼らはナチス・ドイツと同様、機構改革の条件として「世界観」的側面を決定的に重視したのであった。革新官僚たちはその「論理」を日本的な天皇制的伝統主義的観念に結びつけた。彼らは難波田が排除した経済機構の編成替えの認識に、難波田が強調した日本的独自性の思想を接合した。戦争体制と一体となった天皇制国家の「支配原理」はまさに経済新体制を通じて完成されえた。難波田の民族構造論・日本民族独自性論は、その中で、経済新体制論に対する彼自身の主観的な反発にもかかわらず、それと結合し、それを補強する役割を与えられたのである。(61)

難波田が民族構造として注目した家・郷土・国家の精神構造の日本的特殊性は、日本の経済社会の特殊的な構造に対応するものであった。難波田はそのような客観的な構造の分析を行わず、逆にそれを拒否した。だが戦前日本社会のこの特殊性は、日本資本主義論争の中で、とりわけ講座派マルクス主義者によって学問的に解明されていた。その認識は、本章で取り上げた社会科学者、風早八十二、服部英太郎、大河内一男、大塚久雄のいずれにも共通して受け継がれていた。

そして上述したように彼らのこの特殊性認識は、程度の違いはあれナチス・ドイツとの比較と関連づけられた。日本的特殊性を「ヒトラア以後」的要素と「ビスマーク前」的要素の併存と結合として捉える風早の理解は、その代表的な事例であった。だが日本的特殊性は、その場合ナチス・ドイツとの共通性を前提にした相違性であった。資本主義的発展の結果としての現代的なナチス・ドイツ＝「ヒトラア後」は、資本主義的発展の現代的帰結として捉えられ、それと対比される日本的な独自性(型)は、ヒトラー後的な現代性とビスマルク前的な後進性との段階的に異なる状況の結合として理解された。日本的特殊性は、その場合、ナチス・ドイツ的状況への移行が可能な「遅れ」として、従ってドイツの発展との同質性の中で認識されていた。日独比較論は彼らの場合、何よりも資本主義的発展の日独比較論であった。

これに対して難波田は、日本への資本主義経済概念の適用を回避し、経済に対して民族性を優越させた。国家と郷土・家──「土と血」──の「人倫的共同体」関係を日本民族特有のものとし、経済はそれによって全面的に規定されているとするその認識は、資本主義的労働関係を認め、それを外から民族的概念で規制しようとする、ナチス・ドイツの観念と質的に異なるという理解に立っていた。その民族的独自性は永続的で普遍なもの、そして望ましきものと判断された。こうしてナチス・ドイツとの共通性は出発点の「民族」において否定された。

だが、そもそも難波田の強調する民族の理念、「血と土」の概念、そのような世界観とその精神的倫理的主張は、まさにナチズムの最も重要な特質をなすものであった。ナチスにおける民族概念の不十分さを批判し、その徹底化をめざした難波田の民族構造論は、実はその前提においてすでにナチズムとの強い共通性を備えていたのである。著書

『国家と経済』において難波田は民族構造の着想がゴットル・オットリリエンフェルトから出ているると述べているが[62]、「人間的共同生活の現実」とその「構成体」を重視するゴットルの考えは、ナチスの民族共同体思想に最も近く、ナチス公認の経済学たる地位を獲得していた[63]。ナチズムは、民族を「血と土」(Blut und Boden)、血縁と地縁とによって有機的に結合された民族共同体(Volksgemeinschaft)として捉えた。民族共同体の理念は、最高の価値を与えられ、将来に向って永続すべきものとされた。ナチスは民族の血統の源泉、純潔性の保持、人口の増殖、食糧の源泉として農業部門と農民層の発展の必要性を強調し、その健全化と強化を主張する[64]。難波田の民族構造論は、ゴットル＝ナチス的観念を日本的に換骨奪胎したものであった。

難波田による民族と人倫的共同体の関係、民族構造(国体・郷土・家、すなわち「土と血」・「血と土」)の観念は、このようにナチスの民族共同体、「血と土」の思想と全面的に重なり合う。難波田による日本民族の独自性の重視と、ナチスのゲルマン民族・「アーリア」人種の人種主義的な優越論とは、共に民族の優秀性と他民族との異質性を強調する点で共通する。しかも難波田もナチスもそれを独自な概念として、世界観として位置づけ、イデオロギーとして強調し、国民に強要する。両者はこの点においても同じ立場に立っていた。ナチスとの異質性を主張する難波田の民族構造論は、実際にはナチズムとの共通性を最も強く表示していた。

ナチズムを特徴づける民族的共同体(「血と土」)、人種主義・反ユダヤ主義、そして全体主義と軍事的拡張主義は、すでに見たように、我妻栄や加田哲二らによって批判されていた[65]。これに対して本章で取り上げた風早・服部また大塚は、ナチス体制の現代性や合理的側面に着目し、それをもって日本の現実を批判しようとした[66]。まさにそのような批判的立場をとろうとしたために、彼らはナチズムを一面化し、ナチス的体制がもつ上のような特質を捨象し、結果的にそれを隠蔽した。だがナチス的現代性はそのような特質と不可分の関係にあったのである[67]。

(1) 本書Ⅲ参照。

(2) 戦前・戦時期の経済学分野の学者・知識人の思想と行動については、思想の科学研究会編『共同研究・転向』(平凡社、一九六〇年、とくに大河内一男・風早八十二を対象とした高畠通敏論文、同、中巻、第二篇第四節)、長幸男・住谷一彦編『近代日本経済思想史Ⅱ』(有斐閣、一九七一年)、また石田雄著『日本の社会科学』(東京大学出版会、一九八四年)、山之内靖著『システム社会の現代的位相』(岩波書店、一九九六年)、その他があるが、本章のような分析はない。中野敏男著『大塚久雄と丸山眞男』(青土社、二〇〇一年)は、戦時期の丸山眞男のナチス論について立ち入っているが、大塚久雄については簡単な言及に止まっている。山口定著『現代ファシズム論の諸潮流』(有斐閣、一九七六年)をはじめとするナチズム論の研究に関しても同じことが該当する。

(3) 風早八十二著『日本社会政策史』(日本評論社、一九三七年、一九三八年(四刷))、戦後、青木文庫(上・下)、一九五一年。風早の「第三の道」論(同著『労働の理論と政策』時潮社、一九三八年)を中心とする評価としては、高畠通敏「生産力理論——大河内一男・風早八十二」(前掲『共同研究・転向』中巻)、とくに二二六頁以下、戸塚秀夫「社会政策論の変遷」(前掲長・住谷編『近代日本経済思想史Ⅱ』)、一九七頁以下。山之内靖「戦時期の遺産とその両義性」(『社会科学の方法Ⅲ　日本社会科学の思想』岩波書店、一九九三年)、一四四頁以下、同前掲『システム社会の現代的位相』第二章。また風早の社会政策論と大河内一男のそれとの関連と対比については、中西洋著『日本における「社会政策」・「労働問題」研究』(東京大学出版会、一九七九年)、四三五頁以下、参照。風早の戦前から戦後にいたる実践的活動状況については、守屋典郎著『日本資本主義分析の巨匠たち』(白石書店、一九八二年)第六章。

(4) 風早、前掲書、四七四頁、文庫(下)、五三五頁。

(5) 風早八十二「日本産業機構の再編成(一—四)」(『科学主義工業』第三巻二—五号、一九三九年七月—一〇月)。なお風早はこの論文に先立って「日本産業機構と生産力拡充」(同上、第一巻七号、一九三七年一二月)、その続編「日本産業資本の価値構成の変化を通じて見た生産力拡充」(同上、第一巻八号、一九三八年一月)を発表している。

(6) 以下、風早、前掲書、第一〇章、とくに四七四頁以下、同文庫(下)、五三五頁以下。

（7）　同、四七四頁。
（8）　同、一頁、同頁注。
（9）　それぞれ Paul Berkenkopf, Gewerbe und Gewerbepolitik, in: H. H. Lammers/H. Pfundtner (Hrsg.), Grundlagen, Aufbau und Wirtschaftsordnung des nationalsozialistischen Staates, Bd. 3, Berlin 1936f.; Friedrich Syrup, Arbeitseinsatz und Arbeitsbeschaffung, in: Lammers/Pfundtner (Hrsg.), a. a. O. 風早の訳は、前者が訳書『新独逸国家大系』第九巻（日本評論社、一九三九年）、後者は、同、第一一巻（同）、に収められている。なお原本とその翻訳の意義については本書Ⅴ参照。
（10）　同、風早、上記論文（二）、五頁以下。
（11）　その内容については拙稿「日本経済界の経済組織化構想とナチス経済思想」（『政経論叢』第七六巻三・四号、二〇〇八年春刊行予定）、また三浦銕太郎については、原輝史編『早稲田派エコノミスト列伝』（早稲田大学出版部、一九九八年）、三（松尾尊兊）、松尾尊兊編集・解説『三浦銕太郎論説集・大日本主義か小日本主義か』（東洋経済新報社、一九九五年）。
（12）　風早、前掲論文、一一頁。
（13）　日本の産業編成の特殊性に関する風早の認識のうち、軽工業の比重の大きさと重工業化の遅れの問題は当時一般的に指摘されていたことがらである。
（14）　丸山眞男著『現代政治の思想と行動（増補版）』（未來社、一九六四年）、とくに二、三、同『丸山眞男集』第三巻（岩波書店、一九九五年）。
（15）　風早八十二「日本の戦時経済進展と社会・労働政策」（『新独逸』（新独逸国家大系月報）第三号、一九三九年九月）。
（16）　森戸辰男『独逸労働戦線と産業報国運動』（改造社、一九四一年）はその代表的な成果である。この時期の森戸については、三谷太一郎著『近代日本の戦争と政治』（岩波書店、一九九七年）Ⅰ、とくに六二頁以下、高橋彦博著『戦間期日本の社会研究センター』（柏書房、二〇〇一年）第一部分析Ⅲ、参照。
（17）　服部英太郎の経歴や学問研究については『服部英太郎著作集』補巻（未來社、一九七六年）、及び同『著作集』第一巻（同、一九六七年）、巻末「解題」（服部文男）、参照。戦前・戦時期の服部の見解については、同『著作集』第二巻所収の西岡幸泰

「解題」、同第五巻の氏原正治郎「解題」が戦後の服部の立場に立って要約を試みている。
(18) 風早、前掲書、一頁、文庫(上)、二九頁。服部英太郎「独逸社会民主主義社会政策論の崩壊過程」(東北帝国大学法文学部編『十周年記念経済論集』岩波書店、一九三四年)。服部は翌一九三五年に次の論文を発表している。同「「全体主義＝職業身分的」社会政策理論構想の課題——独逸社会政策論史断片」(東北帝国大学経済学会『研究年報・経済学』三、一九三五年)。両論文とも文言が一部修正され同上『著作集I ドイツ社会政策論史(上)』(未來社、一九六七年)、第一編、第二編に収録。
(19) 同「「全体主義＝職業身分的」社会政策理論構想の課題」。
(20) 同上、一九四頁以下。
(21) 同「ナチス「社会国家」の展望」(『中央公論』第五六年春季特大号、一九四一年四月)。同上『著作集』補巻、同、四巻・六。
(22) 同「ナチスの欧州新社会秩序の構想」(『改造』第二三巻七号、一九四一年四月)、同『著作集』補巻。フンク(一八九〇—一九六〇年、ドイツ経済相・ライヒスバンク頭取)のウィーンでの講演(一九四一年六月)を参照。W. Funk, Wirtschaftsordnung in Neuen Europa, Wien 1941.
(23) 服部、同上、それぞれ九一頁、一七八頁。ナチス体制の可能性に対する期待は、一年後の一九四二年の文章「ヨーロッパ広域圏社会政策の展開」(同上『著作集』所収)にも示されている。ナチス・ドイツの広域圏における「社会政策的配慮」に対する評価は、日本の「大東亜建設」における同様の「合理的配慮」の必要性の強調と一体となっている。同「大東亜建設に於ける勤労体系」(『中央公論』第五七年八号、一九四二年八月)、同『著作集』第四巻、結論。
(24) 同「戦時労働と生産増強の課題」(『日本評論』第一七巻六号、一九四二年六月)、三三頁、同『著作集』第四巻、第三章第二節、二四〇頁。
(25) 同「高度国防国家と労働体制の進路」(『中央公論』第五六年九号、一九四一年九月)、同上『著作集』序説。
(26) 同「戦時社会政策と経済＝勤労新体制——産報と統制会の関連に就て——」(『商工経済』第一三巻三号、一九四二年三月)、一四二頁、同上『著作集』第二章第三節、二〇〇頁。
(27) 同上『著作集』第四巻及び同二巻への前掲各「解説」を見よ。周知のように戦後の社会政策研究において服部英太郎の見解はとくに大河内一男との論争との関連で注目され、それをめぐって多くの研究が発表された。大河内への服部の批判は、ここで問題にする戦時体制に関する同時代的分析において始まっていた。後出注(33)を参照。なお氏原・西岡の「解題」、とくに後者のそれはこの時期の服部のナチス理解をファシズム批判の立場としているが、本書の評価は本文で述べた通りである。ところでナチス労働体制と経営共同体の理念の系譜をナチス以前、ワイマール期に求め、両者の連続性とナチス的な理念の現代性を指摘するのは、Tim W. Mason, Zur Entstehung des Gesetzes zur Ordnung der nationalen Arbeit, vom 20. Januar 1934, in: H. Mommsen / D. Petzina / B. Weisbrod, Industrielles System und politische Entwicklung der Weimarer Republik, Düsseldorf 1974.

(28)　たとえば丸山、前掲書、五六頁以下、同『丸山眞男集』第三巻、二八八頁以下。

(29)　その動向と問題性については、川瀬泰史「ナチスの「近代性」」(『立教経済学研究』第四七巻一号、一九九三年七月)、同「ナチス近代化論争」(同上、第五〇巻四号、一九九七年三月)、参照。またこの動向に関連して、山之内靖・V・コシュマン・成田龍一編『総力戦と現代化』(柏書房、一九九五年)、とくに山之内靖とM・プリンツの各論文、参照。

(30)　森戸、前掲書、とくに一二頁以下。

(31)　服部『著作集』第四巻、二一〇頁以下、また二四七頁。

(32)　とくに服部「勤労生産力昂揚の日本的課題」(『改造』二四巻七号、一九四二年七月)、九頁以下、同『著作集』第四巻、第三章四節、二五八頁以下。日本が自らの帝国主義的発展段階を全くもたなかったとは服部は考えてはいない。

(33)　服部はこのように伝統的な分配的社会政策の基礎の重要性を強調する。それは社会政策を経済政策の一部、生産政策として捉えようとする大河内一男への批判を意味する。

(34)　大河内一男著『独逸社会政策思想史』(日本評論社、一九三六年)、六八三頁、『大河内一男著作集』第二巻(青林書院新社、一九六九年)、三一五頁。

(35)　同「「国民社会主義」と社会政策」(『経済学論集』第五巻一一号、一九三五年)、同『著作集』第二巻、補論一。

(36)　保健・衛生・教育を含めた「経営社会政策」に対する大河内の鋭い認識は、同「「経営社会政策」に関する二つの実証的研究」(同上、第六巻一一号、一九三六年)、同上、補論三。Masonが一九七四年に公にした認識を大河内は四〇年以上も前に行っていた。

(37) 同「独逸社会政策史に関する最近の資料」(同上、第一〇巻五号、一九四〇年)、同上、補論四。

(38) 同上、七六頁、同上、三六五頁以下。(但し『著作集』の文章は修正が加えられている。たとえば引用一、二行目。〈経済体制が「根本的に、とりわけ「下からの」推進力によって」編成替えせられるのでない限り……〉(カッコ内が修正個所)と全く逆の表現に変えられている。) 大河内の指摘は、「従業員」用語の積極的評価や、「システム社会」の観念の適用等によって、戦後社会をもっぱら「社会的統合」の側面に結びつけ、階級的社会からシステム社会への移行として捉える今日的な思想状況に対しても該当するだろう。「社会的統合」論は大河内のいう「階級協調」論の現代版といえる。先に引用した『独逸社会政策思想史』の末尾の文章を想起すべきである。山之内靖著『日本の社会科学とヴェーバー体験』(筑摩書房、一九九九年)は、大河内一男が現代社会における「システム社会」と「社会的統合」への傾向を先駆的に指摘したことに注目している。しかし、大河内は同時にそれがもつ資本主義的なイデオロギー的特質を重視したのであって、その彼をパーソンズと同列に論ずるのは適当ではないだろう。むしろパーソンズ的な認識の資本主義的な本質を先駆的に解明していた点にこそ大河内のすぐれた面があると見るべきであろう。山之内、同上、第六章、参照。なお、第一次大戦前後のドイツの社会的統合論的な認識とそのイデオロギー性については、拙著『ドイツ中小ブルジョアジーの史的分析』(岩波書店、一九八九年)Ⅲ二、参照。また山之内の見解に関しては『年報・日本現代史』第三号、一九九七年(総力戦・ファシズムと現代史)の「総力戦体制をどうとらえるか」をも参照。

(39) 北岡壽逸「ナチス社会政策より学ぶべきもの」(『新独逸』第三号、一九三九年)。

(40) 本書後出Ⅷ参照。

(41) 大塚久雄のこの書物は戦後の一九四六年に二刷が日本評論社から出版された。本章はこの二刷に依拠している。

(42) 原本はWilliam Ralph Inge, England, London, 1926 (The Modern Worldシリーズのイギリス篇)で、小山東一による邦訳(松山房、一九四〇年)は一九三三年改訂版によっている(大塚は著者イングを上記原本(一九二六年)の背表紙の表示によりディーン・イングとしているが、ディーン(Dean)は名前ではなく、Dean of St. Pauls(聖ポール教会主席司祭)の地位を表わしている)。引用文は次の通りである。「〔ピューリタニズムの〕最悪の誤謬は個人主義よりも寧ろ国家社会主義にむすびついてゐるもの即ち理想たる国家全体を極度に繁栄せしめるには大多数人の幸福を犠牲にしてもよいといふ点であつた。」(同訳、二五一頁)。大塚は続けて次のように解説する。「近代イギリスのヂェントルマンの一典型たるディーン・イングはこの点で、クロムウェルのうちにナチスの影を、ナチスのうちにクロムウルェ《〔ママ〕》の影を見出しつつ恐怖を感じてゐると云ひえないであらうか。」なお、イングのいう「国家社会主義」(State Socialism)は、経済生活への国家的統制とそのための強力政府を意味する広い概念であって、ナチズムだけを意味するものではない。しかし今ここで重要なことは、イングの国家社会主義理解ではなく、大塚がそれをナチスに結びつけて解釈したことである。なお大塚は併せてM・ヴェーバーの『プロテスタンティズムの倫理と資本主義の精神』(梶山力訳)、二二三—七頁、但し改訂版では、第二章、二の参照をも促している。大塚久雄著『近代欧洲経済史序説(上巻)』(時潮社、一九四四年)、三八三頁注(3)。但しこの注に対する本文の該当個所は上記の初版では欠けており、戦後の改訂版(一九四六年、同『大塚久雄著作集』第二巻、岩波書店、一九六九年、所収)によりその誤植が正されている。『著作集』での対応個所の頁は三六二—四頁。中野、前掲書、三〇九頁をも参照。

(43)　大塚『近代欧洲経済史序説(上巻)』、三八一頁以下、『著作集』同上。

(44)　大塚は、このことを論じる際に、同時にプロテクトレイト政権の「崩壊」を問題として、それを中産的生産者層の分解と関連づけて説明していた。

(45)　大塚久雄「農村工業と生産力」(『農村工業』第一一巻一号、一九四四年一月)。この論文は著作集には収録されていない。拙稿「大塚久雄の農村工業論の背景—同時代日本の論争をめぐって—」(住谷一彦・和田強編『歴史への視線——大塚史学とその時代』日本経済評論社、一九九八年)。

(46)　大塚が注目したのは上記雑誌に掲載された宮出秀雄の論文「国土計画に於ける農工調和と農村工業」(同上、第九巻一一号、一九四二年一一月)であった。大塚、同上、二八頁。なおこの点に関連して、関口尚志「ヴァイマル=ナチス期の「地域開発」の構想」(大野英二・住谷一彦・諸田實編『ドイツ資本主義の史的構造』有斐閣、一九七二年)、三ツ石郁夫著『ドイツ地域経済の史的形成』(勁草書房、一九九七年)、序章、参照。また第一次大戦後のドイツの中小規模の資本主義的経営の発展とその重要性については、前掲拙著、Ⅳ、参照。

(47)　前掲拙稿、二二五頁、参照。

(48) 大塚久雄が戦時経済体制における超重点主義をどのように見ていたかはわからないが、この論文が客観的に意味することはそれへの批判であり、それを不可避とする戦時経済体制の現状への疑問である。同じような農村工業擁護論とその立場に立った超重点主義批判は上記『農村工業』の大塚以外のほかの論文にも見られる。

(49) 難波田春夫『日本的勤労観』(大日本産業報国会、一九四二年)第一章、五頁。難波田の経済学と国家論の全体像については、池田元著『権威主義国家の位相』(論創社、一九八八年)第Ⅲ章、を参照されたい。

(50) 難波田、同上、四五頁以下。

(51) 難波田春夫著『国家と経済』一―五巻(日本評論社、一九三八―四三年)、とくに第四巻(一九四一年)。この巻は出版わずか二カ月後に六刷、五カ月後に一〇刷を重ねた。

(52) 同、第五巻、三二頁。

(53) しかし藤田省三著『天皇制国家の支配原理』(未來社、一九六六年、同『藤田省三著作集』みすず書房、一九九八年、所収)では難波田春夫の認識は全く取り上げられていない。藤田については飯田泰三著『戦後精神の光芒』(みすず書房、二〇〇六年)Ⅲ、参照。

(54) 難波田春夫著『戦力増強の理論』(有斐閣、一九四三年)、二三四頁以下。

(55) 山田盛太郎著『日本資本主義分析』(岩波書店、一九三四年)においては、天皇制的観念は「ナポレオン的観念」の語で表現されており、その担い手は自作農の中堅と考えられた。山田はこの「ナポレオン的観念」と「家長的家族制度」との二層性に注目するとともに、養蚕業によって支えられた「ナポレオン的観念」の支柱(自作農中堅)の解体の萌芽を指摘する。同、三四頁以下、五二頁、六一頁以下、一三五頁。難波田春夫は、民族構造の観念の担い手を日本民族・国民一般に還元する。

(56) 難波田については上記池田の著書のほか、大内兵衛著『経済学五十年』(東京大学出版会、一九六二年〔二刷〕)、三〇一頁。難波田が郷土・家の関係について依拠した鈴木榮太郎著『日本農村社会学原理』(時潮社、一九四〇年)は、農村の社会的統一性と同時に、アメリカ社会学の成果にもとづいて、商品経済と結びついた「売買共同圏」「経済的関心共同圏」(rural と urban との中間の rurban community)とそれに伴う大きな変化、つまり「都市化」と「農村における社会的分化」(農村工業)について分析を行っている。これは「民族構造」の内的解体に関わる重要な観点であるが、難波田はそれを無視している。なお、大塚久雄がイギリス経済史において後者の局面を決定的に重視したことは周知の通りであり、また戦時期の日本の農村工業論が、日本の農村の伝統的関係の解体と密接に関連して論ぜられたことも想起されねばならない。

(57)　当時、政治学の分野で、日本の「天皇統治」、「祭政一致の国体」の「家族的共同体国家」としての独自性を指摘した一人は矢部貞治である。同「全体主義政治」(『日本国家科学大系』第四巻、実業之日本社、一九四三年)。矢部は日本とナチス・ドイツとの違いを強調はするが、難波田とは異なり、「全体主義」の比較分析にもとづいていた。彼はその分析を通じて日本を「全体主義」として「最も純粋な模範」として捉えるのである。矢部貞治の政治思想については、源川真希「戦前日本のデモクラシー——政治学者矢部貞治の内政・外交論——」(東京都立大学『人文学報』第二八七号、一九九八年)、参照。なお、特殊性の一面的強調が共通性の無視、さらに比較の観点の排除に結びつく状況は今日の歴史学の中にも強く存在する。この点に関連して「ファシズム期」日本に関する戦後知識人の認識の推移とその性格について分析した、石田雄著『現代政治の組織と象徴』(みすず書房、一九七八年)、第六章、参照。戦前・戦時の日本的体制が、独裁制の形態をとったナチス・ドイツの体制とそれ異なることを一面的に強調し、ファシズム概念の日本への適用を排除し、さらに比較の観点をも遠ざけようとする状況とそれへの批判については、『歴史学研究』一二(一九七七年一二月、特集「日本ファシズム論の再検討」)の安部博純・壬生史郎の各論文、安部博純著『日本ファシズム論』(影書房、一九九六年)、第一編、また上記のような見方の外国人歴史学者への影響とそれへの批判については、Andrew Gordon, Labor and Imperial Democracy in Prewar Japan, Berkeley *et al.*, 1991, Conclusion をそれぞれ参照。

(58)　本書後出Ⅷをも参照。

(59)　本書Ⅴ参照。

(60)　戦後大内兵衛は、難波田の主著『国家と経済』を、『国体の本義』と共に、日本の戦争の「理念」と「科学」の基礎を示すものと記しているが、それは過大評価であった。日中戦争と太平洋戦争の「理念」と「科学」は難波田の著書が示すような単純な日本的独自性論だけでは捉えられないのである。

(61)　藤田、前掲書、一三四頁以下、一五〇頁以下、『藤田省三著作集』1、一六六頁以下、一八六頁以下、また本書、前出Ⅴ、を参照。藤田は革新官僚の立場に関して説明を行っているが、戦時経済にとって決定的に重要な生産力拡充計画や統制経済体制に関わる彼らの経済新体制の構想について論じていない。そのために「天皇制国家の支配原理」の中に総力戦理論が明確に位置づけられておらず、それと国家・郷土・家の論理との結合的関連も十分に分析されていないように思われる。なお、竹山護夫「日本ファシズムの文化史的背景」(浅沼和典・河原宏・柴田敏夫編『比較ファシズム研究』成文堂、一九八二年)の興味深い論述、参照。

(62) 難波田、上掲『国家と経済』第四巻序言。池田、前掲書、六四頁以下。日本でのゴットル研究については大林信治「経済哲学・方法論」(長・住谷編『近代日本経済思想史Ⅱ』)。

(63) Christina Kruse, Die Volkswirtschaftslehre im Nationalsozialismus, Freiburg i. Br. 1988, S. 112 ff.; Helmut Woll, Die Wirtschaftslehre des deutschen Faschismus, München 1988, S. 71 ff.

(64) 政治思想的観点に立った同時代日本のすぐれた分析として、南原繁著『国家と宗教』(岩波書店、一九四二年)、第四章(ナチス世界観と宗教)がある。最近の研究としては、中村幹雄著『ナチ党の思想と運動』(名古屋大学出版会、一九九〇年)、第四章。

(65) 本書Ⅲ、参照。人種主義と結びついた民族的共同体思想の非合理性に対する同時代の批判者としては他に南原繁が重要である。南原、前掲書、参照。彼らのナチス・ドイツ論は同時に日本の同じ状況に対する批判を含意していたことは本文で述べた通りである。

(66) 彼らの日本的現状への批判、その後進性への批判が、戦時経済体制そのものへの批判を意味しなかったこと、むしろ、その合理的な編成替えに連なる方向を有していたことについては、これまでも指摘されてきたことである。同時に、戦争体制・全体主義的体制そのものへの批判がおよそ不可能な抑圧的状況の下で、なおかつ批判的立場がどれほど重要な意味をもったか、この点もこれまで留意されてきた点である。風早・服部に対する国家的弾圧の現実が彼らの批判的立場の意義を明白に表示している。

(67) この時から半世紀以上が経過し、当時とは全く異なった条件の下で、ナチズムの現代性の側面が大きく問題とされている。われわれはそのような現代的要素を一面的に抜き出すのではなく、ナチス的体制の全体像と関連づけて解明すべきであることはいうまでもない。

Ⅷ　戦時期日本における経済倫理の問題と西洋思想史研究

——大塚久雄・大河内一男を中心に——

戦後日本の社会科学の発展にとって、日中戦争から太平洋戦争にいたる戦時体制下の学問研究が、その重要な土台を提供したことについては、これまでもさまざまな形で指摘されてきた。思想史・経済学史の分野についてもそれがあてはまる。M・ヴェーバーの資本主義精神論に関する大塚久雄の取組みは、その西洋経済史の研究と共に、またA・スミスとF・リストに関する大河内一男の学説史的考察は、その社会政策論と共に、こうした戦時期の研究のなかでもきわだった成果に属していたことは改めて述べるまでもない。戦争、それも総力戦という緊迫した事情の下で積み重ねられたそれらの社会科学上の研鑽が、この時期の日本の独自な、そして異常な時代的状況と密接に関係し、時代の状況から強く刻印されていたことも先学によって示されてきたところである。(1)

それではヴェーバーに依拠した資本主義精神に関する大塚の分析や、スミスやリストについての大河内の学史研究は、戦時体制下の日本の独自な時代的状況といかに関連していたのだろうか。(2)この問いを考える時、われわれは、両者がそれぞれの研究を共通して「経済倫理」という時代の問題に結びつけていたことに気がつく。

大塚久雄の論文「マックス・ウェーバーにおける資本主義の「精神」」(『経済学論集』一九四三―四六年)は、大塚自身の、さらに戦後日本のヴェーバー研究にとって、その出発点となる重要な位置を占める成果であるが、大塚は論文発表当初、これに副題として「近代社会に於ける経済倫理と生産力序説」を付していた。大塚はその中でヴェーバーの所説に関する批判的検討の問題意識を「吾々の直面しつつある世界史の現実」に関連させていた。しかし、その副題にある「経済倫理」が「生産力」と共に、ヴェーバー研究に関わらせて、より直截に戦時下の現実の問題に結びつけられたのは、「経済倫理の実践的構造――マックス・ヴェーバーの問題提起に関連して」(『統制経済』第五巻一号、一九四二年)をはじめとする、「経済倫理」を論題にした五つの論文においてであった。その中で「経済倫理」の問題は、「生産力の拡充」や「生産責任」という戦時経済の「時局」の緊迫した課題として、あるいはその後に予想される「新しい経済倫理」の問題との関わりの中で論ぜられる。(3) 大塚は述べる。

「生産力拡充に関連してにせよ、あるいは一層ひろく戦時経済一般の強化に関連してにせよ、いわゆる「経済倫理」が現在この上もなく緊要なむしろさし迫った意義を担って立ち現われていることは周知に属するであろう。さらにまた、この「経済倫理」が国民に対して外側から機械的に与えらるべきものではなく、国民の精神的雰囲気の内側から自発的に盛上って来なければならぬということなどもまた、すでに殆んど縷説を要しないほどであろう。換言すれば、いわゆる「経済倫理」はいまや、人々の問題意識のうちにあって、すでに一つの「問題」としてかなりの程度に明瞭な形を取るにいたったということができよう。(4)」ヴェーバー研究はこうして、大塚の場合、単に経済史の研究に対してばかりでなく、「経済倫理」というこの時代の問題に密接に結びつけられることになった。

大塚においてヴェーバーと関係づけられた「経済倫理」は、大河内の場合、「経済理論」と結合する。(5) 太平洋戦争のさ中、一九四三年に刊行された大著『スミスとリスト』(日本評論社)が、スミスの「倫理と経済」及び「経済人」(「ホモ・エコノミクス」)、またリストの「生産力」と「世界経済」の認識についてのすぐれた学説史研究の書物であったことはよく知られている。著者大河内は、この書物の副題として「経済倫理と経済理論」を付し、その序の冒頭にこう記している。

「新しい経済倫理が今日ほど求められてゐる時はない。然るに今日ほど経済倫理が溷濁《こんだく》してゐる時もない。また、新しい経済理論の建設が翹望《ぎょうぼう》されてゐること今日の如きはない。然るに今日ほど経済の理論がその帰趨を見喪つてゐる時も少ない。すべて、どうしたことであらうか。新しい経済の建設は、日に日に、たくましく、すすめられてゐる。それにも拘はらず、経済倫理は、未だにこれを押し進めるだけの主体的な力になつてゐないし、経済理論はまたこの新しい経済秩序の成熟を外に理論的であり得るかの如く考へてゐる。（中略）その上、経済倫理と経済理論とは、二本の平行線のやうに、相交はることのないままに放置されてゐる。経済倫理は、経済理論の指し示すところとは全く無関係に徳目を並べ、経済道義を述べる。あたかも経済倫理といふものは経済生活に対して「外から」加へられる何物かでなければならないやうにひとびとは考へる。けれども、いまわれわれにとつての問題は、経済することの「中から」倫理を摑み出し道義を鍛へ上げることでなければならない。」

「経済倫理」は、それがヴェーバーに結びつけられるか、「経済理論」に関係づけられるかはともあれ、大塚久雄と大河内一男の両者にとってひとしく緊迫した現実の課題であった。そしてこの「経済倫理」の問題は、それぞれの学問研究の動機となり、戦後の社会科学の発展につながる研究成果を生み出す問題意識を形づくった。それでは大塚や大河内が当時直面していた「経済倫理」の問題とはそもそもいかなるものであり、また同時代の知識人はそれをどのように捉え、大塚久雄と大河内一男の認識はその中でどのように交錯するのだろうか。

一　経済倫理の問題状況

経済生活における人々の活動を拘束する規範ないし経済活動に対する経済主体の内的起動力としての経済倫理は、さまざまな歴史的段階において、またさまざまな形態の経済社会で問題とされる。本章が取り上げる戦時期日本の経済倫理の問題の背景には、戦争とその長期化・総力戦化が、またそれと結びついた統制的経済体制の確立・強化という状況が存在した。戦力の基本的な要素としての経済力の担い手たち、すなわち労働者や企業家、農民や中小営業者たちの協力は、戦時経済体制の必須の条件であり、経済活動に対する彼らの意欲や、経済的統制の規範に対するこれら経済主体の意識は、物的なまた組織的な諸条件と並んで、著しく重要であった。経済倫理の問題は、こうして何よりも国家の側から、経済主体たる国民に対する精神的倫理的な要請として提示される。

この問題は、同時に経済活動を営む主体の側の現実の経済意識、その精神的な雰囲気のあり方に、従ってまた、戦時経済体制に編成されつつある経済活動・経済生活の実態、またその歴史的社会的な環境とに関係してこざるをえない。戦時統制経済が日本資本主義とその特殊的な構造を前提にしなければならなかったように、経済倫理の問題も経済主体が活動する日本の独自な資本主義社会の問題と無関係ではありえなかった。

それでは、当時、経済倫理の問題はどのような状況にあったのだろうか。大塚久雄は経済倫理の問題状況についてヴェーバーによりながらこう述べている(6)。

「このエートスは経済倫理(中略)としては、右に述べたような生産力と直接に関係をもつ生産倫理というべき局面のみでなく、流通倫理、分配倫理、消費倫理とも呼ばれるべき諸側面をもそのうちに含み、むしろそれらの綜合として成り立っていた。しかも全体として、生産倫理を基軸として構成され、すぐれて生産倫理の相貌を具えていた。そしてこの生産倫理としても、経営倫理ならびに労働倫理の両側面を具えつつ、しかも基底的にはすぐれて労働倫理の性格を具えていたのである。」

戦時期の日本には、経済倫理の問題として、次の五つが存在していたのである(7)。①消費に関わる経済倫理(消費倫理)。これはより広く生活に関する倫理(生活倫理)に関連する。②流通上の経済倫理(流通倫理)。③分配倫理。④生産(力)に関わる経済倫理。大塚・大河内ともにこれを最大の問題とする。それは、経営倫理すなわち企業家・経営者の倫理と、労働倫理・職業倫理から構成される。さらにこれらに加えて、⑤大河内の先の引用文の中で問題とされた、統制経済の確立(「新しい経済の建設」)に対応する「新しい経済倫理」をあげなければならない。「新しい経済倫理」については、大塚久雄も注目し、こう述べている。「いまや、経済統制の進展という新たな事態に即応して「新しい」経済倫理の一般的確立が焦眉の緊要事とされていることはいうまでもない。[8]」

以上、①―⑤が、戦時期の経済倫理の問題を形づくるが、以下では、③を除く四つの経済倫理についてその問題状況を見よう。

(1)　消費倫理・生活倫理の問題

消費倫理の問題は、戦時経済における消費生活の国家的規制と密接に関連した。[9] 一般に軍需生産の拡大は、奢侈的産業はもとより消費財関連産業を全体として圧迫し、消費財生産を縮小させる。このことは人々の消費生活の削減を要請する。他方、財政的には戦時公債の消化のために国民による公債の引受けが不可欠であり、それは家庭での生活上の支出の削減、生活費切下げによる余剰の蓄積を必要とする。以上からまず奢侈、不急の消費に対する生産・流通が規制される。重要物資に関する民需使用の制限に続き、一九四〇年七月の「奢侈品等製造販売制限規則」(いわゆる七・七禁令)により「不急不要品」・「奢侈品」の生産・販売が制限された。

法的規制を補強するのは道義的な観点からの規制、つまり消費倫理・生活倫理の上からの要請である。「消費規正」とか「国民生活の刷新」とか呼ばれるもので、「国民精神総動員運動」(一九三七年開始)、いわゆる「精動」によって代表される。それは奢侈的営業の制限、人々の飲食・飲酒の規制、中元・歳暮等贈答の抑制など消費に対する倫理的要求としてのみでなく、さらに早起き・勤労・節約・貯蓄・時間厳守・鍛錬等の生活上の規範、日常の生活様式に対する指示の形をとって進められた。

旧来の生活習慣の「刷新」と結びつく奢侈の抑制や勤労・節約・時間厳守等の徳目は、それ自体としては、各国に多分に共通する小市民的ないし資本主義的な生活の合理化の線に沿った倫理的要請であった。しかし、「国民精神総動員運動」は、奢侈的な生活習慣を、もっぱら「個人主義的自由主義的生活態度」、自由主義的な「弊風」として捉え、それを、自由主義・個人主義への批判と結びつけた。「弊風」の「粛正」は「国民的、奉公的生活態度」へと方向づけられ、そして「挙国一致・尽忠報国」の精神と、さらに神社・皇陵への参拝や「勅語奉読式」等々による天皇制的イデオロギーと結合する。「国民精神総動員運動」は、文字通り道義的観点に立った「精神運動」であり、訓戒、命令、禁止の形をとった上からの生活倫理・消費倫理の強制に他ならなかった。

経済倫理は「国民に対して外側から機械的に与えらるべきものではなく、国民の精神的雰囲気の内側から自発的に盛上って来なければならぬ」(「経済倫理の問題的視点」)と大塚が述べ、また大河内が「気むづかしい倫理主義」と批判する時、そこで問題とされていたのはまず第一にこの国家的な精神運動のことであった。

戦時経済の進展と共に「奢侈」の範囲は拡大され、必要な最低限の生活すら「奢侈」に結びつけられた。国民にとっては、奢侈はもとより、生活必需品の確保、「最低の」消費生活の確保すらが問題となる。中央物価協力会議の志村茂治は国民の「生活に対する不安定感」の強まりを指摘しつつ、「今日唱へられる全体主義は欲望から展開された経済理論を粉砕するに余りに急であつて、欲望そのものまでも否定せんとするが故に、生活から遊離した議論に堕落してしまふのである。欲望から展開された経済理論は撃滅し得ても欲望そのものは決して否定出来ない[10]」と批判する。

価格統制や配給制度の強化の下で、闇取引や買出しなどの違反行為は抑え難く「横行」する。いわゆる「お屋敷方面」への業者による闇の販売の問題は、軍人や官僚など、「倫理」や「規制」を強制する立場のものも含めた中・上層の消費者の問題であった。これに対して日常的な「行列」や「買出」しは、最低限の生活の維持のための一般市民のやむをえない行動であった。公定価格違反の「闇相場」の横行は、こうした事情に基づいている。「闇相場」はもはや部分的現象ではなくなり、「月夜相場」とも称されるほどに一般化する。それは、消費倫理の問題であると同時に流通に関わる経済倫理の問題でもあった。

このように生活倫理・消費倫理の問題は、個人とその家族の生活と再生産の、従って戦時経済全体の基礎的条件に関係していた。総力戦の長期化による生活必需品の生産の一層の縮小、他方での労働の強化と国家による消費倫理・生活倫理の一層の強要は、それに対する人々の批判を生み出すと同時に、これまで経済学的に考察されることが少なかった「消費」や「消費生活」、さらに「人間経済」・「人的資源」に関する社会科学的な関心を刺激した。この問題は労働者の労働意欲に関わっており、従って労働倫理にも関連するのであって、戦時経済の最大の問題が、ある意味でこの消費倫理問題の中に潜んでいたのである。大河内はそれを消費統制の「倫理と論理」の問題として捉える。(11)

(2)　流通倫理の問題

流通倫理の問題は、生活用品の取引に関しては、消費者たる一般市民(国民)の側の経済倫理と関係していた。しかし、流通倫理の主たる問題局面は、消費倫理と表裏一体にある個人的消費者の倫理の問題ではなく、生産財をも含めた商品の生産・流通の担当者たる商工業者の流通に対する観念の問題であった。

商品の数量・品質等のごまかし、不正な広告、さらに不当な価格(暴利・捨て値)など、商品取引に関する対消費者、また営業者間の倫理的規範は、もともと商品経済・市場経済における公正な取引に関する一般的な問題であった。戦時期においては不正取引・不当利益は、戦争経済と統制経済という二重の圧力の下で増幅した、より深刻な問題として表面化する。統制の諸規範に反する闇取引、商品の粗悪化、代替原料による品質劣悪化、重量ごまかし、買溜め、資財の抱え込み、売惜しみ、隠匿、等々がそれである。

一九三八年七月より翌年一〇月までの全統制経済犯罪は、二三五万余人に及んだが、その大半は「零細」なる犯罪であり、中小商工業者・農民などの消費財を中心とする中小規模の商品生産・流通における違反であった。「社会」の中堅として「健全性」がもとめられる「中間層」に関わる点で、また犯罪の微細性が示すように日用品の取引を中心とする商品経済、日常生活場面の只中に侵入し、病化させる点で、それは著しく深刻な問題として受け止められた。(12)

経済犯罪の「国民化」と「悪質化」は、体制を担う官吏・統制団体役員・町内会長の瀆職の増加、軍需工場等の違反などと一体になって戦時統制経済機構を危機に導くものであった。(13)ここに経済犯罪の取締りとともに、商工業者を中心とする経済人の流通面での倫理の樹立が要請される所以があった。

だが問題は簡単ではなかった。一般的に物資不足の状況の下では、物価の高騰を予想した物資の買占めや売惜しみ、販売価格の吊上げは決して例外的な現象ではなかった。市況の変動による利潤率の上下、そこから生じる一時的に高い商業利潤は、むしろ日常的ともいえた。それらの営利活動と、「不当な利益」や「暴利」との区別は著しく困難であった。しかし、「誰が見てもボリすぎる」と思われる不当な利益、「暴利」は規制されねばならない。

上述のように日中戦争の開始と国家的経済統制の強化の下で、物資不足を背景とした闇取引や買占め等による価格引上げ、「暴利」行為は激増した。経済的再生産の均衡を変形し、消費財等物資不足を生み出す戦争経済と国家的な経済統制の下では、そのような現象は、いわば機構上の矛盾に他ならず、戦争の長期化は統制経済の一層の拡大・強化を要請し、暴利取締令の改正(一九四〇年)をはじめとして、各種の統制法令が次々に実施されなければならなかった。これと併行して「商業道」や「商業倫理」が国家的に要求されることになるのである。(14)

「経済新体制」に関して示されたいわゆる公益優先原則、職域奉公の観点はそうした倫理的な性格を色濃くもつものであった。経済活動は単に個人的な営みではなく国家全体の仕事の一部分をなしており、私益に対して公益が優先する。流通倫理は、こうして単なる闇取引や暴利の排除、取引の公正さの問題をこえて、営利活動と営利心のあり方、それと公益との関連という、資本主義経済の本質に関わる問題と関係してくる。

その際、その理解をめぐって論者の間で二つの立場が存在した。(15) 一つは、闇取引や買占め・売惜しみ等による価格吊上げ、暴利は、そもそも私企業が営利原則によって営まれていることから発生するものであり、また統制法令の脱法行為も、私的利潤のあくなき追求によるものであると考える立場である。その観点から私企業の営利原則の大幅な制限が求められ、経済活動の公益性が要請される。それは単に戦争経済のためばかりではない。営利原則に基づく資本主義経済は、すでに行き詰まっており、それに代わって新たな統制的経済体制が必要になっており、その体制こそ私益に対する公益優先の社会なのだと構想する。

たとえば谷口吉彦(京都帝大教授)は、流通面でのこうした問題を、「資本主義の私益原理」を前提にした流通統制の限界ないし矛盾として認識し、こうした「外部から」の統制に対して、「経済原理そのもの」の「革新」、「私益」に代わる「公益主義の経済体制」の確立を重視する。(16)

流通倫理の問題は、このように公益優先原理を強調し、営利原則に対する本質的な修正を求める立場と結びつく。それは、企業に対する利潤統制・配当制限に、さらに営利に動機づけられて生産活動を行う企業経営の機構的改革と関連してくる。(17)

これに対して、他方で、流通倫理の問題を営利原則一般に関連させるのではなく、闇取引や投機的取引あるいは独占の問題に限定することを求める立場が対抗する。経済新体制は、その「確立要綱」の中で「国民経済の秩序保持に障害ある投機的利潤及び独占的利潤の発生を防止する」と明示しており、多くの論者は、この立場に立っていた。たとえば、統制経済に関するベストセラー『新版統制経済講話』(日本評論社、一九四一年)の著者波多野鼎(九州帝大)はその典型である。

(3)　生産力拡充と経済倫理

(i) 経営倫理の問題

経済社会の存立条件としての生産の拡大は、莫大な消費と消費予定をともなう戦争経済においては、まさに最重要課題となる。軍需生産の拡張、民需用生産力の軍需用への転換によって生じる生産不足等に対する生産増強・生産力拡充は、経済に対する国家的統制と共に、戦争経済に共通する問題であった。戦時体制の長期化と総力戦化は、経済統制と生産的基礎の一層の強化を要請し、その際、生産諸力の物的条件の整備と並んで、主体的条件である企業家(経営者)の経営倫理や労働者の労働倫理・職業倫理のあり方が問題となる。生産諸力の向上は、従来までは、個人・企業の利潤追求を推進力としてきたが、戦時体制強化の下で、自由な営利追求は抑制され、経済活動は国家的に統制されなければならない。生産に関わる倫理問題は、こうして生産力向上の内的な起動力としての営利欲の規制ないし克服の問題と関連し、「資本主義の精神」や「ホモ・エコノミクス」のあり方の問題と結びつく。M・ヴェーバーの「資本主義の精神」に関する大塚久雄の研究がこの問題と密接に関連してくることはいうまでもない。

政府による生産力拡充計画の検討は、一九三六・三七年に始まり、その展開と共に国家による全面的な産業統制が進展していく。(18) 統制経済は、この間、営利原則を前提にした企業活動に対する「外部から」の統制という形をとっていた。この従来の応急的・消極的な経済統制に対して、営利原則にも踏み込んだ新しい体制が要請された。「経済新体制」によって提示された公益優先・職域奉公の原則は、経済活動の担い手に対し、生産力の拡充のために従来の営利第一主義的な意識や精神の転換を強く求めるものであった。

だが、生産・生産力の問題は、確かに戦力の生産的基礎が決定的に重要となる戦時経済、とくに総力戦体制の下で最も鋭い形で問われるとしても、この問題は決して戦争経済に固有のものではなかった。生産諸力の発展と営利追求との関連は、無制限な営利追求が独占形態を生み出し、それが生産力の発展を阻害するということに対する批判と結びついて、「合理化」と経済組織化、すなわち統制経済体制への移行の問題として、すでに日中戦争の前から論ぜられてきた。(19) それは資本主義の転換と行き詰まりの認識に基づいており、資本主義の修正と「革新」を志向する動きと結合していた。経済新体制の理念に影響を与えた笠信太郎『日本経済の再編成』は、このような流れを代表しており、そこで主張された「利潤本位」に対する「生産本位」の考えは、戦時経済の問題としてではなく、「自由主義経済」の形態と形式に対する批判として、経済体制の問題として提示されていた。「利潤本位」に対する「生産本位」の実現は、これまで経済活動の内的な起動力であった営利欲の抑制を意味する。それは営利第一主義に代わる新たな経済倫理、新たな生産倫理を必要とする。つまり生産倫理の問題は、「新しい経済倫理」の問題とも不可分の関係にあった。

国家的な経済統制と国民経済の組織化が、戦時経済体制の確立と一体となって強く要請される中で、営利本位主義から経営(生産)第一主義への転換を求める思想上の方向性は、資本主義の転換の意識と結びついて、一層強められた。経済新体制は、こうして戦時経済体制の確立の問題であると同時に、多くの知識人によって日本経済の「革新」と再編成という、「戦争」をこえた長期的機構的な課題として受け止められた。(20) 公益優先主義の経営倫理、生産第一主義の経済倫理は、単に戦時下の倫理としてばかりでなく、同時に「新しい経済倫理」への第一歩とみなされた。

われわれは、このような認識を、笠信太郎や大河内一男の他に谷口吉彦、森戸辰男、増地庸治郎(東京商大)など有力な論者において看取することが出来る。

このような考えに対して経済界が強力に反対したことは前述の通りである。(21) 生産力の向上は営利性との結合によってのみ実現可能であり、経済人の積極的参加とその創意こそが重視さるべきであるという立場がそれであった。流通倫理について述べたように、国民経済の均等的発展を阻害する暴利等の不適正な行為や投機的な利益は別として、営利原則の否定の考えは非現実的であり、私益の過度な禁圧は国民の生産的イニシアチヴを萎縮させるばかりであるとみなされた。

重要産業統制団体協議会書記長・帆足計(22)は「企業利潤は、資本主義経済下にあつて、設備の改善、技術の向上、原価の銷却其の他一切の生産拡充の原動力」をなすものであり、「企業能率の向上から生れたところの建設的利潤に対しては、いやしくも濫にこれを束縛するが如きことがあつてはならない」と主張する。波多野鼎や松井辰之助(東京商大)など多くの論者もこの考えを支持する。(23)

「生産力拡充」と「経営倫理」に関する見解の対立は、戦時統制経済の評価、その方向に関わる深刻な問題を含んでいた。杉本榮一は指摘する。(24)「ここに揚げた二つの見解は、営利原則と公益達成の問題につき対蹠的なる結論を有し、一見するところ根本的に矛盾対立する性格をもつものとみられ、事実それが政治上の要綱として揚げられる場合には、一方は他方を貶するに、利益の追及をもつて国家目的を犠牲に供せんとする自由主義的個人主義的反国家思想であるとなし、他方はまた一方を罵つて、現存経済秩序の根本的破壊を企図するところの共産主義的亡国思想にほかならないとなし、感情的対立の激化するところ万民翼賛体制の樹立をさへ阻碍するの怖れなしとしない。」

経営者の生産倫理の問題は、以上のように、企業の営利性の可否の問題と密接に関連していたのであるが、戦争末期になると、戦力の基幹をなす軍需生産体制のあり方に関連して、「企業の国家性」の実現と「生産責任制」をめざす軍需会社法(一九四三年一〇月)がつくられた。それは軍需生産関係の民間企業において生産第一主義のために企業における「経営自主体」を確立し、経営担当者の職域的な自覚、国家主義的な生産理念の強化をはかったものである。そこでは資本の支配に対する経営の自主性と、経営関与者の一体性(「経営協同体」)の確立が意図され、それを通じて重要企業の国家性が明確となるはずであった。公益優先主義に基づく所有と経営の分離、資本支配に対する経営の自主性、経営担当者支配を求める立場がその理念をこの軍需会社法と密接に関連づけたのはけだし当然のことであった。

(ii) 労働倫理・職業倫理の問題

大塚久雄は、経済倫理の問題領域の中で、生産倫理に基軸的な意義を与え、しかも、それを構成する経営倫理と労働倫理のうち、後者をより「基底的」とした。大塚は、この労働倫理(勤労倫理)を「歴史的な国民生活のうちに現実に生きている倫理的雰囲気」として理解し、「単なる倫理学の体系とか道徳的訓戒」、「労働意志」に対して「外側」から加えられる命令・禁止からそれを区別した。それは、当時の問題状況への批判を意味したのであるが、それでは労働倫理に関わる当時の支配的状況はどのようなものであったのだろうか。

それは産業報国運動や勤労新体制の構想と関連する。大正末期に始まった産業報国運動は、日中戦争勃発後に産業報国連盟(一九三八年)、さらに大日本産業報国会(一九四〇年)へと展開した。(25) この間勤労新体制確立要綱が決定された。その中で示された指導理念は、「国体の本義」に基づく「全産業一体報国」と「事業一家」・「職分奉公」による「皇国産業の真義の興隆」にあった。そこでは「勤労の真義」と「剛健明朗なる生活」が重視された。労働(勤労)は国民の奉仕活動として、国家性・人格性・生産性を一体的に具現する。労働は、「皇国」に対する責任であり、それ故にまた栄誉となる。各自はその職分において能率を発揮し、秩序に従い、服従・共同して産業の全体的効率の向上に努め、創意的自発的にならねばならない。それが「勤労精神」である。(26)

上からの「精神運動」としてのこの活動は、同時に事業主側・企業側による労働者に対する「現場」での「精神」運動としても展開された。藤林敬三(慶應義塾大)は、「事業一家」の家族主義的精神は企業の中で「精神的教化訓育策」として強調され、事業主は「これに依つて問題が一切解決され得るかの如くに考へ」、そのため他の社会的労働管理の方法が軽視されていると批判する。(27)

われわれはこの独自な労働理念・職業観が、伝統主義的な家族主義、また天皇制的な国家主義の性格を色濃く有すると同時に、資本主義経済における労働の現実の状況とそれに対応した自由主義的個人主義的な職業労働観への批判という側面を有していたことにも注意しなければならない。職業労働は、資本主義の下では、個人の生活の手段であり、そのために余儀なくされた労苦となる。また個人の労働は総体の一局部の範囲に限定され、全体との関連性・連帯性は意識されない。産報運動はこれを自由主義・個人主義の弊害として捉え、これに対して、労働・勤労の意義を高く評価し、労働こそ「生産活動の根源」であるとして、その神聖さが強調される。部分的労働・専門的労働、職階は、独自な専門性・能力・技術と結びついた「職域」・「職分」・「職能」として積極的に評価され、それらのもつ全体との関連、協力関係への自覚が求められる。そして職業労働を栄誉たらしめ、また部分労働に全体的関連を付与するものが、「勤労」の国家性であり、国家の存続繁栄への貢献である。

この観点はナチス・ドイツの国民労働秩序法の理念と共通していた。ナチスはそれをゲルマン民族国家に結びつけたが、日本の場合その国家は「皇国」であり、国家的使命としての勤労は、「国体の本義」に基づき「皇運扶翼」の「奉仕」となる。労働はこうして個人本位の生活手段から、国家的な奉仕に、君国への「つとめ」・「臣民道」として、そして天皇への帰一に結びつけられた。「勤労」はそれを通じて高い倫理性を付与されると共に、義務として位置づけられ、「国民皆労」の理念が引き出された。

「事業構成員」の融和・一体化を求める事業一家の理念は、資本主義的な労資対立の単なる「調整」ではなく、あたかも対立関係の排除による共同体的な調和が意図されている。その観点は、ナチス的な経営共同体の観念から大きな影響を受けていたが、この国においては「我国古来の家族制度の精神」(産報連盟理事、町田辰次郎)に関連づけられた。

産業報国運動に見られる労働観・職業観ないし労資融和論に関して、当時の知識人の見解の間に大きな違いと対立があったことは当然である。産報運動を特徴づける国体観念、それに基づく臣道実践、日本的な家族主義の立場に立って、「皇国勤労観」・「日本的勤労観」を準備し、体系化をはかったのは、土方成美や難波田春夫であった。それに共鳴するように日本精神重視の立場に立った伝統主義的労働倫理を鼓舞する書物も数多く登場してくる。(28)

他方、多くの社会科学者は、上からの精神主義・心構えの強要に対して、また伝統主義・家族主義の観念に対して厳しい批判を表明する。精神主義の強調、家族主義の日本的「美風」を口実とする企業における労働条件改善の回避と雇主の家父長的専権、労働者の隷従が問題とされる。大塚久雄や大河内一男はじめ、藤林敬三、森戸辰男、尾高邦雄、戸田武雄、等々の社会科学的考察は、それぞれ観点や方法は異なるが、精神総動員運動に示される日本主義的勤労倫理への批判と密接に関連していたのである。(29)

現場からも批判の声があがった。日本光学工業人事課長は、指摘する。(30)「単なる愛国心、或は国民的な感情の昂揚といふことだけでは、到底この戦ひに勝ち抜くことは出来ないので、一つの秩序の下に於ける強力な組織として推進させるためには、どうしても情的な倫理と並んで、理知的な倫理が強調されなければならないと考へるのです。」

戦況の深刻化に伴い、労働力の消耗・摩滅をも無視して労働が強化され、皇国勤労観と結合した精神主義が一層強まった。これに対し労働力の摩滅的濫用・非合理的な充用方法の盛行、倫理的な道義論を批判し、労働力の科学的・合理的な保全、その再生産の重要性が強調される。大河内一男の社会政策論はその代表的事例であった。

(4)　新しい経済倫理の問題

「新しい経済倫理が今日ほど求められてゐる時はない」と大河内が述べ、「世界史の現段階が「近代的営利」を超克しつつあるといわれるとき」、「資本主義の精神」のもつ「歴史的限界(営利性)」を批判し、「より高邁なエートスを構想しなければなるまい」と大塚が記すとき、この「新しい経済倫理」や「より高邁なエートス」は、今はまだ現実化しておらず、その具体化が「求められ」、そして「構想」されねばならない課題であった。

「新しい経済倫理」は、すでに言及したように、昭和研究会の笠信太郎の著書『日本経済の再編成』の中で提唱された[31]。笠は、日本経済の再編成の基本的方向として、利潤統制・経理統制・生産統制など、資本主義的な営利原則に関わる統制を提示し、利潤本位に代わる生産本位の経営形態、「国家社会的な職能」に基づく経済体制とその組織を構想する。そしてその際この「再編成」を「自己運行的な経済体制」たらしめるためには「新経済倫理の確立」が不可欠であると論じた。

笠は、個人の創意・独創性を営利心や利潤追求にのみ帰す見方を批判する。自由主義経済の下では、確かにそれは該当するが、しかし現代の大株式企業では営利心はもはや経済活動の直接的な動機とはいえなくなっている。経営は、この場合「職能的」「技術的」になされるようになっており、今や「職能の上に立つ組織」へ転換することが可能となっている。統制経済の下で経済事態は、このような状況に基づき個人主義的な動機を排除しようとしている。だが

「統制の形式」は、営利追求という「これまでの人々の経済上の倫理」、「古い経済の倫理」と矛盾し、衝突し合っている。そこで「新しい経済体制」の確立のためには「経済活動を支配する経済の倫理」が一変する必要がある、と述べる。企業の組織の転換は「心構へ」の転換と一体でなければならない。それはもはや利潤第一主義ではなく、個人主義を離れた、国家的社会的な職能を第一義とするものである。日本人は「国体観念」に立って「自らの国民生活」を見るという「団体意識」を固有の特質としているから、このような「新しい倫理形式」を無理なく包摂することが出来よう。こうして「国体の尊厳」と「国民生活の全体性」が強調された[32]。

笠と同様、昭和研究会に関与した大河内一男の次の指摘[33]は、『日本経済の再編成』の志向するところと一致する。(但し、そこには「国体の尊厳」の観念が存在しない。)

「新たな経済の倫理は、何よりも新たな経済の論理とその構造に係はらしめて成立するものでなければならず、それと切離されて経済倫理それ自体なるものは存しないであらう。(中略)我々がいま倫理と経済の問題を考へる場合、「修正」された資本制経済とそれに対する「外から」の倫理的教説が問題なのではなく、まさに、新たな経済の秩序の構想と新たな経済の倫理の理念とが、経済生活の最も核心的部分に於て相互に結ばれなければならないといふ点が重要なのである。即ち新たな経済秩序の成熟が、同時に、働くものの職能的倫理と一致するやうな関係が創り出されることが必要なのである。問題は消費の倫理、例へば消費節約、買溜抑制、虚礼廃止等にあるのではなく、まさに生産の倫理に在り、職能人の倫理に在るのである。それは極めてたくましく、また極めて行動的な倫理でなくてはならぬ。」「新しい経済倫理」の問題は「生産の倫理」であり、それは新しい経済の論理と構造との関連でのみ解決される。経済倫理を経済機構から切り離して論じてはならない。こうして「倫理と論理」が問題とされることになる。

「新しい経済倫理」は「旧い経済倫理」と対置される。後者を特徴づけているのは、営利欲であり、従って「新しい経済倫理」は「営利性との結び付きを否定するものであることに於てまさに新しいもの」(傍点は原文)なのであった。[34]営利性の否定、つまりホモ・エコノミクスの「終焉」は、資本主義の「終焉」を意味するはずである。「理性的な生産人」が、「彼の社会的職能の自覚に基づいて、彼自身の個人的な経済活動と統制秩序全体との内的連関を主体的に意識してゐる」こと、そのような自発的倫理こそ「新しい経済倫理」の特質を形成するのである。それは「経済人」の営利的本能が「見えざる手」に導かれて、社会的な富の増殖をもたらすという仕方と異なり、職能人の社会的自覚に基いた「責任の倫理」によって経済発展が支えられるような経済秩序なのである。[35]それ故「新しい経済倫理」はなお一つの構想であり、これから「求められる」ものであった。そして「近代的営利」の超克を意味する「新しい経済倫理」の問題に大塚久雄もヴェーバー研究の立場から接近する。[36]

二　伝統主義的国体論的な経済倫理観——日本経済学——

戦時期の経済倫理問題は、上に述べたように第一には戦争経済体制を確立・強化するための国家の側からの精神主義・倫理主義の要請として展開した。それは単なる経済生活上の精神的な道義論に止まらないで、さらに個人主義・自由主義を否定し、天皇制的国家主義的な観念と一体となっており、その立場から、経済生活の規律、国家(「皇国」)への職業的奉仕を国民に対して強要するものであった。国民精神総動員運動(「精動」)や産業報国会運動などさまざまな形をとって実施されたこの国家的・倫理主義的な動きを、思想的に直接・間接にバックアップしたのが「日本経済学」の立場であった。ここではその代表的な学者土方成美と難波田春夫を中心に取り上げ、彼らの伝統主義的・国体主義的な経済倫理観を要約しておこう。[37]

(1)　復古主義的な企業・勤労観——土方成美——

日本経済学の提唱者土方成美(一八九〇—一九七五年)は、一九三九年の「平賀粛学」により休職、ついで教授職を失うが、その前年の著書『日本経済学への道』(日本評論社)において、反唯物史観の従来の立場に加えて、個人主義的自由主義への批判の観点から「西洋経済学」を否定し、日本の「民族の使命、国民性、風土」に適合した「日本経済学」を提唱した。

そこでは、日本人の国民性・風土、伝統的な家族生活に基礎を置く皇室中心の社会機構や国民思想の研究が課題とされ、その中で土方は日本人の心情的な要素を重視し、その中心に「分」の思想と「家と国」の観念を据えた。

土方は、日本経済の社会的歴史的な特徴を「家」中心の生活と特有の家族制度、すなわち祖先崇拝と血統の観念とによって支えられた共同体として捉えた。個人ではなく家族の一員たることを基本とする特質は、欧米個人主義の影響にもかかわらず維持されており、この家族主義的色彩は農業・中小商工業はもとより、財閥はじめ大企業においても濃厚に見られる(たとえば「家の子郎党」に基づく人事や雇主・使用人関係)。「家」は、島国的風土に生育した日本人に固有かつ永久の生活様式なのである。

経済生活における日本人の観念はその場合、「分を尽くして拡充到底」し、しかも「分限を超えない」という「分」に本質がある。それは自らの力量を弁え、その実現に努力すると共に、分に安んずることであり、古事記・万葉集以来日本国民の生活を支配してきた原則はまさにそれであった。そしてこの日本人の生活の共同体の中心に存在するのが天皇である。「分」思想は、物欲・営利欲を中心とする西洋的外来的思想に対して、「神代の昔」より伝わる日本的思想であって、「将来のわが国民生活」のために「充分に役立ち得るもの」である、[38]と。

東京帝国大学教授による「日本精神」の積極的評価は、産業報国運動の精神主義の高まりと相まって、伝統主義的な産業精神論や皇国勤労観を喧伝する多くの書物を登場させた。大倉精神文化研究所の設立者であり、東洋大学学長(一九三七—四三年)の地位にあった大倉邦彦[39](一八八二—一九七一年)の著書『日本産業道』(日本評論社、一九三九年)は、その代表的な事例である。(この書物は発売後数カ月にして六刷を重ねた。)また国体と家族主義の精神は『産業合理化』・『企業集中論』をはじめ先駆的な書物を著わした論客小島精一(小島経済研究所)をも捉えた。小島は「日本工業家精神」の特性として、日本的家族主義、家族的融合、奉公精神、皇室中心民族国家をあげ、それを高く評価した。[40]

(2)　家・郷土・国体の精神——難波田春夫——

土方の日本経済学を継承したのは難波田春夫である。国体・報国・事業一家の理念に基づく「大日本産業報国会」がその理念の体系化のために刊行した『産報理論叢書』第一輯を飾ったのは、前述したように難波田春夫の『日本的勤労観』(一九四二年)であった。[41]またそれより前に、『国民精神総動員』誌上(一九四〇年四月)で「精動指導者」に対して、国体に則った経済活動を説いたのもこの難波田である。難波田は戦時期の日本の国家的な経済倫理の政策化に対して最も近い所に位置していた。[42]

難波田は『日本的勤労観』において、自由主義とマルクス主義の労働観、またナチスのそれを批判し、それらに代えて「日本的勤労観」を提唱し、「天皇を中心とする血統的・精神的統一」を特徴とする「日本民族」の観点に立って、日本人の労働観・経済観が、民族と国家、すなわち皇国・国体を根底に構成されていると主張した。国民は、国体においてのみ存在し、労働は単なる労働者としてではなく、皇国民としてのそれであり、それ故に「仕奉」(奉仕のこと)の特徴をもつ。資本活動も同様である。労働と資本とは現実には対立するが、それは究極的なものではなく、両者は「天皇への仕奉」として一致し「むすび」を実現する。産業報国運動はまさに「労働をその本来の姿たる仕奉に帰らしめて資本との間の対立をなく」すと共に、労資協力して「皇国産業の興隆に総力を竭《つく》」し、もって「皇運を扶翼」するものである、と説いた。

難波田は日本人の「新しい経済思想」として「古来わが国に存在し、したがって最もよくわが国に即した、いはゆる最も「日本的」な経済思想」を提唱し、「古き経済理念の新たなる回復」を求めた。(43)

大著『国家と経済』の「民族構造」はそれと密接に関連していた。前章(Ⅶ)で述べたように「民族構造」は、単に家と国体との関係としてでなく、家・郷土・国体の三重構造をもち、天皇制(国体)は、「家」(家族)と郷土に関係づけられ、それらの共同関係が重視された。労働者は「皇国」の国民であると同時に「家族の一員」であり、労働は「家族全体」によって担われている。その「温い家族」は、「郷土」と切り離し難く結びついており、従って、労働者はその出身地と密接なつながりを維持する。

難波田によれば生産力の拡充の問題は、生産力を出す主体的人間を「家・郷土・国体なる基本的共同関係」の中で強化することであり、国民的生産力とは、生産力の主体たる国民が「国民的結合」、即ち「民族構造」において結合されることである。(44)

以上から明らかなように、難波田春夫にとって最大の問題は、日本経済の機構や組織ではなく、「人の問題」、「精神の問題」であり、具体的には、日本的な「民族構造」と結びつく「仕奉」の経済倫理の問題であった。(45) 難波田が日本資本主義の「機構」の問題に対していかに考えていたかは、「昭和研究会」に関与した穂積七郎(一九〇四―一九五年、戦後社会党国会議員)との雑誌『科学主義工業』(一九四三年八月)での対談(むしろ論争)の中に示されている。(46)

難波田は穂積にこう述べる。(47)「僕はどんな組織をつつても結局は駄目だといふやうな感じを持つのです。私は問題は結局組織の問題でなく人の問題だと考へる。」「僕のいひたいことは、そんな組織は組織を動かして行く人間が国家への奉仕といふ気持ちを持たなければ、決して出来上がるものではない。」これに対して穂積は切り返す。「そんなことは初めから判つてゐますよ。だれが人間や精神は不要だといひましたか、「みたみわれ」の人間と精神を生かす組織を強調してゐるんです。一体、人間並に精神を観念的に切替へるならば、機構の改革はやらなくともいいのかといふことをお聞きしたいのです。また人間の精神といふものが現実の生活そのものと遊離してゐるといふ在り方が可能かといふことをおききします。」

難波田は答える。「僕はね、組織の根本的変革は精神を変へることによつてのみ可能である。心さへ変れば、組織の持つ意味が変つて来る。」難波田にとって現実の資本主義機構は何ら「革新」さるべきものではなかった。「いや、機構といふものに革新すべきものがあるとは考へない。機構のなかに新しい心を盛ることが、真の革新の方法だと考へるのです。」そしてその意味はこうであった。「僕は、企業といふものを通じてでなければ皇国に具体的に奉仕することは出来ないと思ふ」と。

(3)　伝統主義的国体論的な経済観と資本主義擁護

難波田春夫は、土方成美から強い影響を受けていた。(48)土方の家・分の倫理が、現実の資本主義的営利を何ら抑制するものではなく、むしろ労働者への資本の支配にとって適当な手段であったように、難波田春夫の天皇制的国家主義の経済思想は、自由主義的経済思想への批判として提示されながら、経済活動、とくに営利活動に対しては「革新」を構想せず、逆に現実の企業活動の温存を前提として組み立てられていた。土方・難波田の伝統主義国家主義は経済界の利害と対立するものではなく、反対にそれをバックアップするものでこそあった。

本位田祥男はこのことを次のように皮肉っている。[49]「今日のやうな時代に於いても、個人は各々自分の利益を追求していいのだ、それが自然に国益になる訳だといふ結論になるのである。かゝる考へ方は古き自由主義時代の個人主義の考へ方であるが、併し最近に於てはかういふ考へ方を個人主義と全く違つた立場に在る人々も主張するやうになつて居るかに見受けるのである。殊に最近の所謂日本主義者の中に多いやうである。」

日本経済学の伝統主義的国体論的な経済思想と資本主義体制の維持の立場とは対立せず、逆に一体化し融合したという事実は極めて重要である。難波田らの立場から見ると、資本主義体制の機構の「革新」を志向する立場は、仮にそれが「国体」の理念を標榜する場合でも、マルクス主義として受け止められる。昭和研究会に対する難波田の評価はそれを典型的に示していた。

穂積七郎との先の対談の中で、難波田は主張する。[50]「昭和研究会は、支那事変の処理、東亜新秩序の建設を考へる際に、どうしても国内改造がその前提となる、この国内改造なしには事変を処理することが出来ないと考へた。ところで、国内を改革するといふことは具体的にはどうすることをいふのかといふと、それは資本主義の変革だと、かういふやうに規定するのです。そこで、それでは資本主義を変革することは支那事変完遂、処理のためには何故必要かといふと、国内が資本主義的な体制である限り、日本が支那に対して行つてゐるところの戦争は帝国主義的戦争だといふことになる。これは昭和研究会の「東亜新秩序建設の理論と方策」といふパンフレットにはつきり書かれてゐる。だから、支那事変を処理するためには日本国内の資本主義的なものが変革されれば、自からして資本の営利のための進出が止まり、支那も納得する。それで事変が解決されると考へたわけです。かうして日本の国が資本主義化し、その行動はすべて資本の営利のためのものであるとしてゐるのは、完全に左翼の公式にもとづいたものだといへる。」「昭和研究会はかうして国内の資本主義的体制を変へなければならんと考へて来て、そのためにはどうしても資本主義の変革をやつて行くための政治力の結集が必要であると考へ、勤労大衆を中心としてその力を結集しようと考へた。それを国民再組織、国民運動といふやうな言葉で表はした。かうして、結局過去の国民運動といふものは左翼的だつた。この考へ方は絶対に清算しなければならない……。」

さて、家族・郷土・国体の「民族構造」は、日本経済学によって、日本に特有のもの、「わが国固有」のものとして高い価値が置かれた。それは日本経済の「経済力に根強さを与へる根底」とされた。(51) 難波田らのこの認識を単純に復古主義的ないし伝統主義的イデオロギーとしてのみ捉えてはならない。なぜならばまさに伝統的な家族主義・村共同体・天皇制は、日本社会・日本資本主義の構造を特徴づけ、その特殊性を規定していたからである。『日本資本主義分析』の著者山田盛太郎をはじめとする講座派が、また昭和研究会の三木清らが否定的に捉えたこの伝統主義的特殊性こそ難波田らにとっては拠りどころとなり、高い価値が置かれるべきものであった。日本経済学と講座派マルクス主義とは全く逆の方向から日本社会の特殊性を捉えた。

だが日本経済学は家族・郷土・天皇制を「機構」や「論理」の観点から社会科学的に解明することはせず、もっぱらそれを「精神」の面から理解した。難波田は、経済現象の「必然」を否定はしない。しかし、資本主義経済が危機にある現在、人間精神こそが「経済の変容」を試みる状況にあると考える。難波田は、この精神による経済の「変容」を重視し、経済を「精神の側」から考える必要性を説いた。(52)

家・郷土・国体は、日本資本主義の「機構」に関係しているから、「特殊的な形態をとつた民族精神」は、「機構」や「構造」を無視しては考えられない。しかし、難波田はそうした立場を「唯物論的」として排除した。穂積七郎は先の「対談」の中で難波田を批判する。(53)

「機構の問題を論じ、或は機構の改革を論ずるならば唯物的だといふ考へ方は一体何処から出て来るのですか。貴方自身が精神は具体的なる結合関係即ち生活構造に於て問題にしなければならぬといはれ、単に精神の維新を説くだけでなく、「家」とか「郷土」とか構造を併せ問題にしてをられるではないですか。」「機構」や「論理」を回避し、「精神」のみを強調する難波田の立場は、笠信太郎や三木清と共に昭和研究会に所属し、「倫理と論理」の観点から「全機構的な経済生活の構造変革」を求める同僚大河内一男とも正面から対立することになる。

他方でわれわれは、難波田が、経済に対する「精神」の独自性と「理念」による経済の「変容」に注目し、それを固有の問題としたことに留意しなければならない。それはヴェーバーの「プロテスタンティズムの倫理と資本主義の精神」を問題にし、経済史研究と併行させ関連させつつ、しかも経済倫理の独自な意義を説く大塚久雄の方法と問題意識に対応するからである。だが両者は方向性において逆であった。大塚は、後述するように、ヴェーバーの分析によりながら、難波田らが攻撃する「欧米」の事例をあえて取り上げ、そこに「他山の石」を求めると共に、伝統主義の克服を第一義的に求めたからである。

日本的「民族構造」の「精神」に絶対的な意義を見出す難波田は、ヴェーバーに向った大塚とは異なり、伝統主義の日本的淵源を日本の古典の中に求め、家・郷土・国体の「民族構造」を、現代的観点に立って思想史的に跡づけようとした。家族や村の理念が、日本社会におけるイデオロギーとして重要な位置を占めていたこと、またそれが天皇制国家の政策と密接に関連があったことは歴史的な事実であった。しかもそれが単に政治的政策的に上から与えられたイデオロギーとしてばかりでなく、多くの人々の日常的な意識をつよく規定してきたことも現実であった。それはまさに「天皇制国家の支配原理」に関わる現実的なイデオロギーであった。難波田の「民族構造」はいわばその自覚的な認識であったのであり、著書『国家と経済』は、イデオロギーとして相対的に自律的に作用しうる家・郷土・天皇制の観念を、日本的思想の歴史的系譜の中で把握しようとする試みであった。それを通じて自らの思想的立場を確定しようとしたことにおいて、この書物は、思想史研究であると同時に難波田の実践活動でもあった。しかし、戦争の長期化・深刻化に伴う戦時経済体制の破綻、国民の生活の窮迫と、「民族構造」を基底で支える農村共同体の解体という「機構」の変化は、この支配原理を根底から動揺させざるをえない。戦争末期における難波田の重点主義批判は「機構」を無視する彼の思想体系の矛盾をはからずも示していた。(54)

(4)　日本精神と市場主義——山本勝市——

経済倫理の問題は、上述のように、単なる経済活動の規範あるいはその内的起動力という問題のレベルをこえて、より広く歴史的な経済観や社会観、さらには世界観に関係した。伝統主義・国体重視の観点に立った経済倫理が市場万能主義と結合した事例として、国民精神文化研究所の山本勝市をあげることができる。

この研究所が、思想・文化統制の拠点である文部省の直轄研究所として一九三二年に設立され、マルクス主義弾圧と国体・国民精神の研究を目的としていたことは周知の通りである。思想統制の権力機構の一端を担うこの研究所の所員山本勝市は、大著『計画経済の根本問題』(理想社出版部、一九三九年)の著者として、しかしとりわけ『笠信太郎氏「日本経済の再編成」批判』(原理日本社、一九四一年)による笠批判者として知られている。(55)この笠信太郎批判の書物は、もともと同研究所が刊行する『国民精神文化』に連載されたものを一書にまとめたものであるが、この雑誌には、所員中山幸による「最近に於ける経済倫理の問題」も掲載されており、そこでは、大河内一男(「アダム・スミスに於ける倫理と経済」『経済学論集』第一一巻一号)が批判の対象とされていた。(56)

山本勝市や中山幸の笠や大河内への批判は、美濃部達吉や末弘厳太郎をはじめ、当時の有力学者に対する排撃運動を展開したあの蓑田胸喜や三井甲之《こうし》らの動向と軌を一にするものであった。山本の先の笠批判論文が著書として出版されたのは、蓑田・三井が設立した原理日本社からであって、しかもその書物には、蓑田や三井の論文も併せて掲載されていた。(57) その中で蓑田らは、後述する谷口吉彦や石川興二、さらに奥村喜和男(企画院)や本位田祥男(当時大政翼賛会経済政策部長)をも攻撃している。石川・谷口らのように、同じく国体思想に立脚する論者が攻撃される理由は、彼らが、公益優先の観点から資本主義的営利原則を批判したからに他ならない。

その際、興味深いことは、経済組織の変革と国民経済の国家的統制に対する山本の批判の根拠になったのが、v・ミーゼスによる計画経済批判・干渉主義批判であったことである。市場機能の恢復、自由経済への復帰というミーゼスの主張は、山本勝市の考えを一貫して支える根拠となった。市場経済の機構的改革をめざす構想への批判は、先ず何よりも、統制経済論へのこのようなミーゼス的な理論からの批判として展開する。それは笠個人だけでなく、「氏の著書によつて代表せられる我が知識層の思想」に向けられる。「利潤に従ふ経済」の否定、生産本位の経済、「経済の仕組」の変革、国家的計画的な国民経済の統制(統制経済・計画経済)こそ、山本にとって最も認めがたい考えであった。山本は、それに対して「経済組織」の変革を伴わない解決を考える。それは市場機能の恢復であった。市場機構に基づく軍需の調達、軍需以外の生産緊縮、国民の消費節約の徹底がその具体的内容であった。それは、他方、「国民」に対しては窮乏生活の覚悟、報国の精神による倹約と貯蓄、尽忠奉公の意識、という「覚悟」や「精神」・「意識」の強要と結びついた(上記笠批判、第二章)。

市場機能の恢復という山本の主張は、国民精神文化研究所の立脚する伝統主義・国体思想と対立するどころか、むしろ一体化する。山本は、「神ながらの自らなる道に帰れ」をモットーに、「昔ながらの倫理」と「昔ながらの経済と経済政治」を説き、「祖先の遺風」として与えられた「職域」での「道」を強調する。山本は述べる。「其他経済的な対立を一掃するためのみならず、一般に聖戦貫徹のためには、一億一心の臣道実践が大切で、そのためには個人主義的、自由主義的、民主主義的世界観の払拭と国体明徴、教学刷新、産業報国等の精神運動を強力に展開する必要がある。(58)」

山本は、以上のように、経済倫理を経済生活の外側に置き、外側から経済主体に働きかけるものとして捉えた。(59)それは、反マルクス・反自由主義と市場経済擁護を前提にした伝統的国家的な倫理でなければならない。(60)山本は、この考えを国民精神文化研究所における自身の教育活動を通じて、研究員として同研究所に派遣された師範学校の教員の考えに影響を与えた。そしてこの経済倫理観は、これら師範教員を通じて恐らく師範学校の学生に教え込まれ、その卒業生は、初等・中等教育の教員として、児童や生徒への教育にそれを盛りこむことになったと推測される。つまり、教育を通じて山本勝市の経済思想は、最も大衆的な社会層の深層部分に作用し、日常的な経済生活・経済活動を支える経済観や勤労観に対して影響を及ぼすことができた。(61)研究所では、中学校や職業学校の教員も研究員となり、さらに、諸企業の労務指導員、教育行政関係者(県視学等)たちも講習会に参加している。外側からの、また上からの経済倫理強要の立場は、教員養成・教育制度と結びつくことによって、その広がりと深さ、また永続性という点で、幅広い浸透力をもったのである。国民精神文化研究所の所員としての山本勝市とその経済思想・経済倫理観は、その意味で無視出来ない影響力をもちえたということが出来る。(62)

三　伝統主義・国体思想と経済革新との結合

難波田春夫は自由主義経済を批判しながら、事実上資本主義を擁護し、資本主義の機構上の「刷新」に対しては明確に対抗した。これに対して日本主義的伝統主義的な観点に基づきながら同時に、資本主義的営利原則を批判し、一定の機構改造を提起したのが、作田荘一(京都帝大、国民精神文化研究所兼任、のち建国大学、一八七八―一九七三年)と石川興二(京都帝大、一八九二―一九七六年)であった。また、同じく国体思想に基づきながら、しかし伝統主義に反対し、より合理的な立場から資本主義の「革新」を構想したのは昭和研究会のメンバーの一人谷口吉彦(京都帝大、一八九一―一九五六年)や大原社会問題研究所の森戸辰男(一八八八―一九八四年)らの知識人であった。

作田荘一は、政治・軍事・経済・文化の革新に「国体の本義」(万世一系の天皇の統治する国体、皇祖の肇国、国史)が存在すると考える。彼によれば日本の経済は国体に基づく国の一部をなし、その原理は「天皇を中心に仰ぎ奉る所の分身の勤め」(「本分」)であり、その根本組織は「分業と分益」にある。国の経済は個人経済(家族経済)の集積ではなく、国・国民総体の営む経済生活であって、これは日本独自のものである。経済は人間生活の基底をなし、国の最高層にある祭祀と結合している。経済と祭祀の一致は古代から農業に「むすび」として現われ、「むすび」は「古道」として時代を貫き、商工業をも包容してきた、と。

作田は以上のような考えに基づいて「天皇を中心」として、「臣民が分身として全一体」をなして経済生活を営む「皇国経済」を主張した。その観点から権利・義務の観念は否定され、営利原則が排除される。「資本主義の如きは自由主義・民主主義と同様に我が国の生活体系に受容れ難いものの一つ」とされ[63]、「経済革新」が提唱された。事業の公営化・国営化に基づく「統営経済」論がそれである。即ち、国の事業は国防等を除き公法人の資格をもつ公共機関「公社」が行う。公社は、その出資に対しては、利潤配当ではなく、利子を支払い、利子・国家納付金を控除した利益は、積立金・事業拡充費、労働者への分配等に向けられる。民間の株式会社は、経営的でない株主を、公社と同じように社債権者に転化させ、利潤追求ではなく、事業経営に重点を移すことになる。農業は、農村の組合を改造して公社企業とし、農地は公社の所有にする。小作制度は廃止され、小作地は、地主が公社員となる場合以外は、国が買収し、小作人が社員となる公社の所有に移し、地主は土地公債を取得する。会社から公社への移行、協同自作農制、営業拡張を柱とする機構改革が「皇道経済への道」に結びつく。[64] 作田はこのように説いた。

『新体制の指導原理』(有斐閣、一九四〇年)の著者石川興二も、著書の副題「我国体に基く現代の革新」に示されるように「天皇中心の国民共同体に基く革新的立場」を説く一人である。彼は「天皇中心の国民共同体」の下で、電力はじめ自然資源の「国有国用」を、そして生産手段の「民有国用」を主張した。石川興二は、作田荘一や谷口吉彦らと共に、いわば経済学の分野の京都学派に属したといえよう。[65]

高山《こうやま》岩男・高坂正顕・西谷啓治ら哲学・歴史学の京都学派に対比した場合、経済学の分野でのこの学派はまとまりを欠き、影響力の点でも必ずしも大きくはなかったようであるが、しかし昭和研究会の会員でもあった谷口吉彦は、恐慌理論や貿易統制のすぐれた研究によって著名であったばかりでなく、とりわけ『新体制の理論』(千倉書房、一九四〇年)を通じて、思想界に波紋を投げかけた。(この書物は、刊行後またたく間に一五〇刷を重ねた。)彼は、現在を近代世界(旧体制)の超克の時として認識し、それを新体制運動の国家的要請に結びつけた。谷口は、本書を「国体の尊厳」に対する自身の「万民翼賛の職能」の実践と位置づけつつ、近衛新体制を資本主義の機構的変革に関係づけて捉えようとした。

谷口は、新体制の根本理念が個人主義・自由主義の民主的原理の超克とそれに対する指導者原理の実現にあるとみなし、この原理の日本的性格を、家族・家と国家との伝統的な関係、国体の特異性の中に見た。それは「臣道実践」の精神、職能奉仕の精神によって支えられており、経済的な新体制は私益原理から公益原理への革新、営利経済から職能経済への転換、株式会社の経済公社への移行という原則上の変革によって実現する。ホモ・エコノミクスによる営利追求に代替して、専門的な職業(職能)に基づいた「報酬」が登場する。利潤と労賃は共に職能への「報酬」に転化し、この「報酬」が公益のための「奉仕」に対応するものとなる、と主張する。谷口によれば経済倫理もそれに即応して新しいものとならなければならない。資本主義の初期には現実的な根拠を有した「個人の私益は社会の公益を齎らす」という「私益倫理化の理論」は、今日では「私益は公益を害する」状態になっている。そこで新たな経済倫理は「私益の超克の上に成立する公益原理」の上に打ち立てられねばならない(同上、八六頁以下)。だが谷口は、同時に日本人の「国民性」の中にある「ユダヤ人的性格」を指摘しつつ、私益追求の転換が困難なことを認め、それを経済の問題から切り離して教育の課題とした。経済倫理は、こうして経済学の外に置かれ、何よりも「国民の教育を振興」し、長期的に「ユダヤ人的」「国民性を根本から叩き直す」ことが必要であると谷口は主張した(同、二三四頁以下)。

『統制経済と景気変動』(有斐閣、一九三八年)によって資本主義の段階論的認識の上に統制経済段階の必然性を示そうとした武村忠雄は、国際経済の現状の実証的分析を中心とする谷口吉彦に比して、より理論的であった。武村は中山伊知郎や有澤廣巳らと共に陸軍秋丸機関(戦争経済研究班)に加わり、また、伊藤隆によれば、大河内一男・中山伊知郎・高山岩男・永田清(慶大)・板垣與一らと共に、海軍のブレーン組織に関与する著名な経済学者であった[66]。武村は、「統制経済の倫理性[67]」(『理想』第一一三号、一九四〇年)の中で、次のような議論を展開している。

自由資本主義の時代においては、個人の営利活動が国民経済の再生産過程に仕えていたが、そこで前面に出ていたのは営利性であって、倫理性は背後に隠されていた。自由資本主義から独占資本主義への移行によって、営利欲は独占と結合し、その結果慢性的過剰生産と構造的失業がもたらされた。営利性は倫理性を失い対立物に転化した。独占資本主義の矛盾を克服すべく成立した統制経済は、営利性を止揚しこれを倫理性に統一することを要請する。統制経済は軍需産業と公共土木事業、とくに前者の拡張、軍需インフレによって、過剰生産を克服しようとするが、軍需産業の拡張は国防力を、また対外的政治力を強め、その結果戦争的危機が増大し、ついに戦争に突入する。

戦争段階においては、①国民財産（社会的生産物の蓄積部分）の動員、②消費財部門圧縮による生産財部門の拡張（つまり生産力拡充政策）、さらに③原料等の優先的配分による優秀企業重点主義を通じて、統制経済の内的矛盾としての縮小再生産への傾向を防止しようとする。ところが企業の営利性は②と③の円滑な遂行を妨げ、こうして営利性の止揚、その倫理性への転化が要請される。国内経済体制の再編成がそれであり、私益に対する公益の優先が原則として提示される。他方、統制経済の客観的な論理は、プール制（利潤配分カルテル）による利潤平準化を通じて個人的営利欲から企業自体の発展のための事業欲への移行を促進し、また共販会社による販売の統一化を通じて営利性を排除しつつあり、こうして全体として営利性から倫理性への転化が準備されることになった、と。

現状に関するこのような理論経済学的な認識と併行させつつ、武村は、同時に経済生活を「人間協同生活全体」との「有機的関連」の中で把握しようと試みた。彼はゴットル・オットリリエンフェルトの協同生活の構成体論に注目し、「生活の和」に基礎を置く家族・氏族・種族・国民の「協同体」を、日本的経済観に重ね合わせ、「国体の本義」における「和の精神」と、職分・奉公の「産業精神」に「倫理性」のよりどころを求めようとした。しかし武村の理論的な把握は結局ゴットルや日本的伝統主義への評価とは、統一されず乖離したままで終わった。

国体観念や国民精神はほかにも多くのすぐれた社会科学者を捉えた。論文「クロポトキンの社会思想の研究」で摘発され（一九二〇年起訴）、東京帝大を辞めて大原社会問題研究所に移った森戸辰男も例外ではなかった。森戸は、総力戦下の労働観が、経済再編・生産増強の要請に対応するために、十分な合理性と科学性とを備える必要性を強調するとともに、それを国体観念・国民精神の昂揚と結びつけた。彼は、一方では皇国勤労観の立場（難波田春夫・大倉邦彦ら）に対して、労働の客観的な科学的技術的側面をなおざりにすべきでないと批判し、他方合理的・ナチス的な労働の新理念を主張する秋澤修二(『労働の理念』)の立場に対しては、国民的労働の主体的・個性的な側面を忘れてはならないと述べ、「決戦段階に適正な新しき労働観は二者の統一でなければならぬ」と主張する。(68)

森戸は、時局の中に革新的なものと復古的なものとの融合を看取し、その意義を強調するのであるが、それを森戸は世界史的な転換期の認識に結びつけた。すなわち、①現代西洋文明・資本制文明は凋落しつつあり、資本制経済機構は生産力増大と社会・民族の発展にふさわしい体制ではもはやなくなった。②日本は東洋復興・東洋文明守護の戦士として、近代西洋文明の代表者たる英米と戦っている。その中で建設されつつあるのが「国民協同体」であり「経済協同体」と「経営協同体」である。それは「在来の営利主義的・個人主義的・階級対立的国民経済」から「公益優先的・計画＝統制的・全体主義的」なものへの転換に他ならない。そしてそのような「経済生活に関する高遠な理念」が、「国体の本義」に基づく「皇国経済のありかた」として求められた。

森戸の構想する経営協同体は、欧米における労務管理制度の転換(とくにナチスの全体主義的な経営協同体)に対応するものとして位置づけられるが、その日本的な特質は国体と事業一家の理念にあると見なされた。しかし、それは家族主義・温情主義とは厳密に区別された。雇主の家父長的専権の復興をめざす立場は、近代経営の技術的人的組織と労働者の心理に適応しえない、と森戸は述べ、次のように厳しく批判した。「ましてその誤用においては、屢々我国の労務管理に見られた如く、真実の協同体の実現のことは棚に上げ、空疎な精神主義を強調し、我国の美風を辞柄として、国家の社会政策的配慮と労働者の人格化的意識とに反対するが如き似而非家族主義に堕し、却って労働不安の因をすらなしたのである。「事業一家」の家族主義は寧ろかやうな似而非家族主義の克服の上にのみ打ち建てられうるであらう。(69)」

森戸は、産業民主主義・経営民主主義を進歩的(協同体)観念と能率主義の統一として評価するが、その前提となる集団主義を欠く日本では現実的でないと考えた。だが科学的管理法や能率主義は、労働者の疎外と経営の非人格化を促進し、労働者の反抗を誘発させはしたが、日本の労務管理にとってこの合理主義は学ぶべきものを多く持っている。経営協同体の構想は、科学的管理法とそのドイツ的形態としての合理化運動の要素を吸収し、また協同体理念の強調によって経営の全人的・全経営的な統一的協力秩序をめざすことが重要である。このように森戸は考え、それをナチス的な「全体主義的・公益優先的経営協同体主義」に対応させた。

四　「倫理」と「論理」の問題

国民精神総動員運動をはじめとする国家的な精神動員政策と、それを理念的に支える難波田春夫らの経済観においては、経済倫理は経済活動や経済機構の外部にあり、経済に対して上から、また外側から働きかけるものであった。これに対して、経済倫理を経済生活とその動態の内的な要因として認識し、社会経済的諸関係の中でそれを捉える観点が対抗する。経済倫理が、経済活動に対して主体の内部から働きかけ、主体を内側から推進する力であるとするならば、経済倫理は経済活動の仕組みや運動法則との内的関連の中で客観的に捉えられねばならない(70)。こうして経済倫理の問題は、経済の「倫理」と「論理」の問題として論ぜられることになる。

だがここで問題となる「経済」は、何よりも戦時の経済体制であり、それは戦争のための統制的経済であると同時に、「自由放任の終焉」に直面する「晩期」の資本主義、そして独占資本主義の諸問題の克服のために国家的な統制が強化されつつある統制経済段階のそれとして理解される。それはまさに「転換期」としての統制的な戦時経済であり、その中で資本主義に代わる「新しい経済秩序」が形成されつつある。経済倫理の問題は、その場合同時に「新しい経済倫理」の創出をその内に包摂するものと理解された。その結果、経済の「倫理」と「論理」の問題は、すぐれて「戦時経済の倫理と論理」と「統制経済の倫理と論理」の重なりの中で論ぜられることになる。

(1)　「経済の論理」の優先――中山伊知郎・杉本榮一――

『戦争経済の理論』の著者中山伊知郎(東京商大、一八九八―一九八〇年)は、経済の現段階の問題を「新たなる経済倫理」の強調によって解決しようとする考えが一つの時代的特徴になっており、新たな経済機構の運営に当って「新たなる倫理が要求せられる」とすることの意義を認める。(71) 彼はそれを力説する笠信太郎や、経済を主体的な構造として捉え、主体の側に重点を置くことにより倫理を重視するゴットル・オットリリエンフェルトの立場(たとえば酒枝義旗)を積極的に評価した上で、「けれどもこの経済倫理も亦それのみを以ては吾々の問題を解決し得るものではない」と指摘する。

中山は、統制の強化に伴う混乱や摩擦の回避のための「経済者の心構へと云ふ形の倫理」は「受動的」なもので、「積極的な経済建設の倫理」たりえないと批判した上で、新たなる倫理は、積極的に「統制の原理」を含むものでなければならず、そのためには、あくまでも「経済の論理に裏付られたもの」、つまり「経済の論理と共にあるもの」でなければならないと主張する。

こうして中山は、経済倫理に対して、経済循環の論理、その新たな規定、新たなる経済表の確立、つまり総力戦における軍需を含めた全産業の再生産の条件の規定を優先的な課題とした。(72)

中山伊知郎は、このように戦時統制経済に対応した「均衡」と「新たなる経済表」を重視した。しかし、その場合統制的経済は、あくまでも戦争という非常時的状況に結びつけられ、その上でその中長期的かつ総力戦的な性格の中に均衡的条件を見出す。その意味で統制経済を、自由主義経済の行き詰まり、資本主義の破綻に対する国家的統制の新しい経済的体制として捉える笠信太郎らの理解とは異なっていた。中山にとって重要なのは何よりも「戦争経済の理論」であり、統制経済段階の理論ではなかったのである。(73)

これに対して、中山の同僚杉本榮一はより積極的に「統制経済の高度化過程」に注目する。「統制経済は早晩自由経済へ戻るであらうとした以前の見解から反転し、世人はいまや「自由経済から統制経済へ」といふ表現こそ時代の動向を最も端的に捉へ得たものと、考へるに至つてゐる」(74)と指摘する。杉本は、ミーゼスの統制経済に対する理論的批判を正面から受け止め、一方では計画経済の合理的実施の不可能性という結論を承認しながら、しかし他方、統制経済は第二、第三の統制を誘発し、完全な計画経済に至らざるをえない、従って自由経済のみが採用さるべき経済形態になるというミーゼスの最後の結論部分に対して反対しつつ、自由経済の統制経済への移行を不可避と認め、その理由を理論的に解明しようとしたのであった。

杉本は、機械化されえない農業と高度な機械化された重化学工業とを同時に包蔵する日本では、流動性の短期的リズムと長期的リズムとを並存させつつ全体としての国民経済の制度的リズムが複合的に長期化される形態をとる、とみなした。この制度的改革に伴って、営利原則貫徹の機会は次第に狭められ、全体利益の実現の方向に向う。こうして経済倫理の面でも「私的営利の精神」に代わる「職域奉公の精神」が経済活動の推進力となるだろうと彼は考えた。(75)だが、統制経済高度化の進展は時間を必要とするから、「公益優先職分奉公の観念」の「高唱」によって営利原則を全面的に否定する立場も、また、営利原則の適用が公益の増進に必然的に寄与すると考える見解も、共に一面的であると杉本は指摘し、(76)「現実の事態の科学的分析といふ地味な仕事のうちにこそ、却つて大政翼賛臣道実践の途は存在するのであらう」と主張した。(77)

(2) 戦時経済・統制経済の「倫理」と「論理」——大河内一男——

大河内一男が「外から」また「上から」の倫理的・道義的教説の強要に対して強く反対し、「経済倫理」を経済機構あるいは「経済理論」との関連で捉えるべきことを主張したことはすでに述べた。このような観点は、大河内の戦時期の社会科学的考察の基本的な視座であり、それは『スミスとリスト』における経済学史研究においてばかりでなく、彼の社会政策論の体系化にも該当する。大河内のこの批判的視点が何に対して向けられていたかは上述したことから明らかになった。しかし、現実の状況と支配的理念に対する批判のこの観点が経済学上の研鑽に結びつけられ、その中で「倫理と論理」とが問題にされるその仕方と方向とは、社会政策論研究の場合と、『スミスとリスト』とで異なりを示していた。それは、戦時統制経済という現実を規定している二重の局面、つまり、①戦争という「時局」に関わる「戦時経済」・「総力戦経済」と、②「自由放任の終焉」と「統制経済」への移行という二重性に関係しているように思われる。大河内における「経済倫理」は、この二重の関連の認識の中で、「経済倫理と経済理論」を副題とする後者の学説史研究において正面から扱われるのであるが、それに立ち入る前に、前者の社会政策論研究における大河内の観点について確認しておこう。

(i) 社会政策論における「倫理」と「論理」

大河内は社会政策を、資本主義社会の経済機構の再生産と発展の論理から捉え、経済の総体としての循環のために、生産要素としての人間の労働力を確保・保全する、そういった経済的必然性をもつものとして理解した。大河内はこの認識を、「戦時」の社会政策の基本問題の解明を通じて、また「戦時」に「平時」が集約されている事実の発見を通じて確定する。大河内のこの考察は、同時に、社会政策を倫理的ないし人道的な観点からの政策とする歴史派経済学的な立場に対する批判であり、従って社会政策を資本主義のもたらした「弊害」に対する外からの「修正」とみなす通説的立場に対する批判を意味した。

通説的な観点に立つと、「戦時」や「非常時」の場合は、労働政策は「人道的」であるが故に余分なもの・不急のものとして排除され、別個の「倫理的」な観点が超越的に与えられ、「戦争」の名目と結びつけられて、非合理的な労働が労働者に強要されることになる。大河内の社会政策論が、学説史上の批判と同時に、戦時下のこのような現状への批判を意味していたことは、これまでも指摘されてきた。著書『戦時社会政策論』は、まさに『独逸社会政策思想史』におけるドイツ歴史派経済学とその「倫理的」観点に対する学説上の批判的検討と関連し、その展開としての成果であり、またそれは戦争経済の下で倫理的立場が採用する戦争のための倫理的要請、勤労報国の道義的教説に対する否定的な評価に結びついていた。

「いま国民生活の倫理を説くことはこの上もなく容易であるが、その論理に就て語ることは或る程度の勇気を要する事柄なのである」(『戦時社会政策論』「初版まえがき」一九四〇年)という著者のことばは、社会政策論の「論理」が上からの「倫理」の説法の否定と結びつく現実を背景にもっている。そのような倫理的教説が国家的に説かれた状況についてはすでに述べた。学問上の関連で見るならば、この立場は、大河内の講座の主任教授・北岡壽逸(東京帝大)の政策論に示された。保健政策を「民族の強大」のために説く北岡は、国民保健の向上と、「新東亜の建設」のための「生命、健康の犠牲」とを「並立」させることができた。大河内の政策論は北岡への批判を意味し、それはまた北岡らによる支配的な政策への対抗としても受け止められた。

国家の労働政策を、経済社会の総体の再生産のための労働力保全の政策として捉えた大河内は、さらに視点を拡大して「労働力の循環」や「人間経済」の問題に研究を進めた。「労働力の保全」と同時に労働力の培養が問題とされ、その中で、「厚生」や「国民生活」が経済学的に解明された。そこにおいても倫理的ないし道義的な心構え論に対する批判の観点が堅持された。国民保健の問題における「勤労主義的、非合理主義の生活倫理」や、福利施設における「精神主義の過重」、また本来は経営合理主義の観点から処理さるべき問題を「福利」として「上から」施す"Herr im Hause"の観念――こうした「伝統的な、感傷的な倫理主義」への批判がまさに大河内の社会科学的な考察、つまり「論理」の解明と一体となっていたのである。

このことは「消費の問題」に関する経済学的な研究についてもあてはまる。「生活道義の高唱」や「気むづかしい倫理主義」など、国民精神総動員運動の「上から」の精神主義の現実に対して、大河内の「国民生活の理論」はまさに対立的な立場の表明に他ならなかった。(78)

戦時期にまとめられた大河内一男の社会政策論の考察は、このように「倫理と論理」の問題から見ると、すぐれて「論理」に重点が置かれていた。「倫理」はそこでは「論理」の外から「精動的」な形で国家的に強要されるもの、またそれを学問的に支える倫理経済学的な方法として、「論理」を解明するための批判の対象として位置づけされていた。そこでは「倫理」は「論理」と内的に関連づけられていないといってよいだろう。

超越的な倫理的人道的な教説に対する大河内の徹底した批判は、上述のように学問的には、北岡壽逸に代表される支配的な社会政策論を対象としてなされたのであるが、(79)現実的政策との関連においては、同じ経済学部の同僚助教授難波田春夫が民族構造論で理念的にバックアップした皇国勤労観や、職分奉公・勤労報国の国家主義的な精神主義に向けられていた。それはこの精神主義の伝統主義的な観点と非合理的な内容に対してばかりでなく、精神主義が究極の基準とした超越的な理念、つまり国体に対する批判としても受け止められうるものであった。国体への言及を欠くことだけでもすでに排撃の対象とされたこの時期において、それは著しく危険であり、大河内にとって「論理」の強調はまさに「勇気」を必要としたのである。

(ii)「統制経済の倫理と論理」から「経済人の終焉」へ

大河内の『戦時社会政策論』は、単に戦時の社会政策論に止まらず、国家の経済統制に関わる包括的な統制経済論を含んでいた。「日本経済の統制過程」と「統制経済における倫理と論理」との二つの論文がそれであり、このあと彼は「戦時統制における経済循環」を発表した。大河内は統制経済を、経済の再生産機構に対する国家強力の全面的統制として考え、それを、①一九世紀末以降の巨大資本やその連合による自主的統制(独占資本主義体制の安定確保)から、②第一次大戦後の政治的社会的危機と全面的な経済体制の構造変革による「経済国家」の出現(第一期)、そして③現在の第二期の「経済国家」の成熟、という資本主義経済の歴史的展開の中で捉えた。

日本においては第一期は、重要産業統制法に示されるような不況対策として展開し、第二期は国家総動員法に表現されるような、準戦時・戦時体制の確立を課題とする体制として成立する。その戦時経済は、戦争の長期性と総力戦化によって、統一性のある「体制」としての秩序をつくり出す。そのために「新しい組織体」・「新しい経済秩序」が構想されなければならない。それは全機構的な経済生活の変革を必要とし、このことは同時に経済主体の「主体的な態度の根本変革」を含むことになる。それが「新しい経済倫理」である。

「新しい経済倫理」は、経済の論理と対立するのではなく、経済の論理とその構造に関わって成立する。それは上のような「新しい経済秩序」のための「日本経済の再編成」と結びつき、その中で資本主義精神が革新され、利潤原則が修正される。『戦時社会政策論』で提示されたこのような「統制経済の倫理と論理」、とくに「新しい経済倫理」

の問題を大河内は、『スミスとリスト』において、経済学史に関連づけつつ立ち入って論じる。『スミスとリスト』において大河内は述べる。スミスにおいては、経済倫理は経済の論理と決して対立しない。新しい創造性を備えた倫理は、そこでは経済の内部に見出される。スミスは、人間の営利活動の中に社会発展の機動力を認め、その点において「経済人」としての活動は、同時に倫理的な行為でもあった。——大河内のこのスミス理解は、「経済人」の中に「唯物主義」を見出し、経済の外に「公益」を置き、外側から「私益」を規制しようとする歴史学派への批判であり、さらにスミス後の世界市場の展開と独占資本の登場の中で、「経済人」の基礎が変化し、「経済人」がスミスの批判した独占経済と結びつく状況の下で、「スミスに還れ」と叫ぶ限界効用学派に対する批判でもあった。

その後における世界市場の統一性の解体と、独占的企業の弊害の深刻化の中で、独占的な私的利益は、いかなる意味でも国民経済全体の利益には通じなくなった。大河内は主張する。「現在必要とされてゐることは、私的な「利己心」が国民経済的な福祉に通づるやうに「経済人」を導き、統制することである」(同、三〇八頁)。それは「経済者」(「経済人」ではない)が自分の行為の全体との繋がりを意識することであった。

「経済者が自己の行為の全体との繋がりを意識すること、換言すれば、自己の個人的な経済行為の全体に於ける位置を意識すること——スミスに於ては斯様な意識は本能人たる「経済人」にとつては最初から意味のないことであった——そこに「経済人」の経済倫理に代る新しい職能的人間の経済倫理があると言へる。」「経済人」の経済倫理の場合、「利己心」が自由競争を通じて理性的なもの、つまり社会の物的福祉に通じ、個人的なものが自由競争を通じて社会的なものに結びついた。そこに経済倫理が、本能的なもの個人的なものの基礎の上に成り立つ根拠があったのであるが、今や経済倫理成立のこのような方式は成り立たなくなった。自由競争によって媒介された社会の生産力は、スミスの場合「見えざる手」によって導かれて現出する「豊富と低廉」として映じたのであるが、今や経済統制の進展とともに全く異なる方式で達成されなければならなくなり、それとともに経済倫理の成立する根拠もまた変化せざるをえなくなった。こうして経済倫理が経済生活の推進力として作用しうるためには、常に生産力と結びつくことが必要となる。それはまさに「生産力の展開のための主体的要件でなければならない」のであった(同、三〇九頁以下)。「新しい経済倫理」は、個々人の生産の「場所」における生産者の倫理であり、自己の社会的生産活動の意義を自覚した職能的倫理である。それは営利追求を第一義的とする「経済人」の旧い経済精神の清算によってその第一歩が踏み出される。「新しい経済倫理は、このやうな営利性との結び付きを否定するものであることに於てまさに新しいものなのである」(同「「経済人」の終焉」五四〇頁)。それは、「経済人」の延長線にあるマーシャル的な「経済騎士道」ではなく、「経済人」の「終焉」そのものを意味する。

大河内は「新しい経済倫理」を、このように、営利原則との関連を否定した新しい経済秩序、つまり「統制経済体制」と結びつける。それは「摩擦なき循環の方式」を備えた経済体制でなければならない。この統制経済は「自由主義的経済の体制」からの移行を意味し、それは資本主義の展開を前提とし、その経済秩序との対抗、その機構的転換ないし構造的改革を通じてつくり出される。大河内のこの段階的認識は、『スミスとリスト』の本論部分と補論「転換期の経済思想」とにおいて、内容的に密接に関連し合って展開されており、大河内の構想する「新しい経済倫理」が、単純な「戦争」経済論、総力戦論としてではなく、構造的な体制転換論、つまり統制経済体制論として構想されていたことを確認できる。

しかし、大河内は、この体制転換論を同書に付せられた補論「「経済人」の終焉」で「戦時経済秩序の確立」に重ね合わせる。「いま、われわれにとつて、経済倫理が新しく求められてゐるといふ場合、それはこの戦時経済秩序の確立といふ国民経済の基本的課題を離れては存在し得ない」(同、五二四頁)。つまり「戦時統制下における生産活動の遂行を個人の営利的本能としてでなく、経済生活全体の生産力発揮のための意識的計画的活動として理解する人間」(同、五四一頁)が求められる。それは「新しい広域経済秩序形成」のために「国内経済の体制を生産力の強力な展開のために最も合理的であるやうな秩序に編成しようとする」、そのような「革新」の意欲に結びつく。そしてそれは、「非常時局の深き認識の上に立てる、抑へ難き愛国の情」によって媒介される、と大河内はしめくくる。

大河内が、自由主義経済から統制経済への移行における第二段階を、戦時経済体制と一体化させたことは上述した。戦争経済の下での営利統制の拡大・強化、資本所有に対する経営重視をはじめとする現実の統制的政策過程の中に、理想的な統制経済体制に近づく条件を大河内が見てとっていたことは間違いないところである。それは合理的な社会政策や消費生活への可能性を総力戦体制の中に捉えようとした観点に対応している。その限りで大河内を翼賛的な社会科学、翼賛体制の内在的批判による合理化論とする高畠通敏の見解は当を得ている。

だが、長期的総力戦的な戦時経済体制とその統制経済それ自体は、彼にとって最終的な目的であったとは考えられない。戦時経済体制の強化は、大河内にとっては、「当面」のさし迫った課題でしかなく、「経済の新しい秩序」を直ちには意味しなかった。それ故にそのための「偉大なる構想」こそが彼のめざすものとなったのである。戦争経済の矛盾を鋭く分析し、総力戦の「基底」の「崩壊」、国民の疲弊と軍隊の力の衰微を予見することが出来た大河内一男にとって(「戦時統制における経済循環」)、総力戦経済は、決して円滑な循環を示すものではなく、「摩擦なき循環の方式」としての「統制経済体制」の目標とは、当然相容れない関係にあったからである。

だが大河内にとって総力戦は、営利原則を否定した「理想の統制経済」のための条件をつくり出す、必要な過程であり、その限りで決定的に重要な位置を占める。利潤の統制、会社経理の統制、経営者機能の重視など一連の戦時政策を「革新的」なものとし、「日本経済の再編成」と「新しい経済倫理」の方向と可能性をそこに見ようとした。しかし、同時に「現在われわれに与へられてゐるものは、未だ旧い経済精神であり、伝来的な経済倫理である」ことを認めなければならなかった(「「経済人」の終焉」五二四頁)。そこでは「営利を第一義とする「経済人」の精神は抜き難く根を下ろしてゐる」(同、五二五頁)のであった。

「新しい経済倫理」は、まさにそれ故に、「すでに在るものではなく」、「求められてゐるもの」となるのである。しかも「要求」され、「求められてゐる」この「新しい経済倫理」を「日常の経済生活」の「中から」生み出す「経済」はまだ存在しない。「戦時経済の秩序」は「出来上がりつつある秩序、厳密に言へば創らるべき秩序」でしかなかった。「経済倫理」は、経済生活に対して「外から」加えられる教説であってはならず、日常的経済生活の内側から生まれ出なければならないという大河内の主張は、ここに深刻な矛盾に直面する。「新しい経済倫理」は、なお、「外から」与えられる状況に止まっているからである。大河内はこの問題の解決を『スミスとリスト』のすぐれた社会科学的な考察を通じて見出そうとする。

大河内は、スミスとリストの経済学が、ともに旧い秩序から新しい秩序への転換期の経済思想として、現状に対する批判的性格を強く有していたことに注目する。スミスの経済学、経済倫理は、現実の重商主義的政策に対する批判であり、リストのそれはドイツの政治的分派主義への闘争であり、マンチェスター的な自由貿易論への批判であった。重要なことは「異なれる政治経済的の状況の下に於て旧き秩序に対する批判的精神を正しく発揮した」ことなのである(「転換期の経済思想」)。「我々はいまや嵐の如き転換期のただ中に置かれてゐる」と認識する大河内にとって必要なことは、「旧き秩序に対する冷徹な分析的批判と共に、新たな秩序に対するたくましい構想を創り上げる」ことでしかない。

「経済の生産力要素が新たな展開を与へらるべきところの、経済生活に於ける新たな原理と新たな構造」、そしてそれと内的に結合した「新しい経済倫理」は、大河内にとって、全体としてはまだ具体化されておらず、現実の旧き秩序の革新、その機構的変革を通じてはじめて実現される、まさに「現実的な構想」に他ならなかった。スミスにおける「経済の倫理と論理との一致」、「経済秩序の内部に於ける経済倫理の位置付け」は、大河内における理想的な統制経済体制論と「新しい経済倫理」の結合に相応し、スミスのそれが重商主義体制への批判であったように、それは総力戦下にある日本経済の既存の体制への批判として提示された。「スミスを反省」し、「スミスを内在的に抜け出ること、批判的にそれから脱出すること」によって到達した大河内一男の結論がこれであった。

「統制経済の倫理と論理」は、従って、大河内による批判的な現実分析であると同時に、「未来に対する論理」・「機構的な構図」であり、またそれに向って「過程の裡から」創り出していく「新たな経済倫理」の構想であった。それは総力戦体制のある局面に、確かに部分的には具体化されているとしても、全体としては、現体制の機構的変革を通じてはじめて実現されるべきものである。利潤統制の拡大・強化に向う総力戦体制は、大河内の「経済人の終焉」の「構想」と重なる部分をもつが、ホモ・エコノミクスの精神を生かす形での「国家資本主義」的(「戦時統制における経済循環」)な現実の戦時経済体制とそれとは、全体としては、異なるものであり、対立する関係にある。大河内の「構想」は、藤田省三のいうような「一番見事な翼賛理論」ではなく、むしろ支配的な翼賛理論への対立者という側面を兼ね備えていたのである。(80)

大河内のこの「現実的な構想」と「新しい経済倫理」を「過程の裡」から創り出そうとする、社会科学的考察に裏打ちされた、批判的な思想的立場は、一体いかなる性格を有するのであろうか。戦争が「新しい経済の体制」を創り上げざるをえないと確信しつつ、他方でその総力戦の「基底」の「崩壊」の可能性にも言及する大河内は、その「構想」の実現にいたる「過程の裡」をどのように具体的に考えていたのだろうか。ともあれ、日本資本主義の機構的変革と営利原則、ホモ・エコノミクスの否定と結合した生産力的職能的な統制経済体制をめざす大河内の「第三の途」が、国体論的な革新論とはもちろん、超越的な「世界観」を掲げるナチス的立場とも、劃然と区別されるものであること、またそれが単なる翼賛理論でも総力戦理論でもなかったことだけは確かといえよう。(81)

五　大塚久雄における経済倫理の問題

戦時期の経済倫理問題に対して大塚久雄がどれほど大きな関心を抱いていたかについてはすでに指摘した。大塚はこの問題を自身のヴェーバー研究に結びつけた。そのようなヴェーバー研究を背景として、この時期の経済倫理の現実問題との関連でなされた大塚の発言の特徴について見ることにしよう。

(1)　新しい経済倫理と「資本主義の精神」の超克——大河内一男との関連——

大塚は、一九四四年の論文「最高度〝自発性〟の発揚」において、「世界史の大きな歩み」を現実の中に見て、それを「資本主義の精神」を越えつつ、新たな経済倫理(エートス)が次第に現われて来ている事態とみなした。この新たなエートスは、「全体」(国家)からの生産力拡充の要請に対して、個人の「生産責任」を、営利による媒介を揚棄して、直接にまた明確に意識するものである。そしてこの新しい経済倫理の形成に相応して経済統制(経済計画)が急速に進展している。これが戦争末期の大塚の「歴史的現実」の認識であった。

大塚は述べる。「古い資本主義的「自由」経済を超克しつつ、新しい「経済統制」(「経済計画」)が生成するとともに、個別的「経営」は――したがってそれを構成するところの諸「個人」もまた――「営利」を介せずに、直接的に、「全体」による「統制」(「計画」)のうちに参入し、それ自体で国家性を帯びることになるのであるが、新しい「経済倫理」(エートス)はこの事実に照応して、それを推進しつつ、個別的「経営」(また個人の勤労)の「全体」(国家)的計画へのつながりを直接に意識するものでなければならない。「生産責任」は、歴史の視角からするとき、新しい「経済倫理」におけるこのような「全体」(国家)性の自覚に他ならぬと解して、始めて、意味が十分に明瞭となるものであろう。」(同上論文)

この認識の背景には、生産関係者に対して「生産責任」を求め、経営主義を重視した軍需会社法(一九四三年一〇月)がある。大塚はその現実を、資本主義的自由経済の超克と新しい経済倫理の登場の方向で捉えており、この見方は全体として大河内一男の立場と重なる。戦時統制経済における利潤統制・経営(生産力)重視の政策の中に、大塚も資本主義的自由経済の否定と営利原則の揚棄の方向を看取し、「新しい経済倫理」の可能性を認めた。その上でこの新しい経済倫理が「生産力的」な性格の構造をもつとともに、「自発性」と「目的合理性」を備えるべきことを主張し、そのために「不断」の「禁欲的」訓練が必要であると主張する。この論文は、経済倫理がもつ自立的な構造を重視した点において大河内と異なるが、しかし、営利主義(資本主義)の揚棄と生産的倫理の実現の可能性を、現実の総力戦体制の中に捉えようとしたことにおいては、大河内と一致する。この「営利」を排除した新しい「経済統制」・「経済計画」は、現実にはまだ完成していない。もしそれが実現した場合には、新しい「経済倫理」(エートス)は「全体」(国家)計画へのつながりを直接に意識するものとなる。この認識も大河内と大きく重なる。

しかし、「近代的営利」の超克の評価に関して大塚は、この論文以外では著しく慎重であった。「経済倫理の問題的視点」の末尾の文章を引用しよう。このまわりくどい表現の中に自身を大河内一男らと区別しようとする大塚の慎重な姿勢が現われている。

「もとより、われわれがヴェーバーの見解を無批判に受領して、そこに停止するようなことは、世界史の現実がとうていゆるさないであろう。たとえば、世界史の現段階が「近代的営利」を超克しつつあるといわれるとき、われわれはもとより「資本主義の精神」のもつ歴史的限界(営利性)を批判し、ヴェーバーを超えてしかも歴史的現実の上にしかと足場をふまえつつ、より高邁なエートスを構想しなければなるまい(出口勇蔵著『経済学と歴史意識』を参照)。しかし、世界史の現段階が近代西欧的なものを批判しうち超えつつあるといっても、その遺産の総てを無差別に捨て去ることではなく、その「営利」的性格を徹底的に抹殺しつつ、しかもその「生産力」――近代工業力は何といってもとくに世界史上近代西欧において最初に形成されたものである――をより高邁なる歴史的現実のうちに発展的に摂取することが問題であるならば、さらにまた、そうであるが故に、それを「営利」から切り離し、「資本主義精神」についてもまたそのうちに含まれる「営利心」(いわゆる個人主義)を破砕しつつ、しかもその生産力的エートスを一概に捨て去ることなく、より高邁な精神史のうちに批判的に摂取し高めることが、われわれの一つの重要な問題とならねばならぬであろう。そしてわが国が今や世界史的使命を達成するために、近代的生産力(工業力)の拡充がどうしても必要だというのであるならば、このことはまさに真剣に考えねばならぬ問題であることも明瞭であろう。われわれの「経済倫理」論の問題的視点は現在、まさしくこのあたりに焦点を集めねばなるまいと思う。」(同上論文、傍点は原文)

この文章は、資本主義的「自由」経済の「超克」や「世界史的使命」のための生産力拡大が、大塚にとっては、確信的な「歴史的現実」としてではなく、あたかも外的な事態ないし与えられた問題として受け止められ、それを前提にした場合の方向を提示するという、距離を置いた姿勢を示している。しかもその際、大塚が当面重要と考えたことは、近代的西欧の「超克」そのものというより、むしろ「近代西欧的なもの」の批判的継承であり、西欧が最初に形成した「近代工業力」の「発展的」、「批判的」な「摂取」であった。それは「わが国が今や世界史的使命を達成するために、近代的生産力(工業力)の拡充がどうしても必要だというのであるならば」考えなければならない問題でもあるというのである。このように資本主義の「超克」と日本の「世界史的使命」の達成という二重の問題が仮定法的に設定され、それへの可能な方法として、西欧的な近代的生産力の発展的・批判的な継承の必要性が説かれた。そのためにはヴェーバーのいう「資本主義の精神」の超克と同時に、ヴェーバーが示す「歴史的現実」を「足場」にする必要があるだろう。大河内が自らの現実問題を「スミスとリスト」の批判的検討に関連させたように、大塚はヴェーバー研究を上の二重の現実的課題に結びつける。だがこの課題と大塚との間の距離は、「新しい経済倫理」とともに営利原則の否定、日本経済の機構的変革(「摩擦」なき経済循環＝統制経済体制)を強く志向した大河内に比して、遥かに遠く、間接的であった。課題そのものではなく、それへの方法ないし条件にウェイトが置かれたのである。[82]

大塚は自身のヴェーバー研究を、以上のように迂回した形で、資本主義的自由経済と西欧的近代の超克の問題、あるいは総力戦の勝利・「世界史的使命」達成の問題という仮定的に与えられた課題に結びつける。ヴェーバーの見解の中で、この現実の問題のために最も重要な手がかりを与えるものは、「資本主義の精神」を中心とする「経済倫理」に関する成果である。それは上の二重の課題、すなわち一方では生産力の拡充・その継承の問題と、また他方では営利の「超克」に結びつく「新しい経済倫理」の問題と密接な関係をもつはずであった。

(2) 「経済倫理」の独自な意義

(i) 「倫理と論理」論批判

大塚は、ヴェーバーに即して、経済倫理の多様性と、それがもつ「原理的内容」の独自性、経済社会に及ぼした

「実践的効果」の相違に注意を喚起する。複数の経済倫理が同一の客観的条件の下で、ある点では同一の原理的内容をもちながら、社会的規模の点で異なった「実践的効果」をもたらしたと指摘し、その効果の違いが「経済法則」、いわゆる「論理」との関連如何によって生じたものでないと述べる。経済倫理のもつ独自な構造を重視するこの大塚の理解は、経済倫理を全面的に「論理」に関連させる大河内一男らの「倫理と論理」論への批判と見ることが出来る。

大塚は西欧の近代資本主義の生誕に際して、それを主体的に推進した経済倫理としての資本主義精神が、ピュリタニズムの経済倫理、とくに職業倫理を経て生成したことに注目し、この職業倫理が営利ではなく、「反営利」の原則を備えていたこと、日常生活の内部における倫理として「禁欲的」・「組織的」ないし「方法的」な性格をもっていたことにより、その実践的効果が、同じく「反営利」の観点に立ったカトリシズムと異なり十分な社会的な広がりを示しえたことを重視する。営利への批判としての「新しい」経済倫理が社会的規模において十分に効果をもつためには、同じく「反営利」の観点に立ったピュリタニズムの職業倫理が示したような、経済倫理のもつ固有の組織的・方法的性格についても検討する必要があるというのが大塚の主張であった。このことは論文「経済倫理の実践的構造」はじめ大塚がこの間繰り返し注意を喚起した点である。その論拠がヴェーバーに基づいていたことはいうまでもない。

(ii) 営利心・反営利と生産力との関係

経済倫理のもつ独自な構造を重視する大塚は、「経済倫理」と「営利心」との関連の仕方に関して、両者は次元を異にしており、経済倫理は「非営利」精神とも、「営利」的精神とも結びつきうると述べ、その観点から、「営利欲」あるいは「反営利」の経済倫理の原理的側面と生産力との関係についても歴史的には決して一義的でなかったと指摘する。先に述べた営利原則の可否をめぐる日本の現実の問題状況に対する批判的発言と考えてよいだろう。

大塚は、まず営利心はほとんどあらゆる時代に存在したこと、近代以外ではそれは生産力の拡充に結びつかなかったばかりか、その停滞さえ招来する傾向を示したと指摘する。それは営利心を生産力に一面的に結びつける支配的な通念に対する事実上の批判であった。他方、大塚は営利心と結びつく西欧近代の「資本主義の精神」は、生産力の拡充を惹起したエートスであり、そこには近代的労働者層のもつ「労働倫理」が含まれていることを強調する。これは一方では、西欧資本主義における自由主義的個人主義的な営利活動を個人的な利己心と一体化させ、それを伝統的・家族主義的な倫理観に立って批判する支配的な観念に対して、他方では同じく西欧的営利を「弊害」として捉え、その除去を合理的な「日本経済の再編成」によってめざす革新的立場に対して、それぞれ実質上の批判となるものであった。「資本主義の精神」を単なる利己心の「無責任」に結びつける理解は「英米戦力の物質的基礎の歴史的性格」を「誤認」させるものだ、と大塚は警告する。

それは「資本主義の精神」が「反営利性」を特徴とするピュリタニズムの禁欲的な職業倫理を通じて生成したことによるのであるが、大塚は、同時に、「資本主義の精神」がこの職業倫理の原理的内容の歪曲・堕落を経て形成されたことを重視する。「倫理的基盤」からの「価値の倒錯」を経て「営利が最高の倫理的地位に祭り上げられるにいったような精神的雰囲気」こそが「資本主義の精神」なのである。「資本主義の精神」はその積極的な歴史的役割と否定的な現実的側面の二面性において捉えられた。

(3)　生産力の拡充と近代的生産力の批判的継承

生産力の問題は大塚にとって二重の意味をもっていた。一つは戦時経済体制の下での生産力拡充というさし迫った問題として、もう一つは資本主義的自由経済の超克を前提とした場合における、近代的生産力の批判的継承という体制移行的な問題としてであった。この二重の問題との関連の中で「近代西欧」における生産力の拡充の歴史的事実が注目され、それを促進した経済倫理(エートス)が重視された。その際、ヴェーバーに依拠しつつ、大塚が西欧近代から学びとったものは、職業倫理・労働倫理を土台とする生産倫理の基軸的な意義であり、その独自な構造であった。それは営利とか非営利のレベルの問題ではなく、自己の生活を組織的に審査し、旧来の伝統的な生活を変化させようとする自発性を特徴とした。それを阻害するものは伝統主義であり、伝統主義の「魔術からの解放」こそ大塚が最も注目した点であった。伝統主義的なエートスの否定、これこそ「戦時下」緊急の課題となっている生産力の拡充のために、また西欧的近代の超克と近代的生産力の継承の課題のために、大塚が重視した点であったのである。それは日本的な伝統主義・復古主義を声高に叫ぶ支配的な立場への批判を意味していた。

それでは伝統主義を生活の中から変化させ、近代的生産力を作り出すエートスは、具体的にはどのような内容をもち、どのようにその推進主体と結びつくのだろうか。大塚は、経済倫理を、大河内と同様、外から機械的に与えられる道徳的訓戒のようなものであってはならないと考え(すなわち「精神総動員運動」批判)、それを人々の「エートス」、つまり「歴史的な国民生活のうちに現実に生きている倫理的雰囲気」として捉える。従って、大塚の経済倫理は、生活のうちにある人々の現実のエートスであり、大塚はその転換を要請する。そして大塚は、禁欲と結びついた「不断の陶冶」と「絶えざる錬成」が必要だと述べ、それが一朝一夕には実現しがたいことを強調する。

しかし大塚は人々を「陶冶」・「錬成」する具体的な方法については説明しなかった。さらにまた伝統主義の「魔術」からの「解放」の仕方、その「原理的内容」についても語っていない。大塚は、大河内の場合と同じように重大な難問に直面する。そもそも労働者として、あるいは経営者として経済活動・日常生活を営む国民に対して、たとえば伝統主義の否定に向けて「労働が自己の「生活」のためのものではなく」、「天職」のようなものなのだと説き、日常生活の合理化を求めたり、また「営利」の問題から切り離して経済活動それ自体の意義を説き、その目標に向けて営業者を陶冶することは実際に可能だったのだろうか。それは「上から」、そして「外から」の「精動」とどこがちがうのか。

大塚は、論文「資本主義精神起源論に関する二つの立場」(『経済学論集』第九巻四号、一九三九年)において、プロテスタンティズムが社会的基盤を有したこと、それが「中産社会層」であったことに注目し、『近代欧洲経済史序説』(一九四四年)において、この社会層を経済史的に分析していた。経済倫理を「労働意志の内側から働く」もの、「歴史的な国民生活のうちに現実に生きている倫理的雰囲気」として鋭く捉えた大塚の観点は、そのような研究と密接に関連していた。だが大塚は、その認識を戦時期日本の経済倫理問題の提言に結びつけることができなかった。戦時期の日本で、生産力的「エートス」はいかなる共鳴盤を有し、労働主体の経済生活、その「利害状況」とはいかなる関係に置かれるべきかについては説明されず、あたかも経済倫理の独自性とその役割のみが強調された形になった。[83]

この問題は大河内一男の重視した「倫理と論理」の方法的視角に関連する。「倫理」と「論理」との直接的関連を重視する見方に対して批判的だった大塚にとって、経済倫理とその「共鳴盤」・「利害状況」との「関連」のあり方の問題が課題として残されたのである。[84] それはやはり「倫理と論理」の問題に他ならない。

すでに繰り返し指摘されてきたことではあるが、われわれは、戦争の深刻化に伴うさまざまな困難、とりわけ総力戦・思想戦の名の下に猛威を振るう思想・学問弾圧というこの時期の知識人をとりまく険しい情勢を十分に考慮せねばならない。「欧米」に関わるものの排斥、また日本主義・国体主義の支配的動向の中で、それに対抗しつつ、「西欧近代」を研究の中心に据え、そこにおける「生産力」の発展の意義を積極的に評価し、国体や皇国の観念を巧みに排除しつつ、伝統主義からの解放をあえて論じる大塚久雄が示す批判的精神は、大河内一男の場合とは違った意味で、十分に評価されねばならないだろう。その限りでそれは大内兵衛が指摘するように「明らかにすでにファシズムに対するレジスタンス」[85]の側面を有していたのである。

大塚のヴェーバー研究が、戦前の自身の研究を踏まえつつ、戦時期の経済倫理の現実問題を背景とし、またそれとの緊張関係の中で進められたことは、その学問上の代表的な成果である『経済学論集』の連載論文(前出)の副題(「近代社会における経済倫理と生産力序説」)や挿入された注記((三)の三一頁)が示している。そしてこの論文は、副題を含めこの時期の現実問題に関わる部分が削除され、しかし内容の基本線はほとんど原型のまま加筆されて、再び一九六四・六五年に発表された。戦時期における大河内一男の『スミスとリスト』の学説史的考察が、『戦時社会政策論』とともに、戦後にもすぐれた学術的成果として評価されたように、M・ヴェーバー「資本主義の精神」に関する戦時期の大塚久雄の研究も、欧州経済史研究とともに、戦後に継承され、ヴェーバー研究の基礎を提示した。その内容は、大河内の場合と同様、戦前の研究を土台にしつつ、戦時期の緊迫した状況の中で、それに対する緊張関係の下で、冷静な学問的姿勢を堅持しつつ深められた成果であったのである。このことをもう一度確認しておこう。

(1) とくに戸塚秀夫「社会政策論の変遷」(長幸男・住谷一彦編『近代日本経済思想史Ⅱ』有斐閣、一九七一年)、一七六頁、の要を得た叙述参照。

(2) この問題に関しては、思想の科学研究会編『共同研究・転向』中巻(平凡社、一九六〇年、とくに藤田省三・高畠通敏の論文、うち前者は、同『転向の思想史的研究』岩波書店、一九七五年、また同『藤田省三著作集』2、みすず書房、一九九七年に収録)、長・住谷編上記書物の諸論文、石田雄著『日本の社会科学』(東京大学出版会、一九八四年)、山之内靖「戦時期の遺産とその両義性」(岩波講座『社会科学の方法Ⅲ』岩波書店、一九九三年)、同著『システム社会の現代的位相』(岩波書店、一九九六年)第一・二章、同著『日本の社会科学とヴェーバー体験』(筑摩書房、一九九九年)。米谷匡史「戦時期日本の社会思想」(『思想』第八八二号〔一九三〇年代の日本思想〕、一九九七年)、塩崎弘明著『国内新体制を求めて』(九州大学出版会、一九九八年)、大塚久雄との関連で中野敏男著『大塚久雄と丸山眞男』(青土社、二〇〇一年)、歴史学の分野の近藤和彦著『文明の表象・英国』(山川出版社、一九九八年)第一章などがある。学説史の分野では、経済学史学会編『日本の経済学』(東洋経済新報社、一九八四年)第二・三章、藤井隆至編『経済思想』(東京堂出版、一九九八年)、八木紀一郎著『近代日本の社会経済学』(筑摩書房、一九九九年)、中尾訓生著『日本戦時思想の研究』(恒星社厚生閣、二〇〇一年)、上久保敏著『日本の経済学を築いた五十人――ノン・マルクス経済学者の足跡』(日本評論社、二〇〇三年)ほか数多く研究が存在する。外国語の文献としては、とくにW. M. Fletcher III, The Search for a New Order, The University of North Carolina Press, 1982 が関連する。

(3)「経済倫理の実践的構造」(一九四二年)以外の四つの論文は以下の通りである。「経済倫理と生産力」(『経済往来』一九号、一九四三年)、「生産力と経済倫理」(『統制経済』第八巻一号、一九四四年)、「経済倫理の問題的視点――工業力拡充の要請にふれて」(『帝国大学新聞』五月一日号、一九四四年)、「最高度〝自発性〟の発揚――経済倫理としての生産責任について」(『大学新聞』七月一一日号、一九四四年)。いずれの論文も『大塚久雄著作集』第八巻(岩波書店、一九六九年)に収められている(以下『著作集』と略し、また引用もこれによる)。経済倫理の問題との関連で、大塚久雄が戦時体制といかなる関係にあったかは、上野正治が上記の長・住谷編の書物で論じている(同「経済史学」、二一二頁)。上野は、大塚の発言を「戦争協力者」に対してその誤りを内在的に指摘したものと捉え、人々を戦争協力に導く「全体(国家)」に対する「抵抗の姿勢」(同二一四頁)をそこに見ている。これに対して上記の中野敏男は、全く逆に、大塚のそれを「全体」(国家)に向う積極的な提言、「国中心」の思想の表われと見ている。本章の立場は後述の通り、総力戦期の伝統主義・皇国思想に対する大塚における「抵抗の姿勢」を重視するのであるが、しかし上野のように大塚を戦争協力者に対する内在的批判者とまでは考えない。われわれは、思想や研究を含めたすべての能力の「協力」が要請され、それへの「非協力」や反対が排除された「総力戦」期の日本の特異な思想状況(総力戦の一局面としての「思想戦」の観念の支配)を十分に考慮しなければならないと考える。この時期の知識人の公的な発言は、学術論文の場合も、たいていは何らかの形で戦争への「協力」の体裁をとっており、大塚久雄も例外ではなかった。問題は、いい古されたことだが、「協力」の形をとりつつしかも日本の現状に対してどのような批判が可能であったか、またそのような批判的な「協力」はいかなる意味をもっていたかであった。それは批判の対象となる時代の支配的思想を含めたこの時期の諸思想の対抗の全体的状況を考慮し、その脈略の中で特定の思想を捉え、位置づけることを必要とする。上野の別稿、同「戦時経済統制と「経済倫理」」(『茨城キリスト教短期大学研究紀要』第一七号、一九七七年)はその意味で本章の観点と大きく重なる。

(4)　大塚「経済倫理の問題的視点」(同『著作集』第八巻)、三四五頁。

(5)　大河内の経済倫理論については、上記高畠通敏の論文(第二章四節「生産力理論——大河内一男・風早八十二」、二二一頁)が、「翼賛理論」の枠内で捉えているのに対し、戸塚秀夫は、それを「合理的」な「近代資本制社会」への志向として理解している(上記論文、一九一—二頁)。山之内靖は、大河内の『スミスとリスト』の「序」(本章後述参照)を引用しつつ、それを「人間の主体的活動」への重要な着目として評価した上で、しかしそれが主体性を「戦争体制」に内包させる方法を有すると共に、旧い体制の革新をめざすファシズムの要素と、T・パーソンズのシステム論に共通する要素とを含むものとしている(山之内「戦時期の遺産とその両義性」、一五四頁以下)。いずれにしてもこの問題に関する各論者の見解は、重なる部分もあるが全体としては異なっている。他方、大内兵衛は『経済学五十年』(東京大学出版会、一九六一年(二刷))で、「大河内君もさるもの、マルクス主義に倫理の冠をかぶせた」(二九七頁)と述べる。時代を共に経験した社会科学者大内のこの受け止め方は重要である。また米谷匡史は大河内を含めた当時の「革新左派」について次のように指摘している。「戦後の市民社会派近代化論につらなる革新左派は、アジア・太平洋戦争期には、「近代の超克」論と提携しながら、皇道主義と対抗する言説空間を形成していたのである。これは、日中戦争期にしかけられた「二重の革新」の枠内で、「近代化」と「近代批判」が重層的に構造化されていたものといえる。」(同、前掲論文、九八頁)。マルクス主義のカムフラージュという問題も含めて経済倫理の問題はこの時期の思想的状況をある意味で集約する問題であった。

(6)　大塚「経済倫理と生産力」(『著作集』第八巻)、三三二頁。

(7)　経済倫理はもちろんこの時期の前から問題とされている。杉村廣藏著『経済倫理の構造』(岩波書店、一九三八年)は本章の対象とする時期に先行する力作である。なお子安宣邦「近代「倫理」概念の成立とその行方」(『思想』第九一二号、二〇〇〇年六月)をも参照。

(8)　大塚「経済倫理の実践的構造」(『著作集』第八巻)、三一六頁。

(9) 戦時統制経済の具体的な推移・状況については、原朗「戦時統制経済の開始」(岩波講座『日本歴史』二〇、岩波書店、一九七六年)をはじめとする日本経済史研究の豊かな成果を参照。

(10) 志村茂治「統制経済と国民生活」(『統制経済』第三巻二号、一九四一年)、八〇頁。

(11) それは、酒枝義旗・大河内一男・中川友長著『国防生活論』(巌松堂、一九四三年)所収の「戦時国民生活論」をはじめ、資本主義社会における個人・家族の消費と生活、戦時下におけるその特質などに関する大河内の経済学的考察に示されている。大河内は「精神総動員的」な道義論・政治論を批判しつつ、戦争経済の循環における「国民生活」を論理的に分析し、消費生活の「確保」を戦時経済の内部崩壊の可能性に関わる最重要問題として位置づける。その中で、戦時下の生活の「合理化」・「科学化」論が展開されるのであるが、消費の規格化・大量化・大衆化、物資の配置、協同化などに関わる大河内の指摘は、同時に総力戦体制への主張として展開された(上出注(5)との関連)。山之内は、その中に現代社会への移行に関わる大河内の客観的認識とその推進者としての役割を見ている(山之内「戦時期の遺産とその両義性」、一六〇頁以下、ほか)。ともあれ消費倫理の問題は大河内の場合、社会政策論や「国民生活の理論」(同著『戦時社会政策論』時潮社、一九四〇年、『大河内一男著作集』第四巻、青林書院新社、一九六九年)の研究に密接に関連していた。

(12) 「統制経済犯罪に関する若干の調査」(一九四〇年一月)(『現代史資料四三・国家総動員(一)』みすず書房、一九七〇年)、六六六頁以下。

(13) 西田美昭「戦時下の国民生活条件」(大石嘉一郎編『日本帝国主義史3』東京大学出版会、一九九四年)。国民生活と闇取引に関しては粟屋憲太郎「国民動員と抵抗」(前出『日本歴史』二一、一九七七年、とくに一九〇頁以下)、ほかの日本史の研究成果をも参照。

(14) 波多野鼎著『新版統制経済講話』(日本評論社、一九四一年)、四三九頁。

(15) 杉本榮一「営利原則と公益優先」(『統制経済』第二巻二号、一九四一年)。

(16) 谷口吉彦著『新体制の理論』(千倉書房、一九四〇年)第九章。

(17) 笠信太郎著『日本経済の再編成』(中央公論社、一九三九年)、一六八頁以下。

(18) 生産力拡充政策から生産増強政策への展開の具体的状況については、近代日本研究会編『年報・近代日本研究9 戦時経済』(山川出版社、一九八七年)の中村隆英・原朗・山﨑志郎をはじめとする諸論文を参照。
(19)　本書Ⅰ、Ⅱ参照。
(20)　本書Ⅴも参照。
(21)　中村隆英・原朗「「経済新体制」」(日本政治学会編『「近衛新体制」の研究』『年報政治学』一九七二年)岩波書店、一九七三年)の分析、本書Ⅴを参照。
(22)　帆足計著『統制会の理論と実際』(新経済社、一九四一年)、二六一―七頁。
(23)　波多野、前掲書、一二頁、松井辰之助「営利主義および営利経済の再吟味」(日本経営学会編『利潤統制』同文館、一九四一年)、など。
(24)　杉本、前掲論文、四頁。「経済新体制」をめぐる諸利害を背景とする論争については、中村・原、前掲論文、参照。
(25)　産業報国会については、前出『転向』中巻の藤田省三論文、芳井幸子「産業報国会」(『体系・日本現代史』第三巻、日本評論社、一九七九年)、神田文人「産業報国運動と天皇制」(遠山茂樹編『近代天皇制の展開』岩波書店、一九八七年)、西成田豊著『近代日本労資関係史の研究』(東京大学出版会、一九八八年)第六章、佐口和郎著『日本における産業民主主義の前提』(東京大学出版会、一九九一年)、高橋彦博著『戦間期日本の社会研究センター』(柏書房、二〇〇一年)第二部、ほかを参照。
(26)　町田辰次郎(産業報国会)「産業報国運動の現勢と産業報国会の機能」(『統制経済』第一巻三号、一九四〇年)、森戸辰男著『独逸労働戦線と産業報国運動』(改造社、一九四一年)、菱山辰一「勤労問題」(土屋清編『日本総力戦経済論』柏葉書院、一九四四年)、一〇七頁、佐口、上掲書、一八八頁以下。
(27)　藤林敬三著『労働者政策と労働科学』(有斐閣、一九四一年)、第三篇(三)。
(28)　森戸辰男「社会的建設をめぐる思惟」(高野岩三郎・権田保之助・大内兵衛・森戸辰男著『決戦下の社会諸科学』栗田書店、一九四四年)、二〇七頁以下、参照。
(29)　たとえば尾高邦雄著『職業社会学』(岩波書店、一九四一年)、同「職業観の変革」(西牟田重雄編『職業論』大同印書館、一九四二年)。なお、『職業論』には、森戸辰男・大河内一男・秋澤修二ほかの論文も収められている。
(30)　座談会「皇国勤労体制の確立」(『中央公論』一九四四年二月)、三四頁。

(31) 中村・原、前掲論文、八一頁以下の分析を参照。

(32) 笠、前掲書、一六六頁以下。「新しい経済倫理」は昭和研究会の「協同主義の経済倫理」(一九四〇年九月)(酒井三郎著『昭和研究会』TBSブリタニカ、一九七九年、「資料」)において展開されている。自由主義経済から統制経済=協同主義経済への移行、公益原理の実現を構想する同研究会は、その中で次のように主張する。「協同主義経済の目的は経済協同体の建設にある。それは全体の立場に立ち、公益の原理に規制されるものである。自由主義経済が営利主義であるのに対して、かかる公益主義の経済はその本質において倫理的であるといひ得る。併しながらそのことはこの場合経済に対してただ外部から倫理的要求を掲げて臨むといふことを意味するのではない。倫理は経済に対する付加物でなく、却つて経済の内部にあるべきである。言ひ換へれば、新しい経済の倫理は単なる倫理ではなく、同時に経済の論理でなければならぬ。」(同上「資料」、三四三頁)

(33) 大河内一男「統制経済における倫理と論理」(前掲『戦時社会政策論』)、二一四―五頁、前掲『大河内一男著作集』第四巻、二〇五頁。

(34) 同著『スミスとリスト――経済倫理と経済理論――』(日本評論社、一九四三年)、補論「「経済人」の終焉」、五四〇頁。

(35) 戦時期の大河内の思想の中で本章が重視するのは、資本主義の本質をなす営利原則の否定に結びつく考えである。この構想が大内兵衛をして大河内は「マルクス主義に倫理の冠をかぶせた」といわしめたものである。それはその前提において総力戦や翼賛体制にも関連するが、それだけではなく、それを超えた資本主義体制の変革に関わる議論であったことが重要である。それは総力戦体制の以前から論ぜられてきた問題であった。前出注(5)で紹介した諸見解は、大内と米谷を除いて、全体としてこの点の認識が弱いようである。なお、ここで論ぜられている「統制秩序」が単なる戦時統制経済でないことにも留意が必要である。本書I、参照。

(36) 「新しい経済倫理」は全く別の観点からも主張されることがある。たとえば本位田祥男著『新体制下の経済』(日本評論社、一九四〇年)、第五部のそれは、大政翼賛的な立場と結びつく。

(37) 戦前・戦時期の時代状況を身をもって知った人々にとっては、日本経済学の異様な内容は、「暗い谷間」の記憶と結びつく、今さら取り上げるに値しない事がらでしかないだろう。そのせいであろうか、日本経済学に関する研究文献は意外に少ない。しかしその時代から半世紀以上が経過して、戦時期の体験のない世代が圧倒的に優勢となった今日、時代の支配的思想として一世を風靡したこの潮流を、単なる曲学阿世の卑俗な立場として斥けるのではなく、むしろ「天皇制国家の支配原理」に関わる経済的思想として想起し、その特質を確認しておくことは決して無意味なことではないだろう。この潮流が単なるイデオロギーとしてだけでなく、日本社会の伝統主義的な特殊性の現実を自覚し、その現実に基盤を有していたこと、また今日その日本社会において、戦前・戦時と戦後との間に、断絶面と同時に連続面の存在が改めて問題とされ、また国家主義的・伝統主義的な動向が、資本主義的なグローバリゼーションの時代風潮の中でかえって(むしろそれ故に)、さまざまな局面で姿を浮かび上がらせてきている状況を考えると、戦時期においてそのような立場を経済学の分野で代表した日本経済学の特質は、その資本主義擁護論の性格と共に、社会科学的に分析してみる意味があるように思われるのである。それへの批判者であった人々の多くが世を去り、また社会科学に携わるすぐれた学者の意識からさえ、しばしば日本社会の伝統主義的・国家主義的要因の存在を排除させるほどに「システム」化された資本主義社会の現状の下においては、このことはむしろ必要でさえあるようにも思われる。藤田省三著『天皇制国家の支配原理』(未來社、一九六六年)、同『藤田省三著作集』1(みすず書房、一九九八年)、また古田光「第二次大戦下の思想的状況」(遠山茂樹他編『近代日本思想史』第三巻、青木書店、一九五六年)、及び本書Ⅶをも参照。

(38)　土方成美著『日本経済学への道』(日本評論社、一九三八年)、一〇頁以下。土方は戦時中は文部省直轄の国民精神文化研究所の嘱託研究員となっている。同研究所については、前田一男「国民精神文化研究所の研究」(『日本の教育史学』第二五集、一九八二年)、参照。なお後述山本勝市の部分も参照。

(39)　大倉の『産霊の産業』については、河原宏「戦時下労働の思想と政策」(早稲田大学社会科学研究所ファシズム研究部会編『日本のファシズムⅢ』早稲田大学出版部、一九七八年)、一一四頁以下、参照。

(40)　小島精一著『経済日本』(教育研究会、一九四三年)第一章、本書Ⅴの6(1)、参照。

(41)　河原、前掲論文、一一四頁をも参照。

(42)　大内、前掲書、三〇一頁の記述参照。

(43)　難波田春夫著『日本的勤労観』、四—五頁。難波田春夫の経済学と国家論については、池田元著『権威主義国家の位相』

(論創社、一九八八年)、とくに第Ⅲ章、また本書Ⅶ、参照。

(44) 難波田春夫著『国家と経済』第五巻(日本評論社、一九四三年)第八章。

(45) このことは同著『戦力増強の理論』(有斐閣、一九四三年)でも強調された(一七〇頁以下)。

(46) この論争については大熊信行著『戦中戦後の精神史』(論創社、一九七九年)、一八七頁、河原、前掲論文、一一三頁、一二三頁以下、参照。難波田と戦時中激しく対立した大熊については、松本三之介「大熊信行における国家の問題」(『思想』八三七号、一九九四年三月)、とくに一〇頁、池田、前掲書、第Ⅲ章、田中秀臣「零度のエコノミー・大熊信行論」(『上武大学商学部紀要』第一一巻一号、一九九九年)、上久保敏「大熊信行の経済学」(『大阪工業大学紀要人文社会篇』四四(二)、二〇〇〇年)、参照。

(47) 『科学主義工業』第七巻八号(一九四三年八月)、三一—三三頁。

(48) 難波田『国家と経済』第一—三巻(日本評論社、一九三八—三九年)の各序言、参照。

(49) 本位田祥男「計画経済に於ける国益と私益の立場」(日本学術振興会編『公益性と営利性』日本評論社、一九四一年)、一一三頁。

(50) 前掲『科学主義工業』、二六頁以下。

(51) 難波田、前掲書、第四巻、五章四節、同第五巻、三四一頁。

(52) 同上、第二巻、序言、八頁。

(53) 前掲『科学主義工業』、二九頁以下。

(54) 難波田「戦争経済方式の革新」(『現代』一九四四年一〇月)。ところで難波田の重視した農村の家・郷土・天皇の伝統主義的意識は、戦後改革を経ていかに変化したか、そして変質しつつどのような形でなお存続して今日の保守主義の基盤を補強しつづけているかが問題となるであろう。ここでは伝統主義・天皇主義の思想が資本主義と対立するものではなく、逆にその温存に、また事実上自由放任主義に結合しうることを確認しておこう。

(55) 中村・原、前掲論文、参照。

(56) それぞれ『国民精神文化』第六巻六・七・九号(一九四〇年)ないし同第七巻三号(一九四一年)。中山幸は、笠信太郎と共に、大河内を名指しで批判し、「生産力の増進」を「経済倫理」の最高原理とする考えは「疑ひもなくマルクス主義史観となる」と述べ、「高防国家のために生産力を増進せねばならぬ」という言葉は、「生産力」のみがクローズアップされて「自余の部分」つまり国体が無視されてしまうと指摘する。また「外国の経済理論や経済倫理の穿鑿に没頭する」ことは百害あって一利なしであると憤慨している。大河内のみならず大塚久雄も当然その中に含まれよう。大塚や大河内の生産力拡充を重視する立場、生産倫理の観点はマルクス主義に繋がるとともに、国体論排除のカムフラージュだとするこの認識は事実のある側面を直感的に捉えていたと思われる。

(57)　原理日本社や蓑田胸喜については、掛川トミ子「「天皇機関説」事件」(橋川文三・松本三之介編『近代日本政治思想史II』有斐閣、一九七〇年)。

(58)　山本勝市著『笠信太郎氏「日本経済の再編成」批判』(原理日本社、一九四一年)、九六頁。

(59)　山本勝市「国民経済の伝統的性格」(『新文化』六)、七—八頁をも参照。

(60)　山本の主著『計画経済の根本問題』の巻末の言葉はこうであった。「難局突破に必要な限り国民は如何なる程度の消費節約にも堪へて行かねばならぬ。而して堪へ得るに違ひない。而してそのためにも市場の解体だけは断じて避けなければ、収拾すべからざる事態を惹起するであらう。戦時経済から社会主義と統制経済のイデオロギーを駆逐せよ!」(同、五四二頁)。中村・原両氏は指摘している(同、前掲論文、八七頁)。「山本は理論的な正統性を保ちつつ、ファナティックなアカ呼ばわりの点で観念右翼にむすびつき、しかもその保守性のゆえに財界のイデオローグとして機能したのであった。」長尾龍一「帝国憲法と国家総動員法」(『年報・近代日本研究4　太平洋戦争』山川出版社、一九八二年)、一八頁以下、をも参照。戦後、自由党の議員となった山本は、その後も党との関係を維持し、市場経済万能主義を主張しつづけた。市場万能主義がマルクス主義と民主主義とに対立し、伝統主義と強く結びついたという事実は、旧い伝統主義が変質しつつ存続するこの国では今日もなお留意を要することである。新自由主義的市場万能主義とグローバリゼーションの思想が圧倒的な力を発揮しつつある今日的状況の中で、このことはすでに現実性を帯びてきているかの如くである。

(61)　研究所の活動については、前田、前掲論文、参照。所員としては、他に、紀平正美、大串兎代夫、小出孝三らがいる。戦時期の教育と「錬成」の理念については、寺崎昌男・戦時下教育研究会編『総力戦体制と教育』(東京大学出版会、一九八七年)の諸論文、とくに序章(清水康幸)・結章(寺崎・清水)、参照。

(62) もっとも山本の論文「計画経済批判」は勧告絶版となったという。山本と当局との緊張関係については、前田、前掲論文、五九頁、参照。

(63) 作田荘一著『経済の道』(弘文堂書房、一九四一年)、三三二頁ほか。著書には他に『自然経済と意志経済』(弘文堂書房、一九二九年)、『世界経済学』(改造社、一九三三年)、などがある。

(64) 作田「経済革新の一具体案」(同著『経済の道』所収)、ほか。

(65) 石川興二・谷口吉彦に対する蓑田胸喜らの批判(山本勝市の前掲笠批判書物に所収)を見よ。なお、同じ京都帝大の柴田敬については、八木、前掲書、第八章の論述を参照。戦後この石川・谷口・柴田の三人は軍国主義・超国家主義の提唱者として罷免された。八木、同、二〇七頁。谷口については石田雄著『現代政治の組織と象徴』(みすず書房、一九七八年)、二五八頁ほか、をも参照。なお、いわゆる「京都学派」に関する最近の研究としては大橋良介編『京都学派の思想』(人文書院、二〇〇四年)がある。

(66) 伊藤隆著『昭和十年代史断章』(東京大学出版会、一九八一年)、参照。この書物は当時の社会科学者と軍との関係を知る上で有益である。武村については、増井健一「ひとりの経済学者の思想と行動——第二次世界大戦と武村忠雄」(『近代日本研究』一二、一九九五年)、『慶應義塾の経済学』(福澤先生没後百年記念)〔二〇〇一年一月〕xxvii 以下(池田幸弘・三島憲之)、参照。

(67) 『理想』のこの号は「経済倫理」を特集している。武村の他に難波田春夫・上田辰之助・堀経夫(大阪商大)・高橋誠一郎(慶大)・酒枝義旗(早大)・大熊信行(高岡高商)らが寄稿している。

(68) 森戸、前掲論文。また、同著前掲書や同「経営協同体への労務管理」(『統制経済』第八巻一号、一九四四年)、をも参照。森戸については、高橋彦博、前掲書、とくに二一一―二一三頁の叙述をも参照。

(69) 森戸「経営協同体への労務管理」、一〇二頁。

(70) そのような問題認識は杉村廣藏の前掲『経済倫理の構造』の中で示されていた。

(71) 中山伊知郎著『戦争経済の理論』(日本評論社、一九四一年)、二九六頁以下、『中山伊知郎全集』第一〇集、講談社、一九七三年、二一一頁以下。

(72)　この観点は難波田の精神主義と対立する。難波田は中山が「国体を忘れて」いると論難する。『公論』一九四三年六月号座談会「敵性思想の掃滅」、二九頁。同、同年七月号「皇国経済の現状を論ず」、二六頁以下。

(73)　本書Ⅰ、参照。

(74)　杉本榮一著『統制経済の原理』(日本評論社、一九四三年)、序説。

(75)　同上、九二頁以下、一〇二頁以下。

(76)　同上、一六五頁。

(77)　戦前・戦時の東京商大はすぐれた社会科学者を輩出していたが、当時のスタッフの中で、この時代に見られた客観的な現実認識の学としての経済学と世界観との混同を、中山や杉本以上に強く批判したのは山田雄三であった。同『計画の経済理論〈序説〉』(岩波書店、一九四二年)はまさに「従来の経済理論の線に沿つて、あくまで経済秩序の理論的考察を行なふこと」に徹しようとした研究であった。この純粋学問的態度は、一切の発言を控え、沈黙を守ることと同様、勇気を必要とした。「思想戦」の名のもとに国体論的な「世界観」の表明を強要され、「経済戦」のために実際的ないし技術的な研究成果を求められた当時としては、それはすでに一つの政治的立場と解され、学者としての「職域奉公」から見た場合、時局への非協力者として指弾されかねない性質のものであった。「思想戦」と「経済戦」を含む文字通りの「総力戦」の時代において、経済学者はその両局面に関する協力を求められただけに、大内兵衛がいうようにその「人間の条件」は決して容易なものではなかったのである。そしてほとんどすべての経済学者が、当時、時代の要請に従って、また自身の社会科学的な関心から、戦争経済や統制経済の現実問題に対し何らかの形で自らの研究を関連させた。重要なことはその中でいかにして批判的な観点を維持し、社会科学的な客観性を確保することができたかであった。中山伊知郎や杉本榮一の上記研究のすぐれた内容は、このような時代との強い緊張関係の中で生み出された成果でもあった。彼らの同僚、高島善哉や板垣與一、ほかの学者の社会科学的な成果も同様である。「総力戦」下の「総動員」は文字通り総力戦の特徴であるから、当時公にされた著書・論文はたいていが戦争「協力」的な表現をとっている。われわれはそれらの社会科学的内容を、そこで用いられた時局的な用語に過度に惑わされることなく理解し、しかもその用語で表明された時代状況に対する彼らの現状把握を認識し、それとの関連でこれを全体的な思想状況の中に位置づけることが求められている。なお、杉村廣藏や高島善哉については、大林信治「経済哲学の方法論」(長・住谷編、前掲書)、また高島については『高島善哉著作集』第一巻(こぶし書房、一九九八年)「解説」(西沢保)、原田哲史「「直観的理論」から市民社会論へ」(『四日市大学論集』第一六巻一号、二〇〇三年)、をも参照。

(78) その批判が社会科学的な考察と同時に生活の「合理化」に対する積極的評価と結びつき、総力戦への期待、そして支持と協力とに帰結したことの指摘については、本章注(5)及び注(11)、を参照。

(79) 森戸、前掲「社会的建設をめぐる思惟」、一七三頁以下。

(80) 翼賛体制とはそもそもいかなるものであったのかが問題となる。前掲中村・原論文、宮島英昭「戦時経済下の自由主義経済論と統制経済論」(『シリーズ日本近現代史3 現代社会への転形』岩波書店、一九九三年)、を参照。

(81) 大内兵衛のいうマルクス主義のカムフラージュの問題がここに存在する。三木清をはじめ昭和研究会の思想的立場が当然ながらこれに関連する。前出注(5)をも参照。

(82) 注(3)で言及したが中野敏男は、総力戦とそれへの動員という観点から戦時期の大塚の立場をとくに「最高度〝自発性〟の発揚」論文に基づいて「国中心」の思想として捉えている。これに対して本章の理解は、大塚の考えの重層性と多面性を重視しており、本文で見たように中野の認識とは基本的に異なっている。なお戦前・戦時期大塚の経済史研究に関する中野の思想史的解釈についてはここでは立ち入ることができないが(この点については道重一郎が論じている。同「大塚久雄と松田智雄」住谷一彦・和田強編『歴史への視線・大塚史学とその時代』日本経済評論社、一九九八年)、しかし大塚の経済史研究とその時代状況とを関連させる中野の強引な手法に対して、著者は強い疑問を感じた。

(83) 戦時期日本の経済問題に関連して大塚は中小経営の役割の重要性について言及している。拙稿「大塚久雄の農村工業論の背景」(前掲住谷・和田編『歴史への視線』)参照。住谷一彦はこの事実と大塚「経済倫理の実践的構造」を関連させて、大塚が中小商工業者・農民の経済倫理に注目したのではないかと推測し、大河内・笠の観点との違いをそこに見出そうとしている。同、同上書序論(「日本への視線」)。

(84) 大塚は『近代欧洲経済史序説』の「初版序」で、同書下巻の構想として、近代的経済倫理(エートス)と近代生産力拡充との関連を把握したいと語っていたが、健康上の理由で果せず、上巻のみの刊行に終わった。同、再版序(一九四六年)(初版序ともに上記『著作集』、第二巻、所収）を参照。なお、『経済学論集』連載の「マックス・ヴェーバーにおける資本主義の「精神」」は修正・加筆されて一九六四・六五年に同名の論文として同上雑誌第三〇巻三・四号に掲載されたが、大塚はその中でその課題を部分的に果している。

(85)　大内、前掲書、三〇〇頁。

あとがき

本書は、戦前・戦時日本の経済思想・政策構想・思想研究と、ナチズムをはじめとするヨーロッパの思想・政策・学説との内的関連に関して、著者がこれまで発表したいくつかの論文を骨子として、それらに部分的な修正を加えて作成された。それらの論文名を本書の内容に対応させて記しておこう(いずれも単著)。

Ⅰ 「戦前日本の統制経済論とドイツ経済思想――資本主義の転化・修正をめぐって」(『思想』第九二一号、二〇〇一年二月)

Ⅱ 「ドイツにおける資本主義転化論と日本への影響――資本と経営の分離をめぐって」(『明治大学社会科学研究所紀要』第四一巻二号、二〇〇三年三月)

Ⅲ 「戦前日本におけるナチス経済思想の分析――ナチス政権掌握の同時代を中心に」(『政経論叢』第七一巻一・二号、二〇〇二年一二月)

Ⅳ 「日中戦争開始期日本におけるナチス経済政策思想の受容――国防・準戦経済体制の構想を中心に」(『政経論叢』第七二巻二・三号、二〇〇四年二月)

Ⅴ 「日本における「経済新体制」問題とナチス経済思想――公益優先原則・指導者原理・民営自主原則」(『政経論叢』第七二巻一号、二〇〇三年一〇月)

Ⅵ 「ナチス経済思想と日本でのその受容」(明治大学政治経済学部創設百周年記念叢書刊行委員会編『ヨーロッパ――伝

統・現状・行方』御茶の水書房、二〇〇六年三月）

Ⅶ　「大戦前日本の経済学者の日独比較論——ナチス・ドイツ認識と日本的特殊性の把握」（『政経論叢』第七三巻一・二号、二〇〇四年九月）

Ⅷ　「戦時期日本における経済倫理の問題——大塚久雄・大河内一男の思想史・学説史研究の背景」（『思想』第九三四号、二〇〇二年二月、同第九三六号、同年四月）

本書は各章で戦前・戦時期日本の刊行物や文献の文章を数多く引用している。引用は、戦後刊行された著作集によるいくつかの場合（たとえば大塚久雄）を除き、原則として発表時の原文に基づいている。その際、仮名づかいは原文のままとしたが、漢字は新字体を用いた。もとの文章に付せられていた漢字のルビは省略したが、逆に読み難い漢字には読み仮名をつけた。また叙述に際して同時代の用語を、その文脈の関係で叙述用語としてそのまま用いた箇所もある。（たとえば共同体について当時の用語である「協同体」や「協働体」を用いて説明したような場合である。）

これまでの研究と本書の作成に際して、日本学術振興会科学研究費補助金・基盤研究（C）（二〇〇一—〇二年度、二〇〇六—〇七年度）と明治大学社会科学研究所個人研究（二〇〇〇—〇一、二〇〇三—〇四各年度）から助成を受けた。

ヨーロッパの経済思想・政策思想また社会科学の日本での影響や受容を分析する本書は、それらが生まれ、展開したヨーロッパと内容的に結びついている。著者はこれまで西洋経済史を専門とし、とくにドイツを軸にして近・現代ヨーロッパの資本主義の発達について研究を行ってきた。本書はそのような資本主義の歴史に関わるヨーロッパの社会経済史・思想史・学説史と密接に関連している。(たとえば本書は同時にナチス思想の分析であり、ナチズムの国際的波及の研究でもある。)しかし著者が注目したのはそれら西欧の思想・政策・学説の何よりも日本への波及、日本での影響であり、その仕方は、それらを移入・受容した日本及び日本人自体の内的外的な状況によって規定された。本書の叙述の重点がより多く日本側に置かれることになったのはそのためである。この書物は、その意味で、日本史、とりわけ日本経済史・日本経済思想史あるいは日本経済学史とより深く結びついている。

著者は、研究を進めるに際して、当然のことであるが、日本経済史・日本経済思想をはじめとする日本史の研究成果を参考にし、吸収する必要があった。幸いなことに戦前・戦時期日本に関してはとりわけ重厚な研究が蓄積されており、著者はその豊かな成果から多くを学ぶことができた。しかし、本書が課題とするこの時期の日本でのヨーロッパ思想・政策の受容や影響、また現実の政策過程や体制構想とのその関連については、意外なことに殆ど解明されていないこと、戦前・戦時の政策思想や経済思想の展開は、いくつかの例外はあるものの、大抵は日本内部の諸条件との関係においてのみ理解されてきたことに気がついた。著者は、日本の政策過程の重要な局面に大きな影響を与えた政策構想や経済思想の展開を、ヨーロッパ(とくにドイツ)との同時代的(世界史的)な状況の中で、しかも思想上・政策上の内的関連で把えるために、自身で当時の文献や史料をひもとき、基礎からこの問題に取り組む必要に迫られた。

しかしそれは著者が半ば希望していたことでもあった。著者は西欧における資本主義史をこれまでとくに市民革命から第二次大戦後の改革にいたる経済社会の連続と断絶の問題に焦点を合わせ、それを比較経済史の観点に立って検討してきたのであるが、この比較経済史の問題意識と研究史上の原点は、もともと日本の現実にあり、それはとりわけこの国の戦後改革と、そこでの戦前・戦後の断絶と連続の問題と結びついていた。著者はかねてよりこの原点に立ちもどり、戦後への前提となる戦前・戦時の日本の具体的な状況を、研究書を通じてばかりでなく、自身の目で確かめたいと願ってきたのであるが、このたびの検討を通じて戦前・戦時の日本が西欧、とくにドイツとの比較において著者なりに把握できたことは成果であった。

本書は以上のような経緯から二重の観点に立って叙述されている。一つは、戦前・戦時の日本を、ヨーロッパ(とくにドイツ)との同時代的(世界史的)な状況の中で、またその思想的政策的な内的関連において理解することであり、もう一つはこの時代の日本の特殊性を、西欧(とくにドイツ)との共通性と相違性との関係において、比較史的に把えるという視点である。そしてこの二つの観点は本書において相互に関連づけられている。もとより微力な著者がそれをどこまで達成できたか心もとない限りである。読者諸氏の御批判と御教示を仰ぐ次第である。

このように研究を進めるにあたって、著者はこの間、多くの方々からさまざまな形で温かい御支援を頂戴した。とくに首都大学東京(もと東京都立大学)・山﨑志郎教授には、都立大学に著者が勤務していた時からずっとお世話になってきた。著者は、教授から、現代日本経済史の研究状況や文献・史料について、繰り返し懇切な御教示をいただくことができた。また、星野誉夫(武蔵大学)、原朗(東京大学名誉教授、東京国際大学)、浅井良夫(成城大学)、柳沢遊(慶應義塾大学)各教授はじめ、日本経済史研究の第一線の専門研究者からもさまざまな形で助言や指導を頂戴した。

ナチス・ドイツに関しては、永岑三千輝(横浜市立大学)・芝健介(東京女子大学)各教授、また川瀬泰史氏(立教大学兼任講師)ほかからお教えいただいた。とくに川瀬氏には研究文献に関して何度も御教示を賜わった。

論文の作成過程で著者は研究会等で進行中のテーマについて報告し、批判を仰ぐ機会に恵まれた。とくに比較経済史・思想史研究セミナーでは、住谷一彦立教大学名誉教授、小林純(立教大学)・手塚眞(帝京大学)・道重一郎(東洋大学）各教授ほかから、また首都大学東京を中心とする戦時経済研究会では、同大学の山﨑志郎・雨宮昭彦・矢後和彦各教授、さらに加藤浩平（専修大学）・田野慶子（青山学院大学）・三ツ石郁夫（滋賀大学）各教授から、それぞれ貴重なご批判とご教示をいただくことができた。

また日本経済思想史研究会の部会でも報告する機会を与えられ、逆井孝仁（立教大学）・羽鳥卓也（岡山大学）両名誉教授、藤井隆至新潟大学教授、それに仁木良和氏（国学院大学兼任講師）ほかの方々から適切なご意見を賜わった。その他、慶應義塾大学主催福沢諭吉先生没後百年記念講演会（二〇〇一年）、政治経済学・経済史学会秋季学術大会（二〇〇六年）、等でも報告し、参加者から温かいご教導を受けた。

さらに小林昇（立教大学）・杉原四郎（甲南大学・関西大学）・石田雄（東京大学）・山之内靖（東京外国語大学）・石坂昭雄（北海道大学）各名誉教授、上野正治（茨城キリスト教短期大学）・白木沢旭児（北海道大学）各教授はじめ論文の抜刷りをお送りした方々からも書簡の形で御教示を頂戴した。

ナチス・ドイツ研究に関しては、E・シュレンマー教授（Prof. Dr. Eckart Schremmer ハイデルベルク大学）、J・シュナイダー教授（Prof. Dr. Dr. Jürgen Schneider バンベルク大学）、R・ゲンメル教授（Prof. Dr. Rainer Gömmel レーゲンスブルク大学）及び華南理工大学経済・貿易学院M・ラウック副教授（Dr. Michael Rauck）、ほかドイツ人学者の指導を仰いだ。またドイツでの研究・調査の実施に際して、日本学術振興会・ドイツ学術交流会（DAAD）による特定国派遣研究（一九九七年）、国際交流基金フェローシップ（派遣、一九九八年）、その他からそれぞれ助成を受けた。

本研究は著者が東京都立大学に勤務していた時期から着手されていたが、この研究が本格的に進展したのは、一九九九年に明治大学政治経済学部に移籍してからである。本書に収録された論文はいずれも、この新しい職場で生まれた成果である。快適な研究・教育環境を提供してくれる明治大学と政治経済学部の同僚諸氏の温かい御支援に対して、この場をかりて心からお礼申し上げたい。明治大学社会科学研究所・明治大学図書館、政治経済学部資料センター助手補諸氏、大学院政治経済学研究科院生の協力や援助も有難かった。このように恵まれた研究環境を御配慮下さった明治大学名誉教授田村光三先生と東京大学名誉教授関口尚志先生のご厚情に対して改めて深く感謝申し上げたい。

著者はこのように最良の研究・教育条件とたくさんの方々の御厚意に恵まれてきた。おひとりずつお名前を申し上げることは出来なかったが、お力添えを頂戴したすべての方々に心から御礼申し上げたいと思う。

最後に岩波書店編集局押田連氏には、『思想』への論文掲載から始まって、本書の完成にいたるまで大変お世話になった。厚く御礼申し上げたい。

二〇〇八年早春

柳澤　治

■岩波オンデマンドブックス■

戦前・戦時日本の経済思想とナチズム

2008年2月22日　第1刷発行
2019年4月10日　オンデマンド版発行

著　者　柳澤《やなぎさわ》　治《おさむ》

発行者　岡本　厚

発行所　株式会社　岩波書店
〒101-8002　東京都千代田区一ツ橋2-5-5
電話案内　03-5210-4000
http://www.iwanami.co.jp/

印刷／製本・法令印刷

ISBN 978-4-00-730866-6　　Printed in Japan

人名索引

カ行

サ行

タ行

ナ行

ハ行

マ行

ヤ行

ラ・ワ行